中華古籍保護計劃

成　果

書志

中國國家圖書館　中國國家古籍保護中心　編

第五輯

中華書局

圖書在版編目（CIP）數據

書志. 第五輯/中國國家圖書館, 中國國家古籍保護中心編. ——
北京:中華書局, 2024.1
ISBN 978-7-101-16512-8

Ⅰ. 書…　Ⅱ. ①中…②中…　Ⅲ. 古籍-版本目録學-研究-
中國　Ⅳ. G256.22

中國國家版本館 CIP 數據核字（2024）第 020554 號

書　　名	書志(第五輯)	
編　　者	中國國家圖書館　中國國家古籍保護中心	
責任編輯	李碧玉	
責任印製	陳麗娜	
出版發行	中華書局	
	（北京市豐臺區太平橋西里 38 號　100073）	
	http://www.zhbc.com.cn	
	E-mail:zhbc@zhbc.com.cn	
印　　刷	三河市中晟雅豪印務有限公司	
版　　次	2024 年 1 月第 1 版	
	2024 年 1 月第 1 次印刷	
規　　格	開本/710×1000 毫米　1/16	
	印張 17　插頁 25　字數 250 千字	
國際書號	ISBN 978-7-101-16512-8	
定　　價	98.00 元	

圖1 《國家珍貴古籍名録》00191 《周易》
宋刻本　中國國家圖書館藏

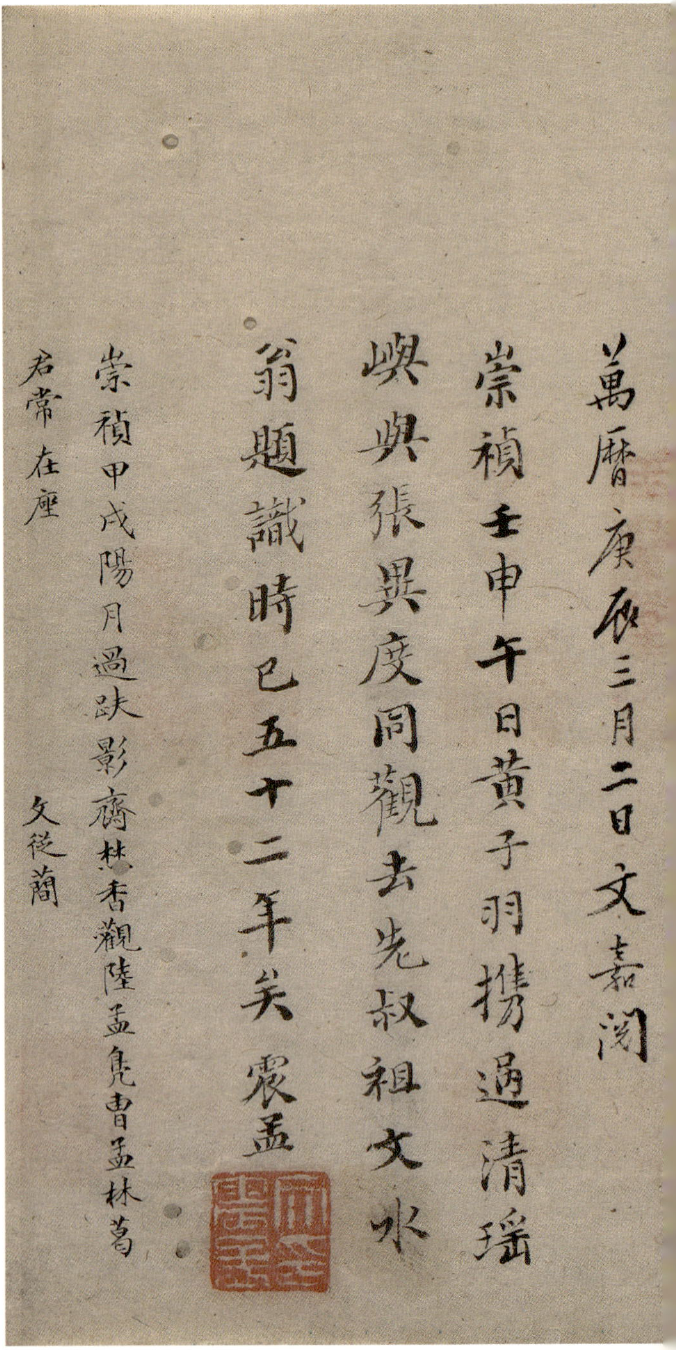

萬曆庚辰三月二日文嘉閱

崇禎壬申午日黃子羽攜過清瑤

嶼與張異度同觀去先叔祖文水

翁題識時巳五十二年矣　震孟

崇禎甲戌陽月過趺影齋焚香觀陸孟凫曹孟林葛

君常在座　文從簡

圖2　《國家珍貴古籍名錄》00191　《周易》
宋刻本　書末題跋

眜音妹本亦作昧又作沫皆末貝反
下文同与如字又音豫折之舌反

周易卷第十

天啓七年丁卯歲三月六日董其昌觀于禎仙盧

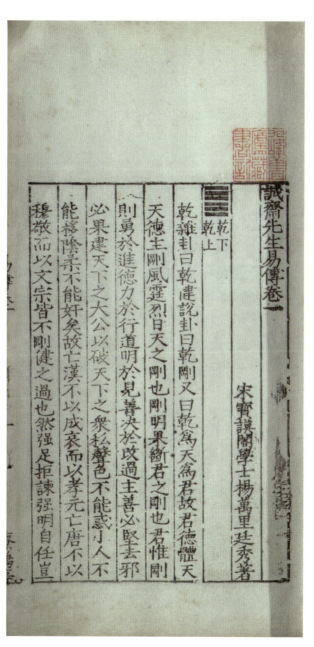

誠齋先生易傳卷一

宋寶謨閣學士楊萬里廷秀著

乾下
乾上

乾雜卦曰乾健說卦曰乾剛又曰乾為天為君故君德體天

天德主剛風霆烈日天之剛也剛明果斷君之剛君惟剛

則勇於進德力於行道明於見善決於改過主善必堅去邪

必果建天下之大公以破天下之衆私聲色不能惑小人不

能移陰柔不能奸矣故亡漢不以成衰而以孝元亡唐不以

穆敬而以文宗皆不剛健之過也然強足拒諫強明自任豈

圖4 《國家珍貴古籍名錄》03224 《誠齋先生易傳》
明嘉靖二十一年尹耕療鶴亭刻本 華南師範大學圖書館藏

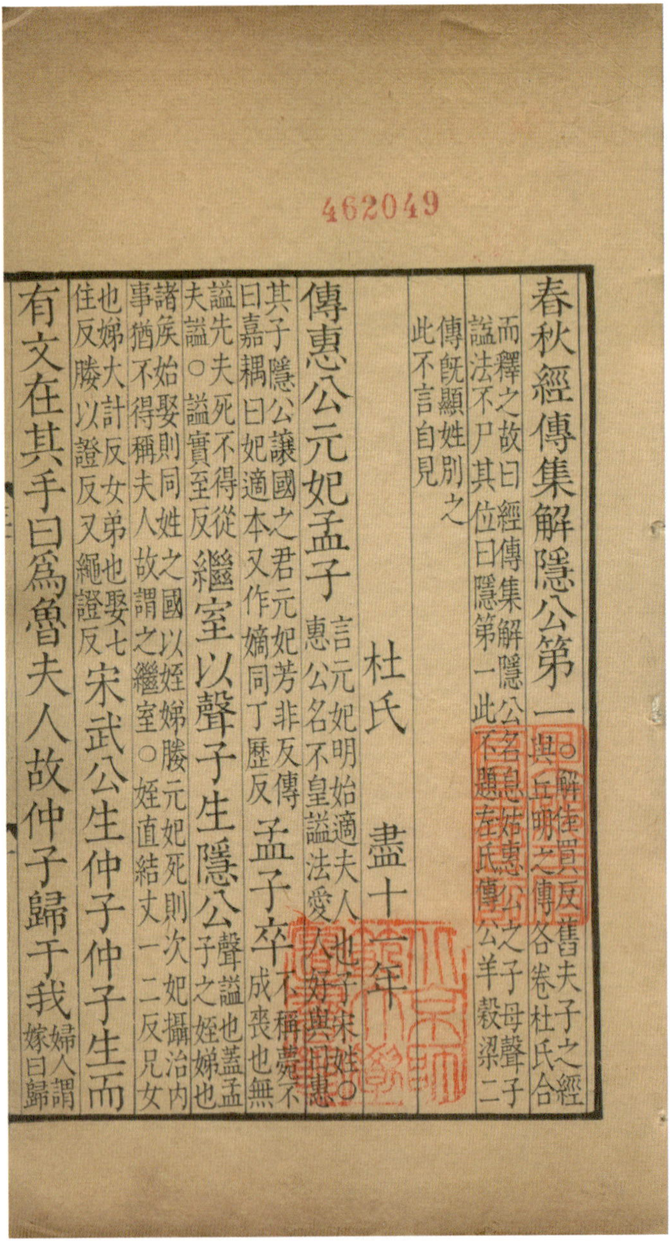
462049
春秋經傳集解隱公第一〇解佳買反舊夫子之經與丘明之傳各卷杜氏合
而釋之故曰經傳集解隱公名息姑惠公之子母聲子謚法不尸其位曰隱第一此不題左氏傳公羊穀梁二
傳既顯姓別之此不言自見
杜氏　盡十一年
傳惠公元妃孟子言元妃明始適夫人也子宋姓〇惠公名不皇謚法愛人好與曰惠
其子隱公讓國之君元妃芳非反傳曰嘉耦曰妃適本又作嫡同丁歷反孟子卒不稱薨不成喪也無
謚先夫死不得從夫謚〇謚實至反繼室以聲子生隱公聲謚也蓋孟子之姪娣也
諸侯始娶則同姓之國以姪娣媵元妃死則次妃攝治內事猶不得稱夫人故謂之繼室〇姪直結丈一二反兄女
也娣大計反女弟也娶七住反媵以證反又繩證反宋武公生仲子仲子生而
有文在其手曰爲魯夫人故仲子歸于我婦人謂嫁曰歸

圖5《國家珍貴古籍名録》11509《春秋經傳集解》
明刻本　北京師範大學圖書館藏

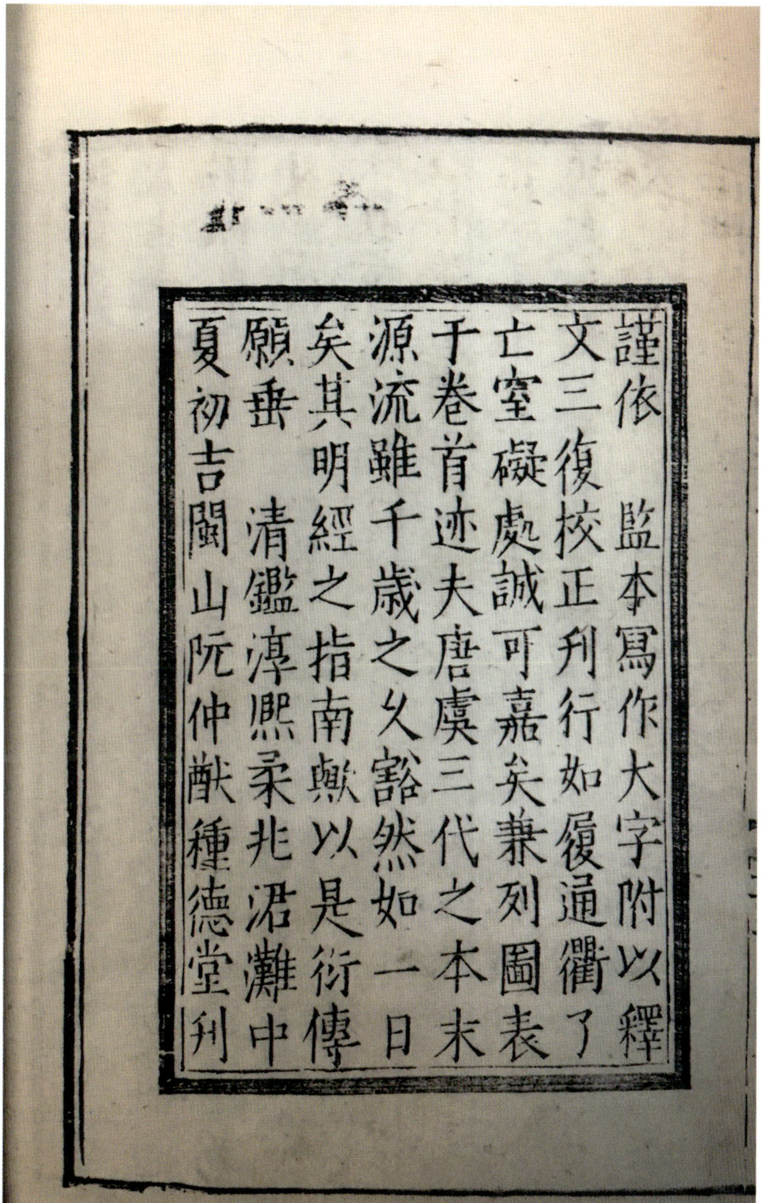

謹依監本寫作大字附以釋
文三復校正刊行如復通衢了
亡室礙處誠可嘉矣兼列圖表
于卷首迹夫唐虞三代之本末
源流雖千歲之久窹然如一日
矣其明經之指南歟以是衍傳
願垂清鑑淳熙柔兆涒灘中
夏初吉閩山阮仲猷種德堂刊

圖6 《國家珍貴古籍名錄》11509 《春秋經傳集解》
明刻本 書末牌記

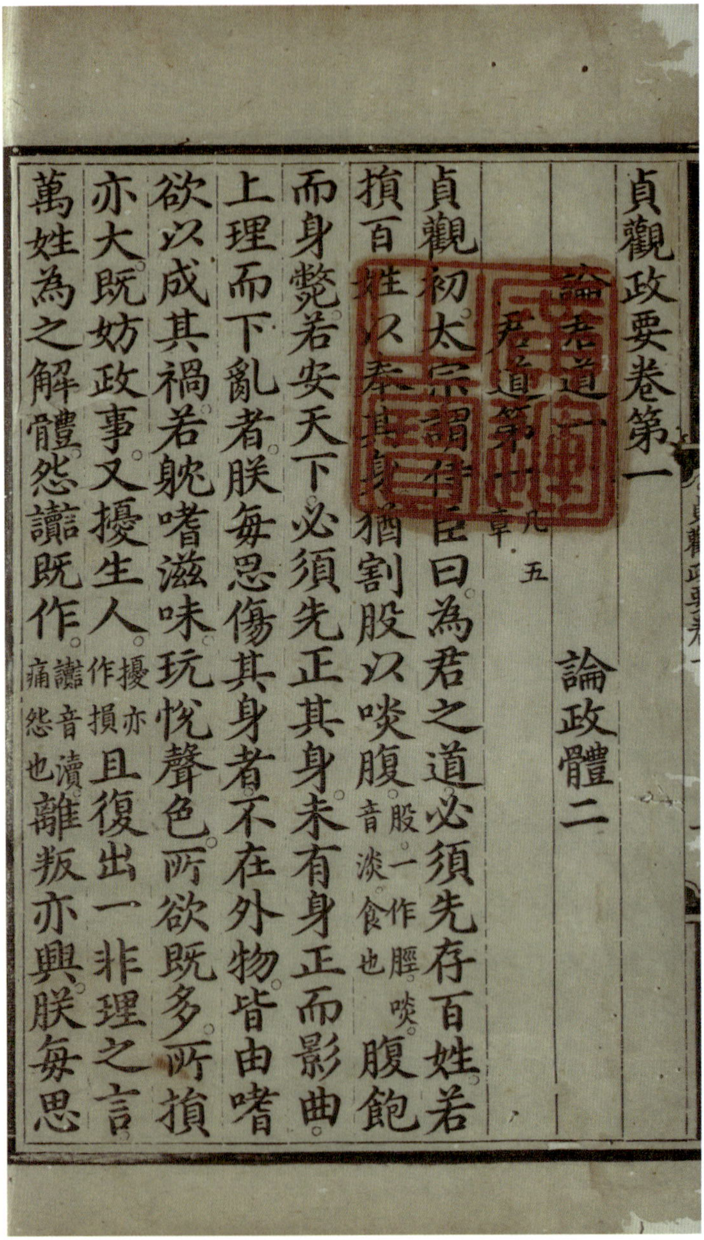
貞觀政要卷第一

論君道一　論政體二

君道第一　凡五章

貞觀初太宗謂侍臣曰為君之道必須先存百姓若損百姓以奉其身猶割股以啖腹股一作脛啖音淡食也腹飽而身斃若安天下必須先正其身未有身正而影曲上理而下亂者朕每思傷其身者不在外物皆由嗜欲以成其禍若躭嗜滋味玩悅聲色所欲既多所損亦大既妨政事又擾生人擾亦作損且復出一非理之言萬姓為之解體怨讟既作讟音瀆痛怨也離叛亦興朕每思

圖7《國家珍貴古籍名録》03832《貞觀政要》
明成化元年内府刻本　華南師範大學圖書館藏

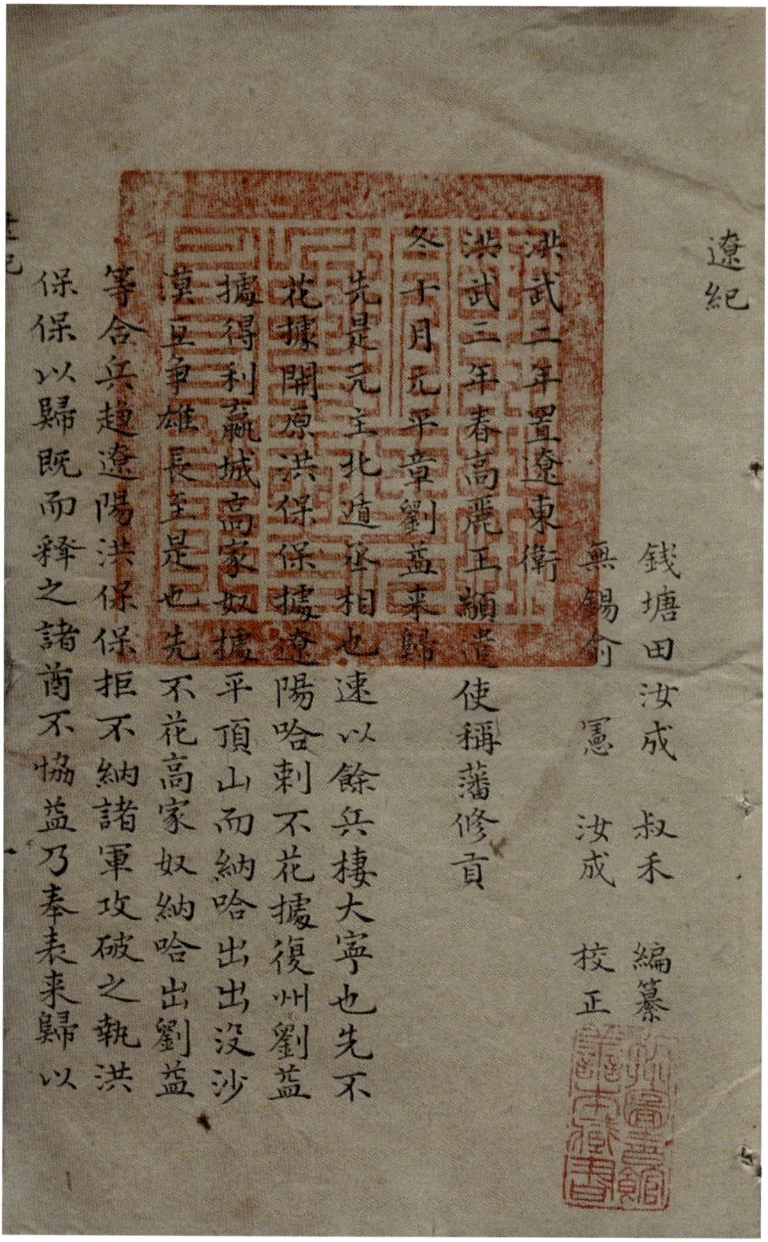

錢塘田汝成 叔禾 編纂

無錫俞 憲 汝成 校正

洪武二年置遼東衛

洪武二年春高麗王顓遣
使稱藩修貢

冬十月元平章劉益來歸

先是元主北遁也速相也速以餘兵棲大寧也先不

花攝開原洪保保攄遼陽哈剌不花擾復州劉益

攄得利羸城高家奴攄平頂山而納哈出出沒沙

漠且爭雄長至是也先不花高家奴納哈出出劉益

等合兵趨遼陽洪保保拒不納諸軍攻破之執洪

保保以歸既而釋之諸酋不恊益乃奉表來歸以

圖8 《國家珍貴古籍名錄》01536 《遼紀》
清初抄本 杭州圖書館藏

官政志

名宦

（宋）

黃德裕字仲益邵武人元豐二年進士知閩縣舊志
稱其方勁有為

陳麟大觀中知閩縣有富民誣里人為盜麟辯其寬
尋獲真盜勢家欲徙人墓部使者以屬麟且杖縣
吏終不從使者又令諸邑求翠羽奇花怪石麟不

圖9　《國家珍貴古籍名録》08022　《[正德]福州府志》
明正德刻本　福建師範大學圖書館藏

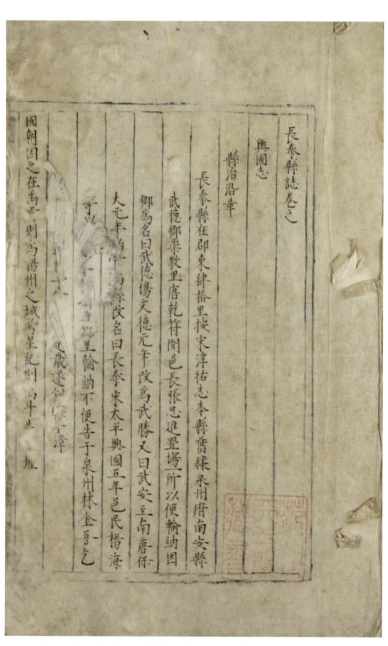

長泰縣誌卷之一

興圖志

縣治沿革

長泰縣在邵東肆拾里按宋淳祐志本縣舊隸泉州府南安縣

武德鄉崇教里唐乾符間邑長張思進置場一所以便輸納因

鄉為名曰武德場文德元年改為武勝又曰武安至南唐保

大元年始升場為縣改名曰長泰宋太平興國五年邑民楊海

等以□□□□□里輸納不便吉于泉州林金吾之

□嚴遂割□□漳

國朝因之在禹□則為揚州之域蒿星紀則□斗地

圖10 《國家珍貴古籍名錄》11671 《[嘉靖]長泰縣志》
明抄本　寧波市天一閣博物院藏

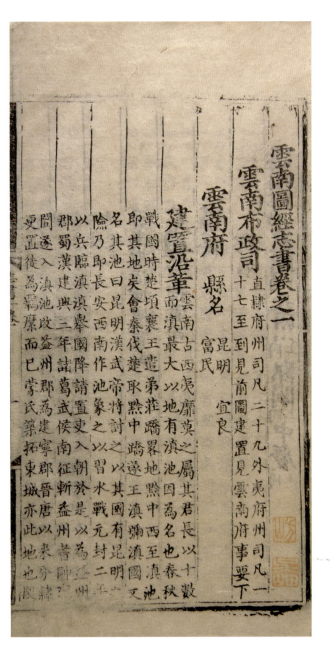

雲南圖經志書卷之一

雲南布政司 直隸府州司凡二十九外夷府州司凡一十七至到見前圖建置見雲南府事要下

雲南府 縣名 昆明 宜良 富民

建置沿革 雲南古西夷靡莫之屬其君長以十數秋戰國時楚頃襄王遣弟莊蹻畧地黔中西至滇國又即其地矣會秦伐楚取黔中以其國有昆明名乃即其長安西南漢武帝作池象之以習水戰元封二年險乃即其長安西南漢武帝作池象之以習水戰元封二郡以兵臨滇滇舉國降請置吏入朝於是以為益州郡蜀漢建興三年諸葛武侯南征斬雍闓於益州而巴蒙氏築拓東城亦此地也分屬閤遂入滇池益州郡更置徙為爲巂廓

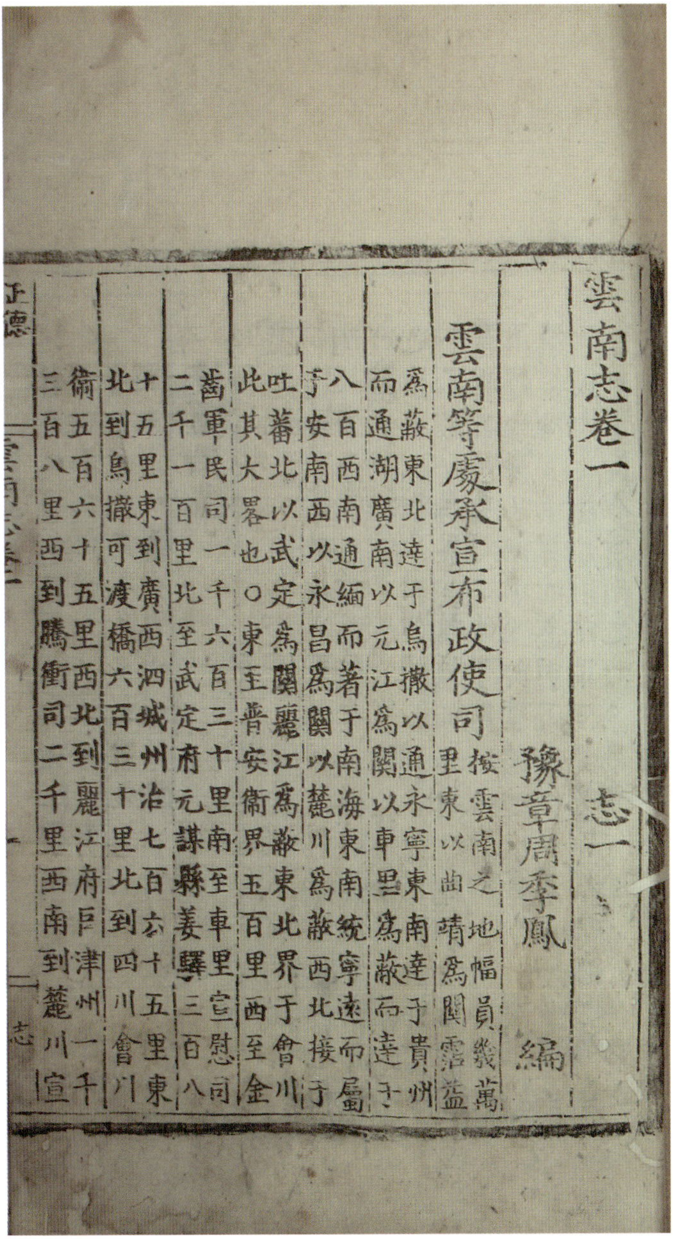

雲南志卷一　志一
豫章周季鳳　編
雲南等處承宣布政使司　按雲南之地幅員幾萬里東以曲靖爲關霑益
爲蔽東北達于烏撒以通永寧東南達于貴州
而通湖廣南以元江爲關以車里爲蔽西達于
八百西南通緬甸而著于南海東南統寧遠而屬
于安南西以永昌爲關以麓川爲蔽西北接于
吐蕃北以武定爲關麗江爲蔽東北界于會川
此其大畧也○東至普安衛界五百里西至金
齒軍民司一千六百三十里南至車里宣慰司
二千一百里北至武定府元謀縣姜驛三百八
十五里東到廣西泗城州治七百六十五里東
北到烏撒可渡橋六百三十里北到四川會川
衛五百六十五里西北到麗江府巨津州一千
三百八里西到騰衝司二千里西南到麓川宣
正德雲南志卷一　二　志

圖12《國家珍貴古籍名録》12587《[正德]雲南志》
明正德刻本　寧波市天一閣博物院藏

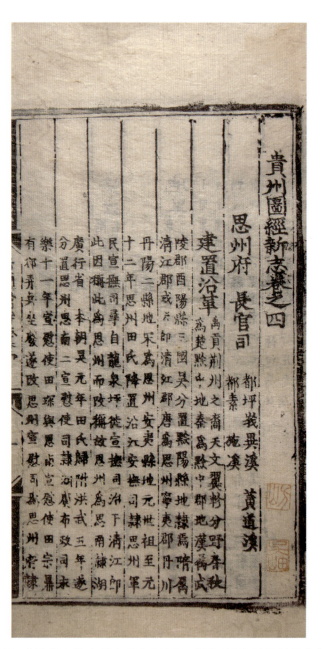

貴州圖經新志卷之四

思州府　長官司　都坪義異溪　施溪　黃道溪

建置沿革

禹貢荊州之裔，天文翼軫分野，春秋為楚黔中地，秦為黔中郡地，漢為武陵郡，隋屬為巴郡清江郡或云巴郡清江郡，唐為思州寧夷郡丹川

丹陽二縣地采為思州安夷縣地，世祖至元十二年思州田氏降置沿九安撫司隸思州軍

此因襲此為恩州坪，稱故恩州為思州軍，民宣慰司尋自龍泉坪徙宣慰司擢此都元帥府治下清江郡湖

廣行省本朝是元年田氏歸附洪武五年遂分置思州南二宣慰司隸湖廣布政司本

有郡舜典坐發遂改思州府宗暴樂十一年宣慰使田琛與思南宣慰使田宗鼎有郡舜興坐發遂改思州府宗暴隸

圖13　《國家珍貴古籍名錄》04176　《[弘治]貴州圖經新志》
明刻本　中國國家圖書館藏

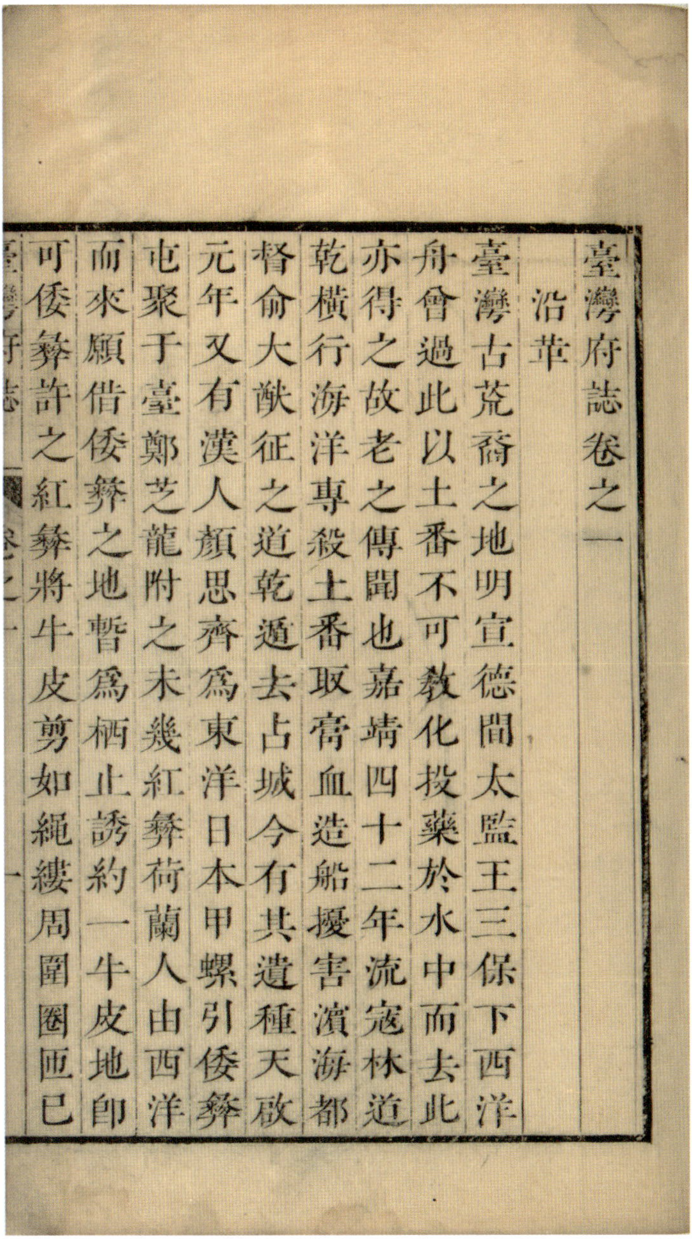
臺灣府誌卷之一

沿革

臺灣古荒裔之地明宣德間太監王三保下西洋舟曾過此以土番不可教化投藥於水中而去此亦得之故老之傳聞也嘉靖四十二年流寇林道乾橫行海洋專殺土番取膏血造船擾害濱海都督俞大猷征之道乾遁去占城今有其遺種天啟元年又有漢人顏思齊爲東洋日本甲螺引倭彝屯聚于臺鄭芝龍附之未幾紅彝荷蘭人由西洋而來願借倭彝之地暫爲棲止誘約一牛皮地即可倭彝許之紅彝將牛皮剪如繩縷周圍圈匝已

臺灣府誌　卷之一　一

圖14 《國家珍貴古籍名録》08023 《[康熙]臺灣府志》
清康熙刻本　上海圖書館藏

漢袁氏鏡 道光廿二年余得浮此鏡於沛宵

盍氏非今九月蘭山宋麗東見貺我鏡六袁氏作刻有

劉鏡大先生故物也袁氏或擇作

一泰字在內闌更公剛廿五年十月許瀚記

圖15 《國家珍貴古籍名録》04340 《攀古小廬收藏鏡銘》
稿本　日照市圖書館藏　漢袁氏鏡

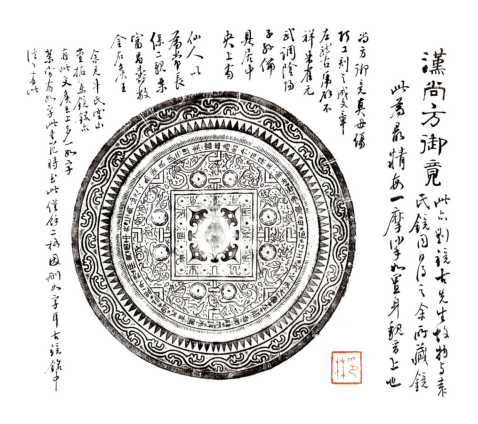

漢尚方御竟

此点刻镜古先生旧物与素
氏镜同為之余雨藏镜
此為最精為一摩挲如置身觀摹上也

尚方御竟真毋傷
巧工刻之成文章
左龍右虎辟不
祥朱雀元
武調陰陽
子孫備
具居中
央上有
仙人以
為壽長
保二親樂
富昌壽敖
金石康玉

余見斗氏室山
重椎石鏡銘然
有此文竟止多一如字
業字多如字此書龍時刻此僅存二枚因刪如字見古鏡銘中

圖16 《國家珍貴古籍名錄》04340 《攀古小廬收藏鏡銘》
稿本 日照市圖書館藏 漢尚方御鏡

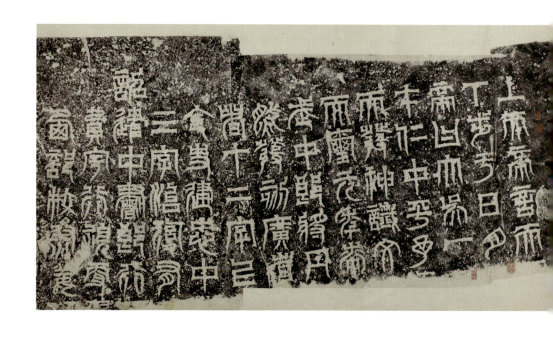

圖17 《國家珍貴古籍名録》11014 《天發神讖碑》
明拓本　中國國家圖書館藏

圖18 《國家珍貴古籍名録》11014 《天發神讖碑》
明拓本　中國國家圖書館藏

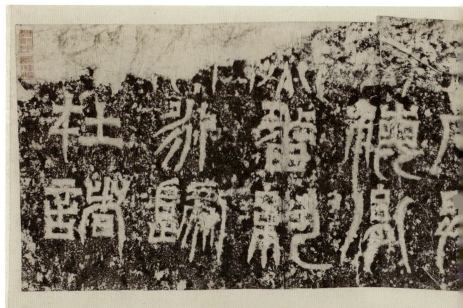

圖19 《國家珍貴古籍名録》11014 《天發神讖碑》
明拓本　中國國家圖書館藏

山碑首人書錄皆謂罕兒文字泉書催宋周碑羽碑盧玉武空為墓建
益以嶧山碑後甞是書與此碑同時立也然嶧山碑建
以書藝論宗為家建業之建名旁從兒國山碑建宇伏主此碑東字
中書微斷不合金書國山碑不然是未可遽定為建書也按未定屢
和傅装注引命稽史錄於晃時山陰朱育少好辛字徠體象稱作吳
字千名以上階書經緯嵆志其字三秦朱育為吳郎書誤升蘭屢引朱育集
字式云謂古字武古字碑云建建忠中郎將解升三字沿
與古同鄾請学傳朱氏之學者辛又按路統偉以功曹少為郎
忠忘中郎將劃此宫立吳時為外秋朱育佐吳觀之與碑朱
結術合其和住為郎書佐古人書佐一蔵山偉嶸書漢卑山碑
寮書之郎否佐也隋衡嚴道場碑為書佐質德仁照古
碑不著惟書名者住三郎此撰人之筆頗提此碑升為育書
頌目畢遺黄長睿以未無言之者國絳闇簪催峩山謑買諸
禮升育萃得無關系紧室邦

光緒甲午上元日鞠常葉昌熾

圖20 《國家珍貴古籍名錄》04686 《太平山水圖畫》
清順治五年裒古堂刻本　中國國家圖書館藏

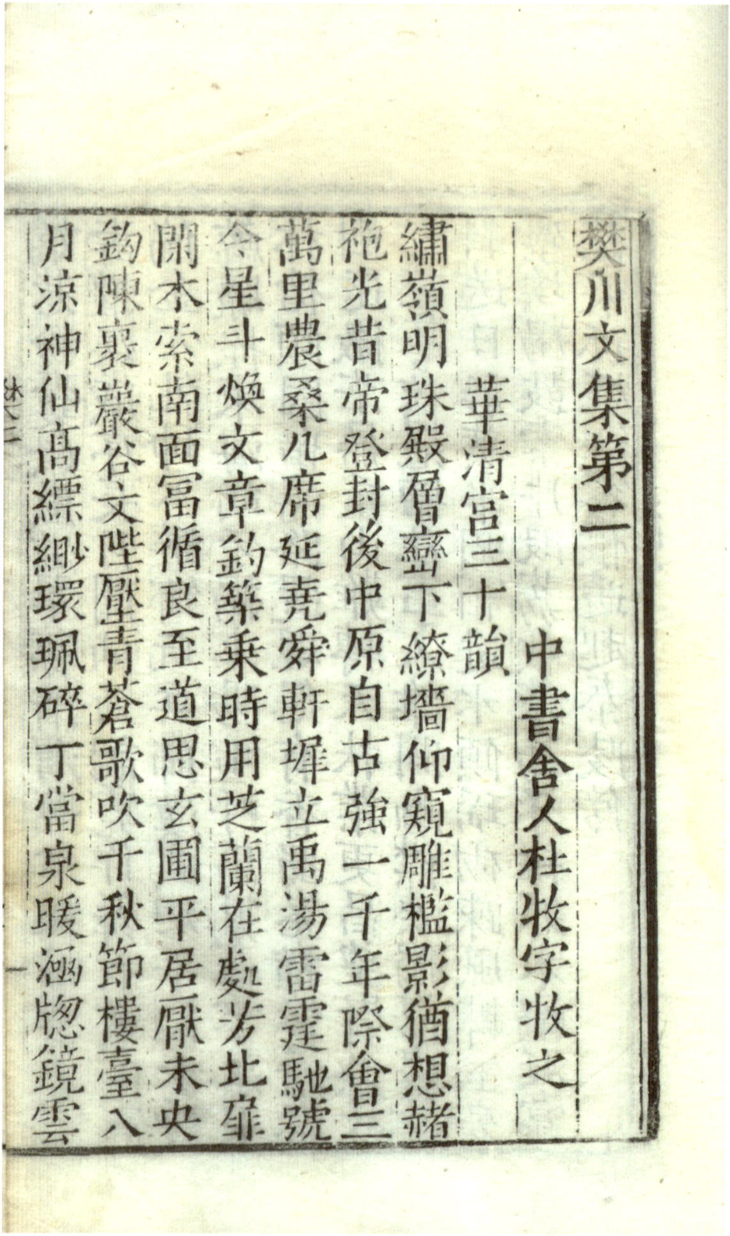

樊川文集第二

中書舍人杜牧字牧之

華清宮三十韻

繡嶺明珠殿層巒下繚墻仰窺雕檻影徊想赭
袍光昔帝登封後中原自古強一千年際會三
萬里農桑几席延堯舜軒墀立禹湯雷霆馳號
令星斗煥文章鈞藥乘時用芝蘭在處芳比壘
開木索南面富循良至道思玄圃平居厭未央
釣陳襄巖谷文陛璧青蒼歌吹千秋節樓臺八
月凉神仙高標緲環珮碎丁當泉暖涵愡鏡雲

圖21 《國家珍貴古籍名録》10605 《樊川文集》
明刻本　北京師範大學圖書館藏

此明覆宋熙寧本今日直与宋槧同貴明徐興公故書王
子夏曰海上耶獲一卷一葉補寫以其幅廣不能畫格
別寫補之而仍存其舊於端曾見明刻他本板心火潤苦
之寫者或即依摹為之癸丑三月裝過題記
敬求記云收之集舊人從宋本摹寫者新刻校之殳大異與翻宋
雕之佳也欲錢氏未著別集未審即此本否近歲楊君星吾景
寫日本楓山官庫宋本重刻於郡恙与此同誇字亦至小異
序後興云題語與筆精詳容立異盂致欸筆記體殊丹

圖22 《國家珍貴古籍名録》10605 《樊川文集》
莫棠跋

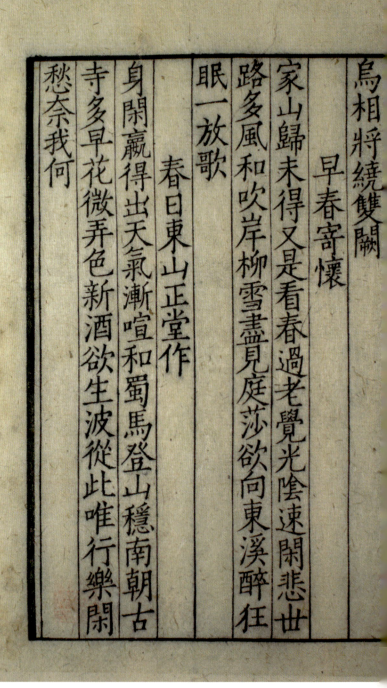

鳥相將繞雙闕

早春寄懷

家山歸未得又是看春過老覺光陰速閑悲世
路多風和吹岸柳雪盡見庭莎欲向東溪醉狂
眠一放歌

春日東山正堂作

身閑嬴得出天氣漸喧和蜀馬登山穩南朝古
寺多早花微弄色新酒欲生波從此唯行樂閑
愁奈我何

圖23 《國家珍貴古籍名錄》01075 《李丞相詩集》
宋臨安府陳宅書籍鋪刻本 中國國家圖書館藏

隴西　李　　建勳

詩四十四首

中酒寄劉行軍

甚矣頻頻醉神昏體亦虛肺傷徒問藥髮落不
盈梳戀寢嫌明室修生媿道書西峯老僧語相
勸合何如

　　白鷴

東溪

鷴毛羽何皎潔薄暮浴清波斜陽共

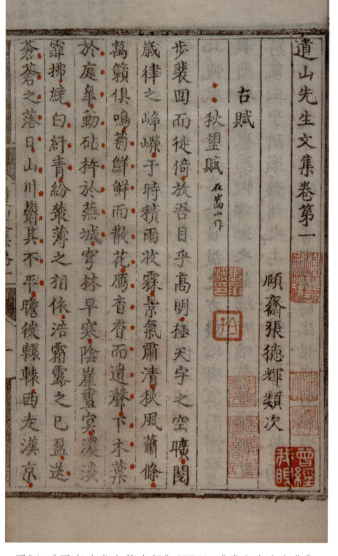

圖24 《國家珍貴古籍名録》05741 《遺山先生文集》
明弘治十一年李瀚刻本　中國國家圖書館藏

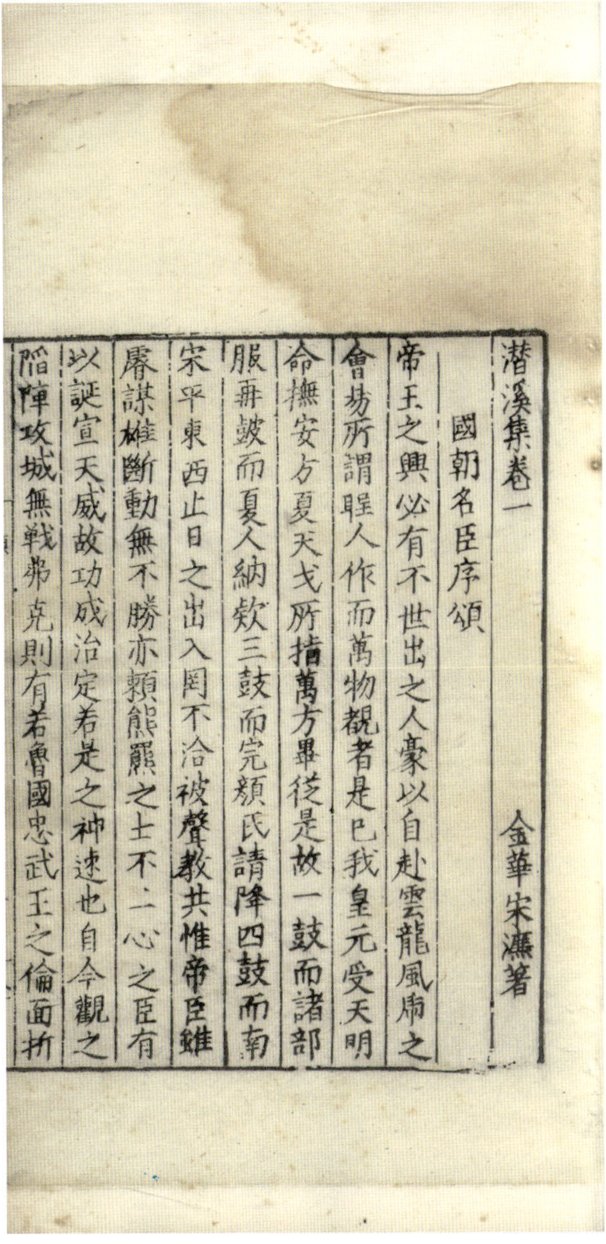
潛溪集卷一　　　　金華宋濂著

國朝名臣序頌

帝王之興必有不世出之人豪以自赴雲龍風虎之
會易所謂聖人作而萬物覩者是已我皇元受天明
命撫安方夏天戈所指萬方畢從是故一鼓而諸部
服再鼓而夏人納欵三鼓而完顔氏請降四鼓而南
宋平東西止日之出入罔不洽被聲教共惟帝臣雖
睿謀雄斷動無不勝亦賴熊羆之士不二心之臣有
以誕宣天威故功成治定若是之神速也自今觀之
陷陣攻城無戰弗克則有若魯國忠武王之倫面折

圖25 《國家珍貴古籍名録》09018 《潛溪集》
明嘉靖十五年徐嵩、温秀刻本　天津圖書館藏

潛溪先生集卷之一

後學弋陽黃溥澄濟選編

後學古相羅綺尚絅校正

古詩

雜體五首

丹桃艷陽質　秾自武陵源　柔風拂纖條　鮮澤沃靈根　吐葩當春茂

結實俟秋蓄　盈盈大如拳　有色極華丹　衛之不敢藝　期以奉君餐

君餐益靈和　神滋生玉顏　無為非玄化　恭默即軒轅　效陸平原

流幻百年中　有如水中泡　虛形本不實　何俟永今朝　悟此造化意

肆情常逍遙　夜來新雨至　南園秀芳苗　掇之薦義酒　沖懷正陶陶

斜川素心人　叩門約遨遊　相攜步過澤　神與品物交　驚颷亂發揮

宋學士文粹卷第一

皇明寶訓序

皇帝繼天出治御大歷服七緯順度九圍救寧愛自　龍飛之初以迄
今兹金匱之藏歲益月增乃徇翰林詞臣之請纂脩日曆以成　昭代
之大典肆洪武癸丑之秋八月甲申帝御東黃閣名臣詹同臣樂韶鳳
臣宋濂俾選海内文學之士開局西華門内相與編摩成書而命臣同
臣濂為之總裁九月壬寅臣等既逆事發兩藏而緝閱之仰窺　神機
臣濂為之總裁辰告已以明徵定保嘉惠邦家者究物乎其間臣等因相與
參斷遠猶猶辰告已以明徵定保嘉惠邦家者究物乎其間臣等因相與
言曰日齊之成藏諸天府人欲見之有不可得者盡如太宗貞觀政要
之書編集以傅詢謀既同於是輯成四十類自敬天至制疆夷熮為五
卷總四萬五千五百餘言皆託記注之真不敢以已意輕為損益云臣
等竊聞之自古開基創業之君其誠心也大舜有勑天之誡武王有衣
可為天下後世法治忽所繫甚為不輕所以大舜有勑天之誡武王有衣
鑑之銘典示于後炳若丹青歷代寳之用為大訓蓋慎之至也肆惟
皇上恭膺天命經營四方東濟地民惟日不足故凡戒飭臣工訓誓將
士曲曲經入史冊寔寔蔚勅必欲使其心領神會而後已嗚呼日月之無私

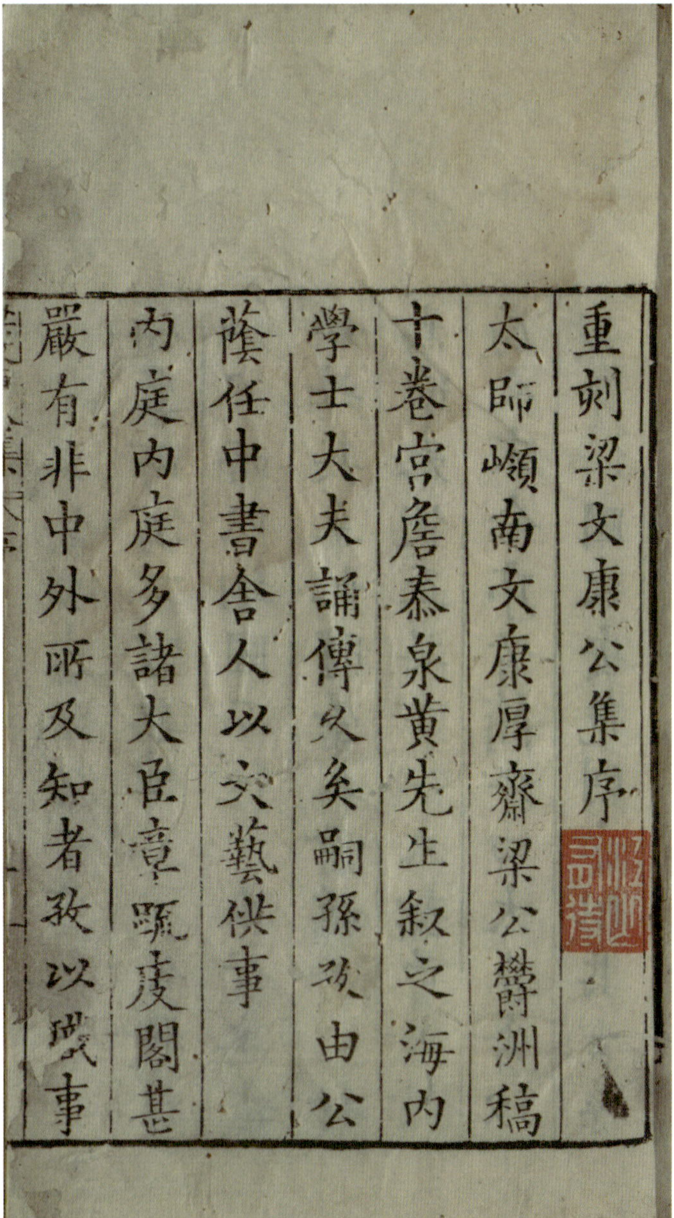

重刻梁文康公集序

太師嶧南文康厚齋梁公欝洲稿
十卷宮詹泰泉黃先生叙之海內
學士大夫誦傳久矣嗣孫玫由公
蔭任中書舍人以文藝供事
內庭內庭多諸大臣章疏夌閣甚
嚴有非中外所及知者玫以毁事

圖28 《國家珍貴古籍名録》05926 《欝洲遺稿》
明嘉靖四十五年刻本　華南師範大學圖書館藏

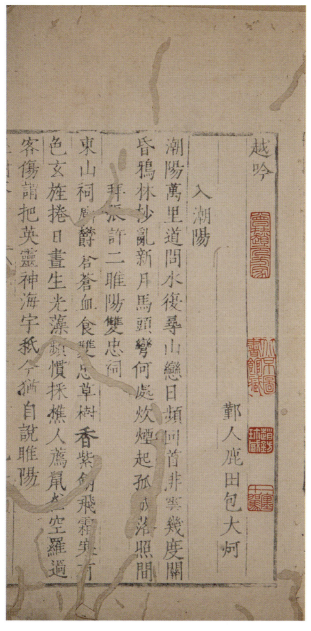

越吟

入潮陽　　　　　　　　　　　　　鄞人鹿田包大炯

潮陽萬里道問水復尋山戀日頻回首非雲幾度開
昏鴉林杪亂新月馬頭彎何處炊煙起孤□落照間

拜宗許二雎陽雙忠祠

東山祠廟靜谷蒼蒼血食雙忠草樹香紫劍飛霜實有
色玄旌捲日畫生光藻頻慣採樵人蔫鼠尤空羅過
客傷謂把英靈神海宇祇今猶自說雎陽

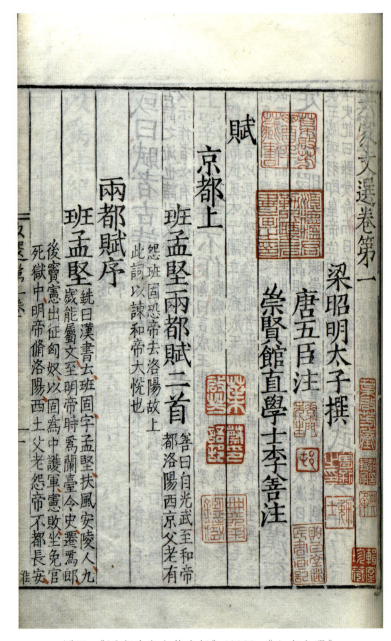

文選卷第一

賦
京都上
兩都賦序
班孟堅

梁昭明太子撰
唐五臣注
崇賢館直學士李善注

班孟堅兩都賦二首 善曰自光武至和帝
都洛陽西京父老有
怨班固恐帝去洛陽故上
此詞以諫和帝大悅也

銑曰漢書云班固字孟堅扶風安陵人九
歲能屬文至明帝時爲蘭臺令史遷爲郎
後竇憲出征匈奴以固爲中護軍憲敗坐免官
死獄中明帝備洛陽西土父老怨帝不都長安

文選序

梁昭明太子撰

式觀元始，眇覿玄風，冬穴夏巢之時，茹毛飲血之世，世質民淳，斯文未作。逮乎伏羲氏之王天下也，始畫八卦，造書契以代結繩之政，由是文籍生焉。《易》曰：觀乎天文以察時變，觀乎人文以化成天下。文之時義遠矣哉。若夫椎輪為大輅之始，大輅寧有椎輪之質。增冰為積水所成，積水曾微增冰之凜。何哉？

圖31 《國家珍貴古籍名錄》10889 《六家文選》
明嘉靖十三至二十八年袁褧嘉趣堂刻本 蕭統序首葉

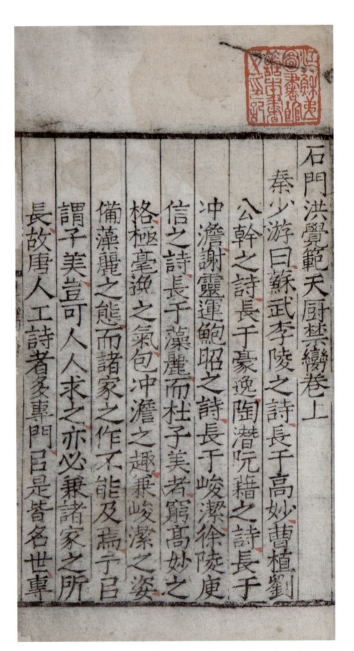

圖32 《國家珍貴古籍名録》10958 《石門洪覺範天厨禁臠》
明活字印本　中國國家圖書館藏

珠玉詞　宋晏殊 同叔

點絳唇

露下風高井梧宮簟生秋意画堂筵啓一曲呈
珠綴　天外行雲欲去凝香袂爐煙起斷腸聲
裏飲盡雙蛾翠

浣溪沙　舊刻十二闌夜青杏園林　襄酒香是未叔作仐刪去

閬苑瑶臺風露秋整鬟凝思捧觴籌欲歸臨別

六

珠玉詞

圖33 《國家珍貴古籍名録》02273 《宋名家詞》
明崇禎毛氏汲古閣刻本　中國國家圖書館藏

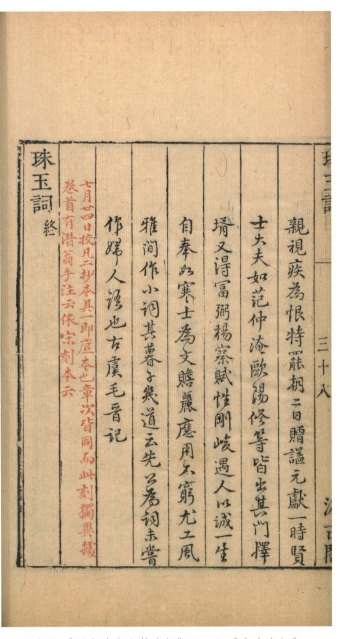

珠玉詞 終

卷首有潛翁手注云依宋刻本云

七月廿四日校凡二抄本其一即庭本也章次皆同而此刻獨異攷

作婦人語也古虞毛晉記

雅間作小詞其蕃子幾道云先公為詞未嘗

自奉如寒士為文贍麗應用不窮尤工風

壻又得富弼楊察賦性剛峻遇人以誠一坐

士大夫如范仲淹歐陽修等皆出其門擇

親視疾為恨特罷相二日贈諡元獻一時賢

圖34　《國家珍貴古籍名錄》02273　《宋名家詞》
明崇禎毛氏汲古閣刻本　黃儀跋

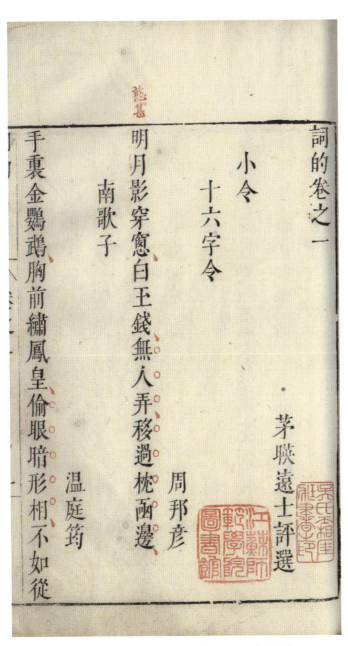

詞的卷之一

茅暎遠士評選

小令

十六字令

南歌子　　　　　　　周邦彦

明月影穿窗白玉錢無人弄移過枕函邊

　　　　　　　　　　溫庭筠

手裏金鸚鵡胸前繡鳳皇偷眼暗形相不如從

圖35　《國家珍貴古籍名録》06537　《詞的》
明刻朱墨套印本　蘇州大學圖書館藏

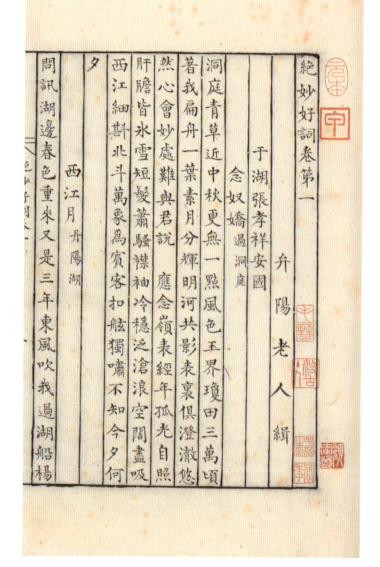

絶妙好詞卷第一

弁陽老人緝

于湖張孝祥安國

念奴嬌過洞庭

洞庭青草近中秋更無一點風色玉界瓊田三萬頃
著我扁舟一葉素月分輝明河共影表裏俱澄澈悠
然心會妙處難與君說　應念嶺表經年孤光自照
肝膽皆冰雪短髮蕭騷襟袖冷穩泛滄浪空闊盡吸
西江細斟北斗萬象爲賓客扣舷獨嘯不知今夕何
夕

西江月丹陽湖

問訊湖邊春色重來又是三年東風吹我過湖船楊

圖36 《國家珍貴古籍名錄》12083 《絕妙好詞》
清初毛氏汲古閣抄本　中國國家圖書館藏

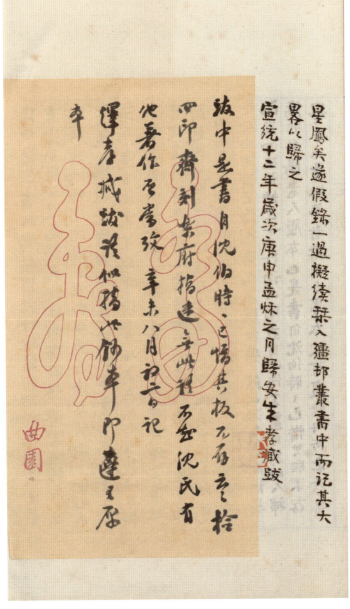

圖37 《國家珍貴古籍名錄》12083 《絕妙好詞》
清初毛氏汲古閣抄本　書末題跋

忠烈攷

易名

易名昉自有周秦泫古罷諡法兩漢繼興

始嚴顧制曰星為昭每太常氏持衡操鑑

務曲肖其人之品行曾未敢稍假於一字

兩字之褒稱是所以為先王之名教也顧

不重興憶

皇初立國既追諡先朝　大行帝后仍

圖38 《忠烈攷》
清抄本　北京師範大學圖書館藏

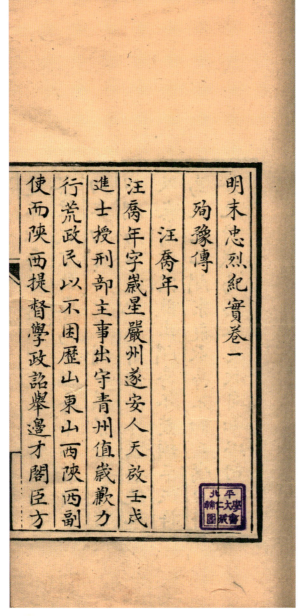

明末忠烈紀實卷一

殉豫傳

汪喬年

汪喬年字歲星嚴州遂安人天啟壬戌
進士授刑部主事出守青州值歲歉力
行荒政民以不困歷山東山西陝西副
使西陝西提督學政詔舉邊才閣臣方

圖39 《明末忠烈紀實》
清抄本　北京師範大學圖書館藏

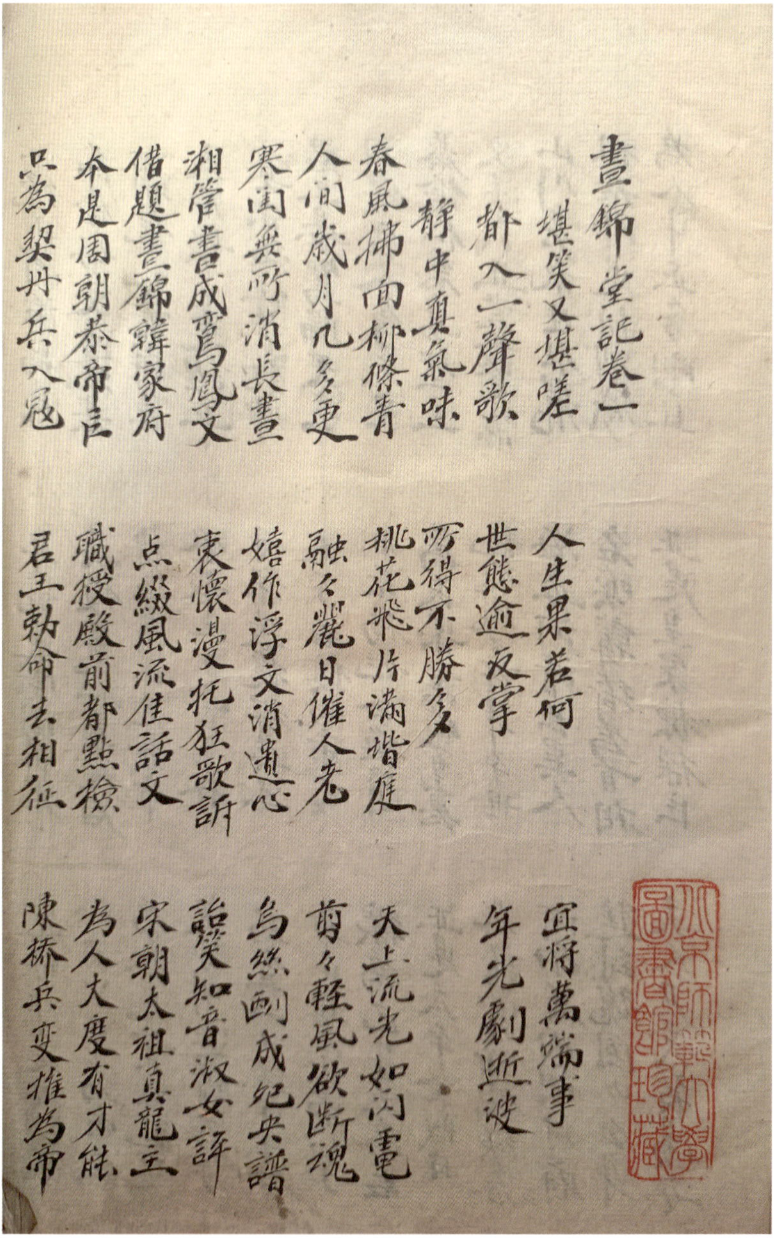

畫錦堂記卷一

堪笑又堪嗟　人生果若何

般入一聲歌　世態逾反掌

宜將萬端事

年光劇斷波

靜中真氣味　那得不勝多

天上流光如閃電

春風拂面柳條青　桃花飛片謝楷庭

剪剪輕風欲斷魂

人間歲月幾多更　融融麗日催人老

烏然畫成紀央譜

寒閨愁听消長畫　嬉作浮文消遣忑

詒笑知音淑女評

湘管書成鸞鳳文　裹懷漫托狂歌訴

宋朝太祖真龍立

借題畫錦韓家府　点綴風流佳話文

本是周朝泰帝言　職役殿前都點檢

為人大度有才能

只為契丹兵入冠　君王勅命去相征

陳橋兵變推為帝

圖40　《畫錦堂記》
清抄本　北京師範大學圖書館藏

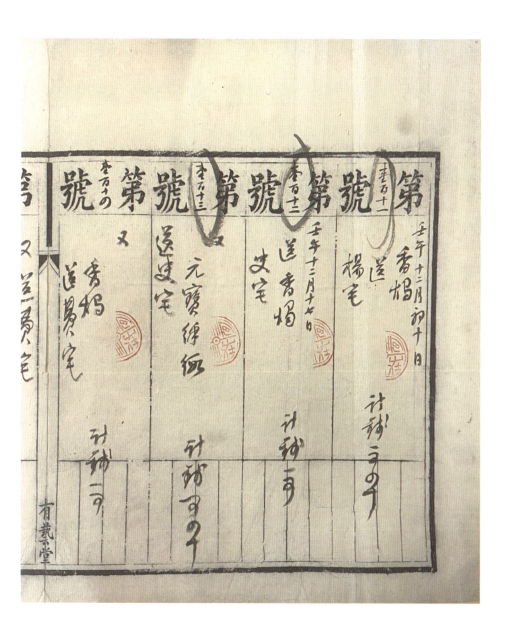

圖41 《曲園老人送禮簿》
稿本 上海博物館藏

《書志》編委會

目　録

· 國家珍貴古籍書志

經　部

周　易

中國國家圖書館　樊長遠

中國國家圖書館 03337
國家珍貴古籍名録 00191

《周易》九卷。（三國魏）王弼、（晋）韓康伯注；（唐）陸德明釋文。《周易略例》一卷。（三國魏）王弼撰；（唐）邢璹注。宋刻本。三册。綫裝。（明）文嘉、董其昌、文震孟、文從簡題款。（清）秦蕙田跋。

【題著説明】卷一卷端首行題“周易上經乾傳第一”，下夾注《釋文》“周代名也”云云，至次行止。第三行題“王弼注”，第四行題“唐國子博士兼太子中允贈齊州刺史吴／縣開國男陸德明釋文附”。卷二至六僅題“王弼注”，不題陸德明。每卷所題“乾傳第一”“泰傳第二”“噬嗑傳第三”“咸傳第四”“夬傳第五”“豐傳第六”，各以卷首第一卦爲名。卷七至九卷端首行分别題“周易繫辭上第七”“繫辭卷第八”“説卦第九”，下題“韓康伯注”。《周易略例》首行題“周易略例并叙”，下題“唐四門助教邢璹注”，第一節“明象”下題“王弼注”。各卷末題“周易卷第幾”。

【著者簡介】

1. 王弼(226—249),字輔嗣,高平①(今屬山東)人。三國時期曹魏經學家,魏晋玄學的代表人物。曾任尚書郎。注《周易》上下經并撰《略例》,另著有《老子注》。

2. 韓康伯(332—380),名伯,字康伯,長社(今屬河南)人。早年舉秀才,徵著作佐郎,皆不就。晋簡文帝居藩,引爲談客,乃入仕途,官至豫章太守、常侍,追贈太常。善於思辨,爲時人所推重。

3. 陸德明(約 550—630),名元朗,字德明,以字行,吳縣(今屬江蘇蘇州)人。南朝陳時,任始興王國左常侍,遷國子助教。入隋,授秘書學士、國子助教。唐初,李世民徵爲秦府文學館學士,命中山王李承乾從其受業。貞觀初,拜國子博士,封吳縣男。善言玄理。著有《經典釋文》。傳見《舊唐書》。

4. 邢璹(生卒年不詳),唐玄宗時爲四門助教,官至鴻臚少卿。

【内容】卷一至六《周易》上下經。卷七至八《周易繫辭》,卷九《説卦》《序卦》《雜卦》,《周易略例》編爲卷第十。《釋文》接注後,以小圓圈相隔,出字不加標識。

【刊印者】待考。

【行款版式】半葉十二行,行二十一至二十二字不等,小字雙行二十八字。白口,左右雙邊,雙順魚尾。上魚尾下題書名卷次,如"易一""易二",下魚尾下題葉次。版框 18.3 厘米×13.1 厘米,開本 24.4 厘米×15.7 厘米。

【題名頁牌記】無。

【刊寫題記】無。

【刻(寫)工】無。

【避諱】書中"匡(筐)""殷""恒""貞""桓""慎"字缺末筆。

"玄(鉉弦)"字有不避之處,如卷五《鼎》卦"六五鼎黄耳金鉉""上九鼎玉

---

①王弼之里籍"山陽高平",一説爲河内郡山陽縣(今河南焦作市),一説爲兖州山陽郡高平縣(今山東金鄉縣西北或鄒縣),當以後説爲是。參肇鵬《王弼的籍貫問題》,《文史哲》,1985 年第 2 期;史保《王弼籍貫考》,《學術論壇》,1985 年第 11 期;艾知舟《王弼里籍考證》,《徐州師範學院學報》,1988 年第 4 期。

鉉”之“鉉”字缺筆,而六五之小字注“鉉,玄典反,徐又苦玄反……馬云鉉扛鼎而舉之也”,上“鉉”“玄”二字缺筆,下“玄”“鉉”二字則不缺。

“敬(驚警)”字不缺,如卷三《離》卦“敬之无咎”“履錯之敬”之“敬”字,小注“警慎之貌也”之“警”字,卷五《震》卦“震驚百里驚遠而懼邇也”之“驚”字,皆不諱。卷三《无妄》卦小注“竟矣哉”之“竟”字則缺末筆。

“弘”字有避有不避,如卷一《坤》卦“含弘光大”之“弘”字避,卷二《泰》卦注“用心弘大”之“弘”則不避。

“貞”字避諱惟謹,而“徵”字不避,如《周易略例·明象》“可爲其徵”及注“徵,驗也”,兩“徵”字不避。“懲”字有避有不避,如卷三《噬嗑》卦之小注“小懲大誡”“非懲凶”不避,“足懲而已”“罪非所懲”則避。

“樹”字不避,如卷二《蠱》卦釋文“裕羊樹反”、卷八《繫辭》“不封不樹”之“樹”字皆不缺筆。

“構(遘媾溝搆冓)”字避諱,但不謹嚴。如卷三《賁》卦“匪寇婚媾”并注“媾,古豆反”,“媾”字不避;卷四《睽》卦“匪寇婚媾”并注“媾,古豆反”,“媾”字皆避諱。

“慎”字避諱謹嚴,如卷一《坤》卦“括囊无咎,慎不害也”等多處均缺末筆。避諱至宋孝宗。

【序跋附錄】《周易略例》卷端題作“周易略例并叙”,下署“唐四門助教邢璹注”。所謂“叙”者爲唐邢璹進書表,錄文如下:

原夫兩儀未位,神用藏於視聽,一氣化矣。至頤隱乎名言,於是河龍負圖,犧皇畫卦,仰觀俯察,遠物近身,八象窮天地之情,六位備剛柔之體。言大道之妙有,一陰一陽;論聖人之範圍,顯仁藏用。寔三元之胎祖,鼓舞財成;爲萬有之蓍龜,知來藏往。是以孔丘三絕,未臻樞奧;劉安九師,尚迷宗旨。臣舞象之年,鼓篋鱣序,漁獵墳典,偏習《周易》,研窮耽玩,無舍寸陰。是知卦之紀綱,周文王之言略矣;象之吉凶,孔仲尼之論備矣。至如王輔嗣《略例》,大則摠一部之指歸,小則明六爻之得失。承乘逆順之理,應變情僞之端,用有行藏,辭有險易。觀之者可以經緯天地,探測鬼神,匡濟邦家,推辟咎悔。雖人非上聖,亦近代一賢。臣謹依其文,輒爲注解,雖不足敷弘《易》道,庶幾有裨於教義,亦猶螢燐增輝於大陽,涓流助深於巨壑。臣之志也,敢不上聞。

【批校題跋】卷十末葉有明天啟七年(1627)董其昌題款一行,書末護葉有明萬曆八年(1580)文嘉題款、崇禎五年(1632)文震孟題款、崇禎七年(1634)文從簡題款各一篇,清乾隆二十九年(1764)秦蕙田跋一篇,均用墨筆書寫。依次錄文如下:

1. 天啟七年丁卯歲三月六日,董其昌觀于頑仙廬。(末鈐"玄/宰"白文方印)

2. 萬曆庚辰三月二日,文嘉閱。

3. 崇禎壬申午日,黃子羽携過清瑶嶼,與張異度同觀,去先叔祖文水翁題識時已五十二年矣。震孟。(末鈐"文印/震孟"白文方印)

4. 崇禎甲戌陽月,過跌影齋,焚香觀。陸孟鳧、曹孟林、葛君常在座。文從簡。

5. 此真北宋佳本,人世存者尠矣,宜董、文諸公欽愛而珍異之。吾家世有舊刻,久多散佚。此書得之玉峰徐氏,吉光片羽,爲味經窩藏書第一,子子孫孫其善守之。

乾隆二十九年歲在甲申,味經秦蕙田識。(末鈐"大司/寇章"朱文方印、"蕙田/之印"白文方印)

【鈐印】

首册護葉鈐"錫山秦氏/珍藏圖書"朱文長方印。

卷一卷端鈐"約/齋"朱文方印、"伯/符"朱文方印、"毛""晋"朱文連珠方印、"北京/圖書/館藏"朱文方印、"徐/健庵"白文方印、"乾/學"朱文方印、"閬原/甫"朱文方印、"汪印/士鐘"白文方印,框外由下至上鈐"引/之"朱文方印、"芸/室"白文方印、"秦印/蕙田"白文方印、"味/經"朱文方印、"憲/奎"白文方印、"秋浦"朱文長方印,書眉上鈐"甲"朱文方印、"宋本"朱文橢圓印、"平陽汪氏/藏書印"朱文長方印、"瞿氏鑒/藏金石記"白文長方印、"菰里/瞿鏞"右朱左白方印。

卷二卷端鈐"鐵琴銅/劍樓"白文長方印。

卷三末葉鈐"平江汪/憲奎秋/浦印記"白文方印、"有/竹居"朱文方印、"毛氏/子晋"朱文方印、"汲古/主人"白文方印、"味經窩/藏書印"朱文長方印、

“小/謨觴/仙館”白文方印、“不夜于氏/藏書印”白文長方印。

卷四卷端鈐“味/經”朱文方印、“毛”“晋”朱文連珠方印、“秦印/蕙田”白文方印、“閬原/甫”朱文方印、“汪印/士鐘”白文方印，框上鈐“憲/奎”白文方印、“秋浦”朱文長方印，書眉上鈐“平陽汪氏/藏書印”朱文長方印、“瞿氏鑒/藏金石記”白文長方印。

卷六末葉鈐“秋/浦”朱文方印、“憲/奎”白文方印（與卷一、四首葉不同）、“毛氏/子晋”朱文方印、“汲古/主人”朱文方印、“味經窩/藏書印”朱文長方印；乙面鈐“小/謨觴/仙館”白文方印、“不夜于氏/藏書印”白文長方印。

卷七卷端鈐“味/經”朱文方印、“秦印/蕙田”白文方印，框外鈐“憲/奎”白文方印（同卷一）、“秋浦”朱文長方印，書眉上鈐“平陽汪氏/藏書印”朱文長方印、“瞿氏鑒/藏金石記”白文長方印。末葉鈐“味經窩/藏書印”朱文長方印。

卷十末葉鈐“味經窩/藏書印”朱文長方印、“秋/浦”朱文方印、“憲/奎”白文方印（同卷一）、“約/齋”朱文方印、“伯/符”朱文方印、“叔/介”白文方印、“汲古/主人”朱文方印、“子”“晋”朱文連珠方印、“閬原/甫”朱文方印、“汪印/士鐘”白文方印；董其昌題款末鈐“玄/宰”白文方印，其後鈐“平陽汪氏/藏書印”朱文長方印、“小/謨觴/仙館”白文方印、“不夜于氏/藏書印”白文長方印、“關氏/收藏/圖書”白文方印、“昌胤”朱文圓印、“瞿氏鑒/藏金石記”白文長方印、“玉蘭堂/圖書記”朱文長方印、“紹基/秘笈”白文方印。

第三冊末護葉文震孟跋末鈐“文印/震孟”白文方印。秦蕙田跋末鈐“大司/寇章”朱文方印、“蕙田/之印”白文方印。此葉末又鈐“海虞毛/晋子晋/圖書記”朱文方印、“鐵琴銅/劍樓”白文長方印、“瞿印/秉清”白文方印、“北京/圖書/館藏”朱文方印。

【書目著録】

1. 徐乾學《傳是樓書目》經部“天字上格·易”著録：“《周易注》，上下經六卷，晋王弼注；《略例》一卷，唐邢璹注；《繫辭》三卷，韓康伯注。三本。”①未注明

---

① 徐乾學《傳是樓書目》，清道光八年（1828）劉氏味經書屋抄本，中國國家圖書館藏，索書號 02809。

版本,疑即此宋本。《傳是樓宋元板書目》"天字格"著録:"《周易》,一之六卷,王弼注;七之九卷,韓康伯。二本。宋板一套。"①不言有《略例》,且少一册,當爲另一版本。

2.《恬裕齋藏書記》經部易類著録②。

《鐵琴銅劍樓藏書目録》卷一著録"《周易》十卷,宋刊本"③,云"《經》九卷,《略例》一卷,通爲十卷,與晁氏《郡齋讀書志》合。分卷與陸氏《釋文》、開成石經、相臺岳氏本合。……宋諱'殷''匡''筐''恒''貞''徵''懲''構''媾''遘''慎'等字,皆闕筆④,而'敦'字不闕,蓋孝宗時刻本也。"瞿氏詳舉此宋本文字之勝於通行本者如:

《比》"初六,終來有它吉",象傳"有它吉也",皆不作"他";《大有》象傳"明辯晢也",不作"辨晢";《坎》"九五,祗既平",不作"祇";《困》六三及《繫辭》"據于蒺藜",皆不作"藜";《繫辭》"兼三材而兩之""三材之道也",皆不作"才";《序卦》"傷於外者必反於家",不作"其家";"決必有遇"不作"有所遇";"物不可以終動,動必止之",不作"終動止之",俱與相臺岳氏本同。惟《乾·文言》"可與幾也","與"下有"言"字;《復》"初九,无祗悔",不作"祇";《中孚》九二及《繫辭》"吾與爾縻之",皆不作"靡";《繫辭下》"力少而任重",不作"力小";《雜卦》"蠱則飾也",不作"飭","遘遇也",不作"姤遇",與岳本異。至注文之異,尤不勝數。今略舉之。若:《遯》上九,下"繒繳不能及",不作"矰繳";《大壯》上六,下"持疑猶與",不作"猶豫";《巽象》下"巽弟以行",不作"巽悌",皆與《釋文》合。《説卦》"和順於道德而理於義"下,有注十三字云:"易,所以和天道,明地德,理行義也。"《雜卦》"小人道憂也"下有注十八字云:"君子以決,小人長其道,小人見決去,爲深憂也。"此二條,各本并脱,惟日本山井鼎《考文》、盧抱經學

―――――――――

① 徐乾學《傳是樓宋元板書目》,清道光六年(1826)劉氏味經書屋抄本,中國國家圖書館藏,索書號02808。

② 瞿鏞《恬裕齋藏書記》卷一,影印清抄本,《南京圖書館藏稀見書目書志叢刊》第19、20册,國家圖書館出版社2017年版。

③ 瞿鏞編纂、瞿果行標點、瞿鳳起覆校《鐵琴銅劍樓藏書目録》,上海古籍出版社2000年版,第1頁。

④ 按:此述諱字不完全準確,見本文前節。

士《群書拾補》載之而已。《略例》亦附《釋文》……序中"孔仲尼之論增輝於大陽",均與岳本異。序後題"周易略例卷第十",下雙行注云:"《略例》者,舉釋綱目之名,統明大理之稱。略,不具也;例,舉並也。然以先儒注《易》二十餘家,雖小有異同,而迭相祖述推比,王氏所見特殊,故作《略例》二篇,以辯諸家之惑,錯綜文理,具録之也。"此注惟官本有之,而文又小異,故詳著之。是卷凡"無"字,除引經"无妄"等,皆不作"无",與唐石經合,視岳本更爲近古。經惟《易》爲完書,流俗傳刊,日失其舊,是正文字,賴有宋槧,而是本足資訂補,尤非他宋槧可及,故以弁冕群籍焉。

《鐵琴銅劍樓宋金元本書影》收録卷二首葉、卷十末葉及題跋觀款書影。《鐵琴銅劍樓宋元本書影識語》卷一撮舉《鐵琴銅劍樓藏書目録》之考訂結論①。

《鐵琴銅劍樓藏書題跋集録》收録各家題款跋文②。

3. 傅增湘《藏園訂補郘亭知見傳本書目》卷一著録《周易注》十卷:"海虞瞿氏鐵琴銅劍樓藏南宋初建本……字體秀勁,如鐵畫銀鉤。有文嘉、文震孟等觀款。此爲傳世《周易》王弼注最佳之本,已影印行世。"③

4.《中國版刻圖録》圖版一五九收録卷一卷端書影半葉,提要云:"《周易注》,魏王弼、晋韓康伯撰。宋刻本。建陽。……宋諱缺筆至'慎'字。書體秀媚,字近瘦金體,知是南宋初葉建陽坊本。文字較他本多勝處。傳世宋版《周易》除淳熙間撫州公使庫刻本外,當推此爲最善之本。近年瞿氏鐵琴銅劍樓印本,即據此帙影印。"④

5.《北京圖書館善本書目》卷一經部易類著録⑤。

6.《北京圖書館古籍善本書目》經部易類著録⑥。

---

①瞿啟甲《鐵琴銅劍樓宋金元本書影》,常熟瞿氏1922年影印暨鉛印本。

②瞿良士輯《鐵琴銅劍樓藏書題跋集録》卷一,上海古籍出版社2005年版,第1頁。

③莫友芝撰、傅增湘訂補、傅熹年整理《藏園訂補郘亭知見傳本書目》,中華書局2009年版,第8頁。

④《周易注》解題,北京圖書館編《中國版刻圖録》,文物出版社1960年版,第1册第35頁。

⑤《北京圖書館善本書目》,中華書局1959年版,第3葉。

⑥《北京圖書館古籍善本書目》,書目文獻出版社1987年版,第12頁。下引版本皆同。

7.《中國古籍善本書目》卷一經部易類著録①,編號 115。

【遞藏】

1. 文徵明(1470—1559),初名璧,以字行,後更字徵仲,號衡山居士,南直隸長洲(今屬江蘇蘇州)人。以歲貢生薦試吏部,任翰林院待詔,後辭官歸。工詩文書畫,尤擅山水,稱"吳門派",與沈周、唐寅、仇英合稱"明四大家"。文氏數世富藏書,精鑒賞。清代著名藏書家多有其書。著有《甫田集》。

2. 陳繼儒(1558—1639),字仲醇,號眉公,一作麋公,又號白石山樵,南直隸華亭(今屬上海市)人。明諸生。二十九歲焚棄儒生衣冠,絶意仕進,隱居崑山之南,杜門著述。工詩善文,兼能繪畫、書法。博文强識,經史諸子、術伎稗官與釋道家言無所不通。編刊書甚多,有《寶顔堂秘笈》等叢書。著有《陳眉公全集》《晚香堂小品》等。

3. 黄翼聖(1596—1659),字子羽,號攝六、蓮蕊居士,江南常熟人。明崇禎中,以諸生應聘,官四川新都知縣、安吉州知州,明亡後,以遺老自居,杜門不出。晚年建藏書樓爲"蓮蕊樓""蚨影閣",以藏所購古銅器、瓷器及宋雕古書。藏書印有"有明黄翼收藏""黄子羽讀書記""印溪黄子習氏藏書記"等。著有《黄攝六詩選》。

4. 毛晋(1599—1659),原名鳳苞,字子晋,號潛齋,江南常熟人。性好書,家藏圖書八萬四千餘册,多宋元刻本,又建"汲古閣""目耕樓"以儲書。曾校刻《十三經》《十七史》《津逮秘書》《六十種曲》等經、史、別集、道藏、叢書。雖傾家貲,變賣田地房産,在所不惜。其書流布天下,爲文化傳播作出巨大貢獻。其所抄録罕見秘笈,繕寫精良,後人稱爲"毛抄"。自著有《隱湖題跋》《毛詩名物考》《毛詩陸疏廣要》,又編有《海虞古今文苑》《蘇米志林》等。

5. 徐乾學(1631—1694),字原一,一字幼慧,號健庵,江南崑山(今江蘇崑山)人。清康熙九年(1670)進士,授翰林院編修,歷任翰林院侍講、禮部侍郎,升刑部尚書。曾總裁《明史》《大清一統志》等,著述亦多,有《讀禮通考》等。藏書樓稱"傳是樓",多藏宋元善本,有《傳是樓書目》。傳見《[同治]蘇州府志》《清

---

① 《中國古籍善本書目》,上海古籍出版社 1994 年版,第 41 頁。下引皆同。

史稿》。

6. 秦蕙田（1702—1764），字樹峰，號味經，江南金匱（今屬江蘇無錫）人。清乾隆元年（1736）一甲第三名進士，授編修，累官至刑部尚書，兼領工部，加太子太保。卒謚文恭。通經能文章，尤精於三禮，繼徐乾學《讀禮通考》作《五禮通考》，諸家傳說所未能決者，皆疏通證明之，使後儒有所折衷。又好治《易》及音韻、律吕、算數之學，皆有著述。

7. 長洲汪氏：

汪士鐘（1786—?），字春霆，號閬源，又作朗園，別號三十五峰園主人、藝芸主人，江蘇長洲（今屬江蘇蘇州）人。世爲布商，好藏書。有“民部尚書郎”印，潘祖蔭《藝芸書舍宋元書目跋》又稱其爲觀察。書齋名“藝芸書舍”。好刻書，多摹刻宋本。有《藝芸書舍宋元本書目》。

汪憲奎（生卒年不詳），字秋浦。汪士鐘族人，與汪振勳、汪駿昌同爲汪士鐘藏書的主要繼承者。

汪氏曾藏此本，而《藝芸書舍宋元本書目》未著録。

8. 于昌進（生卒年不詳），號湘山，山東文登（今屬山東威海）人。清貢生，官署淮陽兵備道。藏書處名“小謨觴館”。道光間，黄丕烈士禮居舊藏宋本售於于氏者有數十種。與聊城楊以增交往甚密。其弟昌遂亦嗜藏書。

9. 菰里瞿氏：

瞿紹基（1772—1836），字厚培，號蔭棠，江蘇常熟人。清乾隆五十八年（1793）補廪生，援例爲陽湖縣學訓導。建“恬裕齋”藏書，後更名爲“鐵琴銅劍樓”。廣購宋元善本，爲鐵琴銅劍樓第一代藏書家。編有《恬裕齋書目》。

瞿鏞（1794—1846），字子雍，江蘇常熟人。瞿紹基子。清道光十八年（1838）歲貢生，署寶山縣學訓導。有《鐵琴銅劍樓藏書目録》《鐵琴銅劍樓藏宋元本書目》《鐵琴銅劍樓詞草》《鐵琴銅劍樓集古印譜》《恬裕齋碑目》《恬裕齋藏書記》《續海虞文苑詩苑稿》《續金石萃編稿》《古里瞿氏邑人著述目》等。爲常熟瞿氏藏書第二代主人。

瞿秉清（1828—1877），字浚之，江蘇常熟人。瞿鏞第五子。縣諸生。喜金石篆刻。爲常熟瞿氏藏書第三代主人。

【其他】

1. 是書一函三册。

2. 卷三第二葉乙面左下角原版有殘損,補二十餘字。

3. 卷五第十二葉乙面小注"羡羡清遠",後三字疑似剜改。

4. 書中有前人讀書痕跡:如卷一《履》卦"象曰:履,柔履剛也","象"字經人描改爲"象"字;卷七"大衍之數五十其用四十有九"注"必困於有",墨筆改"困"爲"因"等。詳見孟森《宋本周易注附釋文校記》。

【按語】

1.《國家圖書館宋元善本圖録》稱:"曾經明代錫山秦汴、文徵明、文震孟、董其昌、毛晉遞藏。入清後,迭經徐乾學、秦蕙田、汪士鐘、于昌進、瞿氏鐵琴銅劍樓等收藏。"①按此説不確。稱"明代錫山秦汴"曾收藏,蓋因書中鈐有"錫山秦氏珍藏圖書"一印,秦汴印鑒見宋開禧元年(1205)建安劉日新宅三桂堂刻本《童溪王先生易傳》,其中並無此印,此印他處亦未見,疑爲秦蕙田所有。文震孟、董其昌所題均爲觀題,并非收藏識語。董氏題云"觀於頑仙廬","頑仙廬"係陳繼儒堂號,知曾爲陳氏收藏。文震孟題云"黄子羽攜過清瑶嶼",則亦經黄翼聖(字子羽)插架。文從簡跋稱觀於"蚨影閣","蚨影閣"即黄氏齋號。另書中"約齋""伯符""叔介""闕氏收藏圖書""昌胤"等印從鈐蓋位置、印色等處審之,均爲明人印鑒,印主不詳。其餘藏家據印記可知。

2. 是書影印、影刻本影響較大者如下:

(1)民國間常熟瞿氏鐵琴銅劍樓影印本,書名頁題作"景宋單注本周易"。

(2)日本昭和三年(1928)東京文求堂影刻本,蓋據瞿氏影印本影刻,刊印甚精,頗肖原書。有牌記云"昭和戊辰仲秋東京文求堂景菰里瞿氏藏本重雕"。附《宋本周易注附釋文校記》,孟森撰。孟森《校記》以此宋本校岳本、十行本等其他版本及阮元、盧文弨校勘記,分爲"宋本之特長""此本有誤當正""版本時代""缺蝕或妄人誤改應修整復故者""原誤而經墨筆改正,應依所改修清者"幾部分,創獲良多。孟森另撰有《相臺本周易校記》一文,以涵芬樓藏岳本與此宋

---

① 《國家圖書館宋元善本圖録》,浙江古籍出版社 2019 年版,第 1 册第 25 頁。

本對勘①,於兩本之優劣有詳細討論②。

（3）嚴靈峰曾收藏瞿氏影印本三册及孟森《宋本周易注附釋文校記》一册,合併影印入《無求備齋易經集成》③。嚴氏藏本已捐贈入藏國家圖書館(索書號 FGPG 160870),四册合裝一函。

（4）《中華再造善本》影印本④。因圖版調色關係,原書中墨筆改正痕跡在《中華再造善本》中大多不可辨識,須與孟森《宋本周易注附釋文校記》合觀。

周　易

中國國家圖書館　樊長遠

中國國家圖書館 07256
國家珍貴古籍名録 00192

《周易》九卷。（三國魏）王弼、（晋）韓康伯注;（唐）陸德明釋文。《周易略例》一卷。（三國魏）王弼撰;（唐）邢璹注。元相臺岳氏荆谿家塾刻本。四册。綫裝。

【題著説明】卷一卷端首行題“周易上經乾傳第一”,次行下題“王弼註”。卷二至六分别爲“泰傳第二”“噬嗑傳第三”“下經咸傳第四”“夬傳第五”“豐傳第六”,各以卷首第一卦爲名,均於次行題“王弼註”。卷七至八卷端首行分别題“周易繫辭上第七”“周易繫辭下第八”,卷九卷端題“周易説卦第九”,下均題“韓康伯註”。《周易略例》連續編爲卷第十,卷端題“周易略例序”,次行題“唐四門助教邢璹註”,第一節“明象”下題“王弼”。各卷末題“周易卷第幾”。

---

① 《國立北平圖書館館刊》第 10 卷第 3 號,1936 年 5 月。孟氏自云:“單注本爲日本影印鋟木,并以余校勘記附後,其與各本并相臺本文字之異同優劣,業已刊入日本人所鋟單注本。兹以獨勘涵芬相臺者尚存篋中,因出而復就正於世焉。”涵芬樓藏岳本今藏國家圖書館,索書號 07256,見下文。
② 孟森《宋本周易注附釋文校記》《相臺本周易校記》兩文,經劉玉才整理,收入《經典與校勘論叢》,北京大學出版社 2015 年版。
③ 嚴靈峰編《無求備齋易經集成》,臺北成文出版社 1976 年版。
④ 《中華再造善本》,國家圖書館出版社 2003 年版。

【著者簡介】王弼、韓康伯、陸德明、邢璹，見前書。

【内容】經、注内容同前。所附《釋文》與前書不同，對陸德明原文進行了大幅度删削簡化、改造，散附注後，以小圓圈相隔，出字以墨圍標識。全書經、注、釋文皆有句讀、圈發，以便讀者。

【刊印者】相臺岳氏荆谿家塾。

1. 相臺岳氏。舊説以爲係岳飛之孫岳珂。岳珂，見《國家珍貴古籍名録》01159（《書志》第三輯）。岳珂爲相州湯陰（今屬河南）人，相州有銅雀臺，故相州又稱相臺。岳珂所著書姓名上常冠以"相臺"二字，以表郡望。相臺岳氏刊刻《九經三傳》，舊説謂係岳珂家刻本；别有《相臺書塾刊正九經三傳沿革例》，舊亦稱岳珂編著。《中國版刻圖録》引張政烺考證謂相臺本群經乃元初義興岳氏據廖瑩中世綵堂本校正重刻者，與岳珂無涉。張説甚確，可爲定論①。

2. 荆谿家塾。《中國版刻圖録》引謝應芳《龜巢集②·跋岳氏族譜》云："岳氏爲常之望族……岳王弟經略使之孫自九江來居，由宋而元，子孫蕃衍。"可見岳氏遷居常州，至元初已歷數世。荆谿爲義興古名，元屬常州路，明、清屬常州府。常州岳氏當即義興岳氏，荆谿家塾亦即義興家塾。

3. 岳刻群經。《中國版刻圖録》引鄭元祐《僑吴集·送岳山長序》："某嘗館於宜興岳君德操長兄漢陽君之家，人言其完盛時，延致鉅儒，讎校群經鋟諸梓，號爲岳氏九經。"又《[萬曆]宜興縣志》："岳浚字仲遠，飛九世孫。積書萬卷，一時名士多游其門。"據此，則漢陽君與岳浚必是一家眷屬。因此可以肯定，相臺本群經刻版負責人似非岳浚莫屬。義興岳氏據宋咸淳間廖瑩中世綵堂本群經重加校刻，并據其總例增補成《九經三傳沿革例》刻之家塾，與宋時岳珂無關。《相臺書塾刊正九經三傳沿革例》序述其事甚詳，兹引於此③：

世所傳九經，自監、蜀、京、杭而下，有建余氏、興國于氏二本，皆分句讀，稱

①《春秋經傳集解》解題，北京圖書館編《中國版刻圖録》，文物出版社 1960 年版，第 1 册第 56 頁。以下考證皆轉引於此。張政烺考證之文《讀〈相臺書塾刊正九經三傳沿革例〉》正式發表於《中國與日本文化研究》第一集，中國大百科全書出版社 1991 年版。後收入《張政烺文集·文史叢考》，中華書局 2012 年版。

②按：當作"龜巢稿"。《跋岳氏族譜》見《龜巢稿》卷十八。

③據清嘉慶二十年（1815）揚州汪氏影宋刻本録文。

爲善本。廖氏又以余氏不免誤舛,于氏未爲的當,合諸本參訂,爲最精。板行之初,天下寶之。流布未久,元板散落不復存。嘗博求諸藏書之家,凡聚數帙,僅成全書。懼其久而無傳也,爰倣成例,乃命良工刻梓家塾。如字畫,如注文,如音釋,如句讀,悉循其舊,且與明經老儒分卷校勘,而又證以許慎《説文》、毛晃《韻略》,非敢有所增損於前,偏旁必辯,圈點必校,不使有毫釐訛錯,視廖氏世綵堂本加詳焉。舊有總例,存以爲證。

【行款版式】半葉八行,行十七字,小字雙行同。細黑口,四周雙邊,對雙魚尾。左框外有耳題,記卦名、篇名。上魚尾上題大小字數,下題書名卷次,如"易一""易二"(卷一前四葉作"周易一""周易二""周易三""周易四"),下魚尾下題刻工。版框 21.3 厘米×13.4 厘米,開本 27.6 厘米×13.4 厘米。

【題名頁牌記】卷二至十各卷末有"相臺岳氏刻/梓荆谿家塾"亞形牌記①。

【刊寫題記】無。

【刻(寫)工】子、方、毛、范、孫、杞、祀、章、張、王、共、拱、葉、弓、子明、圭、仲明、趙堅(趙、堅)、翁福(翁)。

【避諱】無。

【序跋附録】《周易略例》首有序,題"周易略例序",與前述宋刻本(《國家珍貴古籍名録》00191)題"周易略例并叙"相較,有若干文字異同,如:"至頤隱乎名言",此本"頤"作"賾","頤"字誤;"孔仲尼之論備矣",此本"孔"作"魯";"輒爲註解",此本"輒"作"轍";"增輝於大陽",此本"大"作"太"。

【鈐印】卷一卷端鈐"海鹽/張元濟/經收"朱文方印、"涵芬樓"朱文長方印、"北京/圖書/館藏"朱文方印,框外鈐"吳門周/公瑕氏"朱文長方印、"袁伯/應珍/藏印"朱文方印、"袁樞/之印"白文方印、上欄正中鈐"翰林院典/籍廳關防"滿漢文朱文長方印。

卷三、五、七卷端框外鈐"袁伯/應珍/藏印"朱文方印、"袁樞/之印"白文方印。

卷十末葉乙面末行鈐"涵芬/樓藏"白文方印、"北京/圖書/館藏"朱文方印,框外鈐"群玉/山樵"朱文方印、"六止/居士"白文方印。

---

①卷一末之所以無牌記,蓋因正文及卷末題名適將填滿末行,已無牌記空間。

卷三、六、十末葉有剜印痕迹①。

【書目著録】

1. 張元濟《涵芬樓燼餘書録》經部著録，作“宋相臺岳氏刊本”②。

2.《北京圖書館善本書目》卷一經部易類著録③。

3.《北京圖書館古籍善本書目》經部易類著録。

4.《中國古籍善本書目》卷一經部易類著録，編號 118。

【遞藏】《國家圖書館宋元善本圖録》云：“明代周天球、袁樞舊藏。清代入翰林院典籤廳。民國間流散出宫，張元濟收入涵芬樓。”④

1. 周天球（1514—1595），字公瑕，號幻海，又號六止居士、群玉山人、俠香亭長，南直隸太倉（今屬江蘇蘇州）人。明書畫家。隨父遷居蘇州吳縣，從文徵明遊，得承其書法，聞名吳中。尤擅大小篆、古隸、行楷，一時豐碑大碣，皆出其手。善畫蘭，間作花卉亦佳，自具風格，有出新之妙。

2. 袁樞（1600—1645），字伯應，號環中，河南睢州（今河南睢縣）人。以蔭官户部郎中，官至河南布政司右參政、大梁兵巡道。一生抗清，清軍陷金陵後，絶食數日憂憤而亡。博雅好古，工書畫，精鑒賞，收藏書畫名品鉅跡甚富。

3. 清翰林院典籤廳。即典簿廳，《大清會典》卷七十載：“典簿廳（由掌院學士於編修檢討資淺者，派充辦事翰林。滿洲二人，漢二人。督率典簿孔目辦事。）典簿，滿洲一人，漢一人；孔目，滿洲一人，掌章奏文移，治其吏役，守書籍之藏（本院存儲書籍甚鉅，有聖祖仁皇帝欽定《圖書集成》、高宗純皇帝欽定《四庫全書》底本及前明《永樂大典》，俱藏於敬一亭、寶善亭諸處）。”⑤

4. 涵芬樓。爲商務印書館編譯所之藏書室。1907 年建於上海，1909 年定名涵芳樓，1910 年底改稱涵芬樓。1924 年藏書移入商務印書館所建的東方圖

---

①陳紅彦《元本·〈春秋經傳集解〉與相臺岳氏荆溪家塾》，江蘇古籍出版社 2002 年版，第132 頁。

②張元濟《涵芬樓燼餘書録》，《張元濟全集》第 8 卷，商務印書館 2009 年版，第 178 頁。

③《北京圖書館善本書目》，中華書局 1959 年版，第 3 葉。

④《國家圖書館宋元善本圖録》，浙江古籍出版社 2019 年版，第 1 册第 32 頁。

⑤崑岡等修、吴樹梅等纂《欽定大清會典》卷七十，《續修四庫全書》影印本，上海古籍出版社2002 年版，第 791 册 666 頁。

書館,古籍善本室仍稱涵芬樓。涵芬樓藏書以古籍善本和地方志著稱,先後收有熔經鑄史齋、秦漢十印齋、謏聞齋、持静齋、意園、藝風堂、密韻樓及天一閣等藏書樓散出的藏書多種。1932年"一·二八"事變,商務印書館總廠及東方圖書館毀於日軍炮火。涵芬樓藏書中除移藏在銀行保險庫中的五百七十四種、五千餘册善本精品得以幸免外,其餘均與東方圖書館的一般藏書化爲灰燼。1951年,商務印書館將涵芬樓幸存的五百七十四種善本古籍獻給國家,由北京圖書館(今國家圖書館)收藏。相臺岳氏刻本《周易》即五百七十四種善本之一。

【其他】是書一函四册。

【按語】

1.廖刻九經

南宋廖瑩中,字群玉,號藥洲,邵武人,爲權相賈似道門客。精於鑒賞,喜刻書籍碑帖,所刻多署"世綵堂"名號。今存世有世綵堂刻本《昌黎先生集》《河東先生集》,被譽爲無上神品。宋周密《癸辛雜識》"賈廖刊書"條載:"廖群玉諸書……《九經》本最佳,凡以數十種比較,百餘人校正而後成,以撫州萆抄紙、油煙墨印造,其裝裷至以泥金爲籤。然或者惜其删落諸經注爲可惜耳,反不若韓、柳文爲精妙。"《志雅堂雜抄》卷一亦載:"(廖氏)開《九經》,凡用十餘本對定,各委本經人點對,又圈句讀,極其精妙。"所刻《九經》爲:《周易》十卷、《尚書》十三卷、《毛詩》二十卷、《周禮》十二卷、《禮記》二十卷、《春秋經傳集解》三十卷、《孝經》一卷、《論語》十卷、《孟子》十四卷,另有《九經總例》一篇,述編刻體例[1]。廖刻《九經》在清代公私書目中,僅《天禄琳琅書目》卷一有《春秋經傳集解》一部,已毁於火。元代旴郡、相臺岳氏均以廖刻爲底本翻刻,今尚有數種存世。

2.現存相臺本群經

元初相臺岳氏荆溪家塾翻刻廖本九種經書,又增刻《公羊》《穀梁》二經,另附刻《春秋年表》及《春秋名號歸一圖》,合稱《九經三傳》,并以《九經總例》爲基礎,别撰《相臺書塾刊正九經三傳沿革例》一篇,述編刻體例。相臺本群經今存

---

[1]廖氏刻《九經》事,張政烺《讀〈相臺書塾刊正九經三傳沿革例〉》、張麗娟《宋代經書注疏刊刻研究》第二章有詳細考證。

世者除《周易》外，尚有：

《周禮》十二卷，臺北"故宮博物院"藏（索書號爲平圖 009495），存卷三，清內閣大庫舊藏。

《春秋經傳集解》三十卷附《春秋名號歸一圖》二卷《年表》一卷，中國國家圖書館藏（索書號 07934），卷十九至二十配明刻本，周叔弢舊藏。

《春秋經傳集解》，日本静嘉堂文庫藏，存十五卷：卷十六至三十，缺卷配明覆岳氏刊本，歸安陸氏皕宋樓舊藏。

《論語集解》十卷，中國國家圖書館藏（索書號 12350），清宮天禄琳琅舊藏。

《孟子》十四卷，中國國家圖書館藏（索書號 12351），清宮天禄琳琅舊藏。

《孝經》一卷，中國國家圖書館藏（索書號 07942），清宮天禄琳琅舊藏，散出後輾轉爲周叔弢所得。此本無相臺木記，但亦被目爲岳本。

此外，民國間，史語所清理內閣大庫殘餘檔案，得《禮記》三葉（卷九《玉藻》第五至七葉）、《周禮》四葉（卷七《夏官》上第八至十一葉，刻工：王圭），張政烺謂係岳刻本，"楮如玉版，墨如點漆，信原刻初印"①。

3.《翁方綱四庫提要分纂稿》經部易類曾爲岳刻本撰寫提要②：

"《周易注》并《略例》十卷。

"眉注：每節下圈外小注之音是岳氏所增，非王弼所爲也。注中間有音者，則在圈内。

"謹按：《周易注》并《略例》，凡十卷，宋相臺岳珂刊本。每卷後有'相臺岳氏刻梓荆谿家塾'十字亞形方印。每頁末皆有'某卦''某篇'字，是倒摺舊式也。每半頁八行，行十七字。珂之自述謂，證以許慎《説文》、毛晃《韻略》，視廖氏世綵堂本加詳。今世綵堂本罕見，而岳氏此本之精善，應存以爲校核之資。其中縫書'易一''易二'之卷數，則通《九經》爲一書之式也。應先存此一部之目，以俟岳氏《九經》刻本彙於一處，而或刊、或抄之。纂修官編修翁方綱恭校。"

此篇提要雖未被採用，但據當代學者考證，文淵閣《四庫全書》本《周易注》

---

① 張政烺《讀〈相臺書塾刊正九經三傳沿革例〉》，《張政烺文集·文史叢考》，中華書局 2012 年版，第 333 頁。
② 翁方綱撰、吳格整理《翁方綱纂四庫提要稿》，上海科學技術文獻出版社 2005 年版，第 1 頁。

確是據岳本抄録①。《四庫全書》底本抄録完畢之後，主要由翰林院收存。此本既有"翰林院典籍廳關防"大印，復與翁撰提要合，當即《四庫全書》據以抄寫之底本。《四庫全書總目》載此本爲浙江巡撫採進本，但《浙江採集遺書總録》未著録。乾隆以後直至清末，四庫採進各本一直存於翰林院。至光緒二十六年（1900）庚子事變，翰林院遭受炮火焚毁，珍貴圖書文獻蕩然，此岳本蓋於其時流散在外。

4. 天禄琳琅收藏及翻刻相臺本群經

《天禄琳琅書目》卷一著録岳本《春秋經傳集解》一部，其後清宮續得《周易》《尚書》《毛詩》《禮記》四經，乃於乾隆四十八年正月，在昭仁殿後廡建"五經萃室"以併儲之，清高宗作《五經萃室記》以紀其事。清高宗旨令永瑢等"選員仿寫刊刻，并令校訂群經，别爲考證，附刊各卷之末"②。至本年十一月，武英殿翻刻《五經》完竣，裝潢呈覽，世稱"仿宋相臺五經"。嘉慶二年十月，乾清宮大火，昭仁殿之天禄琳琅藏書及其後廡"五經萃室"之岳本五經皆被焚毁。嘉慶三年重建昭仁殿"天禄琳琅"藏書，續入《孝經》《論語》《孟子》三經，見《天禄琳琅書目後編》卷三著録，今皆存世。

武英殿翻刻岳本《五經》有初印、後印之别。各卷末均於版框外左下方刻一長條狀書耳，内刻"内閣中書臣某某敬書""進士臣某某敬書""舉人臣某某敬書"等字樣，後印本此處有剜改，如《周易》卷二末初印本原作"進士臣羅錦森敬書"，後印本改作"内閣中書臣羅錦森敬書"。考羅錦森爲乾隆四十年三甲十一名進士③，檢《纂修四庫全書檔案》，有乾隆五十年《多羅儀郡王永瑢等奏繕簽處費振勳等請旨分别議叙摺》稱，費振勳、羅錦森等刊補《通志堂經解》版片、繕寫書簽，應照例議叙，"中書費振勳，内閣食俸已届五年，應請以應陞之主事即用；中書羅錦森，雖事同一例，但食俸尚淺，請俟俸滿後以應陞之缺再行陞用"④云

①張學謙《"岳本"補考》，《中國典籍與文化》，2015年第3期。
②《多羅儀郡王永瑢等奏繕簽處費振勳等請旨分别議叙摺》，中國第一歷史檔案館編《纂修四庫全書檔案》，上海古籍出版社1997年版，第1867頁。
③江慶柏《清朝進士題名録》，中華書局2007年版，第604頁。
④《多羅儀郡王永瑢等奏繕簽處費振勳等請旨分别議叙摺》，中國第一歷史檔案館編《纂修四庫全書檔案》，第1868頁。

云,此時羅錦森任中書"食俸尚淺",則剜改《五經》當在此時前後。

　　5. 岳本《周易》之影抄本

　　王文進《明毛氏寫本書目》著録:"《周易》九卷《略例》一卷,影抄宋岳氏本。見《愛日》。按《邵亭》作《周易注》十卷,半葉八行十七字,每卷附'相臺岳氏刊于家塾'篆文木記。"①按每卷末木記爲"相臺岳氏刻梓荆谿家塾"。按張金吾《愛日精廬藏書志》卷一:"《周易》九卷《略例》一卷,毛氏影寫宋相臺岳氏本。魏王弼注,《繫辭》以下晋韓康伯注,《略例》魏王弼撰,唐四門助教邢璹注。每卷末俱有'相臺岳氏刻梓荆溪家塾'篆文木記。"②又莫友芝《邵亭知見傳本書目》卷一:"《周易注》十卷,毛氏影寫宋相臺本,每半頁八行,行十七字,每卷末俱有'相臺岳氏刊梓荆溪家塾'篆文木記。"③檢點現存毛氏汲古閣影抄本書,例皆鈐有毛晋或毛扆名印若干方,《愛日》《邵亭》均不言有鈐毛氏印,不知定爲毛氏影抄本有何依據。今中國國家圖書館藏有清初影元抄本一帙(索書號14761),每卷末有相臺岳氏篆文木記,即影抄岳氏本,書中無藏書印鑒,疑即《愛日》《邵亭》著録之本。

誠齋先生易傳④

華南師範大學圖書館　金子楊

華南師範大學圖書館 VO/022.54/556-2

國家珍貴古籍名録 03224

　　《誠齋先生易傳》二十卷。(宋)楊萬里撰。明嘉靖二十一年(1542)尹耕療鶴亭刻本。八册。綫裝。

―――――――――――

①王文進《明毛氏寫本書目》,見《周叔弢先生六十生日紀念論文集》,二十世紀五十年代自印本,香港龍門書店 1967 年重印。

②張金吾撰、柳向春整理《愛日精廬藏書志》卷一,上海古籍出版社 2014 年版,第 1 頁。

③莫友芝撰、傅增湘訂補、傅熹年整理《藏園訂補邵亭知見傳本書目》,中華書局 2009 年版,第 7 頁。

④本文爲廣東省教育廳 2022 年度廣東高校古籍整理項目"華南師範大學珍貴古籍圖録書志"(項目編號 2022GJZL03)階段性成果。

【題著説明】卷一卷端題"誠齋先生易傳卷一",次行署"宋寶謨閣學士楊萬里廷秀著"。

【著者簡介】楊萬里(1127—1206),字廷秀,學者稱誠齋先生,吉水人。南宋紹興二十四年(1154)進士,授贛州司户參軍。歷任國子監博士、太常博士、知常州、提舉廣東常平、吏部員外郎、秘書監等職。紹熙元年(1190),借焕章閣學士,爲金朝賀正旦使接伴使,兼實録院檢討官。後出爲江東轉運副使,改知贛州,乞辭官而歸。開禧二年(1206)卒於家,謚文節。主張抗金。詩自成一家,稱"誠齋體"。部分詩文構思新巧、語言通俗明暢,亦有部分關懷時政、反映民間疾苦,較爲深切。詩與尤袤、范成大、陸游齊名,稱"中興四大家",亦作"南宋四大家"。對理學亦頗注意,著《誠齋易傳》等。有《誠齋集》。《宋史》卷四三三有傳。

【内容】書分二十卷,《誠齋先生易傳目録》如下:卷一乾、坤,卷二屯、蒙、需、訟,卷三師、比、小畜、履,卷四泰、否、同人、大有,卷五謙、豫、隨、蠱,卷六臨、觀、噬嗑、賁,卷七剥、復、無妄、大畜,卷八順頤、大過、習坎、離,卷九咸、恒、遯、大壯,卷十晋、明夷、家人、睽,卷十一蹇、解、損、益,卷十二夬、姤、萃、升,卷十三困、井、革、鼎,卷十四震、艮、漸、歸妹,卷十五豐、旅、巽、兑、焕,卷十六節、中孚、小過、既濟、未濟,卷十七系辭上,卷十八系辭下,卷十九説卦,卷二十序卦上、序卦下、雜卦。

【刊印者】尹耕(1515—?),字子莘,號朔野,山西蔚州衛(今河北蔚縣)籍,汾州孝義人。明嘉靖十一年(1532)進士,歷官藁城知縣,禮部儀制司主事、員外郎,兗州府通判,開州知州,徽州府同知,兵部職方司郎中,河間知府,河南按察司兵備僉事。坐劾,遣戍遼左。其任開州知州時,建"療鶴亭"①。纂修《兩鎮三關通志》,撰有《鄉約》《塞語》《朔野山人集》等。

【行款版式】半葉九行,行二十四字。白口,四周單邊,無魚尾。版心中鐫書名、卷次、葉次,下鐫"療鶴亭"。版框 19.2 厘米×12.6 厘米,開本 29.7 厘米×17.6 厘米。

【題名頁牌記】無。

---

① 《[嘉慶]開州志》云:"療鶴亭,在州署内,《舊志》:知州尹耕建,有記。知州宋訓重修,有記。知州孫榮重修。"見李符清修、沈樂善纂《[嘉慶]開州志》卷一,清嘉慶十一年刻本。

【刊寫題記】無。

【刻(寫)工】無。

【避諱】無。

【序跋附錄】書首有淳熙十五年(1188)楊萬里自序,嘉靖二十一年(1542)王崇慶序,嘉靖二十一年尹耕序,《宋臣寮請抄録易傳狀》,楊長孺《楊承議申送易傳狀》。書尾有嘉泰四年(1204)楊萬里後序。依次録文如下:

1.《自序》

《易》者何也? 易之爲言變也。《易》者,聖人通變之書也。何謂變? 蓋陰陽,太極之變也;五行,陰陽之變也;人與萬物,五行之變也;萬事,人與萬物之變也。古初以迄于今,萬事之變未已也。其作也,一得一失;而其究也,一治一亂。聖人有憂焉,於是幽觀其通,而逆紬其圖,《易》之所以作也。易之爲言變也,《易》者,聖人通變之書也。其窮理盡性,其正心脩身,其齊家治國,其處顯,其傃窮,其居常,其遭變,其參天地,合鬼神,萬事之變方來,而變通之道先立。變在彼,變在此。得其道者,蚩可哲,懸可淑,眚可福,危可安,亂可治。致身聖賢而躋世泰和,猶反手也。斯道何道也? 中正而已矣。唯中爲能中天下之不中,唯正爲能正天下之不正。中正立而萬變通,此二帝三王之聖治,孔子、顏、孟之聖學也。後世或以事物之變爲不足以攖吾心,舉而捐之於空虛者,是亂天下者也。不然,以爲不足以遁吾術,挈而持之以權譎者,是愈亂天下者也。然則學者將欲通變,於何求通? 曰道。於何求道? 曰中。於何求中? 曰正。於何求正? 曰易。於何求易? 曰心。愚老矣,嘗試與二三子講之。二三子以爲愚之言乎? 非也,愚聞諸先儒,先儒聞諸三聖,三聖聞諸天。

淳熙戊申八月二日,廬陵楊萬里序。

2.《刻誠齋先生易傳序》

開州王崇慶撰

王子曰:吾讀誠齋是《傳》,未嘗不慨其出之晚,而又喜其三百年苦心,朔野公能一朝發之也,庸詎非吾道之幸矣乎? 乃樂而序曰:夫太上忘言,其次立言,其次有言,《易》之所以始終也。是故忘言者神也,羲之畫是也;立言者聖也,文之卦、周孔之《彖》《象》《繫辭》是也;有言者賢也,程之《傳》、朱之《本義》及今刻之《傳》是也。故忘言非默也，無所事於言也；立言非言也，不得已也；有言非贅也，不得已而又不得已者也。嗚呼，是《易》之所以始終也。吾觀誠齋六十四卦之《傳》也，沿爻而發卦，由卦以發畫，雖以祖羲、文、周公可也。又觀其十翼上下之《傳》也，以已言而會其未言，自已發而益其未發，雖以宗孔子可也。又觀其取程朱而旁引曲證於歷代也，勤勤懇懇，雖以爲友程朱而得進君子退小人之遺意可也。嗚呼！是《易》之所以始終也。大哉斯人，斯其至矣。辛丑之秋，公始來守郡。其行之剛健也，蓋得諸《乾》；其志之含弘也，蓋得諸《坤》；其視聽之明而不蔽也，蓋得諸《離》；其樹立之勇而不懼也，蓋得諸《大過》。嗚呼！可謂不負其平生之學矣。方且惜涇哇之易行，憂希聲之寡播也，遂命梓人，因且謀及不肖，相與訂確。蓋未幾三月而周之完《易》盡在開矣。非果於繼往、銳於開來，而卓然以斯道爲任，其孰能與於此！嗚呼！是亦可以觀其政事矣。

嘉靖壬寅仲春上丁日。

3.《叙刻》①

朔野尹耕撰

誠齋先生宋人也，文章行誼，冠絕當世，他作往往梓行，《易傳》則否。宋人曾取置秘省，卒不頒布，良慚不廣，嗣是蓋無聞者三百年矣。明守臣尹耕乃爲刻諸開之郡齋。尹耕曰：往余得是《傳》于好奇者，謂《易》盡在是矣，故樂爲刻之。叙曰：夫《易》其可易言哉？惟聖人全體至道，幽贊神明，妙應感形，化裁機務，是故洩天之精，發地之靈，會人之極，布法立象，直指逆數，以通能于百姓。及夫觀象命辭，研理翼傳，然後探玄極變，盡賾顯微，其道大備，百用不惑。由是知庖羲氏至德，文、周、孔三聖人用心勤矣。故自周之盛時，及其季世，官不棄職，學不廢業。史朝、惠伯舉曰良識，而穆姜、陳文子皆稱善用矣。秦焚詩書，此賴卜筮得以不毀。然簡策雜亂，辭意淪失，左氏所述繇辭，一無可考。《文言》《繫辭》，或者乃疑其不出于孔子，況其他乎？嗚呼，天何言哉？四時行焉，百物生焉。此非聖人述天以教人者乎？惟《易》闡陰陽闔闢之機，窮剛柔致用之妙，洞鬼神倚伏之情，立大中至正之矩，以究性命道德之極，而曰止于卜筮，使學古之士遠遜玄宗，近稽事應，不復措之心身，以求所謂耆、策、龜、牘之外者。悲夫！余嘗謂

———————————

① "叙"字漫漶，據別本補。

《易》以卜筮存，蓋亦以卜筮亡也。嗚呼！天下有道，某不與易，待膰接浙，鼓琴微服，故善用《易》者，莫孔子若。克己復禮，一變至道，用行舍藏，曲肱飲水，故善學《易》者，莫顏子若。是故由之武人，求之進退，憲之苦節，賜之尚口，咸乖厥旨，而況其他乎？而又萬世之下乎？耕小子，生十歲年，受《易》家君。每于指示之餘，見家君凝神湛慮，遐思永歎，若有及于簡策之外者，而不敢請也。自得先生此《傳》，耳目開豁，神爽飛越，瞻前忽後，千里几席，如穴中之蚓，得覿龍變，上下風雲，呼吸宇宙，雖莫測其故，而其在穴之陋，一旦洒然，故不敢以自私也。又曰：往余在南宮時，讀是書未覺有入，及以罪干國憲，謫究移開，心以跡危，情緣物感，反躬思過，悼改無從。每焚香靜室，展閱是編，至于用晦白茅之戒，先生必前後反復引喻，諄切以明之，辭危理盡，道直思玄，未嘗不流汗揮涕，自懼無良而微倖于愆者尚多也。思天下豈無病余之病者乎？故刻之益力。若夫句讀簡策之間，釋語命字之類，先生所見，間有異于晦翁《本義》者，讀者莫之異可也。

嘉靖壬寅歲仲春朔。

4.《宋臣寮請抄録易傳狀》

臣寮上言：臣猥以庸虛，誤蒙聖恩，擢真經筵，使以《周易》備員進講。自惟固陋，無以仰贊聖學之懿，徒思罄竭，以效涓埃。臣切見故寶謨閣學士楊萬里有德有言，縉紳景仰。臣嘗見其所著《易傳》，始於《上經》，終於《繫辭》，備行箋釋，其於天人之蘊，事物之理，微顯闡幽，坦然明白，近時《易》學未見有過之者。乃深自閟藏，不以輕授，意欲竢後世之知。今遇聖明，理難終晦。臣愚，欲望聖慈降付三省，劄下吉州，令具筆札，就其家取本抄録，委官點對，繕寫投進，以備經筵講讀。豈惟愚臣得沾一溉之益，以仰贊緝熙之明，亦使著書立言之士得顯行於聖世，實天下學士大夫之幸。取進止，奉旨依。

5.《楊承議申送易傳狀》

承議郎、前權通判道州軍州兼管内勸農營田事楊長孺狀申：准本州公文，備准省劄，照對先父故寶謨閣學士楊萬里，生前所著《易傳》，蓋自淳熙戊申八月下筆，至嘉泰甲子四月脫藁，閱十有七年而後成書。平生精力，盡於此書。然自以發揮其所學，初非徼覬於當時，尚未敢云私淑諸人，夫豈望徹聞於上？兹承州牒，備准省劄，爰因臣寮之上奏，遂辱君命而下取。惟先父著述之勤苦，乃一旦昭升而顯行。蕞爾不肖之孤兒，夒然祇奉於明詔，欣逢聖世，敢匿父書？敬拜給劄之恩，謹出遺編之袠。所有先父《易傳》一部二十卷，約十伍萬字，家藏見在，乞繕寫申發。

6. 尹耕識語曰："上二狀迺傳之所以存也。後狀出承議君，味其辭旨，能讀父書者也。用是知先生有子，故刻于此。朔野耕識。"

7.《自序後》

六經至夫子而大備。然《書》非夫子作也，定之而已耳。《詩》非夫子作也，刪之而已耳。《禮》《樂》非夫子作也，正之而已耳。惟《易》與《春秋》，所謂夫子之文章與？昔者伏羲作《易》矣，時則有其畫無其辭。文王重《易》矣，時則有卦辭無餘辭。至吾夫子，特起乎兩聖之後，而超出乎兩聖之先。發天之藏，拓聖之疆。挹彼三才之道，而注之於三絕之簡。於是作《彖》辭，作《象》辭，又作《小象》之辭，又作《文言》之辭，又作二《繫》之辭，又作《説卦》之辭，又作《序卦》之辭，又作《雜卦》之辭。大之爲天地，纖之爲毫末，顯之爲人物，幽之爲鬼神，明之爲仁義禮樂，微之爲性命，炳然蔚然，聚此書矣。其辭精以幽，其旨淵以長，其道溥以崇。是書也，其蘊道之玉府，陶聖之大鈞也與？季札聘魯，見《易》象而喜曰："周禮盡在魯矣。"當是時，豈《易》之書，惟魯有之與？抑諸國皆有而吳未有與？宜其見之而喜也。然札之所見者，羲、文之《易》而已，未見夫子之《易》也。見羲、文之《易》，其喜已如此，使見夫子之《易》，其喜又當何如哉？今乃得見季札之所未見。嗚呼，後之學者，一何幸也！子貢在三千、七十之中，其科在乙，其名在六，其不在升堂入室之間乎？然長歎夫子之言性與天道，不可得而聞。夫子之《易》書，非性與天道之言乎？而子貢獨不得聞者，豈歎之之時，此書未作與？抑已作而未出與？今乃得聞子貢之所不得聞。嗚呼，後之學者，又何幸也！學者每謂聞而知，不若見而知。蓋聞者疎、見者親，聞者略、見者詳也。觀子貢之歎，則見而知者，反不若聞而知者與？然則學者之羡子貢，又安知子貢之不羡學者也？嗚呼，後之學者又何幸也！

嘉泰甲子四月八日，萬里後序。

【批校題跋】無。

【鈐印】書首楊萬里《自序》有"傅沅叔藏書記"朱文長方印、"綏珊六十/以後所/得書畫”朱文方印、“九峰舊廬珍/藏書畫之記”朱文長方印。《誠齋先生易傳目録》有“雙鑑樓/甦書印”朱文方印。卷一卷端有“九峰舊/廬藏/書記”朱文方印。卷三卷端有“杭州王氏九峰/舊廬藏/書之章”朱文方印、“雙鑑樓”朱文長方印、“增/湘”朱文方印。卷六、九、十二、十五、十七、十八卷端有“杭州王氏九峰/舊廬藏/書之章”朱文方印。書尾有“琅園/秘笈”朱文方印、“綏珊收/藏善本”朱文長方印。

【書目著録】

1.《藏園訂補郘亭知見傳本書目》:“明嘉靖二十一年尹氏療鶴亭刊本,九行二十四字,陰陽葉不連,四周單闌。余藏。”①

2.《中國古籍善本書目》經部易類著録,編號 276。

【遞藏】

1. 傅增湘(1872—1949),字叔和,後改字沅叔,號潤沅,自署藏園居士、雙鑑樓主人,四川江安人。清光緒二十四年(1898)進士。曾任翰林院編修、直隷提學使,北洋政府教育總長、故宮博物院圖書館館長等職。1927 年後專事圖書收藏、校勘和目録版本研究,收藏達二十萬卷,校書逾一萬六千卷。有《藏園群書經眼録》《藏園群書題記》《雙鑑樓善本書目》等,並輯刊《雙鑑樓叢書》等。

2. 王體仁(1873—1938),字綏珊(一作名),浙江紹興人,遷居杭州,辛亥後居上海。室名“東南藏書樓”“九峰舊廬”。清貢生,以經營鹽業致富。築“九峰舊廬”於杭,抱經堂主人朱遂翔助其購藏。以藏方志爲著,其中不乏孤本,朱氏爲著浙省志目,刊於《浙江省圖書館館刊》。又藏有宋本百餘種,部分貯於滬上。卒後其藏書散出殆盡。部分珍籍今分藏於中國國家圖書館和上海圖書館。

【其他】

1. 第四册卷十一第十五葉係配補。

2. 書葉内均有白棉紙襯紙。地脚處有包角。

3. 此套書存在老化跡象(狐斑),集中在每册書葉的天頭和地脚。

【按語】

---

① 莫友芝撰、傅增湘訂補、傅熹年整理《藏園訂補郘亭知見傳本書目》,中華書局 2009 年版,第 17 頁。

1. 此書原名《易外傳》,《四部叢刊初編》影印影宋寫本《誠齋集》卷八十有《〈易外傳〉序》。

2. 尹耕序言此書自成書以來三百年未有刊刻者,未是,今有宋刻本傳世。《張先生校正楊寶學易傳》二十卷,(宋)楊萬里撰,(宋)張敬之校正,宋刻本。中國國家圖書館藏有兩部,皆爲完帙。一部爲鐵琴銅劍樓舊藏,一部爲海源閣舊藏。①

瞿氏曾以宋刻本校療鶴亭本。《鐵琴銅劍樓藏書目錄》卷一《張先生校正楊寶學易傳二十卷》云:"明嘉靖間有二刻,一刻開州,一刻鄞縣,而開州刻較前,所謂療鶴亭本也,然其誤已不可勝乙。姑以《序言》之'幽觀其變,湛思其通'二句誤爲'於是幽觀其通';'故易者通變之書也'脱'故'字;'變在彼,變變在此'脱下'變'字;'於何求中正'脱'中'字;經文悉改從俗本,即此,而宋槧之精亦略可見矣。"②

此書在嘉靖間恐非僅有二刻。繆荃孫《藝風藏書記》著錄有《誠齋易傳》二部,其一爲"明敏學書院刊本,嘉靖甲辰魯國望洋子當泗序,蓋明宗室也",其二爲"明嘉靖壬寅尹耕刻本。板心有'療鶴亭'三字"。又云:"此兩本同刻,相去不過兩年。朱刻自云'正尹刻之誤',而瞿氏書目所云訛字則兩本相同。惟書院本標題'張先生校正楊寶學易傳',次行'廬陵楊萬里廷秀',三行'門人張敬之顯父校'。尹本標題'誠齋先生易傳',次'宋寶謨閣學士楊萬里廷秀著',已非舊式,似書院本較勝也。"③朱當泗爲魯藩,蓋非瞿氏所云鄞縣刻本。

明嘉靖間翻刻宋本之風盛行。陸心源《儀顧堂續跋》卷一《明覆宋本誠齋易傳跋》云:"《誠齋先生易傳》二十卷,次行題'宋寶謨閣學士楊萬里廷秀著',前有淳熙戊申誠齋自序、臣僚請抄録《易傳》狀、楊承議申送《易傳》狀及嘉靖四十二年張時徹序,後有嘉泰甲子誠齋後序。以聚珍本校一過,大致多同,惟此本出自宋刻,故奏狀、申狀皆有提行處。每卷題名上有官銜,聚珍本則否,並缺後序。

①參見李致忠《宋版書敍錄》,書目文獻出版社 1994 年版,第 27—32 頁。

②瞿鏞編纂、瞿果行標點、瞿鳳起覆校《鐵琴銅劍樓藏書目錄》卷一,上海古籍出版社 2000 年版,第 24—25 頁。

③繆荃孫著,張廷銀、朱玉麒主編《繆荃孫全集》,鳳凰出版社 2013 年版,第 8 頁。

朱氏《經義考》亦載張時徹序，所見當與此本同。徐乾學傳是樓有宋張敬之校刊本，有元至正鄭希聖題字及正德十一年朱叔英良育跋，今不得見矣。"①

　　張時徹，字惟靜，浙江鄞縣人。明嘉靖二年（1523）進士，累官至南京兵部尚書，刻印過《張文定公文選》《急救良方》《攝生衆妙方》等。嘉靖三十四年（1555），張時徹因遭彈劾，致仕歸鄉，居家著述。故嘉靖四十二年時，時徹當居鄞縣。張時徹《刻楊誠齋易傳序》叙刻書始末云："賈大夫曰：'其然乎！其然乎！淇聞之也，遡黃河者窮其源，睇泰華者陟其巔，沿流而往，歷趾而升，則漁樵猶必資之，而況先儒之言所由以明聖人之經者乎？請梓而行之，以廣公之志，可乎？'余曰：'可哉。'遂次其答問之語而弁之。嘉靖四十二年九月。"②序中所云"賈大夫"爲鄞縣令賈淇。賈淇，字希武，河南嵩縣人，明嘉靖三十八年進士，嘉靖四十年任鄞縣知縣。故其所刻之本或著録爲"張時徹刻本"，或著録爲"賈淇刻本"，斟酌張時徹序文，當以"賈淇刻本"爲是③，或即瞿氏所云"鄞縣刻本"。

　　3. 中國國家圖書館古籍資源可見二部明刻《誠齋先生易傳》：一爲索書號08747（以下簡稱甲本），版本著録爲"明嘉靖二十一年尹耕療鶴亭刻本"；二爲原國立北平圖書館甲庫善本，索書號 CBM0399（以下簡稱乙本），著録爲"明嘉靖刻本"。甲乙二本相較，雖二者版心下均鎸"療鶴亭"三字，然甲本字跡更爲方正清晰，且甲本半葉九行二十字、四周雙邊、單魚尾，乙本半葉九行二十四字、四周單邊、無魚尾，二者有明顯差異，並非同版。《中國古籍善本書目》則將半葉九行二十字的數種刻本定爲"萬曆四十六年張惟任刻本"，其中包括國圖甲本、中央黨校圖書館藏本及遼寧省圖書館藏本。《遼寧省第一批珍貴古籍名録圖録》收録遼圖藏本書影④，著録爲"明萬曆四十六年張惟任刻本"，半葉九行二十字，四周雙邊，單魚尾，版心下鎸"療鶴亭"字樣，與國圖甲本同。中央黨校圖書館藏

①陸心源著、馮惠民整理《儀顧堂書目題跋彙編》，中華書局 2009 年版，第 260 頁。

②張時徹《芝園定集》卷二十六，《明別集叢刊（第二輯）》，黃山書社 2015 年影印明嘉靖刻本，第 57 冊第 257 頁下。

③如《中國古籍善本書目》著録有"明嘉靖四十二年張時徹刻本"，《中國古籍總目》作"明嘉靖四十二年鄞縣賈淇刻本"，均著録北京大學圖書館藏。賈淇非鄞縣人，當作"賈淇鄞縣刻本"。

④《遼寧省第一批珍貴古籍名録圖録》，國家圖書館出版社 2016 年版，第 101 頁。

本版式行款均同,版心亦有"療鶴亭"字樣,書前多出萬曆四十六年張惟任《刻楊誠齋先生易傳序》,由此可知其爲張惟任主持刊刻①。我館藏本在行款、字體、斷版等方面同國圖乙本,與甲本迥然有别。

又,葉德輝《郎園讀書志》著録"誠齋易傳二十卷","明嘉靖壬寅尹耕刻","書版有匡闌,無直綫。每半葉九行,每行二十字",並疑"明嘉靖本頗爲世重,此則版式近於坊俗,殊不雅觀,或亦物以希見爲貴之意耶?"②該本視其行款明顯不同於我館藏嘉靖尹耕療鶴亭本③。莫伯驥《五十萬卷樓藏書目録初編》亦著録有"明療鶴亭刊本誠齋先生易傳二十卷",稱"板心有'療鶴亭'三字,半葉九行,行廿二字"④,行款與國圖甲乙二本及我館藏本皆不同。

4.錢大昕《潛研堂文集》收録《跋誠齋先生易傳》一篇,對其書得失有所品評,今録如下:

《跋誠齋先生易傳》

宋寶謨閣學士廬陵楊文節公《易傳》二十卷,下筆於淳熙戊申八月,脱稿於嘉泰甲子四月,閱十有七年而成書。既没之後,有稱其書於朝者,敕降三省,劄下吉州,給筆札繕寫申進,其子承議郎長孺具狀進之。

其説長於以史證經,譚古今治亂安危賢奸消長之故,反覆寓意,有概乎言之。開首第一條論《乾卦》云:"君德惟剛,則明於見善,決於改過。主善必堅,去邪必決,聲色不能惑,小人不能移,陰柔不能姦。故亡漢不以成、哀而以孝元;亡唐不以穆、敬而以文宗:皆不剛健之過也。"嗚呼!南渡之君臣,優柔寡斷,有君子而不用,有小人而不去,朝綱不正,國耻不雪,日復一日,而淪胥以亡。識者謂惟剛健足以救之,誠齋此傳,其有所感而作與!至於《系辭》"夫《易》何爲者也"

①關於國圖甲本的各種討論及相關著録,如《孔子文化大全》所收《誠齋先生易傳》即將國圖藏本稱爲明嘉靖刻本,類似著録可能均需再做一些斟酌。見《誠齋先生易傳》,《孔子文化大全》,山東友誼出版社1991年版。
②葉德輝撰、楊洪升點校《郎園讀書志》,上海古籍出版社2019年版,第26—27頁。
③沈暢《〈郎園讀書志〉訂補十四則》認爲該版本可能是《中國古籍善本書目》著録的"九行二十字白口單邊無格"之"明末刻本"。見沈暢《〈郎園讀書志〉訂補十四則》,《圖書館建設》,2016年第4期。
④莫伯驥《五十萬卷樓藏書目録初編》,中華書局2016年版,第27頁。

以下,以意易其次第,又輒補"《易》曰高宗伐鬼方,三年克之。小人勿用,子曰非天下之至仁"凡二十三字於"其孰能與于此哉"之上,此則宋儒師心之失,不得曲爲之諱也①。

春秋經傳集解

北京師範大學圖書館　楊　健

北京師範大學圖書館 096. 2231/244-011 善

國家珍貴古籍名録 11509

《春秋經傳集解》三十卷。(晋)杜預撰;(唐)陸德明釋文。《春秋名號歸一圖》二卷。(後蜀)馮繼先撰。明刻本。三十册。綫裝。有抄補。(明)華夏跋。(清)允禮圈點。

【題著説明】書首《春秋序》首行頂格題序名,其下雙行小字夾注:"此元凱所作。既以釋經,故依例音之。本或題爲《春秋左傳序》者,沈文何以爲《釋例序》,今不用。"二行、三行各低三字署"唐國子博士兼太子中允贈齊州刺史/吴縣開國男陸德明釋文附"。卷一首行題"春秋經傳集解隱公第一",大題下及第二、三行各低一字附釋文,小字雙行。第四行低八字署"杜氏　盡十一年"。

【著者簡介】

1. 杜預(222—285),字元凱,杜陵(今屬陝西西安)人。魏晋時期政治家、軍事家、學者。杜預出身京兆杜氏。初仕曹魏,任尚書郎,後成爲權臣司馬昭的幕僚,封豐樂亭侯。西晋建立後,歷任河南尹、安西軍司、秦州刺史、度支尚書等職,與賈充等修《晋律》。咸寧四年(278)接替羊祜出任鎮南大將軍,鎮守荆州。咸寧五年爲晋滅吴之戰的統帥之一。戰後因功進封當陽縣侯,仍鎮荆州。在戰後仍講武備戰,興建學校,督修水利,被時人稱爲"杜父"。後被徵入朝,拜司隷校尉,太康五年(284)閏十二月逝於鄧縣,贈征南大將軍、開府儀同三司,謚"成"。其所撰《春秋左氏經傳集解》是《左傳》注解流傳至今最早的一種。傳見《晋書》。

---

① 錢大昕《潛研堂文集》,鳳凰出版社 2016 年版,第 417 頁。

2. 陸德明(約 550—630),見前《國家珍貴古籍名録》00191。

3. 馮繼先(生卒年不詳),五代後蜀時人。著有《尚書廣疏》《尚書小疏》《春秋名號歸一圖》《名字同異録》。

【内容】《春秋經傳集解》正文依次爲:春秋經傳集解隱公第一、春秋經傳集解桓公第二、春秋經傳集解莊公第三、春秋經傳集解閔公第四、春秋經傳集解僖公上第五、春秋經傳集解僖中第六、春秋經傳集解僖下第七、春秋經傳集解文上第八、春秋經傳集解文下第九、春秋經傳集解宣上第十、春秋經傳集解宣下第十一、春秋經傳集解成公上第十二、春秋經傳集解成下第十三、春秋經傳集解襄公元第十四、春秋經傳集解襄二第十五、春秋經傳集解襄三第十六、春秋經傳集解襄四第十七、春秋經傳集解襄五第十八、春秋經傳集解襄六第十九、春秋經傳集解昭公元第二十、春秋經傳集解昭二第二十一、春秋經傳集解昭三第二十二、春秋經傳集解昭四第二十三、春秋經傳集解昭五第二十四、春秋經傳集解昭六第二十五、春秋經傳集解昭七第二十六、春秋經傳集解定公上第二十七、春秋經傳集解定下第二十八、春秋經傳集解哀公上第二十九、春秋經傳集解哀下第三十。

【刊印者】待考。

【行款版式】半葉十行,行十八字。白口,左右雙邊,雙魚尾。版框 14.9 厘米×10.9 厘米,開本 22.2 厘米×14.1 厘米。

【題名頁牌記】卷三十尾題後有墨圍八行楷書牌記云:"謹依監本寫作大字,附以《釋文》,三復校正刊行,如履通衢,了亡室[窒]礙處,誠可嘉矣。兼列圖表于卷首,迹夫唐虞三代之本末源流,雖千歲之久,豁然如一日矣。其明經之指南歟! 以是衍傳,願垂清鑑。淳熙柔兆涒灘中夏初吉閩山阮仲猷種德堂刊。"

【刊寫題記】無。

【刻(寫)工】無。

【避諱】"匡""筐""徵""桓""恒""構""媾""覯""慎"等字偶見缺筆。

【序跋附録】首有杜預《春秋序》,其後依次爲《春秋諸國地理圖》《三皇五帝世系》《夏商周世系》《春秋列國世系》《春秋名號歸一圖》上下卷、《諸侯興廢》《春秋總例》《春秋始終》《春秋傳授次序》(末題"春秋圖説終")。書末有《春秋經傳後序》。

1.《春秋序》：

《春秋》者，魯史記之名也。記事者，以事繫日，以日繫月，以月繫時，以時繫年，所以紀遠近，別同異也。故史之所記，必表年以首事，年有四時，故錯舉以爲所記之名也。《周禮》有史官，掌邦國四方之事，達四方之志，諸侯亦各有國史，大事書之於策，小事簡牘而已。孟子曰："楚謂之《檮杌》，晋謂之《乘》，而魯謂之《春秋》，其實一也。"韓宣子適魯，見《易·象》與《魯春秋》，曰："周禮盡在魯矣，吾乃今知周公之德與周之所以王。"韓子所見，蓋周之舊典禮經也。周德既衰，官失其守，上之人不能使《春秋》昭明，赴告策書，諸所記注，多違舊章。仲尼因魯史策書成文，考其真偽，而志其典禮，上以遵周公之遺制，下以明將來之法，其教之所存，文之所害，則刊而正之，以示勸戒。其餘則皆即用舊史。史有文質，辭有詳略，不必改也。故傳曰"其善志"，又曰"非聖人，孰能修之"，蓋周公之志，仲尼從而明之。左丘明受經於仲尼，以爲經者不刊之書也。故傳或先經以始事，或後經以終義，或依經以辯理，或錯經以合異，隨義而發。其例之所重，舊史遺文，略不盡舉，非聖人所修之要故也。身爲國史，躬覽載籍，必廣記而備言之。其文緩，其旨遠，將令學者原始要終，尋其枝葉，究其所窮。優而柔之，使自求之；饜而飫之，使自趨之。若江海之浸，膏澤之潤，渙然冰釋，怡然理順，然後爲得也……古今言《左氏春秋》者多矣，今其遺文可見者十數家。大體轉相祖述，進不成爲錯綜經文，以盡其變，退不守丘明之傳，於丘明之傳，有所不通，皆没而不説，而更膚引《公羊》《穀梁》，適足自亂。預今所以爲異，專修丘明之傳以釋經。經之條貫，必出於傳。傳之義例，總歸諸凡。推變例以正褒貶，簡二傳而去異端，蓋丘明之志也。其有疑錯，則備論而闕之，以俟後賢。然劉子駿創通大義，賈景伯父子、許惠卿皆先儒之美者也，末有潁子嚴者，雖淺近，亦復名家，故特舉劉、賈、許、潁之違，以見同異。分經之年，與傳之年相附，比其義類，各隨而解之，名曰《經傳集解》。又別集諸例，及地名、譜第、歷數，相與爲部，凡四十部，十五卷，皆顯其異同，從而釋之，名曰《釋例》。……

2.《後序》

太康元年三月，吳寇始平，余自江陵還襄陽，解甲休兵，乃申抒舊意，修成《春秋釋例》及《經傳集解》。始訖，會汲郡汲縣有發其界內舊冢者，大得古書，皆簡編科斗文字。發冢者不以爲意，往往散亂。科斗書久廢推尋，不能盡通。始者藏在秘府，余晚得見之，所記大凡七十五卷，多雜碎怪妄，不可訓知。《周易》及《紀年》最爲分了。《周易》上下篇與今正同，別有《陰陽説》而無《彖》《象》《文言》《繫辭》，疑於時仲尼造之於魯，尚未播之於遠國也。其《紀年篇》起自夏殷周，皆三代王事，無諸國別也。唯特記晉國，起自殤叔，次文侯、昭侯，以至曲沃莊伯。莊伯之十一年十一月，魯隱公之元年正月也。皆用夏正，建寅之月爲歲首，編年相次。晉國滅，獨記魏事，下至魏哀王之二十年，蓋魏國之史記也。……又別有一卷，純集疏《左氏傳》卜筮事，上下次第及其文義，皆與《左傳》同，名曰《師春》，“師春”似是抄集者人名也。《紀年》又稱，“殷仲壬，即位居亳，其卿士伊尹。仲壬崩，伊尹放大甲於桐，乃自立也。伊尹即位，放太甲七年，太甲潛出自桐，殺伊尹，乃立其子伊陟、伊奮，命復其父之田宅而中分之。”《左氏傳》：“伊尹放大甲而相之，卒無怨色。”然則大甲雖見放，還殺伊尹，而猶以其子爲相也。此爲大與《尚書》叙説大甲事乖異，不知老叟之伏生或致昏忘，將此古書亦當時雜記，未足以取審也。爲其粗有益於《左氏》，故略記之，附《集解》之末焉。

（以上序、後序中小字注釋均略）

【批校題跋】全書首襯葉有允禮手書朱筆題識：“議論好，紅連圈；其次紅單圈；述典禮，紅尖圈；叙情生動及句法搖曳者，紅連點；當看者，紅單點。”又墨筆題識：“叙事有法者，黑連點；叙事有神采者，黑連圈；通篇章法，黑連圈；料其事源委者，黑尖圈。”

書末襯葉有華夏手書墨筆題識：“嘉靖龍集甲寅如月真賞齋重裝。東沙居士華夏。”（後鈐“華夏/私印”白文方印、“東沙/居士”白文方印、“真賞/齋印”白文方印）

【鈐印】書首扉葉鈐“静遠齋/果親王/圖書記”朱文方印。每册首葉鈐“北京師/範大學/圖書館”朱文方印、“果親王府/圖書記”朱文方印。華夏跋後鈐“華夏/私印”白文方印、“東沙/居士”白文方印、“真賞/齋印”白文方印。《春秋經傳後序》後鈐“安定郡/圖書印”朱文方印、“用修”朱文方印。

【書目著録】

1.《中國古籍善本書目》經部春秋類左傳之屬著録,編號 2461。

2.《北京師範大學圖書館古籍善本書目》經部春秋類左傳屬著録①。

【遞藏】

1. 華夏(1494—1567),字中甫,號東沙居士,南直隸無錫(今江蘇無錫)人。曾師事王守仁。與吴中著名文人文徵明、豐坊、祝允明等交往密切。精鑒賞,富收藏。築"真賞齋"藏法書名帖。根據所藏精品編有《真賞齋法帖》。

2. 允禮(1697—1738),清宗室,滿洲正紅旗人。清康熙帝第十七子,雍正帝異母弟。雍正元年(1723)封果郡王,六年進親王。雍正帝臨終時,命允禮輔政。乾隆即位,允禮任總理事務,主刑部事務。乾隆三年二月薨。謚曰"毅"。雅好藏書,與怡親王府明善堂并稱清代宗室之佳者。曾輯刻《古文約選》一書。

【其他】

1. 除第三册(即春秋經傳集解隱公第一)外,每册首半葉均爲抄補;第三册首葉左右兩個半葉均抄補。

2. 阮仲猷種德堂刻書牌記中"了亡室礙處","室"字,佚名墨筆加兩點變爲"窒"字。

3. 書分六函。

【按語】此書卷三十尾題牌記云:"淳熙柔兆涒灘中夏初吉閩山阮仲猷種德堂刊。""淳熙柔兆涒灘"即宋淳熙三年(丙申,1176),故清及近人多據此著録爲宋本,如彭元瑞《天禄琳琅書目後編》卷三即著録爲"宋麻沙本"②。瞿鏞《鐵琴銅劍樓藏書目録》卷五、葉德輝《書林清話》卷六《宋刻書之牌記》、鄧邦述《群碧樓善本書録》卷一均著録爲"宋刊本",均誤。牌記内既云"謹依監本寫作大字",是當時淳熙原刊爲大字本。今所見本均爲小字,且字體方正板滯,爲典型的明嘉靖間流行的仿宋體字,當爲翻刻。《天禄琳琅書目後編》《群碧樓善本書録》著録之本刻書牌記"室礙"均作"窒礙"。瞿鏞、葉德輝均認爲"室"當爲

①《北京師範大學圖書館古籍善本書目》,北京圖書館出版社 2002 年版,第 19 頁。

②于敏中、彭元瑞等撰《天禄琳琅書目·天禄琳琅書目後編》,上海古籍出版社 2007 年版,第 428 頁。原本現藏中國國家圖書館,劉薔審定爲"明嘉靖覆刻宋閩山阮仲猷刻本",應據刻書字體判斷。見劉薔《天禄琳琅研究》,北京大學出版社 2012 年版,第 121 頁。

“窒”之誤。據雕版印刷的常理推斷,牌記作“室”字當爲早印本,作“窒”字者當爲校後剜版後印本。據顧永新《淳熙小字本〈春秋經傳集解〉版本考》,日本文化廳及臺北“中央圖書館”均藏有牌記爲“窒”的剜改後印本①。本館藏本仍作“室”,只佚名墨筆加兩點變爲“窒”字。當爲較早印本。

① 據顧言:“日本文化廳藏本,存卷十五至三十,著録爲南宋光宗朝刻本,莫友芝、小汀利得舊藏。與宫内廳本同版,牌記作‘室’。阿部先生以爲此本是早印本,而宫内廳本誤作‘窒’是後印本。從常理上講,一般是在寫版或雕版過程中造成錯,後印時修版予以訂正,而原本正確的字後來修版時改成錯字的可能性並不大(牌記凡94字,錯字僅此一個)。所以,筆者傾向於認爲此本是後印本。”又言“原北平圖書館舊藏本(統一編號平圖000403-000414,臺北‘中央圖書館’編號582),12册,牌記作“窒”,多處版裂或斷版與宫内廳本全同,明顯可以看出此本是後印本。‘中央圖書館’亦藏有與宫内廳本同版書一部(編號581),歸有光、茅坤、延古堂李氏舊藏,多處鈔補,卷末有牌記而無《後序》,作‘室’,後印本,經過修版”。以上見《中國經學》第11輯,廣西師範大學出版社2013年版,第134頁。按:日本文化廳藏本當爲日本國立歷史民俗博物館藏本,入選“重要文化財”。

史　部

貞觀政要①

華南師範大學圖書館　董運來

華南師範大學圖書館 VO/923.12/165-2

國家珍貴古籍名録 03832

《貞觀政要》十卷。(唐)吴兢撰;(元)戈直集論。明成化元年(1465)内府刻本。八册。綫裝。

【題著説明】卷一卷端題"貞觀政要　戈直集論",乙面題"貞觀政要卷第一"。

【著者簡介】

1. 吴兢(669 或 670—749),浚儀(今河南開封)人。武周時入史館,編修國史。中宗任爲右補闕、起居郎、水部郎中。玄宗時,任衛尉少卿,兼修文館學士,累遷太子左庶子。初與劉知幾等撰《武后實録》,所述張昌宗誘張説陷害魏元忠事,直書不諱,後張説爲相,屢請更改,予以拒絶。撰有《貞觀政要》等。《舊唐書》《新唐書》有傳。

2. 戈直(生卒年不詳),字以敬,更字伯敬,臨川人。元人。與弟戈宜皆爲吴

---

①本文爲廣東省教育廳 2022 年度廣東高校古籍整理項目"華南師範大學珍貴古籍圖録書志"(項目編號 2022GJZL03)階段性成果。

澄門人。曾考訂音釋《貞觀政要》。

【内容】《貞觀政要》爲唐代史學家吳兢所著,分類編輯唐太宗時的君臣討論。元代戈直對《貞觀政要》加以考訂音釋,附載諸儒論説,以暢其義。所附諸儒見書前《集論諸儒姓氏》,涵括唐人柳芳、五代劉煦至宋人宋祁、歐陽修、司馬光、范祖禹、吕祖謙等二十二人。

第一卷論君道第一、論政體第二,第二卷論任賢第三、論求諫第四、論納諫第五,第三卷論君臣鑒戒第六、論擇官第七、論封建第八,第四卷論太子諸王定分第九、論尊敬師傅第十、論教戒太子諸王第十一、論規諫太子第十二,第五卷論仁義第十三、論忠義第十四、論孝友第十五、論公平第十六、論誠信第十七,第六卷論儉約第十八、論謙讓第十九、論仁惻第二十、慎所好第二十一、慎言語第二十二、杜讒邪第二十三、論悔過第二十四、論奢縱第二十五、論貪鄙第二十六,第七卷崇儒學第二十七、論文史第二十八、論禮樂第二十九,第八卷論務農第三十、論刑法第三十一、論赦令第三十二、辯興亡第三十三、論貢賦第三十四,第九卷議征伐第三十五、議安邊第三十六,第十卷論行幸第三十七、論畋獵第三十八、論災祥第三十九、論慎終第四十。

【刊印者】待考。

【行款版式】半葉十行,行二十字,小字雙行同。黑口,四周雙邊,雙魚尾。版心中鐫書名、卷次、葉次(序版心題"貞觀政要序")。版框 26.9 厘米×19.0 厘米,開本 31.9 厘米×21.3 厘米。

【題名頁牌記】無。

【刊寫題記】無。

【刻(寫)工】無。

【避諱】無。

【序跋附録】書首有元吳澄《貞觀政要集論題辭》、郭思貞序、至順四年(1333)戈直序、唐吳兢《貞觀政要序》、《集論諸儒姓氏》。依次録文如下:

1.《貞觀政要集論題辭》

夏有天下四百五十餘年,商有天下六百三十餘年,周有天下八百六十餘年。三代以後,享國之久,唯漢與唐。唐之可稱者,三君而已。太宗文皇帝身兼創業守成之事，納諫求治，勵精不倦，其效至于米斗三錢，外戶不閉。故貞觀之盛，有非開元、元和之所可及，而太宗卓然爲唐三宗之冠。史臣吴兢類輯朝廷之設施、君臣之問對、忠賢之諍議，萃成十卷，曰《貞觀政要》。事覈辭質，讀者易曉。唐之子孫奉爲祖訓，聖世亦重其書，澄備位經筵時，嘗以是進講焉。夫過唐者漢，孝文之恭儉愛民，可鏡也；超漢者夏，大禹之好善言、惡旨酒，可規也；繼夏者商，成湯之不邇聲色、不殖貨利，可師法也。周監二代，郁郁乎文。文、武之德，旦、奭之猷，具載《二南》《二雅》《周頌》之詩，《召誥》《立政》《無逸》之書，義理昭融，教戒深切。率而由之，其不上躋泰和景運之隆乎？然譬之行遠必自邇，譬之登高必自卑，則《貞觀政要》之書何可無也？庶士戈直考訂音釋，附以諸儒論説，又足開廣將來進講此書者之視聽，其所裨益豈少哉？前翰林學士資善大夫知制誥同脩國史吴澄題辭。

2. 二帝三王之治，後世莫能及者，順人之道，盡乎仁義也。唐太宗以英武之資，克敵如拉朽，所向無前。天下甫定，魏鄭公力排封德彝之繆，以仁義進。雖太宗未能允迪其實，有愧於修齊，然四年之間，内安外服。貞觀之治，亦仁義之明效歟？史臣吴兢，類爲政要，凡命令政教，敷奏復逆，詢謀之同，謇諤之異，所以植國體而裕民生者，赫赫若前日事。江右戈直，集前賢之論以釋之。翰林草廬吴公，叙其首以屬於余。值拜奎章，召命，道廣陵，謀於憲使日新程公，將有以廣其傳也。程公慨然，即以學廩之羨鋟諸梓。嗚呼！仁義之心，亙古今而無間，因其所已然，勉其所未至，以進輔於聖朝，則二帝三王之治，特由此而推之耳。觀是編者，尚勖之哉！

至順四年歲在癸酉正月辛卯，前中奉大夫江南諸道行御史臺侍御史奎章閣大學士郭思貞書。

3.《貞觀政要》者，唐太宗文皇帝之嘉言善行、良法美政，而史臣吴兢編類之書也。自唐世子孫，既已書之屏帷，銘之几案，祖述而憲章之矣。至於後世之君，亦莫不列之講讀，形之論議，景仰而倣法焉。夫二帝三王之事尚矣，兩漢之賢君六七，作何貞觀之政獨赫然耳目之間哉？蓋兩漢之時世已遠，貞觀之去今猶近。遷、固之文，高古爾雅，而所紀之事略；吴氏之文質樸該贍，而所紀之事詳。是則太宗之事，章章較著於天下後世者，豈非此書之力哉！夫太宗之於正心、脩身之道,齊家、明倫之方,誠有愧於二帝三王之事矣。然其屈己而納諫,任賢而使能,恭儉而節用,寬厚而愛民,亦三代而下,絕無而僅有者也。後之人君,擇其善者而從之,其不善者而改之,豈不交有所益乎? 惜乎,是書傳寫謬誤。竊嘗會萃衆本,參互考訂,而其義之難明、音之難通,字爲之釋、句爲之述,章之不當分者合之,不當合者分之。自唐以來,諸儒之論,莫不采而輯之,間亦斷以己意,附於其後,然後此書之旨頗爲明白。雖於先儒窮理之學不敢妄議,然於國家致治之方未必無小補云。後學臨川戈直謹書。

4.《貞觀政要序》

唐衛尉少卿兼脩國史修文舘學士吳兢撰

按:兢,汴州浚儀人。少屬志,貫知經史,方直寡諧,惟與魏元忠、朱敬則游。唐長安中,二人者當道,薦兢才堪論撰,詔直史館,脩國史。神龍中,爲右補闕,累遷衛尉少卿,兼脩文館學士,復脩史,於是采摭太宗朝政事之要,隨事載録,以備勸戒,合四十篇上之,名曰《貞觀政要》。開元中,爲太子左庶子。又嘗私撰《唐書》《唐春秋》。兢居官多忠諫,叙事簡核,有古良史之風。嘗撰《則天實録》,直筆無諱,當世謂"今董狐"云。

有唐良相曰侍中安陽公、中書令河東公,以時逢聖明,位居宰輔,寅亮帝道,弼諧王政,恐一物之乖所,慮四維之不張,每克己勵精,緬懷故實,未嘗有乏。太宗時,政化良足可觀,振古而來,未之有也。至於垂世立教之美,典謨諫奏之詞,可以弘闡大猷,增崇至道者,爰命不才,備加甄録,體制大略,咸發成規。於是綴集所聞,參詳舊史,撮其指要,舉其宏綱,詞兼質文,義在懲勸,人倫之紀備矣,軍國之政存焉。凡一帙一十卷,合四十篇,名曰《貞觀政要》。庶乎有國有家者克遵前軌,擇善而從,則可久之業益彰矣,可大之功尤著矣,豈必祖述堯舜,憲章文武而已哉! 其篇目次第,列之于左。(目録見上文"內容",此處略去。)

【批校題跋】無。

【鈐印】《貞觀政要集論題辭》版框上方鈐"華南師範學院圖書館/藏書"扇形陽文藍印。目録"第一卷"篇名下方鈐"玖/聯"朱文方印、"朱印/檉之"白文方印,卷一卷端甲面"戈直集論"下方鈐"震旦/第弍/山樵"朱文方印,乙面鈐"廣運/之寶"朱文方印。卷二、三、五、七、九卷端鈐"曾在李/鹿山處"朱文長方印、"廣運/之寶"朱文方印。卷二、三、四卷端版框上方鈐"華南師範學院圖書館/藏書"扇形陽文藍印。

【書目著録】《中國古籍善本書目》史部雜史類著録,編號 2337。

【遞藏】

1. 李馥(1662—1745),字汝嘉,號鹿山,福建福清人。清康熙二十三年(1684)舉人。任工部員外郎,轉刑部郎中,出守重慶,晋江蘇按察使,轉安徽布政使,任浙江巡撫。因内訌解組去官。留吴中十四年,遊於九仙鳥石、南江西峽之間,收羅古籍善本。與鄭傑、劉筠川等人並稱,爲康、雍、乾間福建藏書家。藏書印有"曾在李/鹿山處"等。著有《鹿山詩抄》。傳見《[乾隆]福州府志》。

2. 朱樨之(1859—1916,或作 1911、1913),字淹頌,號九丹,一作玖聃,又號琴客、皐亭、震旦第弍山樵,直隸永清(今屬河北廊坊)人。行四,居仁和里。其"叢碧簃"收藏古籍、書畫、拓片甚富。

【其他】

1. 全書存在蟲蛀情況,部分書葉有受潮水印,第一册尤嚴重。第一册前十二葉版心斷裂。

2. 有前人修復痕跡,全書加有襯紙。以下書葉缺天頭或地脚,均有接補:第一册卷一有六葉、第二册卷二有二葉、第三册卷三有四葉、第四册卷四有三葉、第八册卷九至十有八葉。

3. 偶見書心内容有墨色接筆、填補字跡。

4. 封面及封底爲藍色素錦。有包角。

5. 書根題有簡體四字書名"贞观政要"。

【按語】

1. 此本書法流利,鈐"廣運之寶"印,就斷版來看,和以下藏本同版:中國國家圖書館 14983、10543 兩部明成化元年内府刻本,哈佛燕京圖書館 T4683/2301 明成化元年内府刻本。哈佛本刷印較早,字跡和鈐印都很清晰,網上可見高清文檔,沈津《美國哈佛大學哈佛燕京圖書館藏中文善本書志》確定爲成化内府本,可以作爲鑒定成化内府刻本的對照標準。

2. 此本《中國古籍善本書目》誤作崇府刻本。崇府刻本覆刻成化内府本,行款、版式極似,惟卷十末有"成化丙申/崇府重刊"牌記。我館藏本無此牌記。卷一第一葉乙面第五行"割股以啖腹","股"字左上的"几",崇府刻本末筆收尾處有向上的尖鋭的鉤,内府本無。

　　3. 張元濟先生認爲《四部叢刊》底本爲明成化内府刻本。《四部叢刊》續編史部第一種《貞觀政要》即附有牌記"上海涵芬樓影印明成化刊本原書板匡高二十七公分寬十九公分"。張元濟《涵芬樓燼餘書録》著録:

　　　貞觀政要十卷　唐吴兢撰　元戈直集論　明成化刊本　八册
　　　卷首成化元年憲宗御製序,次吴澄、郭思貞題辭,次臨川戈直集論序,次吴兢自序、篇目,次集論諸儒姓氏凡二十二人。是爲明内府刊本,見周弘祖《古今書刻》。藏印:"好古敏求""時敏齋鄭氏積書之章""存存老人積書教子子孫寶之事事□理""梅鈇之印""梅鈇""隅庵"。①

　　將《涵芬樓燼餘書録》所著録的《貞觀政要》的内容、藏印和《四部叢刊》影印本比對,可以斷定《涵芬樓燼餘書録》所著録的《貞觀政要》正是《四部叢刊》底本。涵芬樓燼餘書上世紀五十年代由文化部撥交北京圖書館,今中國國家圖書館(原北京圖書館)藏《貞觀政要》(索書號 07398),《燼餘書録》著録諸印皆在,當爲《四部叢刊》底本。國圖藏本卷一卷端多"涵芬樓"一印,《四部叢刊》本無。此印或在影印時銷去,如《四部叢刊》影印國學圖書館藏本皆銷去館藏印之例②;或爲後鈐。

　　不過,將《四部叢刊》底本和哈佛所藏真正的成化内府本進行比對,《四部叢刊》底本書法板滯,未鈐"廣運之寶"印,與哈佛本不同版,是一種不能確定具體時間的翻刻本。從字體細節上來看,《御製貞觀政要序》二本有以下不同:(一)"而唐三百年間,尤莫若貞觀之盛"中的"尤"字,《四部叢刊》底本缺右上一點爲"尢",哈佛本爲"尤"。(二)《四部叢刊》底本中的"而"字末筆皆略有出頭,哈佛本"而"字末筆則不出頭。(三)"感其知遇之隆"的"遇"字中"禺"旁,哈佛本少末筆一點,《四部叢刊》底本則有一點。再比對吴兢《貞觀政要序》"可大之功尤著

---

①張元濟《涵芬樓燼餘書録》,商務印書館 1951 年版,第 2 册,第 42 頁。
②此事見於譚正璧《憶南京》:"上海涵芬樓編印《四部叢刊》時,向他們借過不少的宋元舊本,等到影印出時,都已把他們的藏書印章銷去,僅留著從前有名藏書家的印章。"見譚正璧《煮字集》,東方出版社 2019 年版,第 165 頁。

矣"的"尤"字,哈佛本爲"尤",而《四部叢刊》底本"尤"字末筆一點在横的下方①。

國圖善本 06752、天津圖書館善本 S525、臺北"故宮博物院"善本 006324–006333 版刻特徵皆與《四部叢刊》底本相同,非成化内府刻本。

4.《四部叢刊》底本以及崇府刻本之外,明代尚有另外兩種相仿的戈直注本。（一）斷版相同的三部:中國國家圖書館 71393（汲古閣舊藏）、臺北"故宮博物院" 002394–002403（天禄琳瑯舊藏）、臺灣漢學研究中心 02126。細黑口,有刻工。卷一第一葉乙面倒數第三行最上一字"欲"字、倒數第六字"所"字明顯與他本寫法不同;卷一第二葉甲面第五行有二十一字,最末一字是"實",成化内府本此行二十字,最末一字是"明"。臺灣漢學研究中心 02126 有大量書葉用《四部叢刊》底本同版書配補,有配補的成化御製序;國圖和臺北"故宮博物院"的兩部皆無成化御製序。劉薔根據刻工及版刻氣息推斷臺北"故宮博物院" 002394–002403 爲蜀藩刻本②。按,這個版本無成化御製序,刻工又僅出現在一批風格接近元明之際的刻本中③,其刊刻時代似可認爲在成化内府本之前。（二）臺灣漢學研究中心 02128,大黑口,卷一第一葉乙面"股""亦""出"字筆畫不同於《四部叢刊》底本。此本有成化御製序,當爲翻刻成化内府本。

5.此本無成化御製序,兹據哈佛燕京圖書館藏成化元年内府刻本補録如下:

《御製貞觀政要序》

朕惟三代而後,治功莫勝於唐。而唐三百年間,尤莫若貞觀之盛。誠以太宗克己勵精圖治於其上,而群臣如魏徵輩,感其知遇之隆、相與獻可替否以輔治於下,君明臣良,其獨盛也宜矣。厥後史臣吴兢,采其故實,編類爲十卷,名曰《貞觀政要》。有元儒士臨川戈直,復加考訂、注釋,附載諸儒論説,以暢其義。

_____

①參看董運來《〈四部叢刊〉本〈貞觀政要〉之底本非明成化内府刻本》,程焕文、沈津、張琦主編《2016 年中文古籍整理與版本目録學國際學術研討會論文集（下）》,廣西師範大學出版社 2018 年版,第 737—742 頁。

②劉薔《天禄琳瑯知見書録》卷九元版史部"貞觀政要十卷",北京大學出版社 2017 年版,第 323—325 頁。

③見郭立暄《明洪武蜀藩刻書三種》,《版本目録學研究》第四輯,北京大學出版社 2013 年版,第 262—268 頁。

而當時大儒吳澄,又爲之題辭,以爲世不可無,其信然也。朕萬幾之暇,鋭情經史,偶及是編,喜其君有任賢、納諫之美,臣有輔君、進諫之忠。其論治亂興亡、利害得失,明白切要,可爲鑒戒,朕甚嘉尚焉。顧傳刻歲久,字多訛謬,因命儒臣重訂正之,刻梓以永其傳。於戲! 太宗在唐,爲一代英明之君。其濟世康民,偉有成烈,卓乎不可及已。所可惜者,正心、修身有愧於二帝三王之道,而治未純也。朕將遠師往聖,允迪大猷,以宏至治,固不專於是編。然而嘉尚之者,以其可爲行遠登高之助也。序于篇端,讀者鑒焉。

　　成化元年八月初一日。

遼　紀

中國國家圖書館　劉　暢

杭州圖書館善 215/108

國家珍貴古籍名録 01536

　　《遼紀》一卷。(明)田汝成撰。清初抄本。毛裝。一册。

　　【題著説明】首葉卷端題"遼紀",次行下題"錢塘田汝成叔禾編纂",三行下題"無錫俞憲汝成校正"。

　　【著者簡介】田汝成(1503—?①),字叔禾,號豫陽,浙江錢塘(今屬浙江杭州)人。明嘉靖五年(1526)進士,初授南京刑部主事,後任廣東提學僉事、滁州知州、貴州按察使司僉事、廣西布政司右參議等,終官福建提學副使。後告病還鄉,遍遊江浙名勝,並潛心著述,有《田叔禾小集》《炎徼紀聞》《遼紀》《西湖游覽志》《西湖游覽志餘》等。

　　【内容】《遼紀》是明嘉靖時期學者田汝成編著的一部記載明代遼東和朵顔三衛軍事活動與邊疆事務的編年史料。内容主要包括洪武初年至嘉靖十七年間,明朝在該地區的備邊策略、各州縣衛所的建置沿革,以及與蒙古、女真和朝

---

① 研究者一般多據《田叔禾小集》蔣灼序文推斷田汝成生於 1503 年,又據《炎徼紀聞》嘉靖三十七年(1558)自序知此時田汝成尚在人世,而卒於何年則無準確記録。可參考詹明瑜《田汝成研究》,上海師範大學 2012 年碩士學位論文。

鮮的邊境交涉情况等。全書一卷一册。考《遼紀》有抄本三種存世,此爲其一。

【刊印者】未見。

【行款版式】半葉十二行,行二十字。無行格。每葉版心上方以小字標注
"遼紀",下方記有葉數。

【題名頁牌記】無。

【刊寫題記】無。

【刻(寫)工】待考。

【避諱】無。

【序跋附録】無。

【批校題跋】無。

【鈐印】首葉上方鈐滿漢文"翰林院印"朱文大方印,下鈐"杭州圖書館/善
本藏書"朱文長方印。

【書目著録】《中國古籍善本書目》卷七史部雜史類著録,編號 2731。

【遞藏】清翰林院。翰林院爲清代重要中央官署之一,所在位置與基本功能
均大體沿襲明製。翰林院又爲清朝官方主要藏書之地。乾隆間全國各地因編
修《四庫全書》而進呈的珍貴圖書多貯藏於此處。

【其他】

1.書中常用俗字,如"禮"作"礼"、"實"作"实"、"國"作"国"、"機"作
"机"、"關"作"関"等。

2.第三十二葉至末葉有洇染墨漬。

【按語】

1.《遼紀》是一部關於明代東北邊疆歷史和對外關係的重要文獻。著者田
汝成素稱博學,長期任職於貴州、廣西等地,本以西南史地研究見稱,所著《炎徼
紀聞》紀事翔實精準,對以往文獻多所糾正,深得明清學人推崇。《遼紀》雖不及
該書著名,卻顯示了田汝成對明代邊疆問題的廣闊視野。據《田叔禾小集》,田
汝成曾著有《九邊志》一部,共九卷,因稿已不全而未能刊行①。可知田汝成對

———————

① 參見《田叔禾小集》書首序文之末所列"未刻雜集"目録,明嘉靖四十二年刻本,中國國家
　圖書館藏(索書號 13372)。

明代邊疆問題的關注遠不限於西南一隅,而是早有志於編著完整的當代邊疆地志。本書的編著便可謂是田汝成在這方面的具體實踐。

不過,或因田汝成畢生從未親自涉足遼地,本書紀事亦難免時有疏漏,常受到後來學者的批評。比如《四庫全書總目》即批評《遼紀》"叙事疏略,挂漏至多"①。近代東北史地專家金毓黻進一步證實本書紀事多有與《明實録》不符之處,但又認爲徵引《[嘉靖]遼東志》等文獻應是導致這一問題的原因,不能因此簡單判定本書有誤;此外還指出《全遼志》等晚出文獻可能參考過本書,説明當時學人是較爲肯定本書價值的②。現代研究者則通過詳細比勘進一步肯定了《[嘉靖]遼東志》確爲本書的重要文獻來源,同時又發現本書個別條目甚至比《明實録》紀事更清晰、客觀,從而證實本書紀事雖偶有錯誤,但仍具有較高的史料價值③。

除記録失準外,《四庫全書總目》又批評《遼紀》"多載未行之奏議,殊不足以資考訂"④。《總目》所指,應是本書諸如"弘治十七年夏五月御史余濂條陳邊務""正德四年冬十二月御史趙應龍條陳邊務""正德十四年夏四月李貢奏定邊官失事罪例""正德十四年夏五月都御史張貫撦還調出邊軍""嘉靖十六年秋八月修撰龔用卿、給事中吳希孟使朝鮮還,條陳邊務"等條目。此類條目《遼紀》或明確記載朝廷"不許"其議論陳請,或並未記録明廷批復,説明確屬"未行之奏議"。《總目》以其未能施行而不具備"考訂"價值,但它們其實記録了明朝各時期各層級官員從不同角度出發,對遼東邊境形勢的觀察、判斷與所擬對策。其中有個別條目如龔用卿、吳希孟奏疏當從《遼東志》節要抄撮而來⑤,而大部分條目所記事項既不見於《明實録》,其文字內容也不見於各作者別集和其他現存典籍,説明《遼紀》應有相當廣泛的文獻來源。《遼紀》對這些內容的收録實際上起到了保存珍貴史料的重要作用,可以豐富我們對明朝在東北邊疆的經營方略和對外交涉的認識。

2.《遼紀》編成後,未見有刻版刊行的明確記録。明清時期著録此書的書目

①永瑢等《四庫全書總目》卷五十三史部九雜史類存目二,中華書局 2003 年版,第 481 頁。
②金毓黻《〈遼紀〉叙》,見《遼海叢書》本《遼紀》,遼海書社 1934 年鉛印本。
③參見時仁達《論〈遼紀〉的史料價值》,《瀋陽大學學報(社會科學版)》,2019 年第 1 期。
④永瑢等《四庫全書總目》,第 481 頁。
⑤參見任洛等修《[嘉靖]遼東志》卷七,明嘉靖十六年刻本,天津圖書館藏(索書號 Z135)。

史志也比較有限,僅《絳雲樓書目》①《文選樓藏書記》②和《[乾隆]杭州府志》③等曾有記録。其中《杭州府志》據《浙江採集遺書總録》云"此書寫本,一册。"可知此書雖傳播不廣,但清乾隆間仍有抄本流傳。

目前見藏於國内外各大藏書機構中的《遼紀》傳本似僅有三種,除杭州圖書館所藏此本外,臺灣漢學研究中心藏有"穴研齋抄本"一部④,日本静嘉堂文庫藏有年代不明抄本一部⑤。穴研齋抄本年代應與此本相去不遠⑥,版式行款亦頗爲相似⑦,提示二者可能存在一定關聯。静嘉堂藏抄本雖難見其原貌,但《遼海叢書》本《遼紀》選用該本爲底本,通過該書可略窺其大概。以此本與穴研齋抄本互校,可知此本偶有誤字而穴研齋抄本一般不誤。如此本第二葉乙面"以兵八十趨蓋州"句,穴研齋抄本作"以兵八千趨蓋州";第四葉甲面"漢四伐之,滅其國族"句,穴研齋抄本作"漢四伐之,滅其國族"。據文意皆以穴研齋抄本爲是。如此錯誤在此本中尚多有之。但亦有兩本文字皆誤之處。如此本第八葉乙面"劉江立城堡於望望海堝"句,衍一"望"字,穴研齋抄本亦然。此本如前所述多用俗字,而穴研齋抄本則否。總之,穴研齋抄本文字可謂略優於此本。而《遼海叢書》本與此本和穴研齋抄本文字相異之處則幾乎皆無錯誤,但未知是静嘉堂所藏抄本如此,還是《叢書》編者校正的結果。

3. 此本鈐有清翰林院官印,爲毛裝本,又無私人藏家印記,説明長期爲清朝官方收藏。

---

① 錢謙益《絳雲樓書目》卷三,清嘉慶二十五年東武劉氏嘉蔭簃抄本,中國國家圖書館藏(索書號 02791)。
② 阮元《文選樓藏書記》卷一,清越縵堂鈔本。
③ 鄭沄、邵晉涵編《[乾隆]杭州府志》卷五十七,清乾隆四十九年刻本。
④ 索書號 204. 251 05307-0020。
⑤ 編號爲第 58 函第 33 册。參見静嘉堂文庫編《静嘉堂文庫漢籍分類目録》,東京静嘉堂美術館 1930 年版,第 253 頁。
⑥ 各種穴研齋抄本一向受到清代以來藏書家的重視,但主人身份和抄寫年代則衆説紛紜。綜合歷代藏書家黄丕烈、鄧邦述、葉昌熾及近現代學者錢仲聯、冀淑英等人之見,穴研齋抄本可能出現於晚明時期。而此本爲清初抄本,與之相去不遠。
⑦ "穴研齋"抄本每葉有欄綫和邊框,此本則無,但二者皆爲半葉十二行二十字,版心書寫書名和葉號的位置亦基本相同。

［正德］福州府志

中國國家圖書館　梁瀟文

福建師範大學圖書館善 913.312Bx38
國家珍貴古籍名録 08022

《［正德］福州府志》四十卷。（明）葉溥修；（明）張孟敬等纂。明正德刻本。綫裝。十三冊。卷一至十五、三十一至三十四抄配。（明）徐𤊪批校；（清）林佶批校。

【題著説明】首卷卷端上題"福州府志卷之一"，下題"長洲張裕校正"①。著者據是志林庭㮲《福州府志序》補。

【著者簡介】

1. 葉溥（生卒年不詳），字時用，號槎溪，浙江龍泉人。明弘治十八年（1505）進士。初任湖北廣濟縣知縣。正德十一年（1516）任福州知府。嘉靖初升任江西布政使，嘉靖五年（1526）知河北大名府。著有《槎溪集》。

2. 張孟敬（生卒年不詳），字勤禮，福建福州人。明正德三年（1508）舉人，授浙江安吉州學正事，其他事跡不詳。

【内容】福州府，元至正二十七年（1367）朱元璋改福州路置，隸福建省，治所在閩縣、候官縣，轄境相當於今福建尤溪縣北尤溪口以東的閩江流域和屏南、羅源、連江等地。漢武帝時滅閩越，始置縣。三國東吴經營閩中，南朝陳永定初別置閩州。隋大業三年（607）改置建安郡，唐開元十三年（725）改稱福州，天寶元年（742）爲長樂郡，乾元元年（758）復爲福州。南宋景炎元年（1276）端宗即位於此，改爲福安府。元至元十四年（1277）復爲福州，後爲福州路。明洪武二年（1369）改路爲府，稱福州府②。

是志共四十卷，有地理志、食貨志、封爵志、官政志、學校志、選舉志、人物

---

① 卷二十卷端上題"福州府志卷之二十"，下題"長洲張裕蒼梧劉金校正"。
② 史爲樂主編《中國歷史地名大辭典》，"閩州"條、"福州"條、"福州府"條、"福州路"條、"福安府"條，中國社會科學出版社 2005 年版，第 1965 頁、第 2765 頁。

志、祀典志、宮室志、祥異志、文翰志、雜志、外志,共十三類,每志下各有子目。卷一府總圖、府治圖、十縣圖及地理志,記建置沿革、郡名、分野、疆域、形勝、風俗。卷二、卷三地理志,記山川島夷附。卷四地理志,記城池、坊巷。卷五地理志,記鄉都。卷六地理志,記橋梁、水利。卷七食貨志,載户口、土田、賦役坑場附。卷八食貨志,載物産。卷九封爵志。卷十、卷十一官政志,記公署。卷十二至卷十四官政志,記職官。卷十五至卷十七官政志,記名宦。卷十八官政志,記武備。卷十九官政志,記郵政。卷二十學校志。卷二十一至卷二十四選舉志歲貢、薦辟附。卷二十五人物志,載道學、儒林。卷二十六、卷二十七人物志,載名臣。卷二十八人物志,載忠節、士行、文苑、官跡。卷二十九人物志,載孝義、遷寓、隱逸、才藝。卷三十人物志,記列女。卷三十一祀典志。卷三十二宮室志,記宮室、古跡①。卷三十三祥異志。卷三十四文翰志,記宸翰、奏議。卷三十五至卷三十七文翰志,載紀述。卷三十八文翰志,載題詠。卷三十九雜志。卷四十外志,記寺觀、仙釋。是志選舉記至正德十四年(1519),但職官記至嘉靖年間,後人有所增訂。

福州一地修志,明以前有唐《閩中記》、宋《[淳熙]三山志》及元《[致和]三山續志》。此《[正德]福州府志》"按舊志,據新編,參之以聞見,五閱月而書成",是明代福州最早的、保存最爲完整的地方志。明萬曆四十一年(1613),福州知府喻政再修《福州府志》,記:"正德庚辰志宏而博,其綱十有三……萬曆己卯志簡而嚴……爰取裁於二志,釐爲十則。"②清《[乾隆]福州府志》云:"正德志向藏閩人徐興公家,壬子志稱其體宏而博,閱之信然。兹之編輯,大抵以三山、正德二志爲本。"③可見,明正德以後當地修志,以此正德志爲重要參考。④

【刊印者】是志由知府葉溥、同知陳鑭經營刊刻。葉溥見上文。陳鑭(生卒年不詳),字汝耀,號清墩,江蘇泰興人。明弘治間舉人,授福州同知,後以事歸。

①此本書前序、目録、凡例爲抄配,據中國國家圖書館藏明正德刻本《福州府志》(索書號04520),目録載卷三十二宮室志,記宮室、古跡、冢墓。
②喻政修、林烴纂《[萬曆]福州府志·凡例》,明萬曆刻本。
③徐景熹修、魯曾煜等纂《[乾隆]福州府志·修志凡例》,清道光十九年林春溥重刊本。
④明喻政等纂修、福州市地方志編纂委員會整理《[萬曆]福州府志·凡例》,海風出版社2001年版,第8頁。

【行款版式】半葉九行,行二十一字,小字雙行同。白口,左右雙邊,無魚尾。版心中鐫卷數、葉數,下鐫刻工名①。版框 20.4 厘米×13.8 厘米,開本 25.8 厘米×16.0 厘米。

【題名頁牌記】無。

【刊寫題記】無。

【刻(寫)工】可辨刻工范元升、王良、劉四。

【避諱】無。

【序跋附録】書前有正德十五年(1520)林庭㮮《福州府志序》,次爲《福州府志目録》,次爲《福州府志凡例》,均爲抄配②。書後有張孟敬《福州府志後序》。依次録文如下:

1.《福州府志序》

《志》,志吾福也。福郡志,昉於唐《閩中記》,宋淳熙有《三山志》,元致和有《三山續志》。三山,古郡名也,故志因之。緊我皇明,治教隆盛,冠裳文物,雄於東南。百五十年來,顧未有萃而志之者,非一郡缺典歟? 正德初,吾父泉山翁以留都司馬致參贊事於家,郡侯余公祐嘗以斯志屬筆焉,遂偕致政大司徒林公泮、別駕林公謹夫,暨郡庠名士周子朝仕、李子鎔輩同事於鉛槧者久之。第一郡十邑之廣,歲遠政繁,勞於蒐輯,志未就而司徒、別駕後先捐館,有遺憾焉。又數年,栝蒼葉公溥來自諫垣,才識宏遠,治郡綽有餘力,鋭意以畢斯志。謀於同寅貳守陳公鑭,通府葉公元暉、莫公懼、節推錢公應福,贊襄允諧;都運黄公閲古、同運盛公龍胥,捐俸以相其役。於是禮延州博士張子孟敬、庶吉士劉子世揚、進士廖子世昭,同事編纂,而吾兒主事炫亦預焉。開局鍾山,按舊志,據新編,參之以聞見,五閲月而書成。葉侯躬爲評騭,仍請裁於吾翁,且屬爲序。翁樂覯一郡文獻之足徵也,欣然諾之。詎意昊天不弔,吾翁奄逝,而序未就稿。侯入覲,貳守握郡章,經營剞劂,又五閲月而工告成。顧謂不肖曰:"此尊翁之遺意也。子

――――――

①此本抄配部分版心上書"福州志府志"(序作"序"),中書卷數(目録作"目録",凡例作"凡例"),下書葉數。中國國家圖書館藏本則作"福州府志序""福州府志目録""福州府志凡例"。

②中國國家圖書館藏本《福州府志》,《凡例》之後尚有《府總圖》《府治圖》《閩縣圖》《懷安縣圖》《古田縣圖》《閩清縣圖》《永福縣圖》《羅源縣圖》《長樂縣圖》《福清縣圖》,此本皆無。

其續成之,毋讓。"嗚呼! 歲月曾幾何,而鄉邦典刑相繼凋謝。手澤猶新,音容何在,撫卷摧咽,執筆不能文。姑述其梗槩如此,以塞侯請,以畢先大夫之志,言有盡而情無窮也,悲哉! 志凡四十卷,首地理,終外志。其爲綱若干,爲目若干,條達詳明得志體。易以今名,遵王制也。或曰:"此郡志也,命使藩臬,何以繫之郡耶?"曰:"福,首郡也,而公署臨焉。有署斯有職,有職斯有政,政之最者曰名宦。名宦固祀於郡庠,則職與政載之郡志,無嫌於僭也,敢併及之。"大明正德十五年庚辰春三月,賜進士出身亞中大夫雲南布政使司左參政前兵部郎中知蘇州府事郡人林庭㭿謹序。

2.《福州府志凡例》

一,是編綱領次第,上遵《一統志》,近法《八閩通志》,取證於《閩中記》《三山志》《三山續志》,纘述新聞而爲書,内三邑頗詳,外邑僅據其志,有不能致詳者矣。

一,是志綱有十三,目有四十二,首之以地理。夫有天地,然後有萬物,畫野分州,莫辯於地理,故受之以地理。有地此有財矣,有財此有用矣,故受之以食貨。地理、食貨不可無所統也,故受之以封爵焉、官政焉。政莫大乎教也,故受之以學校。學校,人材之所出也,故受之以選舉。選舉,人材之賢①者也,而有賢之尤也;又有賢而非選舉也,故受之以人物。政又莫大乎祀也,故受之以祀典。人之不能無宮室,以游以處也,故受之以宮室。災異禎祥關乎政與人也,故受之以祥異。地理而下不可無所紀也,故受之以文翰。志之不能盡志也,故受之以雜志。雜者,雜者②,雜而爲異端者,寺觀、仙釋也,故受之以外志終焉。

一,福爲會,郡鎮按藩臬之治在焉,非它郡比。兹列其公署,職員、職官、名宦皆書。

一,志中凡職官及鄉先輩皆名,以志史法也。

一,名宦以官爲叙,而官列先後焉。貴貴賢賢,其義一也,然必其人不在位者書。雖遷去,而有位亦不書。

一,人物,其師友淵源弗畔於道者曰道學;其經術醇正,行爲世範者曰儒林;

---

① 中國國家圖書館藏明正德十五年刻本作"賢"。
② 中國國家圖書館藏明正德十五年刻本作"雜也"。

其出處光明,操履無玷,論議正直,勳業隆盛者曰名臣。其曰忠節、曰士行,懿有足尚焉;曰文苑、曰宦蹟,才有足表焉;曰孝義、曰遷寓、曰隱逸,風有足稱焉;曰材藝,其著者亦不容泯焉,然必其人已歿而後爲定論爾。

一,列女有已被褒旌及志行卓烈,固在所録矣。其有未及上聞,操節足稱,無間存歿,亦慎載焉。

一,城中坊巷、橋梁亦以三邑爲叙,而後統紀明秩。

一,志者紀事之書也。其文貴約,其事貴核,其例貴嚴。各志類有引語,互相蹈襲,其流爲贅,今唯直書,或爲小叙意盡而止焉。

3.《福州府志後序》

舊《三山志》昉於宋,續於元。我朝《八閩志》嘗掇其舊,而增以新要,歸之至約,而掛漏之患不免。前大方伯胡公大聲、郡伯余公子積,延大司馬林泉山公、大司徒林成齋公、貳守林公世玉,纂爲郡志,未就而世玉捐館,事遂寢。去年夏,郡伯葉公時用、貳守陳公汝耀,暨郡僚諸公,謀底厥成。都運黃景溪諸公,悉贊厥美。乃以屬内翰劉君實夫、膳部林君貞孚、進士廖君師賢,而敬叨執觚翰於後,則充其約而爲博也。居五閲月而稿脱,又五月而梓成,遂更名《福州府志》,仍謂敬宜有書,以告來者。惟今郡邑俱有志,即古列國史也。史有史臣專職,今志必待大作者而後成,是固宜書。矧閩自常觀察公興學以來,至黃勉齋公得考亭正傳,惠迪我後人。迄於今,聖明涵養於上,士風日振於下,大非唐宋比,是尤宜書。雖然福一郡也,三山鼎峙,十邑星羅,天啟泰和,地鍾靈秀,人民富庶,風化盛美,物産卓殖,貢賦充牣,逮至學校、公署、城池、市鎮、橋梁、道路、方外、遊觀之所,皆足爲七郡冠冕,不但人文之盛也。兹志成矣,郡之人觀感興起,必思檢點其心身,俾出人一頭地,與前修若是班焉,則兹志爲吾郡重也。亦宜苟徒以爲考據之籍、談謔之助,與吾心身不相關,則兹志亦微矣哉,奚容敬之贅書哉,郡之人尚益慎戀之哉!時皇明正德十五年龍集庚辰二月庚申朔,致浙江安吉州學正事郡人閩東渠張孟敬謹書。(序後摹刻陽文"東渠/逸史"方印、陰文"世及/科第"方印、"勤禮"長方印)

【批校題跋】書中有墨筆批校:一是集中於卷一至卷十五,或是指出脱字、模糊,以及誤刊之處,如卷一葉四"長興四年,改爲門興"其上批"'門興'疑是'閩興',俟攷";卷二末葉"石壁赤壁二字",其上批"'石壁'下疑脱一'刻'字"。二是集中在該書《人物志》,字跡各有不同。當爲徐𤊹、林佶手筆,詳見按語。

【鈐印】卷一卷端鈐"福建師/範大學/圖書館/藏書印"朱文方印。卷十六、二十一、二十三、二十五、卷二十八、三十五、三十七卷端鈐"閩中徐𤊹/惟起藏書"朱文長方印、"是書曾藏/蔣絢臣家"朱文長方印、"東明遊/峨眉/後拾得"白文方印、"還讀/盧藏/書印"朱文方印、"今雨/珍藏"朱文方印、"鰲峰/清嘯"白文方印、"徐棉/之印"白文方印及"福建師範/學院圖書/館藏書印"朱文方印。卷二十一卷端又鈐"林少穆/珍藏印"朱文長方印、"晋安何/氏珍存"白文長方印。卷二十三、二十五、二十八、三十五卷端又鈐"晋安何/氏珍存"白文長方印。卷三十七卷端又鈐"林少穆/珍藏印"朱文長方印。卷三十一卷端鈐"徐氏/興公"白文長方印、"東明遊/峨眉/後拾得"白文方印、"還讀/盧藏/書印"朱文方印、"今雨/珍藏"朱文方印。卷四十卷末鈐"鰲峰/清嘯"白文方印。

【書目著録】

1. 徐𤊹撰、繆荃孫編《重編紅雨樓題跋》卷一著録[①]。記:"舊府志十二册,先君向所儲也。萬曆丁酉(1597),古田令劉君欲考本邑事,向先兄借二册去。越三載,先兄殁,劉令亦不以見還。余屢托古田丞李君元若轉索,僅得其一,而第十册竟無有也。蹉跎十載,未遑鈔補,今歲因纂修之便,乃補一帙,復成完書。此志刻在正德庚辰(1520),未及百年,故家鮮有藏者。自今以往,愈不可得也。子孫其慎重之哉! 壬子(1612)仲夏,徐興公書。"

2. 鄭杰撰《注韓居書目》卷三著録[②]。記:"《正德福州府志》四十卷,興公藏。"

---

①徐𤊹撰、繆荃孫編《重編紅雨樓題跋》卷一,清宣統二年趙詒琛刻《峭帆樓叢書本》。又《新輯紅雨樓題記》亦收入此《[正德]福州府志》之題記,並在該條後的"箋校"中記:"徐家舊藏之《正德府志》,現存福建師範大學圖書館,卷三十一至三十四,爲萬曆補抄之第十册,惜復失落卷一至卷十五,及徐氏題記。題記之'先君'指徐𤊹父徐棉,'先兄'爲徐熥。借書不還之'古田令劉君'爲劉曰暘,萬曆二十八年首修《古田縣志》。李元若,廣東茂名人……字惟順……萬曆中選貢,古田縣丞、龍南知縣,年八十卒。"見徐𤊹撰、馬泰來整理、吴格審定《新輯紅雨樓題記　徐氏家藏書目》,上海古籍出版社2014年版,第85頁。

②福建省圖書館編《福建省圖書館藏稀見書目書志叢刊》第1册,國家圖書館出版社2016年版,第441頁。

3.《中國地方志聯合目録》福建省部分著録①。

【遞藏】

1. 徐㮦(1513—1591),字子瞻,號相坡,福建閩縣(今福建福州市、閩侯縣、連江縣部分地區)人。明代諸生。官終永寧知縣。著有《周易通解》《易經理解》等。子徐㷆、徐燉。徐㷆(1561—1599),字惟和,號幔亭。明萬曆十六年(1588)舉人。今存《幔亭集》,另輯有《晉安風雅》。徐燉(1570—1642),字惟起,後字興公,自號鼇峰居士、天竺山人、讀易園主人、三山社弟等。編有《紅雨樓書目》,今原本不存,有多家輯本,如繆荃孫、林佶、鄭杰等輯本。傳見《明史》。

2. 蔣玢(生卒年不詳),字絢臣,福建閩縣(今福建福州市、閩侯縣、連江縣部分地區)人。明末清初諸生。

3. 林佶(1660—?),字吉人,號鹿原,福建侯官(今福建福州市、閩侯縣部分地區)人。清康熙五十一年(1712)進士,授内閣中書。博學能文,好搜購圖書,有藏書處“樸學齋”。著有《樸學齋詩集》等。

4. 鄭杰(？—1800),一名人杰,字昌英,號注韓居士,福建侯官(今福建福州市、閩侯縣部分地區)人。有藏書處有“大通樓”“注韓居”。編有《注韓居藏書録》《注韓居書目》等。

5. 林則徐(1785—1850),字元撫,一字少穆,晚號竢村老人,福建侯官左營司巷(今屬福建福州)人。清嘉慶十六年(1811)年進士,十九年授翰林院編修,官終雲貴總督,謚文忠。著有《雲左山房文鈔》《雲左山房詩鈔》。次子林聰彝編有《雲左山房書目》。

6. 劉明(生卒年不詳),字東明,福建連江人。生平未詳。

7. 廖元善(？—1956)②,字德元,號擎宇,又號今雨,福建永定(今屬福建龍岩)人,定居福建福州。1909年考入福建高等學堂,1914年就讀於日本政法大學經濟系。1919至1922年間,任國民黨國務院參事上行走等。曾任福建私立協和大學、福建師範學院(今福建師範大學)教授。所藏古籍贈予福建師大圖書

①《中國地方志聯合目録》,中華書局1985年版,第518頁。
②廖元善生年有1893、1894、1896多種不同記載,見陳旭東《福建師範大學藏〈正德福州府志〉遞藏源流述略》,《福建師範大學學報》,2009年第6期。

館,被編爲《福建師大圖書館藏廖元善先生捐贈古籍書目》①。

【其他】無。

【按語】

1.是志知府、知縣等皆記至明嘉靖間,但僅言“嘉靖間任”,不載詳細年月。查是志所録官員,卷十三福建等處承宣布政使最晚記至朱鴻漸、提刑按察司僉事最晚記至黎澄,卷十四福州府知府最晚記至嘉靖間任翁五倫、通判最晚記至張偉。考嘉靖三十一年(1552)《福建鄉試録》,當年福建鄉試的提調官爲“福建等處承宣布政使司右布政使朱鴻漸”,監試官爲“福建等處提刑按察司僉事黎澄”,收掌試卷官有“福州知府翁五倫”,彌封官則是“福州府通判張偉”②。可知是書有增修,當在嘉靖三十一年或以後。

又卷三十六《文翰志·巡按福建察院題名記》載御史曾佩(字元山)之事:“嘉靖辛亥(嘉靖三十年,1551)大侍御元山曾公奉□來巡是邦,端嚴慎重,正己格物……爰自嘉靖壬午(1522)迄於今辛亥,得石岡王公、一溪簡公,而後凡若干人遂礱石題名,置於新院。不鄙於經,屬以爲記。”是《文翰志》亦增入嘉靖三十年(1551)之事。

2.是志部分版面刻書字體不同,版心下往往刻有字數或刻工名,如卷三十六葉三至葉四《巡按福建察院題名記》記嘉靖三十年(1551)御史曾佩之事,版心下有刻工“范一明四”“劉四李二”,葉二十《福建運司誌序》記嘉靖二十九年(1550)事,版心下刻字數;卷二十二葉二十三記明景泰元年(1450)事,版心下有刻工,兹不一一列舉。此外,卷三十七後有新增數葉,版心皆刻“增一、增二”,所記爲嘉靖時人龔用卿撰《重修閩清縣記》及《尋樂亭記》二文,字體與上述內容較晚、刻有字數或刻工的版面均相同,此或亦嘉靖時增刻。

中國國家圖書館亦藏明正德十五年刻本(索書號04520),全帙不缺。今觀國圖藏本,字體亦有不同,其中一種字體的版面版心下鑴字數與刻工姓名,且卷十三與卷十四《職官》幾乎全卷如此,其他卷僅偶有數葉(如卷一葉一、二等)。

---

① 見陳旭東《福建師大圖書館藏廖元善先生捐贈古籍書目》,《文獻信息論壇》,2006年第2期。
② 龔延明主編《天一閣藏明代科舉録選刊·鄉試録8》,寧波出版社2016年版,第6989—6990頁。

所見刻工有范元升、王良、馮三、劉明俊、劉俊、吳都、馮懷、馮長樂、吳鎮東、劉四、李二、永良、清、連、按、案、發、淹、吳、劉。按范元升爲明嘉靖間閩中地區刻字工人,參與刊刻明嘉靖壬辰(十一年,1532)福建按察司刊本《晦庵先生朱文公文集》①,從籍貫及活動時間來看,很可能與刻《福州府志》者爲一人。又,有刻工或字數的版面並不僅限於嘉靖間事,如卷三十七葉十六《長樂重修儒學記》載弘治十一年(1498)事,葉二十六至葉三十《昭恩堂記》《敬牧堂記》記弘治九年(1496)事。由此可以推測,嘉靖時期是書經過增修,主要是對職官進行增補,與此同時,可能對其他一些版面損壞之處進行了重刻。

3. 是書鈐有"晋安何/氏珍存"白文長方印,不知所屬何人。有學者根據福建省圖書館藏影抄元至正本《續夷堅志》鈐有"晋安何氏珍存""述善珍賞""述善珍藏"等印,推測"晋安何氏珍存"印屬閩中著名藏書家何應舉②。薩士武《福建方志考略》"福州府志"條記:"下存十六卷至四十卷,共八册,在連江劉氏東明樓。"而鄭麗生《閩廣記》卷三載:"余友連江劉東明,藏有正德《福州府志》,爲海内孤本,未及借讀。……按:李彦章《出山小草》,有《議復高賢祠》詩,自注云:'余藏正德郡志殘本,爲徐興公家藏……'云云。是東明所藏或即李氏石畫園故物也。"③又知劉東明所藏此本或曾藏於李彦章④處。

4. 書中《人物志》有多處字跡不同的墨筆批注,當出自徐㶿、林佶之手。

其一,是書《人物志》在人名上方有墨筆批注,或云"新志删之""未入"等語,或是在人名上標注"名臣""儒學""風槩""忠節"等字。據前文馬泰來言:"見林(佶)、繆(荃孫)二輯,題名作《福州舊志》。徐家舊藏之《正德府志》,現存福建師範大學圖書館,卷三十一至三十四爲萬曆補抄之第十册,惜復失落卷一至十五,及徐氏題記……萬曆四十一年(1613),福州知府喻政重修府志,總裁

①瞿冕良編《中國古籍版刻辭典》,蘇州大學出版社 2009 年版,第 352 頁。所謂"福建按察司本"即嘉靖十一年(1532)由時巡按御史蔣詔、副使張大輪督刻本。

②相關研究參見陳旭東《福建師範大學圖書館藏〈正德福州府志〉遞藏源流述略》。何應舉(生卒年不詳),字述善,號五梅,福建閩縣人。主要活動乾隆年間,其他事跡未詳。

③鄭麗生著、福建省文史研究館編《鄭麗生文史叢稿》上,海風出版社 2009 年版,第 56 頁。

④李彦章(1794—1836),字則文,一字蘭卿,號榕園,福建侯官人。清嘉慶十六年(1811)進士,道光十六年(1836)遷山東鹽運使,未赴任病卒。著有《榕園全集》。

林熿、林材，纂修謝肇淛、王宇，分纂八人，徐㷾居一。"①今核《［萬曆］福州府志》，人物下分爲名宦、儒學、風槩、忠節、孝友、循良、前修、鄉行、隱逸諸子目，與此本人名上方標注一致。且其注"删之""未入"等條，確不見於《［萬曆］福州府志》，如"翁熙載"上批"未入"，而萬曆志確不記此人。又如"張宏圖"，上注"方伎，又見才藝"，萬曆志中張宏圖之事確見於"方伎"及"才藝"目下。可知此本批注"新志删之""未入"及"儒學""名宦"等語，或即徐㷾參與修萬曆志時所批。

其二，書中偶有批注云"佶四世祖也"等語，如卷二十八《人物志》"林真"條，上方墨筆注"佶四世祖也，像藏佶家"，當是林佶手筆。

［嘉靖］長泰縣志

中國國家圖書館　梁瀟文

寧波市天一閣博物院善 1838

國家珍貴古籍名録 11671

《［嘉靖］長泰縣志》六卷。佚名纂修。明抄本。二册。毛裝。

【題著説明】卷端題"長泰縣誌卷之"。未題著者。

【著者簡介】待考，詳見下。

【内容】長泰縣地春秋屬越。秦始皇統一六國，置閩中郡，長泰縣地屬焉。西漢始元二年（前 85）建會稽南部都尉，置冶縣，長泰縣地附於冶縣。東漢獻帝建安元年（196）析會稽郡南部置侯官等縣，長泰縣地屬侯官縣。三國時地屬孫吳。西晋時置晋安郡，南朝梁改成南安郡，長泰縣地轄於郡。隋時改南安郡爲南安縣，長泰縣地仍屬之。唐乾符間以長泰縣地置武德場，以便輸納，文德元年（888）改稱武勝場。五代南唐保大十三年（955）改置長泰縣，屬泉州。北宋太平興國五年（980）改屬漳州。元屬漳州路。明清屬漳州府②。

是志無目，據正文内容知其有六卷。卷一輿圖志，記縣治沿革、疆域、形勝、

---

①徐㷾撰、馬泰來整理、吳格審定《新輯紅雨樓題記　徐氏家藏書目》，第 85 頁。

②史爲樂主編《中國歷史地名大辭典》，"長泰縣"條、"武勝場"條、"武德場"條，中國社會科學出版社 2005 年版，第 437 頁、1436 頁、1441 頁。

風俗、山川、城池、坊市、鄉都、橋梁、津渡。卷二食貨志,記户口、土貢、財賦、歲辦夫役、諸課、農桑、土田、坑冶、水利、井、土産。卷三寺觀、巖、亭臺、冢墓。卷四人物,記歷代人物、鄉賢、隱逸、孝行、流寓、節婦、孝婦。卷五詞翰,記詩、歌、銘、辭、記。卷六規制志,記公署類、壇壝。户口、土田記至嘉靖三十一年(1552)。

【刊印者】未見,待考。

【行款版式】半葉十行,行二十七、二十八字不等。黑口,四周雙邊,雙魚尾。版心無字。版框20.5厘米×13.6厘米,開本31.5厘米×16.2厘米。

【題名頁牌記】無。

【刊寫題記】無。

【刻工】無。

【避諱】無。

【序跋附録】是志無序、目録。

【批校題跋】無。

【鈐印】卷一、卷四卷端鈐“范氏/天一閣/藏書”朱文長方印。

【書目著録】

1.《天一閣書目》卷二著録①。記:“《長泰縣志》一册,鈔本。不著撰人名氏。”

2.《中國地方志聯合目録》福建省部分著録②。記:“明嘉靖年間修,明鈔本……記事至嘉靖三十一年。”

3.《中國古籍善本書目》史部地理類一方志部分著録,編號10360。

4.駱兆平著《天一閣藏明代地方志考録》著録③。記:“不著纂修人姓名。食貨志中户口、財賦等目記事均至嘉靖三十一年,可知爲嘉靖間纂修……明藍絲闌抄本。國内僅見此帙。”

---

① 范邦甸等撰,江曦、李婧點校《天一閣書目》卷二,上海古籍出版社2010年版,第176頁。
②《中國地方志聯合目録》,中華書局1985年版,第540頁。
③ 駱兆平《天一閣藏明代地方志考録》,書目文獻出版社1982年版,第79頁。

5.鄭寶謙編《福建省舊方志綜録》著録①。記："明嘉靖三十四年乙卯（1555），知縣張傑夫初修，教諭朱彩、訓導徐穎、黃河清初纂六卷。"其後又注："有嘉靖三十五年（1556）張傑夫後序。據縣報，張修期間1552—1555，蕭修②期間1556—1558。實則張修正志六卷，蕭修續志二卷，亦各有修纂人。"又記："薩士武對張、蕭先後主修未加分析，謂'三十一年修刊'，亦誤。三十一年壬子秋，張始來任，乙卯乃修。"

【遞藏】天一閣藏書。天一閣乃范欽於明嘉靖四十年（1561）至四十五年所建的私家藏書樓。范欽（1506—1585），字堯卿，一作安卿，號東明，浙江鄞縣（今屬浙江寧波）人。明嘉靖十一年（1532）進士，初知隨州，歷遷工部員外郎、廣西參政、福建提刑按察使，累官至兵部侍郎。性喜購書、刻書，築天一閣以藏之。編有《四明范氏書目》《煙霞小説》等。天一閣於1982年被國務院公佈爲全國重點文物保護單位，其所藏古籍尤以明代地方志和科舉録最爲珍貴。

【其他】無。

【按語】

1.天一閣另藏有嘉靖時修兩卷本《長泰縣志》，今只存下卷，疑是嘉靖三十七年（1558）知縣蕭廷宣在六卷本基礎上續修。兩卷本書後有嘉靖三十五年（1556）長泰縣知縣張傑夫撰《長泰縣志後序》及嘉靖三十七年知縣蕭廷宣撰《長泰縣志後跋》。又《[康熙]長泰縣志》中有嘉靖三十七年王時槐撰《長泰縣志嘉靖前序》。三序文可窺明嘉靖時長泰縣修志始末，故録於下：

《長泰縣志後序》

夫邑之有志，猶國之有史也。國不可一日而無史，猶邑不可一日而無志也。是故山川之形勝，風俗之淳漓，人才之隆替，政事之沿革，先賢之嘉言善行，宦蹟之徽猷偉績，咸於是乎備之。可以昭往，可以詒來，圖治者先務也。凡君子之蒞土者，必先考閲邑志，所以垂鑒戒，勵興起，效法成，能以阜護元元，奠固邦本，以副朝廷簡賢牧民之意，兹乎藉矣，不然如瞽之無相，倀倀乎將何之。嘉靖壬子

①鄭寶謙編《福建省舊方志綜録》，福建人民出版社2010年版，第147頁。
②即嘉靖三十七年時任長泰縣知縣蕭廷宣所修兩卷本《長泰縣志》，此本今亦藏天一閣博物院。

秋,余承乏長泰,下車之初,詢諸故老暨邑人士,咸曰未有成書也。問縣治何昉乎,曰唐保大某年矧也。余曰:"噫嘻!夫縣治自唐以迄於今,歷六百餘載,而邑志無修,此非闕典歟?豈昔人以邑褊地僻,鄙夷之而不屑爲,抑亦蒞職者傳郵之迭代而無遑於此也?泰,漳下邑也。在昔聞人詰士登科第者,後先踵望。歷至今,群彥譽髦,濟濟郁郁,隆乎躋矣,兹非人文之邦乎?"爰周爰諏,問政於俗,問俗於野,問興革於民,又得生員葉桃、蔡疆輩所爲記錄者而參觀之,集思廣益,宣猷協政,於是乎稍稍稱治,擬纂是志,未遑也。越乙卯,謀諸司教素庵朱君、充齋徐君、龍白黃君,將以圖是舉。適以供役場屋,後聞叨轉之報,是役鬱鬱而未成也。予將戒行曰:設今不修,後將漸盡而無聞矣,可但已乎!於是請諸督學星野盧公,報曰可。乃以其役付於當事君子,而以筆屬之素庵君。予不揆謭陋,竊附數言於末,俾後之蒞兹土者有所稽焉。嘉靖三十五年丙辰春王正月吉日,賜進士第南京戶部主事嶺南張傑夫撰。

《長泰縣志前序》

長泰自南唐置邑迄今垂六百年,而舊未有志。前令嶺南張子傑夫,蒐輯未竟,轉官去。盧陵蕭子廷宣來,始畢力採故牒、訪遺老、按域圖、稽風謡、核往蹟,質諸鄉士大夫,而授簡於邑庠博士弟子,使纂綴草成,躬校之,爲志者十二,而邑之興地、食貨、宮室、學校、祀典、秩官、選舉、人物、藝文,則粲然備矣。蕭子詣予,請序之。予素不工文,且未暇也。踰年請益力,予乃進而語之曰:志何爲者也?夫爲邑者,其譬諸爲家乎?家有父焉,則縣令是也;有子焉,則民是也。夫愛莫切於鞠子,故撫摩之、資業之、指導之,閔閔焉惟懼其不生且成也。幸而生矣、成矣,尤懼其後之無所據以守吾貽家之物,而一旦或蕩然以窮也,是故筆之於籍焉。農桑必紀其豐瘠,室廬必紀其廣袤,絲粟錢帛必紀其奇贏,器貨臧獲必紀其名數,廟寢墓隧必紀其卜兆,舟車販易必紀其饒嗇,將使後之子若孫,執是籍而衣食生植永賴。此創家之甚艱難,而貽謀之最勤切者所必有也。嗟夫!通於此,則爲邑思以保民,而志所爲輯者其亦猶是而已。且夫興地、食貨,民所依以生且養也;宮室、學校,民所恃以安且教也;祀典、秩官,民所藉以衛且理也;選舉、人物、藝文,民所待以振起宣耀也。盡舉而志之,豈徒以備彌文耶?將吾民生養樂利之具,非此焉莫考。故一志闕,是射失的、駕脫輻,非命中致遠之道也。

一志成，是揆日之於表，候氣之於律，固依託憑藉，恒必由之也。夫長泰當漳之東偏，視他邑差狹，重以連海爲壖。邇年島夷未殄，徵戍責餉之檄，聯絡相望於道，長泰之民，蕩然窮盡矣。今志則成矣，必何術以生養樂利之乎？不然，是爲父者家四壁立矣，而徒倚空籍以示子若孫，豈得爲善貽後者耶？噫！繼今來令是邑者尚永念於茲，則是志乃不爲徒成也已！

《長泰縣志後跋》

嘉靖戊午冬，長泰志脱稿，授諸梓。先是，邑之薦紳咸以此典上下數百年曠然不舉，茲業一旦成之，願丐大史筆一言以徵文獻於不朽。宣不自分，於是力請於當道塘南王老先生，蒙可什玉於簡端，暨前任凌山張君亦自户曹屬辭後附焉，宣若無容喙者，然文以足志。是志余翻訂頗詳，若徒諉諸商偃，一辭弗贊，則何以見意。矧泰隸漳郡版圖，雖尾諸邑之後，而其中之髦俊，後先相望，首以文章魁京闡、甲天下，次以事功顯當時，在全漳且稱右出，顧志獨闕焉，其曷以觀人文以成化哉！是録也，創始則張君凌山，協贊則邑博朱君素庵、徐君充齋、黄君龍白，樂成於何君澗松、凌君西橋，彙編於蔡、葉、董、王四庠生之手。余初蒞泰，獲閲之，其間不免因訛襲謬，猶爲草創。復攜其抄付經元王君屏江考實而修飾之，余於公餘少用裁定焉。由是輿地、食貨有紀，宫室、學校有條，祀典、兵政有章，以至秩官、選舉之無弗載，人物、藝文之無弗詳，他如事類弗齊，又以雜志終焉。一按籍而人文焕然備矣。噫！泰之治理雖不盡資於志，而有志望治不即此可以觀政耶？修政以光厥志，誠在夫守泰者加之意耳。是故以經輿地而兼貪在所必抑乎，以理食貨而漁逋在所必懲乎，以奠宫室而廢圮在所必興乎，以崇學校而振剔在所必先乎，以明祀典而演兵政也，而炳文耀武必在所飭勵乎，以核秩官而稽選舉也，而秉忠負良必在所激拔乎，以辨人物而考藝文也，而論世尚友必在所軒輕乎，至於吊古推亡，弭災削異，又於雜志不在所鑒戒而敬念之乎，是則政舉而志有裨焉。塘南老先生曰："志則成矣，必思所以貽之。"宣故條其事，而繫以貽之之意，以庶幾無負是志。若外此而謂他有所貽，則是事彌文者之用以飾詐也，豈余所知哉。後之來令者幸相與共圖之，故跋。嘉靖三十七年戊午冬十二月之吉，長泰縣知縣廬陵蕭廷宣頓首書。

2. 是書作者，《天一閣藏書目》《中國古籍善本書目》等皆不著修撰人姓名。

然《福建舊方志綜録》記是志乃長泰縣知縣張傑夫於嘉靖三十四年(1555)初修六卷,嘉靖三十七年(1558)知縣蕭廷宣又續修兩卷。《長泰文史資料》記:"收集到西元1552—1558年間編纂的嘉靖《長泰縣志》(膠卷)兩種。前一種是明代藍格抄本,全書八十二頁,每半頁十行,每行滿格約三十字,分裝兩册。第一册:《輿圖志》十三頁;《食貨志》二十四頁;《寺觀》七頁。第二册:《人物》十五頁;《詞翰》十三頁;《規制志》十頁。從它的結構形式看,雖然分作六卷,但每卷引首僅題寫"長泰縣誌卷之"六個字,還没有編定順序,前後也還没有序、跋,根據它的内容,查證有關資料,可初步認定它是1552—1555年長泰縣令張傑夫倡修的第一部《長泰縣志》,是未成書的謄清抄本。"又記:"後一種是嘉靖三十七年刊本,殘存卷下的九十九頁,每半頁九行,每行滿格二十二字。殘存部分有:《秩官志》第七……《選舉志》第八……《人物志》第九……《藝文志》第十……《藝文志》第十一……《雜志》第十二……最後爲嘉靖三十五年張傑夫《長泰縣志後序》三頁,嘉靖三十七年長泰縣令蕭廷宣《長泰縣志後跋》三頁。這個本子是在張傑夫倡修草創的未定稿基礎上,經過充實續修成書的。雕版精工,字口清晰,是《長泰縣志》的首次刊印本,世稱"嘉靖戊午志"①。

　　上文所言第一種"明藍格抄本"即此六卷本,"嘉靖三十七年刊本"即知縣蕭廷宣所纂修的兩卷本(存下卷),此兩本今皆藏天一閣。今觀此六卷本,無序跋,無目録,且卷端題"長泰縣志卷之",尚未定卷次,書中《食貨志·户口》記嘉靖二十一年,而雖列"嘉靖三十一年"條,但其下並未記事。又書中《規制志·公署類》"城隍廟"條則記:"至嘉靖二十九年,邑侯王用文修築,增設神像。"據乾隆時期所修《長泰縣志》載,王用文於嘉靖二十七年任長泰縣知縣,其後則爲嘉靖三十一年任張傑夫②。是書雖於"嘉靖三十一年"下不記内容,但結合嘉靖時期長泰縣歷任知縣的任職時間,是志確有可能是張傑夫③所修,且此六卷本或是未定稿本。

———————————

①黄聰生、十得《我縣收集到明嘉靖〈長泰縣志〉兩種》,載長泰縣委員會文史資料工作組編《長泰文史資料》,1982年第3期。
②張懋建修、賴翰顒纂《[乾隆]長泰縣志》,清乾隆十年修1931年重刊本,臺北成文出版社1976年版,第312頁。
③張傑夫,字朝伯,一字凌山,廣東新會(今屬廣東江門)人。明嘉靖二十九年(1550)進士,三十一年任長泰縣知縣,後升南京户部主事,其他事跡不詳。

據張傑夫嘉靖三十五年（1556）序言所記，其於嘉靖三十四年（1555）“謀諸司教素庵朱君、充齋徐君、龍白黃君……乃以其役付於當事君子，而以筆屬之素庵君。予不揆謭陋，竊附數言於末”。而蕭廷宣序則言：“創始則張君凌山，協替則邑博朱君素庵……樂成於何君澗松、凌君西橋。”知張傑夫雖臨調任，但卻將修志之事托付給邑博士朱素庵，且由何澗松等人完成，至嘉靖三十五年已完成，張傑夫爲之作後序。此六卷本只是張志的未定稿之本，或者初稿的一部分，張傑夫所修《長泰縣志》其體例、卷次究竟如何，仍待進一步考證。

［景泰］雲南圖經志書

中國國家圖書館　梁瀟文

中國國家圖書館 A01188

國家珍貴古籍名録 04175

《［景泰］雲南圖經志書》十卷。（明）鄭顒、陳文纂修。明景泰刻本。五册。包背裝。

【題著説明】卷端題“雲南圖經志書卷之一”。著者據本書序補。

【著者簡介】

1. 鄭顒（生卒年不詳），字士昂，浙江錢塘（今屬浙江杭州）人。明宣德四年（1429）鄉舉，任江西安樂縣教諭，後升大理寺卿，巡撫雲南，景泰三年（1452）升都察院右僉都御史，天順元年（1457）謫任福建按察司副使，卒於官。

2. 陳文（1405—1468），字安簡，江西廬陵（今江西吉安）人。明正統元年（1436）進士，授編修。景泰二年（1451）遷雲南布政司布政使，天順元年（1457）任廣東布政司布政使，其後又任禮部尚書兼文淵閣大學士，成化四年（1468）卒於任。

【内容】雲南，古西夷之地，以在雲嶺之南而名。春秋戰國時，楚頃襄王遣弟莊蹻略地黔中，西至滇池，即其地矣。秦時爲西夷滇國。漢武帝元封二年（前109），滇國請附，置益州郡。三國蜀漢改益州郡爲建寧郡，又分置雲南郡、興古郡。晋分益州置寧州，劉宋因之。蕭齊時爲寧州鎮。梁改置南寧州。隋則分置恭、協、崑三州,尋廢。唐復南寧州,又置姚州,尋改南寧州爲郎州,又罷郎州更置戎州。雖分隸更置,徒爲羈縻而已。天寶末,南詔蒙氏築拓東城,地爲其所有。其後段氏改號曰大理,在雲南之地置鄯闡府。宋初仍爲大理國。元滅大理,置中慶路,立雲南諸路行中書省。明洪武十五年(1382),改置雲南布政使司,治所在雲南府,轄境相當於今雲南省及緬甸、泰國、老撾、越南的部分地區①。

是志共十卷,前六卷叙地理,後四卷記藝文。地理志以各州府爲分目,每卷先叙"建置沿革",再言"事要"。"事要"則分爲郡名、至到、風俗、形勝、土産、山川、公廨、學校、井泉、堂亭、樓閣、寺觀、古跡、祠廟、祠墓、橋樑、館驛、名宦、人物、科甲、題詠二十一門。如雲南府及其所屬四州,先記雲南府建置沿革及"事要",其下四州亦分別叙各建置沿革及"事要"。

卷一雲南布政司,記直隸府州司及外夷府州司共四十六處:雲南府,有四州晉寧、安寧、昆陽、嵩明;十縣昆明、宜良、富民、呈貢、歸化、禄豐、羅次、易門、三泊、楊林;雲南都指揮使置司直隸衛所共二十五處附於所在各府州縣之下;雲南按察使置司分四道;安寧鹽井鹽課提舉司附安寧州下。卷二澂江府,有二州新興、路南,四縣河陽、陽宗、江川、邑市;曲靖軍民府,有四州霑益、陸涼、馬龍、羅雄,二縣南寧、亦佐;尋甸軍民府;武定軍民府,有二州和曲、禄勸,三縣南甸、元謀、石舊。卷三臨安府,有四州建水、石屏、寧州、阿迷;四縣通海、河西、嶍峨、蒙自;九長官司納樓茶甸、王弄山、虧容甸、思陀甸、落恐甸、教化三部、左能寨、溪處甸、安南;廣西府,有三州師宗、彌勒、維摩;廣南府,有一州富州;元江軍民府,有一長官司因遠羅必甸;鎮沅府,有一長官司禄谷寨;馬龍他郎甸長官司。卷四楚雄府,有二州鎮南、南安,五縣楚雄、定遠、廣通、定邊、謴嘉;黑鹽井鹽課提舉司附楚雄府下;姚安軍民府,有一州姚州,一縣大姚;白鹽井鹽課提舉司附姚安軍民府下;景東府;順寧府;永寧府,有四長官司剌次和、革甸、香羅、瓦魯之;瀾滄衛軍民指揮使司,有一州蒗蕖;北勝州;者樂甸長官司。卷五大理府,有三州趙州、鄧州、雲龍,三縣太和、雲南、浪穹,一長官司十二關;五井鹽課提舉司附大理府下;蒙化府;鶴慶軍民府,有二州劍川、順州;麗江軍民府,有四州通安、寶山、蘭州、巨津,一縣臨西。卷六金齒軍民指揮司,有一安撫司潞江,一縣永平,二長官司施

---

①史爲樂主編《中國歷史地名大辭典》,"雲南布政使司"條、"雲南省"條,中國社會科學出版社 2005 年版,第 324 頁。

甸、鳳溪;騰衝軍民指揮使司;外夷衙門,有木邦軍民宣慰使司、緬甸軍民宣慰使司、孟養軍民宣慰使司、車里軍民宣慰使司、八百大甸軍民宣慰使司、老撾軍民宣慰使司、孟定府、孟艮府、干崖宣撫司、南甸宣撫司、隴川宣撫司、鎮康州、灣甸州、大候州、威遠州、芒市長官司、鈕兀長官司。卷七元詩。卷八元文。卷九今詩。卷十今文。

第一册序、凡例、《雲南地里至到之圖》、目録、卷一。第二册卷二、三。第三册卷四、五。第四册卷六至九。第五册卷十。

【刊印者】是志由雲南布政使陳文等命工鋟梓。

【行款版式】半葉八行,行二十四字①,小字雙行同。黑口,四周雙邊,雙魚尾。版心中鐫"志書"、卷數(序作"志序",凡例作"志書凡例",目録作"志書目録")及葉數。版框 24.4 厘米×14.6 厘米。開本 29.4 厘米×16.8 厘米。

【刊寫題記】無。

【刻工】無。

【避諱】無。

【序跋附録】書前有鄭顒、陳文景泰六年(1455)撰二序,次凡例,次《雲南地里至到之圖》,次《雲南圖經志書目録》。

1.《重修雲南志序》

景泰甲戌孟秋七月,有詔纂修方輿志書。禮部奏選文學之士,授以條畫,分行天下,俾其所至,會諸方岳、儒臣,廣蒐精擇,計偕以上。而進士王穀寔來雲南,衆議右布政使陳君安簡,宜總其事。君承事惟謹,暨諸文儒,夙夜在公,殫心竭慮,期蒐訪之必精,燀故鈎新,在去取之皆當。不四閲月而志書告成,將鋟梓以傳,詣予丐言爲序。惟雲南之事,載在漢班固《西南夷傳》者舊矣。至元李景山始爲《志略》,然其時聲教初及,制度簡率,禮樂文章之事未甚明備,道德風俗之美未甚同一,宜乎蒐訪者難精,而該載者不博也。我朝奄有天下,幅員之廣,疆域之大,振古莫及。雲南以險遠後服,太祖皇帝特命勳臣鎮之,迨今七十餘年。山林、川澤、墳衍、原隰、物産之富;郡縣、城郭、疆理之雄;靈壇、古跡、琳宮、梵宇之勝;園池、樓閣、亭臺、館榭之麗;賢臣哲士之生於其鄉、仕於其地;詩書禮

---

① 卷七至十每半葉九行,行二十八字。

樂之教養其人，於是道德既同而風俗丕變。向之椎髻卉裳之民，荷戈負弩之習漸化，而爲衣冠文物之美矣。孔子曰：“如有王者，必世而後仁。”此其時耶？雖然禮樂文章之明備，道德風俗之同一，固由乎聖王悠久，教化之浹洽，然非得人以任纂修之責，抑何以成昭代制作之盛，而覩今日大一統之寰區如斯其廣者哉！是書之成，遠稽諸經，近考史籍，井疆、里俗、食貨、藝文之事，古今因革損益之宜，條分縷析，明白詳盡，可謂無遺漏矣。而陳君用心之勤，蒐訪之精，去取之當，亦於是而有可考焉。

景泰六年歲次乙亥春三月望日，中憲大夫巡撫雲南都察院右僉都御史錢塘鄭顒序。

2.《重修雲南志序》

皇上纘承大統，撫御萬方，夙夜孜孜，圖惟寧永，廼於景泰五年秋七月八日詔禮部重修天下地理志，將悉閱而周知之。其奉使采取及所在任其事者，必慎選文學才德其人以充。時進士王毅詣雲南，宣昭聖意，於是文等忝與其事，祗嚴朝夕，博訪而遍觀，窮搜而遠探，正舊志之乖訛，公輿情之去取，若是者四閱月始獲成書，分爲十卷以進。而雲南古今事文，殆無遺者。既而以所存之藁，命工鋟梓，而序之曰：“地理有志，肇於夏之《禹貢》，掌於周之職方，著於漢之遷《史》，而班固廣之曰《志》，凡河嶽之流峙，原隰之肥磽，物產之登耗，風俗之美惡，人才之豐嗇，悉志焉。以任土作貢，分田制禄，授方任能，用臻康乂者，良以此也。”雲南，古西夷靡莫之屬，遠在荒外，而《禹貢》、職方之所不及者也。漢武時始通中國，繼以蜀、晋、隋、唐，雖曰郡縣，其地不過遙制以爲羈縻而已，况蒙、段二氏，假號承强，歷數百年，屢爲邊患，宋則置之度外，豈惟力之不贍哉？至於有元，僅能一而撫之，然治教晦塞，氣習猶自異於内地，視前代之遙制以爲羈縻者，又豈能大相遠哉？天啟皇明，奄有寰宇，仁風義氣，彌於六合，施及四夷。雲南以征而後服，特任勳戚藎臣領重兵而世守之，涖以藩鎮，肅以臬司，因革其郡縣，制其田里，閭井其民以施治，遍立學校以施教，又簡命練達重望之臣以巡撫之，迄今七十有三年，是以聖化漸被，無間窮僻，椎卉化爲衣冠，嘔咿變爲雅頌，熙熙皞皞，亦何下於内地哉？由此而觀，則皇明之有雲南，不特一其地以示輿圖之廣，然定爲經制，以成其治教之盛，實亘古所未有也。今具於《志》，得非希世之盛典歟？

文等文學才德,舉無似者,敬竭一得之愚,以仰答聖意於萬一,而皇明丕顯丕承之化,無遠弗届,亦於是而槩可見矣。嗟夫,顧此一隅之陋,繼今以往,獲媲美於內地,誠萬世之大幸也歟!

景泰六年三月望日,中奉大夫雲南右布政使廬陵陳文序。

3.《雲南圖經志書凡例》

一,《志書》各項事蹟,俱準宋祝穆《方輿勝覽》采取。然宋之諸路,即今之各布政司也。諸路不立"建制沿革"及"事要"之目,惟詳於所領府州之下,今從之。

一,考雲南於古爲荒外之地,三代載籍無聞。今本之以《前漢·西南夷傳》,參之以三國、五代、晋、唐、宋、元諸史,質之以《通鑑綱目》,而更考李景山之《志略》,以正舊志之失焉。

一,郡名,舊志有所略則增之;形勝,舊志有所闕則補之;至到則循其實;土產則書其所特出,而删其所同有;山川、井泉、寺觀、堂亭、樓閣、古蹟,惟紀其勝處;祠廟則削其滛祀;祠墓則録其先賢。曰公廨,曰學校,曰館驛,曰橋梁,其建置皆舊志所未備,今詳之。

一,風俗,舊志以諸夷之故實總叙於布政司之下,而於各府州但書諸夷之名而已。今則各因其類之最盛於某府、某州者,提其風俗之要,而分注其事實,以入於其下。若其類之散處於別府、別州者,則惟附見於其風俗之分注,而不提其要也。

一,名宦、人物,凡没世而功德節義之名行有聞者,無間久近,皆書之,以公論定於蓋棺之後也。其存者雖才賢高爵而不書者,冀善其終而將有待也。科甲則詳其出於某科、某甲,而鄉貢不列者,慮其多也。

一,詩文,雲南絶少。舊志所載,前代惟唐張柬之奏疏一通,元時詩文僅數十篇耳。國朝自洪武壬戌平定以來,至今又七十三年,其間名宦、才人所紀詠有關於建置、事要之實者,既因舊志所載而增采之,其篇什尚不過元之數,若以爲非古而併去之,則無以昭聖世文明之化無遠弗届。後之視今,復何所考?故增入於所關事要之下。其不可入者,則併元之詩文録附於後卷,庶幾雲南可齒於中州焉。

《雲南圖經志書凡例》畢。

【批校題跋】無。

【鈐印】鄭顒《重修雲南志序》首葉鈐"吳岫"白文方印、"方/山"朱文方印、"國立北/平圖書/館收藏"朱文方印及"鐵琴銅/劍樓"白文長方印。《雲南地里至到之圖》鈐"吳岫"白文方印。目録首葉鈐"文鄉/孺子"朱白文方印及"稽瑞樓"白文長方印。

卷一、卷三、卷五、卷九卷端鈐"吳岫"白文方印、"方/山"朱文方印,卷五卷端又鈐"開萬樓/藏書印"朱文長方印。

卷二、卷四卷末葉及卷八首末葉鈐"姑蘇/吳岫/家藏"朱文方印。

卷十卷末葉甲面鈐"姑蘇/吳岫/家藏"朱文方印"鐵琴銅/劍樓"白文長方印,乙面鈐朱文方印(字跡模糊不清)、"國立北/平圖書/館收藏"朱文方印。

【書目著録】

1.陳揆《稽瑞樓書目》近代地志部分著録①。記:"《雲南圖經》十卷,景泰六年,五册。"

2.《中國地方志聯合目録》雲南省部分著録②。

3.《北京圖書館古籍善本書目》史部地理類著録。

4.《中國古籍善本書目》史部地理類一方志部分著録,編號10645。

【遞藏】

1.吳岫(生卒年不詳),字方山,號東明山人、濠南居士,南直隸吳縣(今屬江蘇蘇州)人。明嘉靖諸生,喜藏書、抄書,有藏書處稱"塵外軒"。抄有《太平盛典》《瀛涯勝覽》《定陵注略》等。編有《姑山吳氏書目》。

2.汪啟淑(1728—1800),字慎儀,一字秀峰,號訒菴,安徽歙縣人。清代諸生。歷官户部山東司員外郎、兵部職方司郎中、工部都水司郎中。喜集印,藏書頗豐,家有"開萬樓"爲其藏書處。乾隆三十七年(1772)四庫開館,汪啟淑進呈家藏珍本。著有《訒庵集古印存》《烊掌録》《訒庵詩存》等。

3.陳揆(1789—1825),字子準,江蘇常熟人。清嘉慶諸生。陳氏所居"稽瑞樓",藏書豐富,多常熟鄉邦文獻、文集、方志等。著有《稽瑞樓書目》《琴川志注》《虞邑遺文録》等。

①陳揆《稽瑞樓書目》,中華書局1985年版,第71頁。
②《中國地方志聯合目録》,中華書局1985年版,第819頁。

4. 瞿氏鐵琴銅劍樓，見前《國家珍貴古籍名録》00191。

【其他】無。

【按語】雲南省修通志，始於元大德間李京的《雲南志略》。明洪武初，太祖朱元璋命儒臣修《雲南志書》六十一卷，至洪武二十九年（1396）西平侯沐英又命王景常參考舊志，修成《雲南圖經志書》，惜以上諸書今未見傳本。此《[景泰]雲南圖經志書》是現存雲南地區最早的通志，該書編纂取材於舊志，特別是李京的《雲南志略》，使得元代及明初雲南地區重要的資料得以流傳，是反映元明時期雲南地區政治、經濟、地理、文化等方面的珍貴地方志書。

［正德］雲南志

中國國家圖書館　梁瀟文

寧波市天一閣博物院善 1966

國家珍貴古籍名録 12587

《[正德]雲南志》四十四卷。（明）周季鳳纂修。明正德刻本。十二册。包背裝。

【題著説明】卷端上題“雲南志卷一”，下題“志一”，次行下題“豫章周季鳳編”。

【著者簡介】周季鳳（1464—1528），字公儀，號未軒，江西寧州（今屬江西修水）人。明弘治六年（1493）進士。歷官湖廣布政使、南京刑部侍郎。卒謚康惠。著有《未軒漫稿》。

【内容】志共四十四卷，每卷前有圖。卷一至十四以省、府、州、司爲綱，分叙建置沿革、郡名、城池、山川、形勝、土産、户口、田糧、屯田、職田、風俗、公署、學校、城池、驛堡、哨戍、鋪舍、關梁、臺榭、祠廟、墳墓、古跡、宦跡、進士等項，每府州司根據具體情况，略有增減。其中卷一雲南布政使司。卷二雲南府。卷三大理府。卷四臨安府。卷五楚雄府。卷六澂江府、蒙化府。卷七景東府、廣南府、廣西府。卷八鎮沅府、永寧府、順寧府。卷九曲靖軍民府、姚安軍民府。卷十鶴慶軍民府、武定軍民府。卷十一尋甸軍民府、麗江軍民府、元江軍民府。卷十二北勝州、新化州、者樂甸長官司、瀾滄衛軍民指揮使司。卷十三金齒軍民指揮使司、騰衝軍民指揮使司。卷十四車里軍民宣慰使司、木邦軍民宣慰使司、孟養軍民宣慰使司、緬甸軍民宣慰使司、八百大甸軍民宣慰使司、老撾軍民宣慰使司、孟定府、孟艮府、南甸宣撫司、干崖宣撫司、隴川宣撫司、威遠州、灣甸州、鎮康州、大候州、鈕兀長官司、芒市長官司、車里靖安宣慰使司、八寨長官司、孟璉長官司、瓦甸長官司、茶山長官司、麻里長官司、摩沙勒長官司、大古剌宣慰使司、底馬撒宣慰使司。

卷十五事要。卷十六至十九列傳,記名宦。卷二十列傳,記流寓。卷二十一列傳,記鄉獻。卷二十二列傳,記列女。卷二十三文章,記元詩。卷二十四文章,記本朝詩。卷二十五文章,記銘頌賦。卷二十六文章,記唐疏、元疏、元碑。卷二十七文章,記本朝碑。卷二十八文章,記序。卷二十九文章,記元記。卷三十至三十三文章,記本朝記。卷三十四外志,記寺觀。卷三十五外志,記仙釋傳。卷三十六外志,記漢諸夷傳。卷三十七至三十九外志,記唐諸夷傳。卷四十外志,記宋大理國傳、元緬國傳。卷四十一外志,記本朝百夷傳。卷四十二外志,記詩。卷四十三外志,記元碑。卷四十四外志,記本朝記。

【刊印者】未見,待考。

【行款版式】半葉九行,行二十字,小字雙行同。白口,四周雙邊,無魚尾。版心上刻“正德”二字,中鐫“雲南府志”、卷數(序作“雲南志序”,目錄作“雲南志目錄”)及葉數,下鐫分類(序文版心下刻“序”,目錄及卷一至十五刻“志”,卷十六至二十二刻“傳”或“列傳”,卷二十三至三十三刻“文”或“文章”,卷三十四刻“外志”,卷三十三至四十一刻“外傳”,卷四十二至四十四刻“文”)。版框21.8厘米×16.7厘米,開本30.3厘米×20.0厘米。

【題名頁牌記】無。

【刊寫題記】卷十五及卷四十四末葉刻:“生員高旻、孫珪校正。”

【刻工】無。

【避諱】無。

【序跋附錄】書前有正德五年(1510)周季鳳、晁必登二序。次《雲南志目錄》。次《雲南志義例》。

1.《雲南志序》

雲南距京師萬里,古梁州之域。其俗卉服辮髮,其人强有力者自食其土、子其民。勝國前有天下者但羈縻之而已。我朝華其人而衣冠之,土其地而貢賦之,秩其上下、區其種類而官治之。涵煦滋久,故習丕變,與中州埒。人不於其故而忽乎新者,其端則由志載之存也。舊志修於洪武庚辰①,再修於景泰庚午。越五十餘年,前督學清江彭公性仁復修,未就去位,予承其乏,按試之餘,取其稿觀之,嘉其用心之勤,而惜其志之未遂,爲足成之。本之天理,民彝之大而並及夫衣服飲食之細,通乎古今治忽之微而不遺乎?簿書硃墨米鹽之末,夫人得而觀之,知山川如是,物產如是,風俗如是,人物、仕宦、文章如是,古如是,今如是,而豈無所思乎?觀山川,思朝廷疆理之艱;觀物產,思細民力作之苦;觀人物,思前言往行之可法;觀風俗,思故習轉移之孰在;觀仕宦,思舊政臧否之可鑒;觀文章,思其人賢否何如,其世污隆何如。凡接乎目,必有動於中而思爲吾人所以爲之之地,豈徒資見聞,供考索而已乎。愧學識膚淺,録焉弗詳,擇焉弗精,不足以名一方之書,嗣是修者尚加意哉。

正德五年春二月既望,賜進士出身中憲大夫雲南等處提刑按察司副使豫章周季鳳序。

2.《雲南志序》

雲南,古淪異域,山經、地志皆鮮及之。自《史記》有《西南夷傳》,至唐徐雲虔輩以使事至,始有《南詔録》等書。然夷中舊無文字,特就其耳目所及者書之,則亦未廣矣。《皇元大一統志》,我朝《大明一統志》頗爲提綱挈領,雲南所記亦足以齒中原,猶爲天下之志未盡詳也。景泰間,右布政使陳公文以館閣補外,乃修《雲南圖經志》,惜《皇元大一統》人間罕存,《大明一統》又出於後,而一時文獻無足徵者,故其爲書終簡略耳。一藩之志如是,有斯文之責者不以爲念乎?提學憲副前清江彭君性仁,檄所屬以志事上,亦已綴緝。分寧周君公儀復加編次,考於群史,參以前志,益以今日見聞,綱以統紀,類以分事,期月而始成,卷凡四十有五。視舊志不止於倍之也。嗚呼!天下之志多矣,求其義例精當、紀載詳明者何其少也。志史類也,豈易爲哉?有司馬遷之筆,而後成《史記》之書;有

①即建文二年(1400),朱棣在靖難之役成功後下令革除建文年號。

班、范之筆,而後成兩漢之書;陳壽、宋子京、司馬光、歐陽修諸賢皆一代冠冕,未可多得。其他史志無慮千百家,不足論也。周君雄才博辯,言簡而古,識高而正,誠於史才無愧,士林當斂袵矣。雖然,觀斯志者盍亦於文字之外求之? 昔爲不毛之地,而今建郡作邑,張官置吏也;昔爲旍旄干戈,而今衣冠絃誦也。我朝列聖道化冒覆無外,高駕前古也,周君詳考而備録之,固宜永聞於後也。予不佞,敢僭書之。

正德五年歲在庚午二月望日,賜進士出身雲南按察司僉事宜賓晁必登序。

3.《雲南志義例》

一,志以建置沿革、郡名、山川、形勝、土産、户口、田糧、屯田、職田、風俗、公署、學校、城池、驛堡、哨戍、鋪舍、關梁、臺榭、祠廟、墳墓、古蹟、宦蹟、進士、事要、名宦、流寓、鄉獻、列女、文章爲正志,寺觀、仙釋、諸僭夷、寺觀文章爲外志,共四十五卷①。

一,舊志以雲南城池、鎮巡、三司衙門題名之類俱入雲南府,殊非正名紀實之體,今倣《一統志》標之於首而自爲一卷。

一,事實皆依經傳、正史及一統諸志,間有不合者兩存之。

一,各府所領州縣以倚郭縣居前,隸府次之,視常行下一字,州又次之,與常行平隸州縣各附州下,若州倚郭則先之,長官司殿后,與倚郭縣平。

一,志首總圖以著各府州縣方位,各府及直隸州司並軍民衛司又各圖以別之。

一,雲南山川景致甚多,今特紀其盛者。

一,雲南哨堡、屯田、鋪舍與内地不同,故於"雲南府"各欸下俱注其由,後不重見。

一,歷代户口、田糧俱撮其總於首卷,本朝仍於各府下間書之,然亦止據弘治十五年黄册,前此繁不能悉。

一,舊志以文廟列於祠廟之下,是以吾聖人下儕於諸神也,今並於各府學見之,仍云各州縣學制多同,以該其後。

一,凡城隍廟各壇壝,各道分司所屬州縣皆所必有,今止於各府見之。

---

①此書卷十九分上下兩卷,故目録雖列四十四卷,但實爲四十五卷。

一，舊志人物、名宦等項俱略節數語，分注其下，今皆爲《列傳》，以備本末。

一，仕宦有功行可考見者，俱入《列傳》，其無可考者缺之。

一，五品以上官皆一方之表，故在本朝仕於此者，例載鄉邑職名，其京職以事左遷者則弗論，其崇卑悉志之。

一，《列傳》俱載已往者，見存不録。

一，各家詩文有關地方風俗、形勝者甚多，不能備録，録數十篇，以例其餘也。

一，《名宦傳》俱節其事關本省者，餘弗録，其該録而未備者，以他書修入，惟《黔寧王傳》備本末。

一，王禕、吳雲、王驥、沐氏及鄉獻等傳，皆以墓誌諸書修入，不敢諛妄。

一，前代諸夷傳所紀故實俱在今域内，本不必重見，但今與古異，亦追録之，以志其實。

一，《事要》元以前俱《通鑑綱目》本文，書法具備，觀者自考，在我朝者惟撮其要，以備參考，別無意義。

一，川、貴之越嶲、鹽井、烏撒等府衛，今皆不在域内，人物、詩文等項舊志所載者並删之。

一，《風俗》皆各府、州、縣據實造報，略加删削，而美惡不同，然美者多漢俗，惡者多土俗。

一，外夷衙門，舊志遺略者今考訂其名於後，其建置之由則缺之，不能强爲之説。

一，《列傳》備載善類，或有未善，間於他傳見之。

《雲南志義例》終。

【批校題跋】無。

【鈐印】無。

【書目著録】

1. 阮元、范邦甸《天一閣書目》卷二著録①。

---

①《天一閣書目》卷二，上海古籍出版社 2010 年版，第 189 頁。

2.《中國地方志聯合目録》雲南省部分著録①。記:"明嘉靖三十二年(1553)翻刻正德五年(1510)本。天一、科學(膠卷)、南京(膠卷)。"

3.《中國古籍善本書目》史部地理類一方志部分著録,編號10646。

4.駱兆平編《天一閣明代地方志考録》著録②。記:"明正德五年(1510)周季鳳纂修……明正德刻本。國内僅見此帙。解放前雲南文獻會曾據此本傳抄,抄本今藏雲南圖書館。"

【遞藏】天一閣藏書。天一閣,見前《國家珍貴古籍名録》11671。

【其他】無。

【按語】

1.是書官員記事有至嘉靖三十二、三十三年者,當是後來增刻。在《[景泰]雲南圖經志書》修成後,弘治年間雲南巡撫陳金以該志詳於詩文而略於事實,命按察司提學副使彭綱、教授李介等人重新編撰雲南地方志,名曰《雲南總志》,此書今已不存。周季鳳修《[正德]雲南志》即是以《雲南總志》爲底本,"復加編次"而成,正德志的編撰使得雲南地區的通志得及延續。此外,萬曆時期所修的《雲南通志》以正德志爲藍本,其中地理、列傳、藝文仍舊志,而"以六十年來,諸所損益"③,可見正德志的纂修也對後世雲南修志產生了深遠影響。

2.是書職官多有正德以後者,當有增刻。卷一《宦跡》按察司副使在周季鳳以後增加多人,從周進隆韶立,福建莆田縣人至吕盛文玉,共二十七人,並小字注:"俱正德。"其後又增加幾十人,一直記至范之箴。按察司僉事在晁必登之後,亦有增加,記至徐養正。此外巡撫都御史正德以後記至孫世祐,左布政使記至汪尚寧,右布政使記至王鈁。

據《國朝列卿紀》"巡撫雲南行實"條載:"孫世祐,字元吉,江西南昌府豐城縣人。嘉靖己丑(1529)進士。二十九年(1550)升應天巡撫,丁憂未任。三十二年(1553)以督察院右副都御史任,三十四年(1555)遷南京工部右侍郎。"④該書

①《中國地方志聯合目録》,中華書局1985年版,第819頁。
②駱兆平編《天一閣明代地方志考録》,書目文獻出版社1982年版,第158頁。
③李元陽撰《李元陽文集·〈雲南通志〉序》,雲南大學出版社2018年版,第283頁。
④雷禮輯《國朝列卿紀》卷一百十五,明萬曆四十六年徐鑑刻本。

"南京光禄寺卿行實"條記："汪尚寧，嘉靖己丑進士。三十三年由雲南左布政使升任。"①《本朝分省人物考》卷五十一記王鈁嘉靖"丁未（1547）擢雲南布政司左參政……庚戌轉按察使，辛亥（三十年，1551）轉右布政使，癸丑（三十二年，1553）轉廣東左布政使"②。可知，此書所增職官，任職主要在嘉靖三十二年、三十三年，其時或爲該志增刻時間。

［弘治］貴州圖經新志

中國國家圖書館　梁瀟文

中國國家圖書館 A01189

國家珍貴古籍名録 04176

　　《［弘治］貴州圖經新志》十七卷。（明）沈庠、趙瓚等纂修。明刻本。五册。包背裝。卷一至三、八至十配明抄本。

　　【題著説明】首卷卷端題"貴州圖經新志卷之一"，次行題"欽差提督學校貴州等處提刑按察司副使金陵沈庠删正"，次行題"貴州宣慰使司儒學教授萊榆趙瓚編集，四川/峨眉縣儒學教授諭郡人易絃、庠生王佐同編"。

　　【著者簡介】

　　1. 沈庠（生卒年不詳），字尚倫，南直隸上元（今屬江蘇南京）人。明成化十七年（1481）進士，弘治九年（1496）由刑部郎中遷貴州按察副使。

　　2. 趙瓚（生卒年不詳），雲南大理人。官貴州宣慰使司儒學教授。

　　【内容】商周爲鬼方之域。戰國時楚黔中地，兼爲夜郎、且蘭諸國。秦伐楚，遂以爲黔中郡。漢初地屬西南夷。武帝元鼎六年（前111）平南夷，以是地分屬牂牁、武陵郡，屬益、寧二州。晋分牂牁置夜郎郡，黔地分屬荆、益、寧三州。隋爲巴東、黔安、清江、明陽四郡地，分屬庸、牂、費三州，大業末入於蠻。唐武德二年（619）歸附，貞觀十六年（642）拓其地，置思、夷、珍等州郡十三，屬黔中道採訪使，並置羈縻蠻州五十一，屬黔州都督府，昭宗大順二年（891）爲蜀王建所有。

―――――――――

①雷禮輯《國朝列卿記》卷一百四五。
②過庭訓撰《本朝分省人物考》卷五十一，明天啟刻本。

五代時復爲蠻地。後晉天福五年(940),都雲酋長尹懷昌率其十二部、牂牁酋長張萬浚率其思、夷等州,皆附於楚王希範。北宋至道三年(997)其地分隸荆湖、劍南、劍南西三路並羅甸國。元豐間,隸湖北、夔州二路並羅甸國。政和中又置諸州郡,尋廢。元置思州、播州、八番、貴州、烏撒諸宣慰司及普安、普定等路,分屬湖廣、四川、雲南、廣西四行中書省地。明初其地分隸雲南、湖廣、四川三布政司。明永樂十一年(1413)分湖廣、四川、雲南三布政司之地置貴州布政司,治所在貴州宣慰司,轄境相當於今貴州省大部分地區①。

是志共十七卷,按宣慰司、府、州、衛、所的次序,分別記述建置沿革、郡名、至到、形勝、風俗、山川、土產、公署、學校、書院、宮室、寺觀、祠廟、關、館驛、古跡、陵墓、名宦、流寓、人物、科貢、烈女、仙釋、題詠二十四門,每府州前皆有地圖,府州所記門類或有不及二十四門者。

卷一至卷三總叙貴州宣慰司:卷一先總述貴州布政司地理沿革,再記其建置沿革、郡名、至到、形勝、風俗、山川、土產、公署、學校、書院;卷二叙宮室、寺觀、祠廟;卷三關、館驛、古跡、陵墓、名宦、流寓、人物、科貢、列女、仙釋、題詠。卷四思州府、思南府。卷五鎮遠府。卷六石阡府。卷七銅仁府、黎平府。卷八程番府、都勻府。卷九永寧州、鎮寧州、安順州。卷十普安州。卷十一龍里衛、新添衛。卷十二平越衛、清平衛。卷十三興龍衛、威清衛。卷十四平壩衛、普定衛。卷十五安莊衛、安南衛。卷十六畢節衛、烏撒衛、山川、土產、人物、科甲②。卷十七赤水衛、永寧衛、黃平千戶所、普市千戶所。

第一册凡例、《貴州布政使司地理之圖》、目錄、《貴州宣慰使司地理之圖》、卷一至三。第二册卷四至七。第三册卷八至十一。第四册卷十二至十四。第五册卷十五至十七。

【刊印者】未見,待考。

【行款版式】半葉八行,行二十四字,小字雙行同。黑口,四周雙邊,三魚尾。版心上或下鐫刻工名,中鐫“貴州志”、卷數(凡例、目錄作“貴州志卷”)及葉數。版框23.9厘米×14.5厘米,開本29.4厘米×16.8厘米。

---

① 史爲樂主編《中國歷史地名大辭典》,中國社會科學出版社2005年版,第1891頁。
② 核十六卷正文內容,烏撒衛後並未單獨再記山川、土產、人物、科甲,或是原刊有誤。

【刊寫題記】無。

【刻工】乂、全、工、正、上、日、弓。

【避諱】無。

【序跋附錄】是志無序,書前有《貴州圖經新志凡例》,次《貴州布政使司地理之圖》,次《貴州圖經新志目錄》,次《貴州宣慰使司地理之圖》。均爲抄補。錄文如下:

《貴州圖經新志凡例》

一,古今地里圖經志書體製不一,至宋祝穆作《方輿勝覽》,綱舉目張,事類頗悉,而爲諸家之冠,然亦未盡善也。迨我大明《一統志》出,一掃群志之陋,而程式之美,足爲萬世志法,故此志之作兼準二書焉。

一,貴州地里自遷《史》而下皆載之,然自唐及元爲詳。元《志》凡四,建置互有不同,蓋各據一時書之也。國朝亦兩有作,皆以典籍未備,故考究採掇,掛漏可笑。今《志》遍考《史記》、兩《漢書》、《三國志》,晋、宋、齊、梁、陳、魏、隋、唐、五代史、《綱目》,宋、元史,《文獻通考》《玉海》併輿地諸書,及故老所傳、碑碣所載,取其可信,缺其可疑,採撅備錄,略無遺逸矣。

一,貴州夷漢雜居,風俗嫩惡不一。自入聖朝,漸摩仁義,去其故習久矣。然舊志所載,尚循其常,今據實書之,不敢以厚誣也。其夷俗有未變者,則仍其舊。

一,貴州山川之秀頗多,而舊志所載獨少,今於山之秀拔者,皆增載而詳其勝,水亦錄其源流之詳,於以壯方輿之觀,而資後日之考焉。

一,土産書其異者,若世所同有菽粟鷄犬之類,皆不復載。

一,名宦皆書其既任而德政之著者。

一,流寓人物,皆書其既世而有功德節義者。及耆艾歸隱者,蓋公論之已定也。其餘雖賢能貴顯皆不書,蓋將有待而猶厚望其終也。

一,列女,舊志附於人物條下,今遵《一統志》改正。

一,科貢紀人材之盛,亦地方所重不可略者,故備錄之。

一,題詠皆取其有關於風土政事者,其他吟詠風月者,雖美不錄。

一,詩文既分載志內,其或不能盡載,別爲附錄,庶後日有以見我朝文化之盛,無遠弗届,而文獻亦有所徵焉。

貴州圖經新志凡例畢。

【批校題跋】無。

【鈐印】《凡例》首葉鈐"國立北/平圖書/館收藏"朱文方印、"鐵琴銅/劍樓"白文長方印。目録首葉鈐"開萬樓/藏書印"朱文長方印、"文鄉/孺子"朱白文方印及"稽瑞樓"白文長方印。

卷四前《貴州思州府地理之圖》、卷十一前《貴州龍里衛地理之圖》、卷十五前《貴州安莊衛地里之圖》鈐"吳岫"白文方印，卷四前圖又鈐"方/山"朱文方印，卷十一、十五前圖又鈐"濠南/居士"白文方印。卷四、十一、十七卷端鈐"吳岫"朱文長方印、"方/山"朱文方印，

卷七葉六十五、卷十四、十七卷末葉鈐"姑蘇/吳岫/家藏"朱文方印。卷十七末葉又鈐"國立北/平圖書/館收藏"朱文方印、"鐵琴銅/劍樓"白文長方印。

【書目著録】

1. 陳揆《稽瑞樓書目》著録："《貴州圖經》十七卷，弘治中修，五册。"[①]

2. 傅增湘《藏園群書經眼録》卷五著録："《貴州圖經新志》十七卷，明趙瓚編集，卷一至三、八至十抄配。明刊本，八行二十四字，大黑口，四周雙闌。提督學政按察副使金陵沈庠删正，儒學教授葉楡趙瓚編集，郡人易紘、庠生王佶同編。凡例十條，次布政使地理圖，次目……鈐有'濠南居士''方山''姑蘇吳岫家藏'各印。"[②]

3.《北京圖書館古籍善本書目》史部地理類著録。

4.《中國地方志聯合目録》貴州省部分著録[③]。

5.《中國古籍善本書目》史部地理類一方志部分著録，編號10724。

【遞藏】

1. 吳岫（生卒年不詳），見前《國家珍貴古籍名録》04175。

2. 汪啟淑（1728—1800），見前《國家珍貴古籍名録》04175。

---

① 陳揆《稽瑞樓書目》，中華書局1985年版，第71頁。

② 傅增湘《藏園群書經眼録》卷五，中華書局1983年版，第423頁。該書所記與原書略有出入，如是志編者當是"易紘""王佐"，而非"易紘""王佶"；而凡例當有十二條，非十條。

③《中國地方志聯合目録》，中華書局1985年版，第803頁。

3. 陳揆(1789—1825),見前《國家珍貴古籍名録》04175。

4. 瞿氏鐵琴銅劍樓,見前《國家珍貴古籍名録》00191。

【其他】缺卷四葉十四、卷五葉十五。

【按語】

1. 是書爲貴州省現存最早的方志,因明成化年間王佐纂修的省志已失傳,故沈庠等人將此志稱爲"新志"。該書對貴州地區的政治、經濟、文化情況進行總結和記録,"舊志所載""據實書之",頗具草創之功;又據《[萬曆]貴州通志凡例》載"一修於弘治中督學沈公庠,體如《一統志》之分屬,一修於嘉靖中督學謝公東山,體如諸類書之分類……今兼採二志,參之他省志"①,可見後來該地志書的編修體例,也深受該圖經的影響。

2. 是書科舉記事至弘治十三年(1500),而書中又多有弘治十三年沈庠及其他官員所作詩詞,故其成書當在弘治十三年及以後。

[康熙]臺灣府志

中國國家圖書館 梁瀟文

上海圖書館 787314

國家珍貴古籍名録 08023

《[康熙]臺灣府志》十卷。(清)蔣毓英纂修。清康熙刻本。一册。綫裝。

【題著説明】卷端題"臺灣府誌卷之一"。《臺灣府誌目次》下題"襄平蔣毓英集公氏纂,男國祥、國祚校字"。

【著者簡介】蔣毓英(生卒年不詳),字集公,祖籍遼寧錦州,生長於浙江諸暨。清諸生。清康熙十七年(1678)任福建泉州知府,二十三年調任臺灣府知府,乃臺灣第一任知府。二十八年升任江西按察司按察使。三十一年任浙江布政使。

【内容】臺灣,明萬曆時官方文書中始爲正式稱呼。初本指今臺南市西平鎮一帶,清順治十八年(1661)鄭成功收復臺灣,置承天府,號東都,轄境擴大到今臺南市。康熙三年(1664)鄭成功之子鄭經改稱東寧省。康熙二十二年(1683)

---

① 王耒賢、許一德纂修《[萬曆]貴州通志》,明萬曆二十五年刻本。

鄭氏降清後,清政府於次年改鄭氏東寧省爲臺灣府,地域擴大到今臺灣全島,治所在臺灣縣。清光緒十三年(1887)改置臺灣省①。

　　由季麒光②序文可知(序文見下),蔣毓英初任知府時,適值康熙皇帝詔令全國各地修地方志,以備《一統志》采輯,時爲康熙二十四年(1685)。爲響應政府號召,蔣氏與時任臺灣府鳳山縣知縣楊芳聲、諸羅縣知縣季麒光共同修志,季麒光於修志當年便離職,未及終篇以憂而去,謂"閱三月"而成,當指初稿。書中記事止於二十六年(1687),知是志當於該年正式完成。是志無序跋,亦無纂修姓名,且不署蔣公職銜,而書中有"子國祥、國祚校字",有學者指出,清代禁止文武官吏攜眷入臺,故是志乃蔣公轉職内地後才刊行③。

　　是志共十卷。卷一沿革、分野、氣候、風信、封隅。卷二叙山。卷三叙川附海道潮汐。卷四物產。卷五風俗附土番。卷六歲時、規制、學校、廟宇附養濟院、市廛附渡橋。卷七户口、田土、賦稅附存留經費、祀典。卷八官制、武衛。卷九人物,記開拓勳臣、勝國遺裔、勳封遇難、縉紳流寓、節烈女貞。卷十古蹟、災祥、扼塞、險隘。職官記事至康熙二十六年(1687)。

　　【刊印者】待考。

　　【行款版式】半葉十一行,行十九字,小字雙行同。白口,左右雙邊,單魚尾。版心上鐫"臺灣府誌",中鐫卷數(目錄鐫"目次"),下鐫葉數。版框高 19.8 厘米×13.7 厘米,開本 27.1 厘米×17.6 厘米。

　　【題名頁牌記】書前有書名葉,鐫"府/臺灣府志/本府藏版"。

　　【刊寫題記】無。

　　【刻工】未見,待考。

　　【避諱】無。

　　【序跋附録】是志無序,書前有《臺灣府誌目次》。

①史爲樂主編《中國歷史地名大辭典》,"臺灣"條、"臺灣府"條、"東寧省"條、"承天府"條,中國社會科學出版社 2005 年版,第 885 頁、第 680 頁、1772 頁。
②季麒光(1635—1702),字聖昭,號蓉洲,江蘇無錫人。清康熙十五年(1676)進士。初任内閣中書,後補任福建閩清縣知縣。康熙二十三年(1684)任臺灣府諸羅縣知縣。著有《蓉洲詩稿》《蓉洲文稿》等。楊芳聲,宣化(今屬河北張家口)人。清代諸生。其餘事跡不詳。
③見陳碧笙校注《臺灣府志校注·前言》,廈門大學出版社 1985 年版,第 3 頁。

【批校題跋】無。

【鈐印】目録首葉鈐"上海圖/書館藏"朱文長方印。

【著録】

1.《中國地方志聯合目録》臺灣省部分著録①。

2.《中國古籍善本書目》史部地理類一方志部分著録,編號 10421。

3. 陳光貽《稀見地方志叢刊》臺灣省部分著録②。記:"《臺灣府志》清康熙間刊本,上海圖書館藏……此書爲上海圖書館檢查回製廢紙中所得,而從未見於藏書家書目著録,且查《臺灣府志》原委,職者咸謂府志自康熙三十五年高拱乾首修,而不知早《高志》以前八九年已有此志矣。故此志之發現,於臺灣文獻極有所貢獻。按此書目次之第二行題:襄平蔣毓英集公纂,男國祥、國祚校字。官修方志無此款式,余疑爲毓英告歸後家刻之書,所以嗣後修《臺灣府志者》,皆不知有此志也。"

【遞藏】待考。

【其他】無。

【按語】季麒光《蓉洲詩文稿》卷一收録《臺灣志書前序》及《臺灣志序》③。兩序文詳細記録了該志的編修過程。今録如下:

《臺灣志書前序》代周又文④憲副

郡何以有志耶? 紀事也。志何以有序耶? 傳文也。自古天地判而人物生於其間,於是吉凶辨焉,善惡分焉,盛衰治亂、豐盈消長之數殊焉。山川燥濕津涉而不周,艸木昆蟲搜披而難遍,故夏之《禹貢》,周之《職方》,與夫《九丘》《八索》《分野》《山海》諸書莫不專其掌故。蓋萬古此天地,萬古不同此時事,時則必記,事則必書,所以廣見聞而資考證者,莫重於郡邑之志。綱者綱之,紀者紀之,然後出而彙之省會,以備國史之採擇。史則略,志則詳,郡邑而下則又詳。譬猶放新豐之鷄犬,自知阡陌;指建章之門户,如列畫圖。使弱翰三寸,油素四

①《中國地方志聯合目録》,中華書局 1985 年版,第 549 頁。
②陳光貽《稀見地方志叢刊》,齊魯書社 1987 年版,第 549 頁。
③季麒光《蓉洲詩文稿》,清康熙三十三年刻本,收入《無錫文庫(第四輯)》,鳳凰出版社 2012 年版,第 298—302 頁。
④周昌(生卒年不詳),字又文,瀋陽人。清康熙二十二年(1683)分巡臺厦道。

尺,可以不出户庭,而陰陽水火、動植飛潛皆能辨名別類,則今一郡之志,即古諸侯一國之史也。臺灣天末荒島,無君長以別氏號也,無裘葛以時寒暑也,無父子、兄弟、伯叔、甥舅以正親疏、上下也,無衣冠、宮室、歲時、伏臘以通往來、禋祭祀也。三代以來,不通貢賦,不登記載。自海盜顏思齊竊踞其地,乃有臺灣之名,而中國民實始居之。思齊死,紅彝因其餘衆,用以耕作,民番襍處,漸成殷阜。辛丑,鄭成功京口之敗,知金厦不守,攻而有之,招降納叛,窺掠海徼,一時軍儲兵備悉仰給於臺灣。故算丁極於老幼,取利盡於魚蝦。二十餘年之間,內資供給,外修戰守,竟成負嵎之勢。癸亥六月,大將軍施公奉命專征,帆檣所指,首克澎湖。八月,鄭克塽率其宗黨臣僚納款輸誠,聖天子推柔遠之仁,郡縣其地,文武兼資。余因思古九州之域,東盡於海,西至華陽黑水,南不過江漢,北不渝漁陽督亢之間,所爲“下視齊州九點煙”者,正此謂也。秦皇漢武,拓地萬里,可謂大矣。然夜郎自王,尉陀未臣,從未有北憑長白,南極點蒼,跨重洋之險,臣其人,賦其地,使雕題文項之族,咸奉冠帶而會車書,如今日之盛者也。越二年,我皇上以方輿之廣超越百王,特命史臣大修一統志書,詔天下各進其郡縣之志,以資修葺。臺灣艸昧初開,無文獻之徵,郡守暨陽蔣君經始其事,鳳山楊令芳聲、諸羅季令麒光廣爲搜討,閱三月而蔣君董其成。分條晰目,一如他郡之例,余爲之旁搜遠證,參之見聞,覆之耆老。書成,上之方伯,貢之史館,猗歟休哉!嘗論志者記也,與史相表裏者也。古之作者,學有根柢,詞無枝葉,部分類正,如耕之有畔,織之有幅,畫然不紊,庶爲博求而徵①信。昔夫子作《春秋》,命子夏行求十四國之寶書。其定禮也,一則曰聞諸老聃,再則曰聞諸老聃。司馬子長著《史記》,於《國語》《世本》、虞卿、陸賈之書無不採攬,至叙荊軻、留侯遺事,則徵及侍醫,徵及畫工。蓋其所求者博,而其事爲可信也。今上自星躔,下至花木禽蟲,若賦稅、若田園、若山川之原委、文武之規制,與夫民番之丁口土俗,井然秩然,誠從前所未有。夫自古記載之書,文以紀事者曰詞章家,如唐之歐陽氏、虞氏、白氏是也;事以行文者曰典制家,如唐之杜氏,宋之鄭氏、馬氏是也。此志之成,以事爲質,以文爲輔,苞括瑣碎,挈提要領,本史法而爲志,誠良志矣!余舊史也,職在監司,於地方鉅細所務重焉,知此志之有裨於政治也,爲弁其首,

①此“徵”字缺末筆,但其他“徵”字不缺,或刊刻之誤。

以付錄梓。異日一統之盛,首舉臺灣,以垂不朽,余與蔣君及季、楊二令實共之矣。是爲序。

《臺灣志序》

志書之作,所以紀風土、山川、人民、物類,以備考證也。故在國爲史,在郡邑爲志,史舉其綱,志詳其目,史則紀事以文,志則行文以事。疆域由此而定焉,形勝由此而明焉,高卑、燥濕、肥瘠、剛柔由此而辨焉,民情之聚散憂樂由此而周知焉,物力之豐嗇盈虧由此而調劑焉,政令教化之從違得失由此而準焉,人才之盛衰、風俗之臧否由此而勸懲焉。是郡邑之不可無志,猶國之不可無史。史者權也,志則物之有輕重而受其衡者也;史者度也,志則物之有長短而受其準者也。故史廢則無文,志廢則無事,歷代以來所務重焉。我國家方興之廣,北連長白,南盡點蒼,東西所曁,盡海踰河,承流受號者以億萬計。臺灣海中番島,《名山藏》所謂乾坤東港,華嚴婆娑洋世界,名爲鷄籠。考其源,則琉球之餘種,自哈喇分支,近通日本,遠接呂宋,控南澳,阻銅山,以澎湖爲外援。自海寇顏思齊踞有其地,始稱臺灣。紅彝得之,因思齊遺衆,用以耕作,採鹿於山,漁魚於海,藝禾插蔗,通販於東洋。越二十年,鄭成功京口之敗,金廈不守,攻而有之,仍紅彝之舊,臣其人,居其居,内資種植,外憑貿易,招亡納叛,俘掠閩粵,爲我東南之警。世祖章皇帝以來,命將選卒,治舟楫,輓租粟,務期殄滅,而波濤險阻,颶颺傾危,遂延釜底之魂,得肆負嵎之技,傳子及孫,歷此三世。今皇上二十有一年,克塽髫齡嗣爵,寄政於人,總督少保姚公啟聖用間以疑之,設奇以困之,克塽左右後先歸命。是時腹心內離,臺灣之全勢已在少保指掌中矣。癸亥六月,大將軍施公烺率師征討,舳艫如雲,帆檣如雨,一麾所指,將士戮力。三日之間,遂克澎湖,僞武平侯劉國軒知時勢已蹙,與克塽納欵輸誠。數十年之逋孼,一戰而下,兵不再血。受成之時,萬姓歡呼,重瞻日月。此固文武諸臣同心共濟,克奏膚功,而亦廟算宸謀,威靈赫濯,兼宏並包,爲萬世規。故能使六合八方之外,懷生負齒之倫,莫不奉冠帶而浸膏澤。猗歟休哉!聖天子修寶融、錢俶故事,待諸降人以不死,並分天興、萬年兩州之地,設一郡三縣,革承天之舊號,爲臺灣府,附郭臺灣隸焉。自大崗山以南爲鳳山縣,木崗山以北爲諸羅縣,而統轄於監司。建設營鎮,勤訓練、修守戰,扼險要之津,防竊伏之漸,制外患以固內寧,長駕遠馭,經營備具。夫拯民於沉溺,開天地之絶業;熙鴻號於無窮,垂盛烈以不朽。政教所加,德洋恩普,非大聖人在上,豈克臻此。越二年,皇上簡命史臣,弘開館局,修一統之志,所以志無外之盛也。臺灣既入版圖,例得附載。但洪荒初闢,文獻無徵。太守暨陽蔣公召耆老、集儒生,自沿革、分野,以及艸木飛潛,分條晰目,就所見聞,詳加蒐輯。余小子亦得珥筆於其後。書成,上之太守,從而旁參博考,訂異較訛,歷兩月而竣事。昔孔子善鄭國之辭命,獨歸美於東里之潤色,所爲集衆思以廣益,而艸創討論功居其下也。西漢良二千石龔遂、黄霸,留意民生,凡忠孝力田以及桑麻樹畜皆爲記載以入告。歐陽文忠守滁,以宣上德意,與民共樂,爲刺史之事。則以此志上陳皇御,凡艱難瑣尾之情形,艸昧混茫之氣象,聖天子惻然軫念,當有殊恩曠典,卹此一方民,謂臺灣之志即監門之圖可也。予小子敬拜書之,而附名於編末,且以紀創造之難焉。

攀古小廬收藏鏡銘

日照市圖書館　李丹丹

日照市圖書館 0127
國家珍貴古籍名録 04340;山東省珍貴古籍名録 2943

　　《攀古小廬收藏鏡銘》一卷。(清)許瀚藏。稿本。一册。綫裝。(清)許瀚跋。(清)楊鐸跋。

　　【題著説明】題名據書衣題簽"攀古小廬收藏鏡銘"。著者據題名考證。

　　【著者簡介】許瀚(1797—1867),字印林,一字元翰,山東日照人。清道光十五年(1835)舉人。道光二十二年主講濟寧漁山書院。咸豐元年(1851)任山東滕縣訓導。晚年因病回到日照居住,同治六年(1867)抑鬱而終。許瀚樸學根底深厚,師承王念孫、王引之父子,與何紹基、龔自珍、陳介祺、汪喜孫等篤學之士爲友。其藏書室名"攀古小廬",多搜集金石碑刻,對古器物真僞、名稱、款識等有深入研究,在文字、音韻、校勘學方面亦有成就。著述有《攀古小廬文》《攀古小廬文補遺》《攀古小廬文雜著》等①。

----

①見袁行雲《許瀚年譜》,齊魯書社 1983 年版。

【内容】《攀古小廬收藏鏡銘》收録許瀚所藏銅鏡拓片及銘文。全書共十六葉，分別收録漢袁氏鏡、漢見日鏡、漢王氏鏡、漢尚方御鏡、唐點妝鏡、唐準提咒鏡、唐玉篆鏡、宋長春鏡、元秉直鏡等二十三面銅鏡的鏡銘，其中漢鏡銘居多，唐鏡銘其次。銅鏡大多爲許瀚從各地收購得來，也有友人相贈之物。

鏡銘中以首件“漢袁氏鏡”（此書收藏兩件“漢袁氏鏡”鏡銘）和“漢見日鏡”（此書收藏兩件“漢見日鏡”鏡銘）較爲著名，分別介紹如下：

漢袁氏鏡，圓形，圓鈕，圓鈕座。鏡銘紋飾分爲三區。内區座外三綫圓闌内環繞四十八枚小乳釘紋。中區上下二羽人（東王公、西王母），左右分別爲青龍、白虎二神，其間以四乳相隔。外區爲銘文帶：“袁氏作竟（鏡）兮真，上有東王父、西王母，山（仙）人子僑侍左右，辟邪喜怒無央咎，長保二親生久。”其外爲一周斜綫紋、鋸齒紋和卷雲紋帶。直徑 17.4 厘米。

漢見日鏡，圓形，圓鈕，圓鈕座。座外圍内向八連弧紋，鈕座與連弧紋之間以單弧綫相連，其外爲銘文帶“見日之光，天下大明”，字間以“◇”“ℰ”符號相隔。直徑 7.8 厘米。

【輯拓者】許瀚，見上。

【行款版式】無版框。開本 28.5 厘米×20.5 厘米。

【題名頁牌記】無。

【刊寫題記】無。

【刻（寫）工】無。

【避諱】無。

【序跋附録】無。

【批校題跋】本書批校題跋共有三類：

1. 書中每葉右上角有許瀚題寫的鏡名，無其他題跋，共六面。分別爲：漢王氏鏡、漢長生宜子鏡、唐準提咒鏡前面、準提鏡背面、唐宜佳人鏡、見日鏡、梵字鏡。

2. 許瀚題寫的鏡名後有小字題跋，大多有關銅鏡的製作年代、收藏者、名稱的鑒定依據等，亦或校釋文字。分別爲：

（1）漢袁氏鏡之一：

　　道光廿二年余得此鏡於沛甯。劉鏡古先生故物也。"袁氏"或釋作"盍氏"，非。今九月蘭山宋麗東兄貽我鏡，亦袁氏作，別有一"袁"字在內闌，更分明。廿五年十月許瀚記。

　　（2）漢尚方御鏡①：

　　此亦劉鏡古先生故物，與袁氏鏡同日得之。余所藏鏡此爲最精。每一摩挲如置身魏晋上也。

　　"尚方御竟真毋傷，巧工刻之成文章，左龍右虎辟不祥，朱雀元②武調陰陽，子孫備具居中央，上有仙人以爲常，長保二親樂富昌，壽敝金石[如]侯王"。余見牛氏《空山堂拓集》鏡銘亦有此文，"侯王"上多一"如"字，案當有"如"字，此書範時至此僅餘二格，因删"如"字耳。古鏡銘中往往有此。

　　（3）唐點妝鏡：

　　此鏡製絕精，深陬最難拓，此紙照臨映，筆畫仍未甚全。

　　（4）仿漢青蓋鏡：

　　《博古圖》有此鏡，此蓋仿造《圖》，稱罍龍鏡，就其畫文名之。余謂凡有字者，當以字爲主。故余所取鏡名皆即其銘中字爲之，頗與他書殊。

　　（5）漢尚方鏡：

　　蘭山李氏藏。比余尚方御竟稍遜，疑御鏡更精也。

　　"尚方作鏡真大好，上有仙人不知老，渴飲玉泉饑食棗，浮游天下敖四海，徘徊名山采芝艸，壽如金石之天保。大利八千萬兮。"

　　（6）漢長宜子孫鏡：

　　劉鏡古故物，與"尚方""袁氏"二鏡同得之，文字素古，或云秦製，未可知也。

　　（7）漢君宜官秩鏡：

　　"君"省作"尹"，假借字。"秩"之"失"旁作"**午**"，與"從手從乙"意合。

　　（8）明程士元銘：

　　銘云："見形骸，惟有爾，願我心，常如此。萬曆丁亥大明酒客鄟郡詩狂程士

———————————

①原文作"竟"，蓋照録原鏡銘"尚方御竟真毋傷"。
②此字避諱，銘文作"玄"。

元。"雖近代物而銘篆絶雅，程固奇士哉！

（9）宋長春鏡：

道光廿四年得之京師。

（10）仿唐元卿鏡：

予見沛甯秦氏所藏。字畫員①勁，中二龍蜿蜒欲生，知此爲仿造也。然優孟衣冠居然斯存。

（11）漢内清鏡：

道光廿一年同邑李鳴佩文學贈。

（12）宋淳化縣鏡：

道光廿四年得之京師。

（13）宋河中府鏡：

道光廿五年得之沂州，唐亦有"河中府"，估者云是宋，觀其文字，殆是也。

（14）漢見日鏡：

"見日之光，天下大明。"

（15）元秉直鏡：

文字方正有體，似吴摹《桐柏廟碑》，與明人分書迥異，故定爲元。

（16）唐玉篆鏡：

道光廿三年余得此鏡於沛甯通州馮集軒先生，曰楷而云篆，夸詞也。因而名之。

（17）漢袁氏鏡之二②：

此即宋麗東所贈也，得諸吴錐邶南塔山。

"何氏作竟自有紀，［辟］去不羊宜古市，上有東王父、西王母。""紀""市""母"韻。"宜古市"他竟未見。"去不羊"上應是"辟"字。瀚謹釋。

3. 清代著名金石學家楊鐸在上一面鏡拓片上題跋，録文如下：

---

①原文即作"員"，通"圓"。
②録鏡銘原作"何"，前袁氏鏡許瀚跋云："亦袁氏作，别有一'袁'字在内闌，更分明。"

漢何氏①竟,己酉八月得於淮浦,手拓一帋,寄奉印林先生鑒定。弟鐸識。

【序跋附録】無。

【鈐印】書首葉"漢袁氏鏡"題跋下鈐"印/林"朱文方印、"臣瀚/私印"白文方印,又鈐有"日照縣圖/書館收藏"朱文長方印。"漢尚方御鏡"題跋下鈐"印/林"朱文方印(與上一印不同)。"唐點妝鏡"題跋下鈐"許"白文、"翰"朱文連珠印。"仿漢青蓋鏡"題跋下鈐"許翰/私印"白文方印。"漢尚方鏡"題跋下鈐"許翰/私印"白文方印、"印/林"朱文方印。"漢長宜子孫鏡"題跋下鈐"許"白文、"翰"朱文連珠印。"漢君宜官秩鏡"題跋下鈐"許瀚/印信"白文方印。"明程士元銘"題跋下鈐"印/林"朱文方印、"臣瀚/私印"白文方印。"宋長春鏡"題跋下鈐"印/林"朱文方印(與上兩印不同)。"仿唐元卿鏡"題跋下鈐"許翰/私印"白文方印。"漢內清鏡"題跋下鈐"許翰/私印"白文方印。"宋淳化縣鏡"題跋下鈐"許翰/印信"白文方印。"宋河中府鏡"題跋下鈐"印/林"朱文方印(同漢尚方御鏡)。"元秉直鏡"題跋下鈐"許"白文、"翰"朱文連珠印。"唐玉篆鏡"題跋下鈐"印/林"朱文方印(同漢尚方御鏡)。末葉"漢袁氏鏡"許瀚題跋下鈐"許"白文、"翰"朱文連珠印,另一段跋下鈐"瀚"白文方印、"印/林"朱文方印(與上三印不同),楊鐸跋下鈐"楊石卿/審定金/石文字"白文方印,此葉又鈐"商城/楊氏/珍藏"朱文方印。

【書目著録】

1.《中國古籍善本書目》史部金石類金類部分著録,編號14731。

2.《山東文獻書目》著録②。

【遞藏】

1. 許瀚,見上。

2. 日照市圖書館。日照縣圖書館1974年從日照縣文化館分離,1989年更名爲日照市圖書館,建館時接收的圖書中即已包含此書。

【其他】無。

---

①"袁氏"與"何氏"之異,參考第一面"漢袁氏鏡"跋文"袁氏或釋作盉氏,非。今九月蘭山宋麗東兄貽我鏡,亦袁氏作"。

②王紹增編《山東文獻書目》,齊魯書社1993年版,第207頁。

【按語】

1.《攀古小廬收藏鏡銘》是海内外孤本,十分珍貴。書中銅鏡鏡銘風格多樣,在書法、篆刻、考古、古文字等領域内都具有重要的研究價值。

2.《攀古小廬收藏鏡銘》對鏡銘文字有考釋,如"漢尚方御鏡",對於研究古文字及鏡銘體例具有一定的參考價值。

天發神讖碑

中國國家圖書館 盧芳玉

中國國家圖書館善拓 21

國家珍貴古籍名録 11014

《天發神讖碑》一卷。傳(三國吴)華覈撰文;傳(三國吴)皇象書。三國吴天璽元年(276)七月立。明拓本。(清)袁勵準題簽,(清)盛昱榜書題端,附(清)江標篆書縮摹本和(清)費念慈正書釋文並題記。(清)葉昌熾、(清)王頌蔚、(清)李文田、(清)王懿榮、(清)翁同龢題跋。(清)李經畲、(清)徐樹鈞、(清)莊蘊寬、(清)翁斌孫觀款。

【題著説明】碑文有"天發神讖文"字樣。碑無撰書者題名,傳爲華覈撰文,皇象書丹。

【著者簡介】

1. 華覈(生卒年不詳),字永先,武進人。始爲上虞尉,以文學入爲秘府郎,遷中書丞。孫皓即位後大興土木,奪民農時,致倉廪無儲,華覈多次上疏極諫,前後所陳,達百餘通,皆有補益,然皓不能用,後以微譴免歸。《三國志》有傳,陳壽評曰:"華覈文賦之才有過於曜,而典誥不及也。"

2. 皇象(生卒年不詳),字休明,江都(今江蘇揚州)人。官至侍中、青州刺史。工章草,師於杜度,甚得其妙,轉益多師,當世評價其書"沉着痛快",時稱"書聖",因書法入選"八絶"。晉葛洪曰:"吴之善書則有皇象、劉纂、岑伯然、朱季平,皆一代之絶手,如中州有鍾元常、胡孔明、張芝、索靖,各一邦之妙。"張懷瓘《書斷》卷中論其章草書法"雖相衆而形一,萬字皆同,各造其極,則實而不朴、

文而不華",評定其書法曰"休明章草入神,八分入妙,小篆入能"。有《急就章》
等傳世。

3. 朱功、夏侯□,題曰"巧工九江朱功、東海夏侯(下闕)",當是刻工。

【内容】

東吳至孫皓時,國事衰敗,爲維護其統治,屢次製造天降符瑞之事。天册元年(275),吳郡臨平湖開,於湖邊得石函,函内有青白色小石,上刻"上作皇帝"字,於是改元"天璽",並立石於巖山以紀吳功德,以廣其傳,即《天發神讖碑》。《三國志·孫皓傳》天璽元年屢言瑞應,此即其一。

此碑内容雖荒誕不經,但因三國戰亂時期碑刻留存稀少,且後列釋讀神讖文字之官吏題名,保存了三國吳職官資料,並"巧工"題名,是寶貴的歷史文獻。且此碑傳爲三國名家皇象所書,書法在篆隸之間,奇譎雄偉,爲歷代書家所讚,亦是歷代篆刻家的學習對象。歷史著録頗多,宋黄伯思《東觀餘論·法帖刊誤》卷上云:"象書人間殊少,惟建業有吳時天發神讖碑,若篆若隸,字勢雄偉,相傳乃象書也。張懷瓘目以沈著痛快、真得其筆勢。"元陶宗儀《書史會要》卷二亦云:"皇象……工八分、篆、草。初學杜度,作章草沉著痛快,世以書聖稱,論者以象書比龍蠖蟄啟,伸盤腹行,蓋言其蟠屈騰踔,有縱橫自然之妙,或謂如歌聲繞梁,琴人捨徽,則又見其遺音餘韻,得之於筆墨外也。象作八分,與蔡邕後先,當時以象章草入神,八分入妙,篆入能。象書《吳大帝碑》在江寧府,書雖本漢隸,然探奇振古,有三代純樸處,故自是絕藝,非如東漢遺書,循一矩律籍距綴,襲切而自私也。建業有吳時《天發神讖碑》,若篆若隸,字勢雄偉。"

【原碑介紹】

此碑原爲圓形,環而刻之,在石刻中名曰"碣",是早期石刻的一種形制。宋時即已斷爲三截,故又稱"三段碑",清王昶《金石萃編》卷二十四著録:"吳天發神讖碑,碑斷爲三,故俗稱三段碑,尺寸已不可考。第一段廿一行,諸遺一行,行六字,大吳一行行七字,餘行皆五字;第二段十七行,行七字;第三段十行,行三字。上刻宋胡宗師、石豫二跋,今在江寧縣學。"此碑無未斷本存世,存世拓本皆分三段,上段 21 行,"詔遺"一行 6 字,"大吳"一行 7 字,其餘皆 5 字;中段 17 行,行 7 字;下段 10 行,行 1 至 3 字不等;共存 213 字。

此碑原立於江寧府天禧寺，清顧炎武《金石文字記》卷二曰：“吴紀功碑，皇象篆書，天璽元年。江寧府南天禧寺門外有石三段，乃吴後主天璽元年巖山紀功德石，其文不全，宋元祐六年轉運副使胡宗師輦置漕臺後圃，仍題其末，今在府學。”元祐六年胡宗師將其移置籌思亭，後又移至縣學尊經閣，清初尚在府學，嘉慶十年（1805）三月，校官毛藻命工匠刷印王應麟《玉海》時，不慎引起火災，此碑遂毀。

【刻跋附録】

胡宗師移置題記：

予因遊府南天禧/寺，寺門之外有石/三段，半埋於土，竊/疑以爲天璽元年/巖山紀吴功德段/石岡之碣，因觀之，/果耳。人多傳/象書，稽之，實八百/十有五年，字雖/損缺，而尤有完者，/寺僧（不善）護持，歲/月之久，風雨所暴，/必至泯滅。因輦置/漕臺後圃籌思亭，/時辛未元祐六年/三月二十六日，轉/運副使左朝請郎/胡宗師題。

【批校題跋】

1. 袁勵準題外簽：

舊拓天發神讖刻石，庚申（1894）上巳後一日，玨生爲若木署籤。

2. 盛昱題端：

天發神讖刻石，光緒甲午春三月禮卿仁兄屬。伯羲盛昱。

3. 江標縮摹邊跋並題記：

摹本第四行“人”字邊跋：此半字翁氏《金石記》、王氏《金石萃編》皆未摹入。

摹本第六行“己酉”行邊跋：此行殘字翁記有之，王編未摹。

摹本第六行末字邊跋：此字翁記作“中”，王編作“壬”，皆未安。

摹本第十二行“九”字邊跋：此字王編闕，翁記作“九”，近是。

摹本第十三行“更”下邊跋：此殘字翁、王皆未摹。

摹本第十五行邊跋：此半字翁、王皆缺。

摹本第十六行“從”邊跋：此“從”字王編闕，翁記誤作“咄”。

摹本第十八行殘字邊跋：此數字翁、王皆有拓本，紙不全，故用雙鉤摹入。

摹本第十九行邊跋:翁記尚有"工東"二字,在此行内。

光緒癸巳(1893)十一月朔十日,荔卿前輩出示舊拓《天發神讖碑》屬縮摹碑文於前,是日剪燭爲書一通,并以翁、王兩家書證之,互有存佚也。元和江標并記。

4. 費念慈釋文邊跋並題記:

釋文第六行邊跋:此字王作"壬",翁作"中",今按己酉朔之十六日爲甲子,十四兩字之間石已泐損,"甲"字上半清朗可辨,豈"十六日甲"四字邪?

釋文第七行邊跋:第三字翁作"蘭",張作"盧",似皆未確。

釋文第九行邊跋:"文"上半字,諸家釋作"解",今以拓本校之,所存右半與前後四"解"字皆不合,恐非。

釋文第十三行"更"下殘字邊跋:張松坪釋作"得"。

釋文第十三行"二"上殘字邊跋:"二"上半字,張釋作"卅"。

釋文第十四行"絡"上殘字邊跋:"絡"上半字,翁作"關",張云與前"關"字不合,恐非。

釋文第十五行"番"上殘字邊跋:"番"上半字,張釋作"尉"。

釋文第十七行"昭"下殘字邊跋:張釋作"告"。

禮卿前輩得舊本《天璽紀功碑》,屬建鞖同年縮橅爲圖,寒夜剪燈爲寫釋文於後。費念慈記。(鈐"念慈之印""屺懷"朱白文連珠印)

5. 李經畬等隸書觀款:

光緒乙巳(1905)正月甲戌朔立春越二日,太和蕭紹菜芸浦、儀徵張允頤静生、仁和鄭琦抶雲、鮑毓東紫來、長白震鈞在庭、合肥李經畬新吾,同觀于揚州,越五日經畬呵凍記。

6. 徐樹鈞等正書觀款:

光緒廿六年(1900)歲次庚子臘八日,海豐吳重憙仲怡、長白松麟晴川、仁和朱溍子涵、歙汪嘉棠叔帯、閩趙詒書香圃、長沙徐樹鈞叔鴻,同觀於金陵,越五日樹鈞題記。

7. 莊蘊寬等隸書觀款:

甲子(1924)六月二十七日,固始秦樹聲宥橫、華縣江天鐸竟盦、合肥張廣建勛帛、張敬文琴襄、武進趙椿年坡鄰、湯滌秋臺、莊藴寬思緘同觀於京師之自聞聞齋。

8. 葉昌熾正書題跋：

此碑前人著録，皆謂華覈文、皇象書，惟宋周暉、明盧公武定爲蘇建，蓋以禪國山碑後署建書，與此碑同時立也。然國山嚴整，此碑奇恣，以書勢論，未爲一家。"建業"之"建"，左旁從兀，國山碑"建"字從辵；此碑"東"字中畫微斷，不合六書，國山碑不然，是未可遽定爲建書也。按《吳志·虞翻傳》裴注引《會稽典録》，孫亮時山陰朱育，少好奇字，依體象類，作異字千名以上。《隋書·經籍志》："《異字》二卷，朱育撰。"《汗簡》屢引朱育集字，或云"集奇字"，或云"集古字"。碑云"遣建忠中郎將陳治解十三字"，治與育同郡，意能傳朱氏之學者乎？又按《駱統傳》以功曹出爲建忠中郎將，則此官在吳時爲外秩，朱育仕至東觀令，與碑末結銜合，其初仕爲郡書佐。古人書佐一職必擇能書，漢華山碑察書之郭香，即書佐也；隋栖巖道場碑亦爲書佐賀德仁撰，古碑不著書名者，往往即出撰人之筆，頗疑此碑即爲育書。顧自董迪、黃長睿以來無言之者。圖經聞寥，僅舉孤證，質諸禮卿前輩，得無笑其鑿空邪？

光緒甲午（1894）上元日，鞠常葉昌熾。

9. 王頌蔚正書題跋：

《孫皓傳》於天璽元年婁言瑞應，獨不著此碑，據碑懺文五十柰字，今自"上天帝言"至"示于山川"，凡四行，按其文理，皆是天懺，除去漫漶，共得卅二字，是懺文所闕無幾也。吳中郎將名號最多，此碑有"建忠中郎將會稽陳治"，又有"□武中郎將"，考吳中郎將之以武名者，有昭武、揚武、定武、立武、威武、奮武、建武諸目，吳宗室官中郎將率帶"武"字，如孫俊、孫匡、孫暠定武，孫承昭武，孫奐揚武，異姓則步騭立武，賀齊威武，芮予（玄）奮武，胡綜建武也，吳之校尉、都尉，多與中郎將同號，或三官聯事，故其號同耳。詔遣行視天懺前後十二人，西部校尉二人，姜□、□絡，典校柒人，皋儀、備□、眉胤、章咸、李楷、賀□、吳寵，建業丞一人，許□，尉一人，番約，合費𥧌（字），則十二人，《顧雍傳》"呂壹、秦博爲中書典校、諸官府及州郡文書"，《步騭傳》"伏聞諸典校擿抉細微，吹毛求瑕"，《朱據傳》"典校呂壹疑據實取考問主者，死於杖下"，《陸遜傳》"時中書典校①竊弄權柄,擅作威福",是吳設典校之事。典校又謂之校事,《陸凱傳》"夫校事吏民之仇也",《潘濬傳》"時校事吕壹摻弄威柄"。亦曰典校郎,《是儀傳》"典校郎吕壹誣白故江夏太守刁嘉謗訕國政"。蓋皓設典校,實承權弊,此碑典校多至枲人,即陸凱所云"張立校曹"也。魏亦有校事,詳《程昱傳》。"典校備□",備姓尠見。《元和姓纂》:"備見《姓苑》。"《廣韻》六至引《風俗通》云:"宋封人備之後。""巧工"即"考工",巧、考聲誼俱近。《釋名·釋言語》:"巧,考也。"可證。《漢書·百官公卿表》少府屬官有考工室,太初元年更名考工臣,瓚曰:"冬官爲考工,主作器械也。"漢大官壺考工令史𡿺(由),元康鐎斗考工,考工賢友繕作,皆漢有考工之證。《吳志·妃嬪傳》注引《江表傳》,皓以張布女爲美人,"棒殺之,後思其顔色,使巧工刻木作美人形象",正作"巧工",與此合。吳殆改"考工"爲"巧工"邪?

禮卿仁世長兄是正。王頌蔚。

10. 李文田正書題跋:

右吳天發神讖刻石,相傳云皇象書,《吳志·趙達傳》裴注引《吳録》曰:皇象,字休明,廣陵江都人,幼工書。時有張子并陳梁甫能書,甫恨遲,并恨峻,象斟酌其間,甚得其妙,中國善書者不能及也。嚴武圍棋、宋壽占夢、曹不興善畫、孤城鄭嫗能相人及吳範、劉淳、趙達,世皆稱妙,謂之八絶云。今案:皇象卒年不可考,然吳範卒黃武五年,劉淳占星,趙達推步,皆在孫權之代,并見本傳,又《吾粲傳》,粲以魯王霸譖誅死事,尚在赤烏十三年,而粲傳注引《吳録》曰:粲生數歲,孤城嫗見之,謂其母曰:是兒有卿相之骨。則嫗及見粲少時,其年已老,諸人皆生長建安,皇象獨優游天璽,此可疑也。又《孫琳傳》,注引《文士傳》曰:華融,字德蕤,廣陵江都人,祖父避亂,居山陰蕊山下,時皇象亦居此山,吳郡張温來就象學,欲得所舍,或告温曰:蕊山下有華德蕤者,雖年少,美有令志,可舍也,温遂止融家,朝夕談講。俄而温爲選部尚書,乃擢融爲太子庶子。更以張温本傳考之,温之病卒年近四十,亦在權代。夫張温、華融德望猶非象比,鄭嫗、趙達享年多訖權時,儕輩既逯於建安,蹤跡便睽於泰始,況吳之天璽,晋已咸寧。謂

①按:脱"吕壹"。

曰象書,斯爲未確,此如漢碑絶妙,圖經便屬於蔡邕;魏石猶存,題記必歸諸梁鵠;夸異之言,不足信也。此本爲禮卿翰林所藏,因假讀十日,書而歸之。

光緒癸巳(1893)十月十日,李文田記。

11. 王懿榮正書題跋:

巧工,官名。趙明誠《金石録》:僞趙建武元年《西門豹殿基記》有"巧工司馬臣張由等監",近歲臨淄縣人耕地得"巧工司馬"印,遍考史傳,皆無此官,僅見此碑所載耳。明顧氏《印藪》有"巧工都尉""巧工司馬"兩印,瞿中溶以巧工爲僞趙所置官,不知已見於此。按印文製作觀之,此官當起於漢末。碑字每下筆起處斬截,多一停頓,尾著一尖挑,與蜀魏諸分書碑同一取勢,篆隸不殊,此正文字之自爲時代處。禮卿四兄與余同癖,寫此證之。

光緒甲午(1894)十月,懿榮記。

12. 翁同龢正書題跋:

《天璽紀功碑》,昔人謂文由華覈、書出皇象,今辨非象書,而謂文爲覈作,可乎? 夫永先以忠謇之姿委身亂世,前後數表,並極惻怛,惟論救韋曜稍涉符瑞,蓋設辭譎諫,良非導諛。此石所紀,實皆矯誣,永先生平度不宜爾,曉徵所辨,至爲深切。後有識者,當勿致疑。

禮卿編修藏本,甲午(1894)五月,常熟翁同龢記。

13. 翁斌孫觀款:戊午(1918)三月三日常熟翁斌孫敬觀。

【鈐印】

外簽鈐印:"勵準/長壽"白文方印。

卷端鈐印:"伯/兮"白文方印、"盛/昱"白文方印。

摹本鈐印:"江"朱文方印、"建/霞"朱文小方印。

釋文鈐印:"琅耶"朱文長方印、"費押"朱文長方印、"念慈/之印"白文方印、"岂懷"朱文方印。

各題跋觀款後鈐印:"蕭/紹荣"白文方印、"琦印"白文長方印、"張/允頤/印"白文方印、"伯雄/題詠"白文方印、"樹""鈞"白文連珠印、"叔鴻"朱文長方印、"蘊/寬"白文方印、"思/緘"朱文方印、"葉押"朱文長方印、"鞠常/糜壽"朱文方印、"莫釐/世家"白文長方印、"茝/卿"朱文方印、"煙波/樓"白文方印、"文田/之印”白文方印、“南齋/供奉”朱文方印、“翰林/供奉”朱文方印、“光緒辛巳/清明日過壽/光謁倉頡墓/取蓍草一莖”白文方印、“同龢/印”白文方印、“叔/平”朱文方印、“翁斌/孫印”白文方印、“庚/申生”朱文方印。

墨本鈐印：“蒯光典/收藏印”朱文長方印、“禮卿府/君遺物”朱文長方印、“蒯壽樞/家珍藏”朱文長方印、“鷦鴣都官”白文方印、“叔芾審定”朱文方印。

【書目著録】無。

【版本鑒定】此碑存世最早拓本爲故宮博物院藏朱翼盫舊藏明初拓本。中國國家圖書館藏此本雖爲整幅本，但裱工愚鈍，誤將首尾不完整和不清楚的字裁去，導致上段“東海夏侯”之後的情況不可見，中段僅剩 14 行。好在“東海夏侯”四字仍可辨，且上段第二行“步于日月”之“日”字、十二行“中書郎”之“郎”字、十三行“費宇”之“費”字皆完好，此本又有胡宗師刻跋，故前輩皆斷爲明拓本。

【遞藏】蒯光典（1857—1911），字禮卿，號季述、金粟道人、斤竹山民等，安徽合肥人。父德模，入《清史稿·循吏傳》。晚清學者、教育家、政治思想家，革新派和清流派重要人物，官至誥授資政大夫、二品銜候補四品京堂、學部丞參上行走、京師督學局局長。著有《文學蒙求廣義》《金粟齋遺集》。《清史稿》有傳。

【按語】《天發神讖碑》，又稱“吳天璽紀功頌”，初置於江寧（今江蘇南京）天禧寺，三國吳天璽元年（267）七月立。三國吳主孫皓繼位之後，營造新宮，規模宏大，極度奢華，飾以珠玉，花費甚多，且盛夏興工，奪民農時，導致農事皆廢，民怨沸騰。爲鞏固自己的統治，孫皓製造了很多天降符瑞之事，此碑即爲記載天降神讖而刻立。碑原爲碣，環而刻之。宋時即已斷爲三截，無未斷本，傳世最早拓本爲故宮博物院藏朱翼盫舊藏明初拓本，存世拓本皆三段本，共存 213 字。

此碑有三段刻跋：宋元祐六年（1091）胡宗師刻跋，在上段首尾交接處；宋崇寧元年（1102）石豫亨刻跋，在上段第二行至第七行上方；明嘉靖四十三年（1564）耿定向刻跋，在上段第十七行至第二十二行上方；另在下段“解”字下方，刻“北平翁方綱來觀”隸書七字一行。國圖藏本僅拓胡宗師跋。

此碑書法奇特，字勢奇詭，被稱爲“懸針篆”，張懷瓘稱讚其“沉著痛快”。世傳爲華覈撰文、皇象書丹，然皆無確據，故後世議論紛紛。

子 部

太平山水圖畫

中國國家圖書館 郭 晶

中國國家圖書館 12868

國家珍貴古籍名録 04686

《太平山水圖畫》一卷。（清）張萬選輯。（清）蕭雲從繪。清順治五年（1648）裒古堂刻本。一册。經折裝。

【題著説明】目録題"太平山水圖畫目録"，次行低三格題"濟南張萬選舉之甫編注"。未題繪者，據封面題簽補。

【著者簡介】

1. 張萬選（生卒年不詳），字舉之，山東鄒平（今屬山東濟南）人。貢生出仕，清順治元年（1644）至順治五年（1648）任太平府（今屬安徽）推官，官至刑部員外郎。有《太平三書》傳世，事跡見《[道光]濟南府志》。

2. 蕭雲從（1596—1673），原名龍，字尺木，號默思，又號于湖老人、無悶道人、鐘山老人、玉硯山人、江梅等，安徽蕪湖人。姑孰畫派創始人。入清後避而不仕，潛心詩文書畫，終身未取功名。蕭雲從長於畫山水，師法古人而創新，筆墨丹青技藝爐火純青，又工詩文、精律曆。其作品詩、書、畫三者渾然天成，無穿鑿附會之跡。傳世作品有《離騷圖》《碧山尋舊圖》《仙臺樓閣圖》《秋山行旅圖》

等。事跡見《清史稿》卷五〇四列傳二百九十一。

　　【内容】張萬選任太平府（今屬安徽省）推官，離任前搜羅整理前人流寓太平所作詩文詞賦，編爲《勝概》和《風雅》，又力邀蕭雲從擇太平山水之上乘風景繪成《圖畫》，三者合體名曰《太平三書》。《三書凡例》云："《圖畫》爲山水寫照……按圖所照，生面頓開，故是集以《畫圖》列之《詩文》前，使覽者披卷瞭然。"①可知《圖畫》置於《太平三書》之首。

　　本書即《圖畫》，爲《太平三書》之首卷單行本。張萬選《圖畫小序》云："余理姑孰四載，姑名勝日在襟帶間，披榛涉巇，溯洄尋源，實愧未能。今適量移北去，山川綿渺，遥集爲艱，歲月驅馳，佳遊不再，於是屬于湖蕭子尺木爲撮太平江山之尤勝者繪圖以寄余思。"②此乃張氏當時請蕭雲從繪圖之要旨，今天該作品已成爲徽派版畫藝術代表之作。

　　書中收録明清時期太平山水圖畫四十三幅，地域範圍包括太平府及其所轄當塗、蕪湖、繁昌三縣。圖畫内容依目録著録如下：太平山水全圖楊萬里七言絕句，臨蕭賁《五嶽四瀆圖》；全圖分注附③。當塗計一十五幅：青山謝朓治宅五言古詩，臨郭熙畫法；東田謝朓五言古詩，學范寬法；采石蘇軾謫仙樓七言古詩，臨文與可《蜀道圖》法；牛渚李白五言古詩，臨馬楹法；望夫山李白五言古詩，臨郭忠恕法；黄山李白《夜泊黄山聞殷十四吴吟》七言古詩，臨信世昌《泰時祠圖》法；天門山李白七言絕，臨夏珪法；白紵山本郡誌載王安石五言古詩之半，臨王維法；景山李覯七言絕，臨郳復；尼坡李宗茂七言律詩，臨荆灝《灞橋驟背圖》法；龍山楊洪五言律，臨郭熙法；橫望山楊傑《詠丹龜寒烟》七言律，臨趙孟頫法；靈墟山李白五言古詩，臨董遠法；褐山梅堯臣五言律詩，學王蒙法；楊家渡楊萬里七言絕，學沈周法。蕪湖計一十四幅：玩鞭亭温庭筠《湖陰曲》，學陳居中法；石人渡梁元帝《汎蕪湖》五言古詩，《丹鉛録》爲律祖□□□④鎮法；赭山黄庭堅《讀書赤鑄山》五言律詩，臨鎦松年雪圖；神山歐陽玄《詠神山時雨》七言律，學米友仁汪南景⑤法；范蘿山蕭照七言絕句併畫法；荆山歐陽玄七言絕，學李伯時法；靈澤磯歐陽玄《詠蝦磯煙浪》七言

①襄古堂主人《太平三書凡例》，清順治五年襄古堂刻本《太平三書》。
②此本不載張萬選《圖畫小序》，可參見中國國家圖書館藏他本（索書號 16114）。
③此本缺。
④中國國家圖書館藏 16114 號作"學吴元"。
⑤按疑當作"江南景"。

律,學李師訓法;白馬山王蒙《詠白馬洞天》五言古詩,原有此圖,今襲之;行春圩楊萬里行春七言絕,臨盛懋《廬風圖》法;鶴兒山蘇軾《賞花吉祥寺》七言絕,臨錢選法;夢日亭蘇轍五七言古詩,臨勾龍奭法,《畫苑》奭作爽;吳波亭歐陽玄《詠吳波秋月》七言律,臨薛稷畫法;江嶼古梅王安石七言律,臨燕仲穆《怪石古梅圖》法;雄觀亭黃禮《詠雄觀江聲》七言律詩,學吳道玄水法。繁昌計一十三幅:雙桂峰徐傑五言古詩,臨關仝畫法;洗硯池徐傑五言古詩,學馬遠法;五峰李白五言古詩,學李咸熙匡熙①半折圖法;隱玉山嚴允諧《浮丘丹井》七言古詩,臨高房山法;鳳凰山楊萬里七言律詩,臨徐熙畫法;覆釜山嚴允諧七言古詩,臨黃公望法;靈山杜牧之七言律,臨李唐《武夷精舍圖》法;三山嚴允諧《三山秋月》七言古詩,學巨然師法;阪子磯張舜民七言絕,臨徐熙法;繁浦本郡誌載劉孝綽五言古詩之半,臨黃荃法;峨橋嚴允諧七言古詩,臨倪瓚法;荻浦嚴允諧七言古詩,臨周昉法;北園載酒徐廸五言古詩,學唐寅法。

　　首幅《太平山水全圖》,是當時太平名山勝水的鳥瞰圖。餘下三縣的風景有山川名勝、水村城郭的刻畫,也有雲蒸霞蔚、春雨秋雲的描繪,還有當地居民生活勞作的寫照。題材皆源於實景,蕭氏仿四十位名畫家的技法和構圖繪製,並於目錄和畫中標明仿何家之法;每幅畫作留白之處,蕭氏輪流用草、隸和行三種不同書體題名家詩作一首,亦於目錄和畫中標明誰家之作,四十三幅畫作毫無雷同之處。詩末刻有蕭氏落款及印章,印文多有不同,表達出濃重的遺民情懷,如《鶴兒山》刻有“小字咬臍”,《雙桂峰》刻“忍辱金剛”,《鳳凰山圖》刻“僕本恨人”;亦有表達隱逸之義的印文,如《靈山圖》鈐“玉硯山人”;還有代表身份之印文,如《采石圖》鈐“梁王孫”,《繁昌隱玉圖》鈐“蕭天子裔”,蕭雲從究竟是不是六朝蕭王室之後,待考。

　　【刊印者】裛古堂。中國國家圖書館藏他本《太平山水圖畫》(索書號16114)張萬選序後摹刻“裛古堂”木印,故裛古堂主人應爲清張萬選,事跡見上。

　　【行款版式】無行格。版框19.1厘米×13.8厘米,開本24.8厘米×15.7厘米。

　　【題名頁牌記】無。

---

①疑當作“匡廬”。元黃公望有《題李咸熙山人觀瀑圖》:“匡山過雨瀉飛流,遙望香爐翠靄浮。試誦謫仙清俊句,浩然天地與神遊。”

【刊寫題記】無。

【刻（寫）工】所見刻工有劉榮、湯尚。《青山圖》《靈虚山圖》右下角有刻工劉榮，《天門山圖》右下角有“旌德劉榮刻”，《赭山圖》左邊框下方有“旌德劉榮刻”，《楊家渡圖》右邊框中間有刻工湯尚。

【避諱】無。

【序跋附録】書首有《太平山水圖畫目録》。

【批校題跋】無。

【鈐印】目録葉鈐“北京/圖書/館藏”朱文方印、“百幅廬藏”朱文長方印、“○○/○印”朱文方印、“廷/襄”朱文圖印。

【書目著録】

1.《北京圖書館古籍善本書目》子部藝術類著録。

2.《中國古籍善本書目》子部藝術類著録，編號 4810。

【遞藏】廷襄，待考。

【其他】

1. 封面題“雲從蕭先生山水法帖”。

2. 此本缺失《太平山水分注》、張萬選序和蕭雲從跋。

3.《太平山水全圖》頂部疑有缺失，上方欄綫疑經墨筆描補，又墨筆篆書補“平”字，“全”字缺失，詩文亦缺上半未補；《牛渚》圖頂部欄綫亦疑經描補，墨筆楷體補“牛渚圖”三字於畫作之左；《景山》圖，墨筆楷體補“景山”二字於畫作左上角，缺詩文；《褐山》圖左側中部缺失部分畫作；《雄觀亭》左上角缺失，墨筆楷體補“雄觀亭”三字於左上角；《赭山》圖右上角缺失，墨筆楷體補“赭山圖”三字於右上角。

【按語】

1. 此本無序跋，無其他時代標志，經與中國國家圖書館所藏另一部清順治五年襄古堂刻本《太平山水圖畫》（索書號 16114，亦爲《中華再造善本續編》所收之底本）比對，二者多幅畫作斷版細節近似，當屬同版本無疑，然此本斷版缺失更多，刻工出現少於《再造》底本，推之其刷印時間略晚於再造所收之底本。

2.《四庫全書總目》卷七十六史部三十二地理類存目五云：“國朝張萬選編。

萬選字舉之,濟南人。官太平府推官。是三書成於順治戊子。據其序例,一曰《圖畫》,二曰《勝概》,三曰《風雅》。圖凡四十有二,見唐允甲題詞中。此本佚其圖畫一卷,惟存《勝概》七卷、《風雅》四卷。原本紙墨尚新,不應遽闕失無考,或裝緝者偶遺歟?"

鄭振鐸《劫中得書記》云:"'四庫'所收,有太平三書而無'詩圖'。蓋當時館臣亦未見'詩圖'也。北平圖書館所藏之一本,亦闕'詩圖'。疑當時'詩圖'本別行,故傳本往往有書而無圖。然'詩圖'本爲書之第一卷,不知何以獨闕之。惟書亦不多見。"①

按中國國家圖書館現藏兩部清順治五年裹古堂刻本《太平三書》,均著錄卷一原缺。其中,索書號爲 16940 的《太平三書》乃鄭振鐸舊藏,該書有清順治五年戊子花朝節張萬選作的《太平三書》序,目錄下題"濟南張萬選舉之甫編注",有"旌邑湯儀刻"字樣,該刻工見於《太平山水圖畫》16114。該《太平三書》刊刻風貌與《太平山水圖畫》近似,刻工相同,刊刻時間相近。或許《太平山水圖畫》即其卷一"詩圖"部分,別爲一書單獨刊行。

3.《太平山水圖畫》尚有其他多種題名:《太平山水圖》《太平三山圖》《太平三書圖》《太平景》《太平山水詩書》。18 世紀,《太平山水圖畫》傳至日本,被廣泛翻印,又名《太平三山圖》《蕭尺木畫譜》《太平山水畫帖》等。

4. 此本封面題"雲從蕭先生山水法帖","法帖"表明出版者是將其作爲書畫範本,供大家臨摹學習之用,此或爲《太平山水圖畫》單行的目的之一。

5.《太平山水圖畫》中的題畫詩,《太平三書》亦有收入,於詩題下注"入圖畫"。二者有小異,如《太平三書》卷二《當塗勝概一集·治宅》收謝朓詩"風破池中荷,霜翦江南菉",《太平山水圖》作"雨破池中荷";《太平三書》卷二《當塗勝概一集·望夫山》李白"春去復秋來,相思幾時歇",《太平山水圖》作"春去秋復來"。

6. 此圖行世後,影響頗大,後輩習山水畫者多從臨摹是書入手。《桐陰論畫》評曰:"(蕭雲從)所繪《太平山水圖》追摹往哲,工雅絕倫,極爲藝林珍重。"鄭振鐸《劫中得書記》讚:"圖凡四十三幅,無一幅不具深遠之趣,或蕭疏如雲林,

---

① 鄭振鐸《劫中得書記》,見《西諦書話》,生活·讀書·新知三聯書店 2005 年版,第 278 頁。

或謹嚴如小李將軍;或繁花怒放,大道驕騎;或浪卷雲舒,煙靄渺渺;或田園歷歷如氈紋,山峰聳疊似迷島嶼;或作危岩驚險之勢;或寫鄉野恬靜之態。大抵諸家山水畫作風,無不畢於斯。可謂集大成之作矣。"

太平山水圖畫

中國國家圖書館　郭　晶

中國國家圖書館 16114

《太平山水圖畫》一卷。(清)張萬選輯。(清)蕭雲從繪。清順治五年(1648)裹古堂刻本。一冊。經折裝。

【題著説明】目録葉題"太平山水圖畫目録",次行低三格題"濟南張萬選舉之甫編注"。未題繪者,據跋補。

【著者簡介】同前書。

【内容】同前書。比前書多出張萬選《圖畫小序》《全圖分注附》及蕭雲從跋。

【刊印者】同前書。

【行款版式】同前書。

【題名頁牌記】無。

【刊寫題記】無。

【刻(寫)工】所見刻工有劉榮、湯尚和湯儀。《青山圖》《靈虚山圖》右下角有刻工劉榮,《天門山圖》《雄觀亭圖》右下角有"旌德劉榮刻",《吴波亭圖》左下角有"旌邑湯尚刊",《鳳皇山圖》左下角靠中間位置有"旌德劉榮刻",《靈山圖》右下角有刻工湯儀,《赭山圖》左邊框下方有"旌德劉榮刻",《楊家渡圖》右邊框中間有刻工湯尚。

【避諱】無。

【序跋附録】書首有張萬選《圖畫小序》,後有《太平山水圖畫目録》。書末有蕭雲從跋。序跋録文如下:

1.《圖畫小序》

昔向子平謂婚嫁畢,遍遊五嶽。宗少文圖五嶽名山於齋壁,曰:"鼓琴動操,欲令衆山皆響。”兩者未知孰勝。古人言：遊盡天下名山水，讀盡天下奇書，方能不俗。太史公登龍門、探禹穴，其文日進；康僧淵在豫章，去郭數十里立精舍，旁連嶺，帶長川，聲名日興。迺者正堪與向平頡頏，但山水作緣未易，必體便登陟，有濟勝之具如許椽①然後可；必伐山○②道，有選境之貲如康樂然後可；必情閒遇適，有宴豫之時之地，如阮光禄、孔車騎然後可。非此不足以窮態極妍，猶之憒憒未見廬山真面目，則萬里春糧之有待，何如臥遊一室之無煩，少文又豈可少與？余理姑四載，姑名勝日在襟帶間，披榛涉巘，溯洄尋源，實愧未能。今適量移北去，山川緜渺，遥集爲觀，歲月驅馳，佳遊不再，於是屬于湖蕭子尺木爲撮太平江山之尤勝者繪圖以寄余思。間一展卷，如見鳥啼，如聞花落；如高山流水，環繞映帶；如池榭亭臺，藻繢滿眼。即謂實我於丘壑間，詎曰不宜？蕭子繪事妙天下，原本古人，自出己意，正未知昔日少文壁上曾有此手筆否？異時布襪芒鞋，涉跡五嶽，當循是圖爲嚆矢。請灑酒與謝李諸公訂盟而去。是爲序。

順治戊子初夏，濟南張萬選題。（序題下摹刻“襄古堂”朱文長方木印，序末摹刻“張印/萬選”白文、“舉之/父”朱文木印）

2.《跋》

○○③張公祖舉之先生之理姑孰也，民樂熙恬，人文翔洽，既以吏能○○○○④南矣，觀風振憲之暇，惓懷今古而神契於山水之間。惟先生鴻譽蜚芳，振藻藝圃，顧其生也，負荷世業，家有藏書，質氣敏邁而學問加厲，雖其青海九點之煙、白盯五封之樹，躋身於上而天下莫或小也。部塿無棄，凡一丘一壑，皆得留意焉。姑孰濱大江，攢石環岡，不數百里，而平遥鋪蕪，滎洄藪薄，地乏良傑，多得古人之沭（流）寓於斯者，如謝玄暉、李青蓮、蘇、黄諸名夙，流連賡讚，爲無窮也。考之史華，觀之耆舊，而千龝（秋）之上，萬里之中，有玄覽焉。則青山、采石、赤鑄、丹丘、閲歷凡幾，而更獲一遇於先生也。然又出於古人蘊藉之外，若曰山水之播於詩者尚矣，而未有以畫傳者。吾將縷煙渲雨，以盡其濤壑之致，顧無

----

①疑當作“掾”。

②此字經塗抹，不可辨識。沙鷗《蕭雲從版畫研究》釋作“開”，黃山書社 2018 年版，第 164 頁。

③此二字模糊不可辨，《蕭雲從版畫研究》作“濟南”。

④《蕭雲從版畫研究》作“聞於江之”。

能手可爲語也。僕少時竊有志虖斯事，雖得役志左右，而慘澹經營，如坐雲霧。先生口語指畫，謂某山某水確有肖乎某詩，而簡其顧陸以下、倪黄以上，某寫某工確有肖乎某山水與某人詩者。余既得其説，則吮豪濡墨，肰後知山不在高，水不在深，環顧郊邑之中，凡壘塊窪壞皆得。如鳥道叢、不通人跡者豁開以巨靈之鑿，石破而天驚矣；菰渠蓼泊，賸水殘煙，一牛𥕢間，若九曲群飛，應接不暇，驅我以滄溟之外矣；三邨四壘、頹榭荒臺而不關人意者，則一珛璘清宇，鷟鷟靈巢，閃爍儵忽，將探百寶於海屚，而餐九芝於寒鮫矣。凡此者則先生之教也。先生又慮其播之不廣、傳之不遠，而壽事於剖劂。又曰：昔米顛父子以摩詰畫如刻畫爲不足道，而《輞川圖》以恕先臨本存於石碣者爲奇畫。豈不可刻乎？雖然，先生之心益可知矣。覽於物也，精以該。公於人也，大以久。進而想其胸藏，則澹蕩之中，與天地相齊饌，蓋有餘於磅鬱清淑之氣，則儲之者必厚，無歉於豐贍衍脉之情，則施之者必弘。深山大澤，隨處呈妍，嘉木美葩，不植而遂，清風自發，翠煙自生。昔之丹仙霞舉，劍客雲驤，慧業風流，可呼而起；方且居今，續古河嶽，闡其英靈，則出而溥之，政治之餘，濟囏鼇弊，翔化哺醇，若飛僥升烏，一照曜而罔有遺者。昌黎曰：君子必有遊息之物、高明之資，寧恢和平，恒若有餘，肰後理達而事定①。如其先生之謂歟？今日者，劍礪於石，馬飲於川，一艸一木，血濺而膏塗，而蕞爾姑孰，江響山光，風雅不墜。余得備事爲鳥書之沐，日坐春風，行將附以不朽焉。則先生之所造育與其所扶維者，誠不可量也夫！

順治戊子歲夏五，治年家〇〇〇②蕭雲從謹識。（跋題下摹刻“自好”白文木印，跋末摹刻“詩史／畫師”朱文木印）

【批校題跋】無。

【鈐印】張萬選序鈐“北京／圖書／館藏”朱文方印。目録葉鈐“長樂鄭／振鐸西／諦藏書”朱文方印。書末鈐“長樂鄭氏／藏書之印”朱文長方印、“北京／圖書／館藏”朱文方印。

---

① 按此語出柳宗元《零陵三亭記》，見《河東先生集》卷二十七。此處蓋韓、柳集多合刻，相涉而誤。
② 《蕭雲從版畫研究》作“社晚生”。

【書目著録】

1.《中國古籍善本書目》子部藝術類著録，編號 4810。

2.《北京圖書館古籍善本書目》子部藝術類。

【遞藏】鄭振鐸（1898—1958），字西諦，原籍福建長樂，出生於浙江温州。中國現代傑出的愛國主義者和社會活動家、作家、文學史家。出版過《中國文學論集》《佝僂集》《取火者的逮捕》等作品。

【其他】

1. 此本封面有題簽，前數字已毀，僅餘末“圖”字，無法辨識。

2. 此本《太平山水全圖》頂部疑有缺失，少上邊欄，篆體墨筆補“平”“山”和“全”字，詩文未補；《牛渚》圖頂部缺失，楷體墨筆補“牛渚圖”三字於畫作之右；《黃山》圖底部缺失；《景山》圖，楷體墨筆補“景山”二字於畫作左上角，缺詩文；《赭山》圖右上角缺失，楷體墨筆補“赭山圖”三字於右上角。

【按語】此本收録清順治戊子（順治五年，1648）初夏張萬選《圖畫小序》，序題下刻有“懷古堂”印；書後有清順治戊子年蕭雲從跋，版本時代較爲明確。書中缺失漫漶之處亦較前書爲少。

此本乃鄭振鐸先生舊藏，《劫中得書記》云：“蕭尺木《離騷圖》，余藏有二本。惟《太平山水圖畫》則久訪未得……偶與石麟談及此書，深憾未能獲得。石麟云：張堯倫先生嘗於劫中得一本，甚初印。我聞之，心躍躍動，力懇石麟向堯倫先生借閲，時余猶未識堯倫也。不數日，堯倫果慨然以此圖相假。余感之甚。細閲一過，圖凡四十三幅，無一幅不具有深遠之趣……後堯倫聞余收太平天國書數種，甚慾得之。余擬與此圖相易。堯倫復慨然見允。於是此版畫絶作，遂歸於余。”知該書曾歸張堯倫先生收藏，張堯倫事跡待考。

集　部

樊川文集

北京師範大學圖書館　楊　健

北京師範大學圖書館 844. 17/249-02 善

國家珍貴古籍名録 10605

《樊川文集》二十卷;《外集》一卷;《别集》一卷。(唐)杜牧撰。明刻本。六册。綫裝。佚名及莫棠抄補。莫棠、潘承弼跋。

【題著説明】卷一卷端題"樊川文集第一","中書舍人杜牧字牧之";外集卷端題"樊川外集";别集序題"樊川别集序",序後接正文。外集、别集著者均同卷一卷端。

【著者簡介】杜牧(803—852),字牧之,號樊川居士,京兆萬年(今屬陝西西安)人。杜牧爲晚唐傑出的詩人、散文家。唐文宗大和二年(828)進士及第,官至中書舍人。晚年居長安南樊川别墅,故後世稱其爲"杜樊川"。爲區别於杜甫,後世稱其爲"小杜",又與李商隱並稱"小李杜"。傳見《舊唐書》《新唐書》。

【内容】卷一賦三首,詩二十八首;卷二至四詩二百三十首;卷五至六論、傳、雜文十二篇;卷七至九碑、墓志銘十三篇;卷十序十一篇;卷十一至十三書十六篇;卷十四祭文、行狀九篇;卷十五表十九篇;卷十六啟十八篇;卷十七至二十制九十九篇。外集詩一百二十七首。别集詩六十首。

【刊印者】未見。

【行款版式】每半葉十行,行十八字。白口,左右雙邊,上黑魚尾。版心中鑴次數,下偶見刻工名。版框 19.0 厘米×12.5 厘米,開本 24.5 厘米×16.7 厘米。

【題名頁牌記】無。

【刊寫題記】無。

【刻(寫)工】敖、宅、孜、莫、張、淮。

【避諱】"匡""敬""鏡""殷""貞""徵""讓""桓"等字偶見缺筆。

【序跋附錄】卷首有裴延翰撰《樊川文集序》,次《樊川文集總目》;《別集》首爲宋熙寧六年三月一日田槩序。

1.《樊川文集序》

將仕郎守京兆府藍田縣尉充集賢殿校理裴延翰撰

長安南下杜樊鄉,酈元注《水經》,實樊川也。延翰外曾祖司徒歧公之別墅在焉。上五年冬,仲舅自吳興守拜考功郎中、知制誥,盡吳興俸錢,創治其墅,出中書直,亟召昵密往遊其地。一旦談啁酒酣,顧延翰曰:"司馬遷云:自古富貴其名磨滅者,不可勝紀。我適稚走於此,得官受俸,再治完具,俄及老爲樊上翁。既不自期富貴,要有數百首文章,異日爾爲我序,號《樊川集》。如此顧樊川一禽魚、一草木無恨矣,庶千百年未隨此磨滅邪!"明年冬,遷中書舍人,始,少得恙,盡搜文章閱千百紙,擲焚之,纔屬留者十二三。延翰自撮髮讀書學文,率承導誘。伏念始初出仕,入朝三直太史筆,比四出守,其間餘二十年。凡有撰制,大手短章,塗藁醉墨,碩夥纖屑,雖適僻阻,不遠數千里,必獲寫示。以是在延翰久藏蓄者,甲乙簽目,比校焚外,十多七八。得詩、賦、傳、録、論、辯、碑、志、序、記、書、啟、表、制,離爲二十編,合爲四百五十首,題曰《樊川文集》……

2.《樊川別集序》

中書舍人杜牧字牧之

集賢校理裴①延翰編次牧之文,號《樊川集》者二十卷,中有古、律詩二百四十九首。且言牧始少得恙,盡搜文章,閱千百紙,擲焚之,纔屬留者十二三,疑其散落於世者多矣。舊傳集外詩者又九十五首,家家有之。予往年於棠郊魏處士

---

① "裴"字誤刻作"裴"。

野家得牧詩九首,近汶上盧訥處又得五十篇,皆二集所逸者。其《後池泛舟宴送王十秀才》詩,乃知《外集》所亡,取別句以補題,今編次作一卷,俟有所得,更益之。熙寧六年三月一日杜陵田槩序。

【批校題跋】

1.偶見佚名朱、墨筆圈點及批注。

2.《樊川文集序》前另裝訂黑格紙一葉(版框外題"銅井文房補"),有莫棠題跋,茲録如下:

此明覆宋熙窚本,今日直與宋槧同貴。明徐興公故書,壬子夏日海上所獲,一卷一葉補寫,以其幅廣不能畫格,別寫補之,而仍存其舊於端,曾見明刻他本板心少闊,昔之寫者或即依據爲之。癸丑三月裝過題記。(下鈐"莫棠字/楚生印"朱文方印)

《敏求記》云:"牧之集,舊人從宋本摹寫者,新刻校之,無大異。此翻宋雕之佳也。"然錢氏未著《別集》,未審即此本否。近歲楊君星吾景寫日本楓山官庫宋本重刻於鄂,悉與此同,譌字亦無小異。

序後興公題語與《筆精》詳略互異,蓋題跋、筆記體殊耳。

3.《樊川文集序》後有題爲徐惟起(即徐㸌)跋,録文如下:

《雍録》曰:"樊川在長安南杜縣之樊鄉也。高帝以樊噲灌廢丘有功,封邑之於此,故曰樊川,即後寬川也。又名御宿川。在萬年縣南三十五里,杜佑別墅在焉。故裔孫牧目其文爲《樊川集》也。"《別集》一卷,姚西溪《叢語》以爲許渾之詩。許曾至鬱林,杜未有西粵之役。而《別集》有"松牌出象州"之句,姚語或有據也。然其中又有"寄許渾"并"華堂今日綺筵開"詩,乃牧之作。疑信相半,難以別白。萬曆庚子春徐惟起。

4.第六册末裝訂素紙一葉,有潘承弼題跋,録文如下:

《樊川集》二十卷,《外集》一卷,《別集》一卷,此明嘉靖覆宋熙寧本也。熙寧本不復得見,傳本當以此爲最古矣。按是書《唐藝文志》作二十卷,而裴延翰序稱離爲二十編,合爲四百五十首,蓋初編止二十卷,無《外集》《別集》也。《晁志》載《外集》一卷,則宋時已非原本矣。《後村詩話》云:"樊川有《續別集》三卷,十八九皆許渾詩。"是後村所見亦經後人補輯,非原本面目矣。按今本《別集》前有熙寧六年杜陵田槃一序，知宋槧止《別集》一卷，後村所謂三卷者，抑又不可究詰者矣。又按：《西溪叢語》載此《別集》内有"唯見松牌出象州"之句，以爲許渾詩。許曾至鬱林，杜未有西粵之役。然其中實有《春日寄許渾先輩》詩，并"華堂今日綺筵開"之句，其爲牧之所作無疑。此《別集》一案，徒令後世紛紛無可別白耳。牧之剛直有奇節，然所爲文辭冶蕩不羈，意者遭時不遇，托情於美人香草者非耶？是本爲徐興公舊藏，一卷一葉猶是興公補寫者，裝序後有萬曆庚子興公手跋一則。後歸獨山莫氏銅井文房，楚生先生以舊抄幅廣不類，復補寫一葉，而存其舊於端，並爲跋語記之。是書伯兄於戊辰歲得之莫氏者，倭變餘燼，從亂帙中得之，攜來滬上，燈窗展玩，蓋增東京夢華之感矣。戊寅孟夏之月二十有六日，吳縣潘承弼識於滬濱斜橋寓廬。（首鈐"丁未生"朱文長方印，末鈐"景鄭/手痕"白文方印）

【鈐印】首册莫棠跋文及卷一首鈐"莫棠字/楚生印"朱文方印，《樊川文集序》首葉右下鈐"閩中徐㷹/惟起藏書"朱文方印（疑僞），《樊川文集總目》首葉右下鈐"獨山莫氏銅/井文房藏書印"朱文方印、"吳縣潘承厚/承弼讀書記"朱文方印。以後各册首葉右下均鈐"閩中徐㷹/惟起藏書"朱文方印、"莫棠字/楚生印"朱文方印。末册別集卷末鈐"獨山莫氏銅/井文房藏書印"朱文方印。潘承弼跋首鈐"丁未生"朱文長方印，末鈐"景鄭/手痕"白文方印，該葉又鈐"蕉萃/潘郎鬢/有絲"白文圓印。

【書目著録】

1.《北京師範大學圖書館古籍善本書目》集部別集類唐別集部分著録①。

2.《中國古籍善本書目》集部唐五代別集類著録，編號 1762。

【遞藏】

1. 莫棠（1865—1928），字楚生，貴州獨山人。晚清大儒、藏書家莫友芝侄。民國後寓居蘇州，富藏書，嫻於目録版本之學。著有《銅井文房書跋》。

2. 潘承弼（1907—2004），字良甫，號景鄭，江蘇吳縣（今屬江蘇蘇州）人，早年受業章炳麟和吳梅門下，抗日戰爭時期應顧廷龍之邀，往上海合衆圖書館任職，後入上海圖書館工作。潘承弼與兄承厚均有志於藏書，嘗積書三十萬卷，其

---

① 《北京師範大學圖書館古籍善本書目》，北京圖書館出版社 2002 年版，第 233 頁。

藏書處有"寶山樓""著硯樓"等。

【其他】

1. 是書一函六册。

2. 卷一首原有佚名鈔補一葉,因其紙幅稍寬,未畫界欄,故裝訂於書首。莫棠又以黑格紙補寫一葉裝訂於卷一首葉。《樊川文集序》首葉上半部殘損,佚名補紙後抄補殘損文字。卷六第九葉亦莫棠以黑格紙抄補。

3. 卷十八第十三葉重出,移訂於《别集》後。

【按語】

1. 是書與《四部叢刊》本《樊川文集》所用底本同版。《四部叢刊書録》著録爲"明翻宋刊本",云:"宋諱避桓、鏡等字,是從北宋本出。"審其字體、風格,殆刊於正德、嘉靖間。

2. 《平津館鑒藏書籍記》《鐵琴銅劍樓藏書目録》《善本書室藏書志》《郎園讀書志》等目均著録有明刊宋本,俱半葉十行十八字,白口,左右雙邊。但各家所録是否即爲同版,不能遽斷。據天津圖書館編《稿本中國古籍善本書目書名索引》,明刊十行十八字本實有不同的四種版本:一爲無刻工,一有刻工文、子、雲、書,一有刻工士元、玉、山、采、臣、炳坤;一爲有刻工宅、敖、孜、莫、淮等①。末一種與莫棠跋本同版。

3. 是書首册《樊川文集序》首葉及他册首葉右下均鈐"閩中徐𤊹/惟起藏書"朱文方印,序後有徐惟起跋。徐𤊹(1563—1639),字惟起,見前《國家珍貴古籍名録》08022。莫棠、潘承弼均據鈐印及徐惟起跋斷定此書爲徐𤊹舊藏,跋文爲徐𤊹手書。然鈐印與林申清《中國藏書家印鑒》所收三枚徐𤊹藏書印印文均不同,篆工、印泥極劣;跋文筆跡與上海圖書館藏明抄本《少谷山房雜著》内徐𤊹題跋筆跡亦異,故暫不定爲徐𤊹親筆跋,姑存疑以俟考。

4. 潘承弼與莫棠有深交。《著硯樓題跋》云:"比十年來,歷覽故交聚散,如獨山莫氏、常熟丁氏、上元丁氏、江寧鄧氏,未曾易世而雲煙過眼,未嘗不令人氣盡。"莫棠逝後,藏書散出,當時藏書家竟相争購,潘承弼亦有所獲,并擬"采輯其

①詳見《稿本中國古籍善本書目書名索引》,齊魯書社 2003 年版,第 1213—1214 頁。按:此書實即《中國古籍善本書目徵求意見稿》(内部資料)影印本。

藏書識語，彙爲一帙。"①《樊川文集》應即當時所購莫氏舊藏之一種。抗戰時期，潘承弼避居上海，"不遑盈箱溢篋之藏，迨收拾燼餘，狼籍去半"。此書猶幸存（參見上引潘承跋手書跋）。1956 年潘氏再次移居上海，此後"十餘年中，食指漸繁，不能敷給，往往出以易米（指售出藏書以易米）"②。此書當於其時售出。

李丞相詩集

天津圖書館　宋文娟

中國國家圖書館 04262
國家珍貴古籍名録 01075

《李丞相詩集》二卷。（南唐）李建勳撰。宋臨安府陳宅書籍鋪刻本。一冊。蝴蝶裝。

【題著説明】首卷卷端題"李丞相詩集卷上"，次行題"隴西李建勳"。

【著者簡介】李建勳（？—952），字致堯，廣陵（今江蘇揚州）人。少好學，能屬文，尤工詩。初爲金陵巡官，嘗佐徐知詢幕府。因助李昇滅吳，李即位，拜中書侍郎、同平章事，加左僕射，監修國史。李璟即位，出任昭武節度使，後召拜司空，以司徒致仕，賜號中山公。卒諡靖。馬令《南唐書》有其傳，稱："博覽經史，民情政體無不詳練。其爲詩少時猶浮靡，晚年頗清淡。"③

【内容】此本分上下兩卷，卷上收詩四十四首：《中酒寄劉行軍》《白雁》《早春寄懷》《春日東山正堂作》《春日小園晨看兼招同舍》《惜花寄■員外》《春日病中》《毆妓》《踏青罇前》《正月晦日》《惜花》《金■落花》《柳花寄宋明府》《送人》《閑遊》《栢梁隔句韻詩》《贈趙學士》《春陰》《春日金■園》《夏日酬祥松二公見訪》《懷贈操禪師》《閑居秋思呈祥松二公》《賦得冬日青溪草堂四十字》《溪齋》《留題敬愛寺》《小園》《宿山房》《金陵所居青溪草堂閑興》《闕下寄孫員外》

①潘景鄭《著硯樓題跋》，上海古籍出版社 2006 年版，第 222、277 頁。
②潘景鄭《寄漚剩稿》，齊魯書社 1985 年版，第 103 頁。
③馬令《南唐書》卷十，《四部叢刊續編》本。

《寄魏郎中》《病中書懷寄王二十六》《採菊》《送王郎中之官吉水》《孤雁》《贈送致仕郎中》《宿友人山房寄司徒相公二首》《感故府二首》《田家三首》《新竹》《歸燕詞》。

卷下收詩四十一首:《題魏壇二首》《東樓看雪》《落花》《春雪》《重戲和春雪》《春日罇前示從事》《罇前》《薔薇二首》《殘牡丹》《春雨二首》《醉中惜花更書與諸從事》《和判官喜雨》《離闕下日感恩》《細雨遥懷故人》《春水》《蝶》《中春寫懷寄沈員外》《鍾山寺避暑勉二三子》《道林寺》《和致仕沈郎中》《醉中詠梅花》《閑出書懷》《寺居陸處士相訪感懷卻寄二三友人》《春雪》《惜花》《梅花寄所親》《登昇元閣》《雪有作》《宮詞》《晚春送牡丹》《歲暮晚泊望廬山不見因懷岳僧呈察判》《重臺蓮》《迎神》《春詞》《獨夜作》《竹》《清明日》《宮詞》。共八十五首,其中多寫景抒懷之作。

【刊印者】陳宅書籍鋪。其創辦者陳起(生卒年不詳),字宗之,號芸居,亦稱陳道人,錢塘(今浙江杭州)人。南宋著名出版家、發行家和圖書編纂家。

【行款版式】半葉十行,行十八字。白口,左右雙邊,單魚尾。版心上鐫"李相詩"及卷數,下記葉數(目録第二葉版心中鐫"李相詩目録"、下記葉數,第一、三葉僅版心下記葉數。正文卷上末葉僅鐫圓圈,卷下首葉僅題葉數,末葉空白)。版框 18.0 厘米×13.0 厘米,開本 27.4 厘米×17.0 厘米。

【題名頁牌記】無。

【刊寫題記】卷上末葉鐫"臨安府洪橋子南河西岸陳宅書籍鋪印"刊記一行。

【刻(寫)工】無。

【避諱】無。

【序跋附録】此書前後無序跋。卷前有《李丞相詩集目録》三葉。

【批校題跋】無。

【鈐印】目録首葉自下而上鈐"葉氏進學/齋藏書記"朱文方印、"檇李項氏/世家寶玩"朱文長方印、"項墨林父/秘笈之印"朱文長方印、"項元/汴印"朱文方印、"閬源/真賞"朱文方印、"汪印/士鐘"白文方印。邊框右外側鈐"古里/瞿氏"白文長方印、"鐵琴銅/劍樓"白文長方印、"北京/圖書/館藏"朱文方印。

目録末葉鈐"項子京/家珍藏"朱文長方印。

首卷卷端鈐"朱印/子儋"白文方印、"良士/眼福"白文方印、"瞿印/啟科"白文方印、"恬裕齋/鏡之氏/珍藏"朱文方印、"鐵琴銅/劍樓"白文長方印、"項墨林/鑑賞章"白文長方印、"子京/父印"朱文方印、"項元/汴印"朱文方印。

卷上末葉鈐"項墨林/鑑賞章"白文長方印。

卷下首葉鈐"項墨林/鑑賞章"白文長方印、"項子京/家珍藏"朱文長方印、"項元/汴印"朱文方印。

卷下末葉自下而上鈐"子孫/世昌"白文方印、"墨林/祕玩"朱文方印、"寄敖"朱文橢圓印、"審定/私印"白文方印。邊框左外側鈐"古里/瞿氏"白文長方印、"鐵琴銅/劍樓"白文長方印、"北京/圖書/館藏"朱文方印。

【書目著録】

1.《鐵琴銅劍樓藏書目録》卷十九,集部下著録①:

李丞相詩集二卷　宋刊本

題隴西李建勳,此亦書棚本。每半葉十行,行十八字。卷上末有"臨安府洪橋子南河西岸陳宅書籍鋪印"一行。案:此本與席刻本有異者,如"留題愛敬"字,不作"宿題",其詩次《溪齋》後,不次《宿山房》後;又《小園》云"朱蘿荒引蔓",不作"朱籬";《清溪草堂閑興》云"獨有愛閑心",不作"獨自";《宿友人山居》云"荒庭雪灑蒿",不作"灑篙";《重臺蓮》云"斜倚西風②絕比倫",不作"北倫"。籤題"宋梓李丞相詩集全"八字,王伯穀筆也。卷首有朱子儋印、項元汴印、子京父印、項墨林鑑賞章諸朱記。

2.《北京圖書館善本書目》卷六集部上唐五代別集類著録。

3.《中國古籍善本書目》集部唐五代別集類著録,編號 2141。

【遞藏】

1. 葉氏,生卒年及里貫等信息均不詳,"進學齋"蓋其藏書齋號。中國國家圖書館所藏《古三墳書》中有一則題跋爲葉氏進學齋所題,落款日期爲:"□□戊申二月旦日",李致忠先生考訂此"戊申,不可能是元至大元年(1308)的戊

---

① 《鐵琴銅劍樓藏書目録》卷十九,咸豐瞿氏家塾刻本,第 49 葉。
② "西風"二字,此宋刻本作"秋風"。

申……至早也得是明洪武元年（1368）的戊申，或是更晚的戊申”①。劉國慶於《衢州刊刻的書》中亦載，《古三墳書》“明初爲進學齋葉氏所藏”②。由此推論，葉氏應爲明初人，此宋刊本《李丞相詩集》在明初開始已遞藏有緒。

2. 朱承爵（1480—1527），字子儋，號磐石山樵，別號舜城漫士，晚更號左庵，南直隷江陰（今江蘇江陰）人。屢試不第，援例入國學，爲國子監生。無意仕進，以詩書自娛。朱承爵酷愛藝文，鋭意收藏，經二十餘年之累積“所蓄鼎彝、名畫、法書及古墨刻，皆不下千品”（文徵明《朱子儋墓誌銘》）。然其藏品在身後陸續星散，又未有藏書目傳世，致使後人於其藏書皆莫得其詳。《明史》無傳，幸有文徵明在其殁後爲撰墓誌，記生平，叙交遊，使數百年後猶可想見其爲人。其藏書印有“子儋”“承爵”“左庵”“磐石山樵”“朱印子儋”“西舜城居士”“竹素齋圖書記”“集瑞齋”等。著有《灼薪劇談》《存餘堂詩話》。又以“朱氏文房”爲號，刊刻《浣花集》《樊川詩集》等多種書籍。

3. 項元汴（1525—1590），字子京，號墨林，別號香嚴居士、退密庵主人、惠泉山樵、鴛鴦湖長、漆園傲吏等，浙江秀水（今屬浙江嘉興）人。工繪事，兼擅書法。家雄於資，出其緒餘，購求法書名畫，一時三吴珍祕，多歸其“天籟閣”所有，極一時之盛。又精鑒賞，故所藏皆精妙絶倫。藏書印有“子京父印”“墨林生”“項墨林鑑賞章”“世濟美堂項氏圖籍”及“檇李項氏世家寶玩”等近四十方之多。後清兵至嘉興，累世所藏皆爲所掠。著有《墨林山人詩集》《蕉窗九録》等。

4. 汪士鐘（1786—?），見前《國家珍貴古籍名録》00191。

5. 瞿氏鐵琴銅劍樓：

瞿紹基（1772—1836），見前《國家珍貴古籍名録》00191。

瞿鏞（1794—1846），見前《國家珍貴古籍名録》00191。

瞿啟科（生卒年不詳），江蘇常熟人。瞿鏞之孫，瞿秉清（1828—1877）之子。與常熟瞿氏鐵琴銅劍樓第四代樓主瞿啟甲爲異母兄弟。早逝，致力於編訂家族書目與保護家族藏書。

瞿啟甲（1873—1940），字良士，江蘇常熟人。鐵琴銅劍樓第四代主人。幼

①李致忠《宋版書叙録》，北京圖書館出版社1994年版，第64頁。
②衢州市政協文史資料委員會編《衢州探古》，中國戲劇出版社2001年版，第43頁。

孤,隨伯父秉淵及兄啟文、啟科讀書。刊刻《鐵琴銅劍樓藏書目録》,編印《鐵琴銅劍樓宋金元本書影》,輯有《鐵琴銅劍樓藏書題跋集録》。在整理鐵琴銅劍樓藏書和傳播文化方面作出巨大貢獻。

【其他】

1. 前有書簽,題"宋梓李丞相詩集,全","集"字右側朱筆書"泉五"二字。

2. 卷上第七葉及卷下第一、四、七、八葉版心上端有字符。

3. 書中多處墨釘,現依照先後録之如下:

目録首葉甲面第八行第四字;乙面第一行第二字,第四行倒數第二字。卷上首葉甲面第九行第三、四字,第十行第十二字。第二葉甲面第五行第四字。第三葉甲面第九行第二字。第四葉甲面第六行第十五字;乙面第七行第四字。第七葉甲面第七行第十字;乙面第九行最後一字。第八葉乙面第六行第三字,第七行最後一字。第九葉甲面第二行第十六字,第四行第第八字。卷下首葉甲面第六行第十二字、第十五字。第七葉甲面第四行第四字。

4. 卷下末葉"審定/私印"白文方印,不知所屬,有待進一步考證。

【按語】

1. 李建勳的詩集歷代多有著録,但題名與卷數不一,如:

《唐才子傳》卷十李建勳條目下載:"有《鐘山集》二十卷行於世。"①

《宋史·藝文志》著録:"《李建勳集》二十卷。"②

《直齋書録解題》卷十九著録:"《李建勳集》一卷。"③距《宋史》二十卷的規制相差甚遠。

《通志·藝文略》著録:"《李建勳詩》二卷,又《鐘山公集》二十卷。"④

李建勳《鐘山公集》已佚,今傳《李丞相詩集》二卷,收詩八十五首,可見"遺失者不在少數,遠非全璧"⑤。

2. 現存世的《李丞相詩集》均爲二卷,分爲叢書本和單行本。

①辛文房《唐才子傳》卷十,清嘉慶十年陸氏三間草堂刻本。
②脱脱等撰《宋史》卷二百八,中華書局 1977 年版,第 5359 頁。
③陳振孫撰,徐小蠻、顧美華點校《直齋書録解題》卷十九,上海古籍出版社 1987 年版,第 582 頁。
④鄭樵《通志》卷七十,中華書局出版社 1987 年影印本,第 823 頁。
⑤吳楓《簡明中國古籍辭典》,吉林文史出版社 1987 年版,第 399 頁。

（1）其中叢書本有：

《唐十八家詩》，明初抄本。

《唐百家詩·晚唐四十二家》，明嘉靖十九年（1540）刻本。

《唐四十四家詩》，明抄本。

《唐四十七家詩》，明抄本。

《唐五十家集》，明刻本。

《唐詩百名家全集》第四函，清康熙四十一年（1702）席氏琴川書屋刻；光緒八年（1882）重修本。

《唐人五十家小集》，清江標輯，清光緒二十一年（1895）元和江氏靈鶼閣據南宋陳道人本湖南使院影刻本。

《四部叢刊續編·集部》，張元濟主編，2015 年上海書店出版社據宋刻本影印，後另附張元濟《校勘記》一卷。

按，席氏琴川書屋刻《唐詩百名家全集》，《中華再造善本總目提要》稱：“清人席啟寓輯刻《唐人百家詩》時此書便祖於此本，但文字小有歧異，可據此本證之。”①今將宋本和《唐詩百名家全集》本相校，兩書行款格式相同。席啟寓本《李丞相詩集》卷末有“東山席氏悉仿宋/本刊于琴川書屋”雙行牌記。但兩書在墨釘、異體字及詩序處有不同。現錄之如下：

①宋本卷上《白雁》之“東溪■■雁”句，席啟寓輯刻《唐人百家詩》本（以下簡稱“席氏本”）作“東溪一白雁”。

②宋本卷上《踏青鐏前》之“垂楊噪亂鴉”，席氏本作“垂楊噪亂鴉”。

③宋本卷上《金■落花》②《春日金■園》，席氏本題作《金谷園落花》《春日金谷園》。

④宋本卷上《留題敬愛寺》③《小園》《宿山房》《金陵所居青溪草堂閑興》等詩，席氏本順序及詩題不同，作《小園》《金陵所居青溪草堂閑興》《宿山房》《題

---

①中華再造善本工程編纂出版委員會編著《中華再造善本總目提要》唐宋編·集部，國家圖書館出版社 2013 年版，第 586—587 頁。

②正文詩題作“金■園落花”。

③“敬愛寺”，正文作“愛敬寺”。

愛敬寺》①。

⑤宋本卷上《送王郎中之官吉水》之"溪峒況彊梁"句,席氏本作"溪峒況强梁"。

⑥宋本卷上《孤雁》之"■見夜烏啼"句,席氏本作"不見夜烏啼"。

⑦宋本卷上《感故府二首》之"凝塵滿■席""披衣■風立"句,席氏本作"凝塵滿几席""披衣隨風立"。

⑧宋本卷下《題魏壇二首》之"蛙■自喧■藥井"句,席氏本作"蛙黽自喧澆藥井"。

⑨宋本卷下《鐘山寺避暑勉二三子》,席氏本目録作《鐘山寺避暑■二三子》②。

⑩席氏本卷末附《補遺》之《金山》"不嗟白髮曾遊此,不歎征帆無了期。盡日憑欄誰會我,只悲不見韓垂詩。"宋本則無。

(2)單行本,據《中國古籍總目》載現存有三部:

第一部:國家圖書館所藏宋臨安府洪橋子南河西岸陳宅書籍鋪刻本。此本爲最早刻本,亦是孤本,張元濟《四部叢刊續編》據以影印,並附《校勘記》一卷,後《續修四庫全書》與《中華再造善本》亦據此本影印出版。此宋刻本鈐有葉氏進學齋、朱承爵、項元汴、汪士鐘及瞿氏鐵琴銅劍樓等印記,表明此書從明代開始即遞藏有緒。

第二部:天津圖書館藏清影抄宋臨安府陳宅書籍鋪刻本。一册一函,靛藍色書衣,四眼綫裝。前後無序跋及附録信息,未知何人影抄,卷上末有"臨安府洪橋子南河西岸陳宅書籍鋪印"手書牌記一行。行格字數與宋刻本相同,字跡也保持原刻風貌,只是宋本中墨釘之處,此本均以空格表示。目録及卷端首葉朱印累累,有"西河/季子/之印"朱文方印、"延古堂李氏珍藏"白文方印(四周獸紋)、"積學齋徐乃昌藏書"朱文長方印、"東萊/劉占洪/字少山藏/書之印"朱文方印、"季印/振宜"朱文方印、"研理樓/劉氏藏"白文方印等。可知此本曾遞經毛奇齡(1623—1716)、季振宜(1630—1674)、徐乃昌(1869—1943)、李士銘

---

①正文詩題作"宿題愛敬寺"。
②正文題作"鐘山寺避暑勉二三子"。

（1849—1925）、劉明陽（1892—1959）、劉占洪（？—1978）等著名藏書家收藏。

　　第三部：天津圖書館藏劉梅真影宋抄本。一冊一函，五彩宋錦書衣，包背裝。該本乃袁克文從鐵琴銅劍樓借得宋本，囑其妻劉梅真影寫一過，並請蒼茫齋主人高世異摹鈎諸藏印。筆者將天津圖書館所藏劉梅真影抄本與《中華再造善本》影印的宋本比對，其字跡、版式、行款、墨釘以及版心所記字符，一如原刻，蒼茫齋主人高世異摹鈎的諸藏印亦如同鈐之一樣逼真。只是宋刻本中瞿氏鐵琴銅劍樓諸印在劉梅真影宋抄本未見，蓋袁克文從鐵琴銅劍樓假得原本時還未曾鈐蓋諸印。劉梅真影宋抄本《李丞相詩集》卷後附有袁克文、步章五、方爾謙等人墨筆題詩或題跋，共計八則，内容多爲宋本《李丞相詩集》之遞藏流傳，梅真影寫此書的緣由及袁克文與友人看書、賞書時之情感記載，他們的親筆手書賦予了《李丞相詩集》更爲深厚的情感和内涵，其書法或靈動飄逸，或氣勢磅礴，與劉梅真筆下的宋槧舊貌交相輝映，極具藝術審美價值。

　　是書宋刻原版及兩部影抄本俱存，具有重要的文物、文獻與版本藝術價值，同爲國家珍貴古籍，各自彰顯別樣的風采。

遺山先生文集

中國國家圖書館　李思成

中國國家圖書館 03592

國家珍貴古籍名録 05741

　　《遺山先生文集》四十卷。（金）元好問撰。《附録》一卷。明弘治十一年（1498）李瀚刻本。十二冊。綫裝。

　　【題著説明】卷端題“遺山先生文集卷第一”，次行下題“頤齋張德輝類次”。

　　【著者簡介】元好問（1190—1257），字裕之，號遺山，太原秀容（今山西忻州）人。金興定進士，曾任行尚書省左司員外郎等職，金亡不仕。其論詩受傳統詩教影響，强調内容，重視藝術成就與作家品德，代表作有《論詩絶句三十首》。其詩詞題材廣泛，興象深邃，風格遒上，在金元之際頗負盛名。曾編金詩、詞總集《中州集》和《中州樂府》，所著《壬辰雜編》爲《金史》重要史源，另有小説《續夷堅志》。《金史》有傳。

【內容】書分四十卷，包括詩、賦十四卷，文二十六卷，附録一卷。卷一收録古賦、五言古詩共四十篇，卷二收録五言古詩三十五篇，卷三收録七言古詩三十七篇，卷四收録七言古詩四十四篇，卷五收録雜言三十六篇，卷六收録古樂府三十一篇，卷七收録五言律詩七十篇，卷八收録七言律詩八十七篇，卷九收録七言律詩九十二篇，卷十收録七言律詩八十五篇，卷十一收録五言絕句、六言、七言絕句共七十篇，卷十二收録七言絕句六十九篇，卷十三收録七言絕句六十九篇，卷十四收録七言絕句八十九篇，卷十五收録宏詞七篇，卷十六收録碑銘表誌碣三篇，卷十七收録碑銘表誌碣四篇，卷十八收録碑銘表誌碣三篇，卷十九收録碑銘表誌碣三篇，卷二十收録碑銘表誌碣五篇，卷二十一收録碑銘表誌碣六篇，卷二十二收録碑銘表誌碣六篇，卷二十三收録碑銘表誌碣五篇，卷二十四收録碑銘表誌碣九篇，卷二十五收録碑銘表誌碣七篇，卷二十六收録碑銘表誌碣四篇，卷二十七收録碑銘表誌碣五篇，卷二十八收録墓碣表誌銘六篇，卷二十九收録墓碣表誌銘六篇，卷三十收録碑銘七篇，卷三十一收録墓銘碑表十二篇，卷三十二收録記十篇，卷三十三收録記十三篇，卷三十四收録記十篇，卷三十五收録記十三篇，卷三十六收録序引十六篇，卷三十七收録序引十四篇，卷三十八收録銘、贊、頌共二十篇，卷三十九收録書、疏、雜體共十六篇，卷四十收録上梁文、青詞、祭文、題跋共二十七篇。附録四十一篇。另於《附録》後又附有手抄《元遺山先生年譜》，爲收藏者所抄，非原書內容。除詩詞外，書中收録大量碑銘墓誌，涉及人物有重臣、武將、太醫、僧道、平民，範圍廣泛，是研究金元歷史的珍貴史料。

【刊印者】李瀚（1455—1535），字叔淵，號石樓、石樓居士，山西沁水人。明成化十七年（1481）進士。歷官北直樂亭縣知縣、監察御史兼巡陝西茶馬、河南巡按御史、湖廣按察副使、湖廣按察使、河南布政使、順天府府尹、右副都御史總督漕運、左副都御史掌都察院事、吏部右侍郎、吏部左侍郎、南京戶部尚書。正德六年（1511）告老還鄉，居石樓村。身後贈太子少保。著有《石樓集》。

【行款版式】半葉十行，行十九字，小字雙行字數不等。上下黑口，四周雙邊，雙順魚尾。版心上鐫“遺山文集卷幾”（序作“遺山先生文集序”，總目作“遺山先生文集總目”，目録作“遺山先生文集目録”，後引作“遺山先生文集後引”，附録作"遺山先生文集附録"),中鐫葉數,下鐫刻工姓名、蘇州碼。版框 20.7 厘米×15.0 厘米,開本 27.7 厘米×17.0 厘米。

【題名頁牌記】無。

【刊寫題記】無。

【刻(寫)工】所見刻工有李、王、孝、日、禾、孛等簡寫。

【避諱】無。

【序跋附録】書首刻有弘治十一年李瀚《元遺山先生文集序》、儲巏《附録儲太僕先生手簡》、中統三年(1262)李冶《遺山先生文集序》、徐世隆《遺山先生文集序》,次《遺山先生文集總目》《遺山先生文集目録》,書末有王鶚《遺山先生文集後引》。其中,李冶序、徐世隆序、王鶚後引均已見録於廣東省博物館藏本(《國家珍貴古籍名録》11897)書志①,故僅録李瀚序與儲巏手簡如下:

1.《元遺山先生文集序》

瀚自束髮時好讀先生詩文,然以方攻程式文章,事進取,不暇肆力。後舉進士,謬官内外,稍竊膏馥助筆墨,於是好益篤,讀益頻,常計有以廣其傳。曩在陝西,嘗以所編《中州集》屬西安府刻,置郡齋。比來河南,又以家藏本詩集屬汝州刻之。其詩文全集卷帙頗多,在元時固已盛行,然歷時既久,屢更兵燹,書在人間多是抄本,而魯魚亥豕,漫不可讀,瀚竊病之。近始得善本於太僕儲公静夫,喜副宿志,遂謀協藩臬諸公,咸曰:"是書非一家一邑所得私,當與天下後世共之。"時鄉試甫畢,乃移工任其事。嗚呼,自有載籍以來,六經四書諸儒緒論外,若諸子百氏,汗牛充棟,何其多哉。學者窮歲月,白首不能徧觀,其間揚馬韓柳歐蘇曾王諸公,則又文人中之山斗冠冕,故其傳獨不朽,而天下後世無不讀焉。近時文集尤多從而責其實,辭不足以達理而成章,聲音不足以感人而動物,徒以禍楮墨、殃梓工耳。若先生之文,則豈可少者哉。先生自幼學至於壯且老,自平居無事至於流離奔播,無一念一時而不在於文,故能出入於漢魏晉唐之間,倀然以其文雄一國。金源氏自大定後,頗尚藝文,文士輩出,崔立之變,駢首死難,先生巋然獨存。金亡,隱晦自金,而其名益盛,元初學者宗之爲依歸。作《金史》者稱其備衆體,有繩尺,蔚爲一代宗工。郝陵川謂其薄風雅,規李杜,配蘇黃,殆非

---

①見陳栒《遺山先生文集》書志,《書志》第 3 輯,中華書局 2022 年版,第 129—136 頁。

虛語。顧不傳於時,豈非缺典哉? 夫事有偶然之遇,忽然而成者,而人之文章有晦於前而顯於後,屈於暫而伸於無窮者。昌黎文集幾泯滅於弊篋中,得歐陽永叔而始行於世,先生距今餘二百年而其文始賴諸公以就梓,豈非其顯晦屈伸固亦有其數耶? 或者天欲昌其業,至是而始徵耶? 抑亦事之適相值而遂成者耶? 雖然,文之傳不傳,先生無與也,而其傳實學者之幸。河南居四方之中,聲名文物之所萃,書得梓於是,其不復將大行也哉? 竊爲志文事者賀焉。先生名好問,字裕之,別號遺山,世爲太原之秀容人。工既訖,僉謂宜有序,用僭題其前。

弘治戊午閏十一月既望,賜進士文林郎巡按河南監察御史沁水李瀚書。(書後摹刻"省齋"白文長方印、"叔/淵"朱文方印、"古/柱/史"朱文方印三木印)

2.《附錄儲太僕先生手簡》

憲斾出巡時匆匆,不克一奉高論,迄今耿耿。昨揚令書至,道執事欲刻《遺山先生文集》,使來巘處取之。巘慕遺山甚篤,嘗以不見全集爲恨,訪之十數年,始得秘本于今禮部程公,錄而藏之,欲托好古者刊行而未得也。承領雅意,忻喜無量,遂借初本再校一遍,但其中亦有一二處訛缺,緣無它本可證,奈何奈何。然古書之行於今者,未必皆能完好也。遺山文章大家,著述瞻富,如中州等集不行於世久矣。執事企仰鄉賢,汲汲表章之,甚盛舉也。全集四十卷納上外,傳誌題贈諸作乃巘於它集中輯錄者,亦請並刻之,蓋遺山在當時已爲名人碩士所重,不待後世始知子雲也。須得楷書有典則者,另寫潔本,乃可入梓,聞下許州規措,諒承委得人矣。太康吏回,謹附狀。秋暑,唯惠時珍攝,不宣。

七月十四日巘頓首復省齋李先生行臺執事。

【批校題跋】

1. 書首題"乙卯七夕前四日重裝",卷二二末題"張景賢墓碑缺尾,陽曲令周君墓表缺首,共少一頁"。

2. 自目錄卷十五起,佚名批校甚多,多爲注明元氏作品寫作時間、涉及人物和地點之類,亦有與《中州集》對校的内容。

【鈐印】李瀚序首葉由上至下分別鈐"玉蘭/堂"白文長方印、"季振/宜印"朱文方印、"季蒼葦/圖書記"朱文方印,書眉上鈐"曾經/我眼"白文方印、"辛

夷/館印”朱文方印,序題上鈐“鐵琴銅/劍樓”白文長文印。儲罍書簡首葉鈐
“曾經/我眼”白文方印、“竹塢”朱文長方印、“梅溪/精舍”白文方印。李冶序首
葉鈐“季振宜/藏書”朱文長方印、“北京/圖書/館藏”朱文長方印、“曾經/我眼”
白文方印。徐世隆序首葉鈐“季振宜/藏書”朱文長方印、“曾經/我眼”白文方
印。總目首葉鈐“鐵琴銅/劍樓”白文長方印、“季振宜/藏書”朱文長方印、“曾
經/我眼”白文方印。文集目錄首葉鈐“御史/振宜/之印”白文長方印、“季振
宜/藏書”朱文長方印。文集目錄末鈐“御史/之章”白文大方印、“季印/振宜”
朱文大方印。卷一卷端鈐“鐵琴銅/劍樓”白文長方印、“季振/宜印”朱文方印、
“季蒼葦/圖書記”朱文方印、“曾經/我眼”白文方印、“張承/焕印”白文方印、
“伯/子”朱文方印,另有兩方印已無法識別。每冊首葉均鈐“曾經/我眼”白文
方印。

【書目著録】

1.《愛日精廬藏書志》卷三二著録“《遺山先生文集》四十卷,明弘治刊本,
玉蘭堂藏書。金元好問撰,頤齋張德輝類次。卷首有玉蘭堂、辛夷館暨季振宜
印記,蓋文氏舊藏,後歸蒼葦者”①,即此書。

2.《鐵琴銅劍樓藏書目録》集部四著録“《遺山先生文集》四十卷,明刊本。
金元好問撰,張德輝編。……卷首有竹塢、御史之章、季振宜印諸朱記”②,即此
書。《恬裕齋藏書記》集部別集類亦有著録,文字相同,未録書中印鑒③。

3.《北京圖書館古籍善本書目》集部金別集類著録。

4.《中國古籍善本書目》集部金別集類著録,編號5011。

【遞藏】

1.季振宜(1630—?),字詵兮,號滄葦,江南泰興季家市(今屬江蘇靖江)
人。清順治四年(1647)進士,授蘭溪知縣,行取刑部主事,遷户部郎中,官至御
史。喜藏書,多收毛氏汲古閣、錢氏述古堂之藏。藏書室名“静思堂”。有《静思

①張金吾撰、柳向春整理、吳格審定《愛日精廬藏書志》,上海古籍出版社2014年版,第597頁。
②瞿墉編纂、瞿果行標點、瞿鳳起覆校《鐵琴銅劍樓藏書目録》卷二二,上海古籍出版社2000
　年版,第608頁。
③瞿鏞《恬裕齋藏書記》卷四,影印清抄本,《南京圖書館藏稀見書目書志叢刊》第19、20冊,
　國家圖書館出版社2017年版。

堂詩稿》,其書編爲《季滄葦藏書目》《延令宋版書目》。

2. 張氏愛日精廬。張氏爲常熟望族,收藏始於張仁濟之"照曠閣",繼以張海鵬(1755—1816)"借月山房",至張金吾(1787—1829)則達到最盛,名藏書樓爲"愛日精廬",編有《愛日精廬藏書志》,後藏書被其侄張承煥豪奪去。張氏藏書散出後,大半爲瞿氏購去。

3. 瞿氏鐵琴銅劍樓。見前《國家珍貴古籍名録》00191。

4. 北京圖書館(今中國國家圖書館)。1951年3月,瞿熾邦(1900—1972)兄弟將鐵琴銅劍樓珍藏的20種善本捐贈給北京圖書館;1954年2月16日,瞿氏兄弟又向北圖捐贈善本書99種600册①。此書應爲其中一次所捐。

【其他】

1. 是書二函十二册。

2. 卷三末刻有長方形空白木記,未鑴内容。卷二一末有六行被鏟去,疑亦爲木記。

3. 卷二二"中順大夫張公墓碑"缺尾,後篇"陽曲令周君墓表"缺首。

4. 文集目録葉一、葉三,卷一葉十二,卷十三葉二有校簽。

【按語】

1. 書中鈐印"玉蘭堂""辛夷館印""竹塢""梅溪精舍"存在疑問,故未入遞藏部分。此四印爲明中葉藏書家王寵、文徵明之藏書印。陳先行在《古籍善本》一書中,對上海圖書館藏宋刻本《東觀餘論》所鈐的上述王、文藏印提出質疑。他認爲:"這些印章的鈐蓋雜亂無序,大名家如此不講鈐印章法不免令人生疑。尤顯突兀的是,晚於文徵明、王寵之後項篤壽、項元汴昆仲的印章,赫然鈐在版匡内右下方、表明率先獲得該本的位置,如果該本曾經文徵明、王寵收藏,那麼同樣不合明清藏書家鈐蓋藏印的習氣。根據卷末項元汴的題跋,此本乃其兄項篤壽於隆慶二年所贈予(時文徵明、王寵皆已去世),在此之前收藏該本者爲華夏,有豐坊嘉靖二十八年己酉觀於華氏真賞齋之題跋,而豐、項二氏之題跋一字未提該本曾經文徵明、王寵收藏。進而細審文、王二氏及文伯仁之印章,印色完全相同,當同時鈐蓋,其字形刀法亦出一手;檢上海博物館所編《中國書畫家印

---

① 李致忠主編《中國國家圖書館館史資料長編》,國家圖書館出版社2009年版,第417頁。

鑒》,載有文徵明之'玉蘭堂'印,王寵之'王履吉印''辛夷館印',但與此本所鈐者並不相符,尤其是白文'玉蘭堂'印、朱文'辛夷館印',此本所鈐者明顯有仿刻痕跡。"①其説確有道理。此本的鈐印情況與上圖宋刻《東觀餘論》相似,版框内右下角鈐清人季振宜之印,上方鈐"玉蘭堂",版框外鈐"辛夷館印",且印色十分接近。細觀藏印形制,此本也與《東觀餘論》書影一致,而與《中國書畫家印鑒》的記載存在差異。目前懷疑鈐有文、王僞印的善本皆爲季振宜藏宋元本,如果此本亦鈐僞印,則不惟季氏之宋元善本遭此毒手,即明正德以前之善本亦不能例外。

2.《遺山先生文集》現存最早的刻本爲明弘治十一年李瀚刻本,但各藏本細節差異較大。結合粵博本書志(《國家珍貴古籍名録》11897)②的記録來看,李瀚刻本《遺山先生文集》的相關序跋有書首之李瀚序、李冶序、徐世隆序、儲巏書簡,書末之王鶚後引、杜仁傑後序、靳貴後序、儲巏《題重刊遺山先生集後》,共計8篇。其中李冶序、徐世隆序、王鶚後引、杜仁傑後序4篇爲元刻本舊有,李瀚序、儲巏書簡及題後、靳貴後序4篇爲明刻本新增。但現存各藏本大多未能完整保留8篇序跋,其中粵博本無李瀚序、儲巏書簡及題後;《四部叢刊》影印密韻樓本無李瀚序、靳貴後序、儲巏題後;國圖此本(《國家珍貴古籍名録》05741)無杜仁傑後序、靳貴後序、儲巏題後。僅國圖藏另一部弘治刻本(索書號10329,下文稱"國圖本乙")首尾俱全,8篇序跋俱在。以粵博本、《四部叢刊》影印本及此本相比勘,各本個別字體亦存在差異③。序跋中時間最晚者爲弘治十二年二月的靳貴後序,晚於目前所定該本的刊刻時間。

從序跋的順序來看,此本依次爲書首李瀚序、儲巏書簡、李冶序、徐世隆序,書末有王鶚後引、附録;粵博本書首爲李冶序、徐世隆序,書末爲王鶚後引、附録、杜仁傑後序、靳貴後序;密韻樓本書首爲李冶序、徐世隆序、儲巏書簡,書末爲王鶚後引、附録、杜仁傑後序;國圖本乙書首爲徐世隆序、李冶序、李瀚序、儲巏書簡,書末爲王鶚後引、附録、杜仁傑後序、靳貴後序、儲巏題後。諸本書末順序一致,僅數量有別。書首則順序各不相同,據此本題記"乙卯七夕前四日重

①陳先行《古籍善本(修訂版)》,上海人民出版社2020年版,第150—152頁。
②見陳炬《遺山先生文集》書志。
③見陳炬《遺山先生文集》書志。

裝”，可能書首序跋順序有過調整，故書首原始順序已不得而知。但書末順序應爲原始狀態，即“王鶚後引、附録、杜仁傑後序、靳貴後序、儲巏題後”這一順序。爲使讀者對各本序跋情況更加清晰，繪製示意圖如下：

圖 1　《遺山先生文集》各本序跋情況示意圖

序跋順序		此本	粵博本	密韻樓本	國圖本乙
	書首	1.李瀚序 2.儲巏書簡 3.李冶序 4.徐世隆序	1.李冶序 2.徐世隆序	1.李冶序 2.徐世隆序 3.儲巏書簡	1.徐世隆序 2.李冶序 3.李瀚序 4.儲巏書簡
	書末	1.王鶚後引	1.王鶚後引 2.杜仁傑後序 3.靳貴後序	1.王鶚後引 2.杜仁傑後序	1.王鶚後引 2.杜仁傑後序 3.靳貴後序 4.儲巏題後

由於《四部叢刊》爲影印蔣氏密韻樓本，原本已不得見，姑置之不論。根據序跋數量、順序及字體差異，筆者對該書其他三部存世本的刊刻過程有如下分析。首先，此本書末無靳貴後序、儲巏題後，這可能是遞藏過程中遺失，也可能是初印時尚無此内容，重印時陸續加入，故書末序跋呈遞增順序，兩種可能共同存在。其次，此本與粵博本、國圖本乙的字體差異主要體現在後兩者個别字筆畫缺失，如李冶序第二葉甲面“非”“紗”“莫”等字，尤其是第六行的“謂”字，可見此本刷印早於粵博本及國圖本乙。最後，三部書的版心刻工姓名不同，此本李冶序的版心處僅有一“李”字，粵博本、國圖本乙版心處則多出一“王”字，這表明在重印時請新的王姓刻工進行了補版，三部書中字體差異較大者可能是因完全缺損而補版所致。綜合以上幾點現象，筆者認爲三部書刻印的先後順序爲“此本——粵博本——國圖本乙（索書號 10329）”。

3. 粵博本、此本、《四部叢刊》本均無儲巏題後，僅國圖本乙有。根據李瀚序、儲巏書簡及題後，大致可推斷《遺山先生文集》的流傳過程，故謹將儲巏題後録於此：

"《題重刊遺山先生集後》

"巇少時，間見遺山詩文於它集，輒喜誦之不置。及鉅鹿耿公典鑰留都，嘗謂巇曰：'吾友段可求家藏《遺山集》，日借讀之而未竟也。吾老矣，尚冀一讀，子試訪之。'弘治甲寅巇調官吏部，始得秘本於新安程公，亟納諸公。公喜動顏色曰：'刻本今亡矣，是不可使之無傳也。'巇因録而讀之，乃知學士大夫慕尚遺山者，不但其文章之盛。蓋金本裔夷入據中國，然承宋遼之餘，大定、明昌之際，人才政治，在彼亦有可稱者。君子固不得而盡削也。天興播亡，文獻淪喪，遺山奔走流寓，不能自存，乃力以國史爲己任，網羅放失，諏訪耆舊，孜孜矻矻幾三十年。雖沮於匪人，薄於既老，不克成書，其所自著若《中州集》《壬辰雜編》《續夷堅志》并兹集四十卷，則皆一代文獻之所萃。厥後元脩《金史》悉刓用之，向無遺山，則金源氏有國之故存什一於千百，未必盡章聞於後世也。或者謂金之亡，崔立之變、死生辭受之際，遺山處之有不能逭人之議者。噫，是未考也！觀其對挕申之語，誌矗女之墓，隱忍激烈，意蓋有待而爲也。有待而不克，豈非阨於時邪？予讀其金亡以後之文辭，悲謌慷慨，有詩人傷周、騷人哀郢之遺意，亦可見其志也已。不然容城劉氏、陵川郝氏，節行文學在當時莫之與京，獨於遺山嚮慕尊稱之至，抑又何邪？然則以遺山之才之美，值亂亡之世，不獲究其用，且厄其身，蓋夫人之不幸，君子所當嘆惜焉者，又奚暇它議也哉。沁水李君叔淵，以御史按行河南，使來請其集以刊。自中統壬戌初刊，迄今餘二百禩矣，遺山之文終不可晦，固有待乎其人，惜吾鉅鹿公之不及見也。李仁卿下叙凡四首，輒以臆見志諸末，非敢亦以爲叙云。

"弘治戊午冬十月既望後學海陵儲巇題。"

據李瀚序，可知《遺山先生文集》底本來自儲巇；而據儲巇書簡和題後，其書是"弘治甲寅（1494）"録自"禮部（新安）程公"的"秘本"。"禮部程公"即程敏政，徽州休寧人，成化二年（1466）榜眼，弘治十一年升任禮部侍郎兼翰林院學士。可知儲巇的抄本是弘治七年自程敏政處抄得。

循此再往前推，程敏政的"秘本"可能是來自文淵閣藏本。《文淵閣書目》載"《元遺山文集》，十二册"；《內閣藏書目録》亦載"《遺山先生文集》，十二册全。元正大間河東元好問著，凡四十卷"。兩書所載册數一致，或證明從正統六年(1441)編訂《文淵閣書目》至萬曆三十三年(1605)編成《內閣藏書目録》間，《遺山先生文集》始終藏於文淵閣，未曾遺失。這段時間中，程敏政於弘治七年(1494)升任太常寺卿兼侍讀學士掌翰林院事，爲正三品大臣，又掌翰林院事，有條件借出文淵閣藏書。而據劉仁統計，程敏政確實曾大量抄録文淵閣藏書，其中包括《范太史文集》《龜山集》《汪文定公文集》《秋崖先生小稿》等①。"秘本"一詞雖爲泛稱，但也可能是暗示此書來源於秘閣。據此推測，程敏政有可能親自抄録或借與儲𡻕抄録文淵閣藏《遺山集》。

4. 全書無"緒"字，可能是改字以避金哀宗諱。元好問《中州集》卷七載："李節字正臣……初名守節，哀宗即位，去'守'字。哀宗知其名，謂侍臣言：'吾不欲人避上一字，李守節何故避之？'良久，曰：'臣子敬君，避之亦可。'"金哀宗全名完顏守緒，可知他要求臣民避下一字"緒"，而元氏記載此事，表明他對金哀宗的避諱知之甚詳。元氏成於哀宗朝的文字自當避諱不必言，成於金亡後的文字或亦以此寄託故國之思。但金世宗之"雍"字、金章宗之"璟"字均未避，或當時僅缺筆以避。此條尚無法確證，姑存之待考。

5. 現存各弘治刻本《元遺山先生文集》卷二二"中順大夫張公墓碑"缺尾，"陽曲令周君墓表"缺首，二者合缺一葉，應爲所據抄本漏抄。《四部叢刊》影印本末尾附有姜殿揚《遺山先生文集卷第二十二闕文補》，即補此脱文。

潛溪集

中國國家圖書館 劉 暢

天津圖書館 S1059

國家珍貴古籍名録 09018

《潛溪集》八卷。(明)宋濂撰。《附録》一卷。明嘉靖十五年(1536)徐嵩、温秀刻本。八册。綫裝。

---

①劉仁《明文淵閣之書目及藏書研究》，南京大學 2015 年碩士學位論文，第 73 頁。

【題著説明】首卷卷端題"潛溪集卷一",下題"金華宋濂著"①。

【著者簡介】宋濂(1310—1381),字景濂,號潛溪,浙江金華人。宋濂幼年即有志向學,曾受業於柳貫、黄溍等名儒。及長,以學問和文章著稱於世。元順帝召爲翰林修撰,力辭不受。入明後始出仕,頗受明太祖重視,被譽爲"開國文臣之首"。曾任江南儒學提舉、奉議大夫、國子司業等,官至翰林學士承旨。宋濂曾參與編修《元史》和明代諸多典章制度的制定。明洪武十年(1377)辭歸鄉里,十三年受胡惟庸案牽連,流配茂州(今四川茂縣),次年道卒於夔州(今重慶市),正德間追謐文憲。宋濂不僅是明初重臣,也是元明之際的著名文人,與高啓、劉基等人齊名。其詩文風格醇厚典雅,對臺閣體等明代文學流派影響深遠,詩文集還曾流傳到日本、朝鮮和安南等國。

【内容】此本爲元至正本宋濂《潛溪集》的嘉靖重刊本②。全書共八册,八卷,附録一卷,收録宋濂各體文章近一百七十篇、序文附録等其他相關文獻十餘篇。第一册依次收録陳旅、王禕、歐陽玄序文、胡助《宋氏世譜記》、鄭濤《潛溪先生小傳》、徐元青等撰《畫像贊》、全書目録及卷一。卷一收録頌、贊。第二册爲卷二,收録傳、辭、序。第三册爲卷三,收録書。第四册爲卷四,收録記、議、論、説、文、志等。第五册爲卷五,收録碑、銘。第六册爲卷六,收録行狀、跋、引、解等。第七册爲卷七,收録辯、寓言及其他雜體。第八册爲卷八,所收亦爲雜著,有歌辭、論難、志等各種體裁。其後爲附録,收録柳貫、黄溍、陳徵君、胡助、吴萊

---

① 按,根據明代以來書目著録,《潛溪集》曾有元至正本、明正德本和明嘉靖本等多個版次。今元至正本見藏於日本内閣文庫(索書號:別 056-0001),其各方面特徵均與此本存在明顯差異,而正德本具體情況則不見於明清書目著録,本文對該版本的分析可參見"按語"部分。此本内容、篇目次序和行款版式等與國内外多家圖書館所藏嘉靖十五年徐嵩、温秀刻《潛溪集》傳本高度一致。這些傳本部分於書末附有明嘉靖十五年高節《潛溪集跋》一篇,篇末有"賜進士及第,前翰林國史院國史編修官,西蜀後學高節謹書,知景州洛邑温秀校刊"題名。因此此本也應爲嘉靖十五年徐嵩、温秀刻本,書末或亦曾有上述跋文、題名,後來脱佚。

② 目前對宋濂詩文集版本源流的梳理和研究,以任永安《宋濂集類著述新考》最爲精審翔實,見《殷都學刊》,2011 年第 32 期。但該文或因未能見到元至正刊本《潛溪集》,將嘉靖十五年徐嵩、温秀等所刊《潛溪集》列爲明人獨立選編之作。而將元明兩刊本内容進行對比,可以明顯發現後者對前者的繼承。繆荃孫《清學部圖書館善本書目》亦認爲嘉靖十五年刻本是元至正刻本的重刊本。

等致宋濂書信若干篇。書末有至正十六年浦陽鄭煥題記。嘉靖刻本繼承了至正刊本的內容,適當調整編輯體式和篇目次序,流傳較爲廣泛,逐漸取代元刊本成爲明清時代《潛溪集》的通行本,目前海內外多家圖書館均有收藏。

【刊印者】

1.徐嵩(1482—?),字中望,南直隸泰州(今江蘇泰州)人。明正德十六年(1521)進士。初授户部主事,繼任保定、河間府知府,後擢右副都御史、順天巡撫等,嘉靖二十一年(1542)被黜爲民。

2.温秀(生卒年不詳),字仲實,號中穀,河南洛陽人。嘉靖間以舉人任襄陽府同知,著有《中谷詩集》。

【行款版式】半葉十行,行二十字。白口,四周單邊,無魚尾。版心中鐫有各卷文章體裁如"頌""贊""碑"等及葉數,下鐫各冊代號,一至八冊分別爲"金、石、絲、竹、匏、土、革、木"。版框18.7厘米×13.8厘米,開本32.0厘米×19.0厘米。

【題名頁牌記】無。

【刊寫題記】無。

【刻(寫)工】待考①。

【避諱】無。

【序跋附錄】書首有陳旅《潛溪集序》,後有王褘《潛溪集序》,後有歐陽玄《潛溪集序》,後有胡助《宋氏世譜記》、鄭濤《潛溪先生小傳》、徐元青等《畫像贊》及《潛溪集目録》。書末有鄭煥題記。各序跋録文如下:

1.《潛溪集序》

金華有二先生,曰柳公道傳,曰黄公晋卿,皆以文章顯名當世。予遊縉紳間,竊獲窺其述作。柳公之文龐蔚隆凝,如泰山之雲,層鋪叠湧,杳莫窮其端倪;黄公之文清圓切密,動中法度,如孫、吴用兵,神出鬼没,不可正視,而部伍整然不亂。金華多奇山川,清淑之氣鍾之於人,故發爲文章,光焰有不可掩如此。予方欽艷二公,以爲不可幾及。客有授予文一編者,予得讀之,見其辭韵沈鬱類柳公,體裁嚴簡又絶似黄公。驚而問焉,乃二公之鄉弟子宋君濂之爲也。因作而

①本書每卷均有部分葉面於書口下端鐫有刻工姓名,但文字模糊,較難辨識。

曰：大哉文乎！不可無淵源乎！西京而下，唯唐宋爲盛，宋姑不論，以吳興姚鉉所聚唐文觀之，奚啻三百餘姓。雖張、蘇、蕭、李、常、楊之流，氣逸辭雄，各自名家，終不能返於古者，何哉？無所宗也。獨韓愈氏吐辭持論，一本之六經，然後斯文焕焉可觀。故凡經其指授者，往往以文知名於一世。夫以渾涵彌綸之道，淳龐冲雅之音，欲藉是以宣之揚之，使其文字各從職而不紊，苟不傳之於師，奚可哉？我國家混一以來，光嶽之氣不分，六音斯完。中統、至元間，豪傑之士布列詞垣，固難以一二數。天曆以來，海内之所宗者，唯雍虞公伯生、豫章揭公曼碩及二公而已。二公之所指授，其必有異於庸常哉！設以韓愈氏方之二公，則濂當在李翱、皇甫湜之列也。予雖不能文，亦不可謂無意於斯。譬猶候蟲而時一鳴之，其視二公黄鍾大吕之音，果何如也？竊喜金華山川之秀，代不乏人，而二公之學有所傳，故因序濂之文而敢志其私焉。文林郎國子監丞莆田陳旅衆仲父謹序。

2.《潛溪集序》

文章所以載乎學術者也。昔之聖賢，其學可謂至矣。其於三材萬物之理，仁義道德，禮樂制度，治亂是非，顯隱鉅細之際，凡天人傳心之妙，帝王經世之略，無弗察而通也。其真知實踐既有得於内矣，於是將以自見而淑諸人也。然後托於文章，以推其意之所欲言。故程子以謂聖賢之言，不得已也。有是言則是理明，無是言則天下之理闕焉。又謂後之人始制卷，則以文爲先。平生所爲多於聖人，然有之無補，無之無闕也。由是論之，所貴文章之有補者，非以其明天理乎？理之明，不由其學術有素乎？然而古今文章作者衆矣！未易悉數也。試即吾婺而論之。宋南渡後，東萊吕氏紹濂、洛之統，以斯道自任，其學粹然一出於正。説齋唐氏則務爲經世之術，以明帝王爲治之要。龍川陳氏又修皇帝王霸之學，而以事功爲可。爲其學術不同，其見於文章亦各自成其家。而香溪范氏、所性時氏先後又間出，皆博極乎經史，爲文温潤縝練，復自爲一家之言。入國朝以來，則浦陽柳公、烏傷黄公並時而作。柳公之學，博而有要，其於文也，閎肆而淵厚；黄公之學，精而能暢，其於文也，典實而周密，遂皆羽翼乎聖學，而黼黻乎帝猷。踵二公而作者，爲吳正傳氏、張子長氏、吳立夫氏。吳氏深於經，張氏長於史，而立夫氏之學尤超卓，其文皆善馳騁者焉。然當吕氏、唐氏、陳氏之並起也,新安朱子方集聖賢之大成,爲道學之宗師,於三氏之學,極有同異。其恐衍①弟子曰勉齋黃氏,實以其學傳之北山何氏,而魯齋王氏、仁山金氏、白雲許氏以次相傳。自何氏而下皆吾婺人。論者以爲朱子之世適然。爲其學者,上而性命之微,下而訓詁之細,講說甚悉,其頗見於文章者,君子亦可以驗其學術之所在矣。嗚呼!尚論吾鄉之文章,所謂無是言,則理有闕焉者,固班班而是,而有之無補,無之無闕者,尚足謂之文乎?吾友宋君景濂早受業立夫氏,而私淑於吳氏、張氏,且久遊柳、黃二公之門,間又因許氏門人,以究夫道學之旨。其學淵源深而封殖厚,故爲文章富而不侈,覈而不鑿,衡從上下,靡不如意。其所推述,無非以明夫理,而未嘗爲無補之空言。苟即是以驗其學術之何如,則知其能繼鄉邦之諸賢,而自立於不朽者遠矣。景濂既不求用於世,而世亦未有以用之。其於文章尤自愛重,不輕以示人。以禕辱有同門之雅,特出其所著一編,俾爲之序。禕聞朱子序廣漢張子之文,謂其不知年數之不足,是以學日新而無窮,其見於言語文字之間,始皆極於高遠,而卒反就於平實。嗚呼!不自滿足而勉焉不息者,聖賢之爲學也。自高遠而底於平實,則其學之所至,豈不較然矣乎?禕輒誦是以序景濂之文,以致吾區區之意,且因以自屬焉。至正十五年正月甲子友生烏陽②王禕序。

3.《潛溪集序》

經筵檢討鄭君濤,以金華宋濂先生所著文集徵予序。予爲之言曰:三代而下文章,唯西京爲盛,逮及東都,其氣寖衰,至李唐復盛,盛極又衰,宋有天下百年,始漸復于古。南渡以還,爲士者以泛焉無根之學,而荒思於科試,間有稍自振拔者,亦多誕幻卑冗,不足以名家,其衰又益甚矣!我元龍興,以渾厚之氣變之,而至文生焉。中統、至元之文龐以蔚,元貞、大德之文暢而腴,至大、延祐③之文麗而貞,泰定、天曆之文贍以雄。涵育既久,日富月繁,上而日星之昭晰,下而山川之流峙,皆歸諸粲然之文,意將超宋唐而至西京矣。宋君雖近出,其天分至

---

① "恐衍"二字元至正刊本作"高第"。參見下文腳注。
② "陽"當作"傷"。烏傷爲元明時期浙江義烏、浦江縣等地舊稱。元至正十六年原刊本原作"傷",嘉靖十六年刻本此處實誤。
③ "祐",疑當作"祐"。

高,極天下之書,無不盡讀。大江以南,最號博學者也。以其所蘊,大肆厥辭,其氣韻沉雄,如淮陰出師,百戰百勝,志不少懾。其神思飄逸,如列子御風,翩然褰舉,不沾塵土。其辭調爾雅,如殷因周彝,龍紋漫減,古意獨存。其態度多變,如晴躋終南,衆皺前陳,應接不暇。非才具衆長,識邁千古,安能與於斯? 雜於古人篇章中,蓋甚難辨,唯真知文者,始信予言之弗謬。餘①在翰林也久,海内之文,無不得寓目焉。求如宋君,何其鮮也。苟置之承明奉常之署,使掌制作,豈不能黼黻一代乎? 先民有言曰:"知言聖賢之能事,立言學問之極功。"不學知言不能明理,不學立言不能成文。有若宋君,其殆理明而文成者歟? 因書以爲序。宋君字景濂,濂,其名也。嘗著《人物記》二卷。餘②爲序之。鄭君謂其可擬《五代史記》,亦公論云。翰林學士承旨榮禄大夫知制誥兼修國史廬陵歐陽玄序。

4.《潛溪集》一編總六萬有餘字,皆金華宋先生所著之文也。先生自以爲辭章乃無用空言,凡所酬應,鮮存其稾,出於涣兄仲舒所編者,僅若是。仲父都事公取以鋟梓。涣謹以先生近作益之,復用故國子監丞陳公昔所爲序冠于篇端。其文多係雜著,弗復分類,詩賦別見《蘿山稾》,不在集中。群公所述記、傳、贊、辭及尺牘之屬,有繫於先生者,摘爲二卷,附於其末。惟先生奧學雄文有非區區小子所敢知,姑用識其刊刻本末於此。嗣是而有所作者,當爲後集以傳。至正十六年歲次丙申,冬十月十三日,門人浦陽鄭涣謹識③。

【批校題跋】無。

【鈐印】書首《潛溪集序》首葉鈐"四明敬遺/軒盧氏家/藏書籍"朱文方印、"天津圖/書館藏"朱文長方印、"善本/鑒定"朱文長方印,天頭有殘缺倒印黑色長方印"直隸教育□…□/檢查圖書□…□"。卷二至卷八每卷卷端均鈐有"天津圖/書館藏"朱文長方印。

---

① "餘",當爲"余",此本誤刻。明成化七年劉釪刻歐陽玄《圭齋文集》(中國國家圖書館藏,索書號 11556)所載此文即作"余"。
② "餘",當爲"余",此本誤刻。明成化七年劉釪刻歐陽玄《圭齋文集》作"余"。
③ 嘉靖十五年(1536)温秀刻本《潛溪集》在鄭涣跋語後還應有高節《潛溪集跋》一篇,篇末有"賜進士及第,前翰林國史院國史編修官,西蜀後學高節謹書,知景州洛邑温秀校刊"題名。本書無此跋,疑已脱佚。此跋語全文見其他部分。

【書目著録】

1.《天津圖書館古籍善本目録》集部別集類著録①。

2.《中國古籍善本書目》卷二十六集部明別集類著録,編號 6326。

【遞藏】

1. 管庭芬(1797—1880),曾名懷許,後改名廷芬,字培蘭,子佩,號芷湘,笠翁等,浙江海寧人。著有《芷湘吟稿》,輯有《天竺山志》《花近樓叢書》《待清書屋雜鈔》等。

2. 盧椿(生卒年不詳),字六橋,浙江鄞縣(今屬浙江寧波)人。清代畫家、藏書家盧鎬之孫。盧鎬繼承其師全祖望藏書又不斷增益,尤其重視歷代詩文集和史地文獻的收集,畢生積累各類古籍善本達數百種,後大半毀於火災,其剩餘部分即由其孫盧椿繼承。盧椿自身亦致力於廣泛收集古籍,使其家藏書漸得恢復,其藏書處號爲"敬遺軒"。

【其他】

1. 嘉靖十五年(1536)温秀刊本《潛溪集》的部分存世傳本②在書末有明人高節跋文一篇,記述該書刻印始末,文末有高節、温秀題名。此本未見此跋,此處據他本③録文如下,以供參考:

《潛溪集跋》

海陵徐君中望氏刺瀛之明載,政化既敷,將進諸士子於道,曰:"近徵文獻,功足施也。"於是刻《潛溪集》。工竣,節得而讀之曰:嗟乎! 是謂牖民孔易矣! 昔在聖王,觀人文以化成天下,矧承積弊,從而振德之,可弗稽往哉! 于惟潛溪翌運,寔闡文明,垂祀二百,本實日撥,夫固君師之責也。溯流求源,微潛溪,其

---

① 《天津圖書館古籍善本目録》中册,國家圖書館出版社 2008 年版,第 493 頁。

② 在本文有限的調查範圍内,中國國家圖書館藏原北平圖書館甲庫善本縮微膠卷 CBM2241 號、日本内閣文庫藏"别 023-004"號松平定信舊藏本書末高節跋文及高節、温秀題名俱全,跋文與題名均獨佔一葉,不相連貫;日本内閣文庫藏 016-0010 號藏本、316-0076 號林羅山舊藏本有高節跋文葉而無文末題名葉;臺灣漢學研究中心藏 402.6 15544 號藏本、中國國家圖書館藏 09085 號藏本皆無高節跋文葉而有文末題名葉;而中國國家圖書館藏 18841、18404 號藏本、天津圖書館藏 S1059 號藏本(即此本)、臺灣漢學研究中心藏 402.6 11116 號藏本、哈佛大學 T/5402/8234 號藏本則既無跋文葉又無題名葉。

③ 中國國家圖書館藏原北平圖書館甲庫善本縮微膠卷 CBM2241 號。

奚以歸？故曰：牖民孔易，君師之道也。且潛溪匪樂爲文者，其言曰："丈夫七尺
之軀，其所爲重者，獨文乎哉？"故其原文也，要指在養氣，而曰："本建則其末治，
體著則其用彰。"夫所謂本與體者，果安所指耶？得非誠心於孟子集義養氣之功
哉！夫是道也，於人、於古今名賢何與焉？誠之固在我耳。讀斯集者，果能因潛
溪指要以實體孟氏之訓，將必益能即孟氏以日進乎義、孔之心法也已，而是集實
發明之。君子謂徐君牖民之業，行將大之，以化成天下，可弗謂邁志弘道者耶？
君名嵩，起家辛巳進士第，政教兼舉，他日史氏自能紀之。

嘉靖柔兆涒灘歲夷則月望，賜進士及第前國史翰林院編修官西蜀後學高節
謹書。

知景州洛邑溫秀校刊。

2. 本書若干葉面有墨釘遮蓋部分字句，如第二卷第二十二葉、二十七葉甲
面、第五卷第二十葉甲面，第六卷第四葉甲面等，各傳本皆然。

【按語】

1. 宋濂作爲元明之際的著名文人和明朝開國重臣，平生著述極多，其詩文
自元末以來便不斷被結集出版，至清末至少已刊行有十餘種。在這些名目繁多
的宋濂別集中，文集《潛溪集》和詩集《蘿山集》屬於最早一批刊刻面世者，在宋
濂詩文集編輯出版史上具有重要意義。

《潛溪集》最早刊刻於元至正間，由宋濂弟子鄭涣選編，所選文章保存了宋
濂文章的早期面貌。因刻印年代久遠，元至正本《潛溪集》雖然被明清藏書家所
重視，至今也有傳本存世，但一直流傳甚稀，使這部宋濂早期文集難以廣爲利
用①。嘉靖十五年溫秀刻本《潛溪集》是元至正本的重刊本，但又並非對至正本
的完全復刻。它調整了卷前序文和《世譜》《像贊》等文的位置，增加了歐陽玄
爲《潛溪後集》所撰序文，並改題爲《潛溪集序》，又改變了至正本大致按寫作時
間來編目的方式，一律以體裁爲單位進行分類編排，總卷數從十卷減少爲八卷，

①如莫伯驥《五十萬卷樓藏書目録初編》卷十九集部五云："至於元刻（《潛溪集》），據邵氏標
　注《庫目》，則惟勞巽卿、袁漱六、振綺堂三家有之，益爲世所貴。"如其所言，此三家之外，我
　們目前尚未見到明清時代關於元至正本《潛溪集》的著録。見《海王村古籍書目題跋叢
　刊》第七册，中國書店出版社 2008 年，第 580 頁。

附録亦統合爲一卷，不分上下。徐嵩、温秀的這一刊本流傳遠比至正本廣泛，今海内外各大圖書館多有收藏，客觀上起到了擴大《潛溪集》傳播和影響的作用。但這一版本同時也存在一些訛誤，其文字質量實不如元至正原刊本精審①。

2. 根據清代一些藏書家的著録，《潛溪集》在嘉靖十五年重刊本問世前，可能還出現過正德刻本②。今中國國家圖書館藏有一種著録爲明初刻本的《潛溪集》③，其卷帙數量、分卷方式、序跋位置等都和元至正本基本相同，而行款版式則與同館所藏多個著録爲明初刻本的《宋學士文粹》高度相似④。傅增湘曾經判斷該《文粹》傳本爲弘治、正德間刊本，從版本形態及其與《宋學士文粹》編刊者相近⑤來看，此《潛溪集》確有屬於正德本的可能。如需研究《潛溪集》完整的編刊過程和版本源流，有必要將至正原刊本、本書所屬的嘉靖刊本和這部年代不明的明代刊本都納入考察範圍，才能了解最早刊行於元末的《潛溪集》，在文本内容、編次方式和版式特徵上逐漸發生了哪些變化，最終發展到嘉靖十五年（1536）通行本的形態的。

3.《潛溪集》現存傳本的篇章次序存在差異。有些藏本將目録置於書首，次爲卷前詩文，順序與此本相反⑥。温秀所刻印的《潛溪集》最初是怎樣的形態，

①如以序文爲例，王褘序"又謂後之人始制卷"，"制"字元至正本作"執"，按文意顯以"執"字爲是；序末署題"烏陽"，至正本原作"傷"，"烏傷"爲金華、浦陽等地之古稱，全書各處多有之，皆作"烏傷"無誤，此處實爲嘉靖本誤刻；而"恐衍"二字，元至正本原作"高第"，按文意亦當以至正本爲是。歐陽玄序之"延祐"顯爲"延祐"之誤，明成化七年劉釪刻《圭齋文集》（中國國家圖書館藏，索書號11556）所録《潛溪後集序》即作"延祐"；"餘在翰林也久""餘爲序之"等"餘"字，《圭齋文集》亦分別作"予"與"余"。如此訛誤在嘉靖本《潛溪集》内多有之，可見其文字質量反不如至正原刊本。

②如莫伯驥《五十萬卷樓藏書目録初編》卷十九集部五云："按，宋集有正德刻本、有嘉靖刻本。"此處所謂宋集，即指《潛溪集》。見《海王村古籍書目題跋叢刊》第七册，第580頁。

③索書號10398。

④索書號分別爲：09883、10339、02221，均著録爲"明初刻本"。它們與10398號《潛溪集》版式都爲半葉十三行，行二十五字，黑口，四周雙邊（10339號著録爲"四周單邊"，誤），雙順魚尾。惟各《宋學士文粹》傳本於版心下鎸有刻工名，《潛溪集》則無。

⑤《宋學士文粹》和《潛溪集》最初均爲宋濂弟子浦江鄭氏家族之鄭濟、鄭渙、鄭濤等同輩人編輯刊刻。

⑥即日本内閣文庫藏"別023-004"號松平定信舊藏本、016-0010號藏本、316-0076號林羅山舊藏本。

以上這些差異又是如何形成的,或許是值得研究者進一步探討的問題。

潛溪先生集

中國國家圖書館　劉　暢

中國國家圖書館 10340

國家珍貴古籍名録 09019

《潛溪先生集》十八卷。(明)宋濂撰;(明)黄溥輯。《附録》一卷。明天順元年(1457)黄溥、嚴塤刻本。六册。綫裝。

【題著説明】書首序文題"宋潛溪先生文集序"。卷一卷端題"潛溪先生集卷之一",次行下題"後學弋陽黄浦澄濟選編",三行下題"後學古相羅綺尚綱校正"。

【著者簡介】宋濂(1310—1381),見前《國家珍貴古籍名録》09018。

【内容】本書爲明天順間刊行的宋濂文集。全書共六册,十八卷。共收録宋濂文章三百餘篇。正文内容依次爲:宸翰詩文,卷一古詩、近體,卷二頌、曲、賦、辭,卷三論、説、議,卷四辯,卷五雜著,卷六書、表,卷七記,卷八、卷九序,卷十傳,卷十一至十三碑誌,卷十四行狀、墓表,卷十五銘、贊、箴,卷十六題,卷十七跋,卷十八雜文,附録一卷。"宸翰"詩文收録明皇詔書及御賜詩等若干篇。《附録》收録記載宋濂生平的各體文章,如史傳、墓志銘等若干篇。天順元年(1457)黄溥刻本是《潛溪先生集》的最早版本,保存了此書的最初面貌。

【刊印者】

1.黄溥(1411—1479),字澄濟,號石崖,江西弋陽人。明正統十三年(1448)進士。正統至成化年間,歷任廣西道監察御史、四川按察使及廣東按察使等,在任期間編有《皇明經濟録》。黄溥又是明代重要的文學批評家,對歷代詩歌流派和發展脈絡頗有研究,著有《詩學權輿》。此外還撰有《簡籍遺聞》,爲考訂明史佚聞雜記之作。治學之餘,黄溥又喜好刻書,尤其注重古今名人別集的整理刻印。本書和宋謝枋得《疊山集》等都是其所刻書籍的代表。

2.嚴塤(生卒年不詳)。明景泰、天順間任茂州(今四川茂縣)醫學典科,宋濂外孫。

【行款版式】半葉十一行，行二十五字。黑口，四周雙邊，雙魚尾。版心中鐫"潛溪集目録"或"潛溪集卷之幾"，下鐫葉數。版框 22.1 厘米×14.4 厘米，開本 27.4 厘米×16.2 厘米。

【題名頁牌記】無。

【刊寫題記】無。

【刻（寫）工】無①。

【避諱】無。

【序跋附録】書首有王禕《宋潛溪先生文集序》，後有《宸翰目録》《潛溪先生集目録》《潛溪先生集附録目》。書末有黃溥《題潛溪先生集後》。序跋録文如下：

1.《宋潛溪先生文集序》

文章所以載乎學術者也。昔之聖賢，其學可謂至矣。其於三才萬物之理，仁義道德，禮樂制度，治亂是非，顯隱鉅細之際，凡天人傳心之妙，帝王經世之略，無弗察而通也。其真知實踐既有得於内矣，於是將以自見而淑諸人也。然後托於文章，以推其意之所欲言。故程子以謂聖賢之言不得已也。有是言則是理明，無是言則天下之理闕焉。又謂後之人始執卷，則以文爲先。平生所爲多於聖人，然有之無補，無之無闕也。由是論之，所貴文章之有補者，非以其明夫理乎？理之明，不由其學術有素乎？然而古今文章作者衆矣，未易悉數也。姑自吾婺而論之。宋南渡後，東萊吕氏紹濂、洛之統，以斯道自任，其學粹然一出於正。說齋唐氏則務爲經世之術，以明帝王爲治之要。龍川陳氏又修皇帝王霸之學，而以事功爲可。爲其學術不同，其見於文章亦各自成其家。而香溪范氏、所性時氏先後又間出，皆博極乎經史，爲文温潤縝練，復自成一家之言。入國朝以來，則浦陽柳公、烏傷黃公並時而作，柳公之學，博而有要，其爲文也，閎肆而淵厚；黃公之學，精而能暢，其於文也，典實而周密，遂皆羽翼乎聖賢，黼黻乎帝猷。踵二公而作者，爲吳正傳氏、張子長氏、吳立夫氏。吳氏深於經，張氏長於

---

① 據臺灣漢學研究中心著録，該館藏天順元年（1457）黃溥刻本《潛溪先生集》有"刻工名'呈、工、吕、志、本、召士（？）、月、王、上、寸、金'"等，索書號 402.6 11114，但該本共 14 册，與本書不同。

史,而立夫之學尤超卓,其文皆可謂善於馳騁者焉。然當呂氏、唐氏、陳氏之並起也,新安朱子方集聖賢之大成,爲道學之宗師,於三氏之學,極有異同。其門人曰勉齋黄氏,實以其道傳之北山何氏,而魯齋王氏、仁山金氏、白雲許氏以次相傳。自何氏而下皆婺人。論者以爲朱氏之世適,故近時言理學者,婺爲最盛然。爲其學者,上而性命之微,下而訓詁之細,講説甚悉,其頗見於文章者,亦可以驗其學術之所在矣。嗚呼!尚論吾邦之文章,所謂無是言則是理闕焉者,固班班而是,而有之無補,無之無闕焉者,尚足謂之文乎?吾友宋君景濂早受業立夫氏,而私淑於吳氏、張氏,且久遊柳、黄二公之門,間又因許氏門人以究夫道學之旨。其學淵源深而培植厚,故其爲文富而不侈,覈而不鑿,衡從上下,靡不如意,其所推述,無非以明夫理,而未嘗爲無補之空言。苟即其文以觀其學術,則知其足以繼鄉邦之諸賢,而自立於不朽者遠矣。景濂既不求用於世,而世亦未有以用之。其於文章尤自愛重,不輕以示人。以禕辱有同門之雅,間出其所著,俾有以序之。禕聞朱子序廣漢張子之文,謂其不知年數之不足,是以學日新而無窮,其見於言語文字之間,始皆極於高遠,而卒反就於平實。嗚呼!不自滿足而勉焉不息者,聖賢之爲學也。自高遠而底於平實,則其學之所至,豈不較然矣乎?禕輒誦是以序景濂之文,以致吾區區之意,且因以自屬焉。友生金華王禕謹序。

2.《題潛溪先生集後》

《潛溪集》一十八卷,前學士承旨潛溪宋先生所著也。先生以文章名昭代,其著述之盛,有曰《文粹》,曰《朝京藁》,曰《蘿山吟藁》,又曰《潛溪內外集》者,流行天下。四方學者既已家傳人誦之矣,惜其皆出於一時門人所集録,編目雖繁而纂集無次,章篇雖富而體製不分,兼之久歷年所,而板刊字畫脱落者多。予家學時,每思欲爲正之,尤恨未見其完集也。歲景泰甲戌,幸叨官蜀憲臺,詢知先生舊謫居成都,間爲討訪之,而其曾孫賢盡出其家所藏遺藁。披閲之餘,遂與仁壽訓導黄明善考論而纂集之,復請鎮節松維秋官侍郎羅公三復讎校,正其差訛,汰其重複,凡詩、賦、詞、曲、論、説、議、辨、書、表、記、序、傳、贊、碑誌、箴銘、題跋、雜著、表狀,各以類歸。若所述無補於人倫,無關於世教者,雖工亦刊去之,以從簡約。總得三百三十四首,而先生之碑傳誥命諸作,亦附卷後,蓋欲使讀文者得以論其世,亦庶幾能得先生之實也。因其存日學者尊爲潛溪先生而不字,故亦命其集曰《潛溪先生集》。集成,屬其外孫茂州醫學典科嚴塤繕寫入梓以傳。竊嘗論之,文所以載道也,不深於其道而務爲文,所謂輪轅飾而人弗庸,徒飾也。尚何以望其文之傳乎?三代以降,文惟漢、唐、宋爲盛耳。其間作者亡慮百十,由其道有未明而散亡磨滅者,可勝計哉?惟董、賈、韓、柳、歐、蘇諸大家之作,庶幾能明斯道,而足爲後世之所宗,故文莫於斯爲盛矣!皇明混一區宇,光嶽之氣復完,工師碩彦以文自名者後先林立,然求其足以經緯治功,黼黻人文,卓然有以踵夫董、賈、韓、柳、歐、蘇之躅,而爲一代文章之宗者,率以先生爲稱首也。於戲!是豈無自而然哉!蓋先生學博才優,而道有諸己。未仕也,孜孜焉以明經、講道、著書爲務。既仕也,典國史,司帝制,獨擅夫制作之柄,而海内學者仰而望之,若泰山北斗,若景星鳳凰,爭先快覩,惟恐其或後也。是以先生之文盛行於時,流傳於遠,其與董、賈、歐、蘇之作聯芳匹美於宇宙間無疑矣。溥也晚生無似,素企先生之文有合乎道而不苟同於衆人也。故既爲考訂其集,復論次其大旨,附之篇末,使讀者得以自考云。

天順元年歲舍丁丑三月既望,賜進士出身嘉議大夫四川等處提刑按察司按察使弋陽黃溥澄濟謹題。

【批校題跋】無。

【鈐印】無。

【書目著録】

1.《北京圖書館古籍善本書目》集部明別集類著録。

2.《中國古籍善本書目》卷二十六集部明別集類著録,編號6328。

【遞藏】待考。

【其他】

1. 本書有大量葉面字跡模糊,難以識讀;也有部分葉面的文字似爲後來描補,如卷一第二十九葉。

2. 卷一第三十至三十三葉間的兩葉,葉號與前後皆不連續,其首葉乙面有多處墨釘①。

---

①臺灣漢學研究中心藏索書號 402.6 11114 本亦有之。

3. 第五卷卷首缺失《文原》一文從標題至"調爕四時"部分,從"而無愆"開始。

4. 第八卷第二十二葉乙面、第二十六甲面、第二十七葉甲、乙兩面天頭上皆有佚名墨筆大字批注"正乂"二字。

【按語】

1. 本書爲明代天順元年(1457)黄溥選編刻印的宋濂詩文選集。雖然本書刊行前已有《潛溪集》《宋學士文粹》《宋學士續文粹》等各種宋濂別集行世,但《潛溪先生集》所選内容與它們頗有異同,多數篇目不相重複,使傳世宋濂詩文更加豐富。從書末題記可知,編者黄溥聲稱此書是嚴格按照理學觀念和經世致用思想選編的,這或許是本書選目與衆不同的原因。編者黄溥是明代中期較有影響的詩學批評家,曾在《詩學權輿》中提出了諸多關於詩歌風格和發展流變的觀點,因此本書的選編或許也可以視爲黄溥對其文學批評理念的一種具體實踐。此外,在内容的編排方式上,《潛溪先生集》當是第一部以體裁類型而不是創作年代來分卷編次的宋濂別集。

2. 在歷代刊刻的各種宋濂詩文集中,《潛溪先生集》受到的關注並不很多。不但天順元年黄溥原刻本很少爲史志、書目著録,其後於嘉靖二十二年出現的傅應祥重刻本,也同樣流傳不廣。黄丕烈曾論天順本《潛溪先生集》云:"各家書目俱不載,唯《千頃堂書目》及家俞邰《明史藝文志》有之。雖係選本,實舊刻也……首至末悉排長葉,亦刻書之一格,并著之以識古類。至是集,亦爲潛溪先生諸集之一本,藏書家何可輕棄耶?"[①]可見明清時期《潛溪先生集》流傳確實有限,唯少數藏書家能慧眼識珠,看到其特殊的版本價值,並對藏書家長期以來輕視此書提出批評。

3. 天順間黄溥刻本《潛溪先生集》現存傳本近十種,分別見藏於中國國家圖書館和四川、重慶、上海、南京、臺灣等各地圖書館。根據以上機構的著録,這些存世傳本都爲十八卷附録一卷,但在很多方面又存在差異。如在刻印年代上,

---

① 參見《善本書室藏書志》卷三十五"潛溪先生集十八卷,天順蜀刻本。黄堯圃藏書"條過録黄丕烈跋語,《宋元明清書目題跋叢刊》清代卷第 3 册,中華書局 2006 年版,第 827 頁。

上海圖書館藏本有記爲天順二年刊的①，亦有僅記爲天順年間刊的②，而其他各館所藏均標爲天順元年（1457）刻本。此外，國家圖書館所藏李文田跋殘本③，各卷均單獨標記葉數，而此本和臺灣漢學研究中心藏本的葉數均爲連續標記。以上種種問題，説明黄溥刊刻《潛溪先生集》的情況還存在諸多不明之處，對此應進行更深入的調查研究。

宋學士文粹

中國國家圖書館　劉　暢

中國國家圖書館 02725

國家珍貴古籍名録 05804

　　《宋學士文粹》十卷；《補遺》一卷。（明）宋濂撰。明洪武十年（1377）鄭濟刻本。四册。綫裝。

　　【題著説明】首卷卷端題“宋學士文粹卷第一”，第十卷末鄭濟刊刻題記云“右翰林學士承旨潛溪宋先生文粹一十卷”。

　　【著者簡介】宋濂（1310—1381），見前《國家珍貴古籍名録》09018。

　　【内容】《宋學士文粹》是明代編刻的第一部宋濂詩文集，由劉基選編、宋濂弟子鄭濟刊刻。全書共十卷，補遺一卷。第一册含目録至卷二，第二册含卷三至卷五，第三册含卷六至卷八，第四册含卷九至補遺。卷一至卷九及補遺收録各體文章共一百二十餘篇，第十卷收録各體詩歌六十餘首。洪武十年刻本是該書的最早版本。此本即屬於這一版次，而且可能是該版本唯一内容完整的傳本④。

　　【刊印者】鄭濟（生卒年不詳），字仲辨，浙江浦江人。鄭濟爲宋濂弟子，工詩文，擅書法。主要活動於洪武時期，洪武二十六年（1393）授左春坊左庶子。

---

①索書號：綫善 791150-63。

②索書號：綫普 521287-91。

③索書號 18579。

④參見“按語”部分第 2 條。

【行款版式】半葉十六行,行二十七字。黑口,左右雙邊,無魚尾。版心中鐫"宋學士文粹卷幾",下鐫葉數。版框 18.9 厘米×13.0 厘米,開本 24.5 厘米×15.3 厘米。

【題名頁牌記】無。

【刊寫題記】卷十末有鄭濟題記云:

右翰林學士承旨潛溪宋先生文粹一十卷,青田劉公伯温丈之所選定者也。濟及洰約同門之士劉剛、林静、樓璉、方孝孺相與繕寫成書,用紙一百五十四番,以字計之,一十二萬二千有奇。於是命刊工十人鋟梓以傳。自今年夏五月十七日起手,至七月九日畢工,凡歷五十二日云。先生平生著述頗多,其已刻行世者,《潛溪集》四十卷,《羅山集》五卷,《龍門子》三卷,其未刻者,《翰苑集》四十卷,歸田以來所著《芝園集》尚未分卷。在禁林時,見諸辭翰多係大製作。竊意劉丈選之或有所遺,尚俟來者續編以附其後。惟先生受知聖主,輔導東宮,名滿天下,文傳四夷,則不待區區之所賛頌云。洪武丁巳七月十日門人鄭濟謹記。

【刻(寫)工】無。

【避諱】無。

【序跋附錄】書首有《宋學士文粹目録》①。

【批校題跋】書内存有兩處佚名墨筆校勘:第四卷第九葉乙面"右吳越曲"之"曲"字以墨筆圈出,於天頭上校爲"歸"字,第七卷第九葉甲面天頭上有"罙""麅""麤"等字的反切音注。

【鈐印】目録首葉自下而上依次鈐"子/儋"朱文方印、"茅齋/玩賞"朱文方印、"馮印/文昌"左朱右白文方印、"馮氏三/餘堂/收藏"朱文方印、"許之漸號/青嶼斯稱/自笑老人"朱文方印、"高陽子子孫孫永保"朱文葫蘆形印。"子/儋"朱文方印之左,鈐有"北京/圖書/館藏"朱文方印。

卷一卷端自下而上依次鈐"竹素齋/圖書印"朱文長方印、"稽瑞樓"白文長方印。

卷二卷尾欄框内鈐"稽瑞樓"白文長方印,欄框外鈐"孤山/草堂"白文方

①按,國家圖書館所藏另一洪武十年(1377)鄭濟刻《宋學士文粹》傳本,索書號 11423,書首有劉基《宋學士文粹序》,本書則無。詳細情況請參見"其他"部分第 1 條。

印、"研書/賞理敷/文/奏懷"朱文圓印、"馮印/文昌"左朱右白文方印、"武邑/令印/章"白文方印、"武進/許/維楨"白文方印,其右鈐"孝悌清/白傳家高陽氏"長方印("孝悌清白"爲白文,"高陽氏"爲朱文)。次葉甲面自下而上依次鈐"華/夏"白文方印、"真賞"朱文葫蘆形印。

卷三卷端自下而上依次鈐"馮氏三/餘堂/收藏"朱文方印、"馮印/文昌"左朱右白文方印、"茅齋/玩賞"朱文方印、"許之漸號/青嶼斯稱/自笑老人"朱文方印、"高陽子子孫孫永保"朱文葫蘆形印。

卷五卷尾欄框内鈐"稽瑞樓"白文長方印,欄框外自下而上鈐"研書/賞理敷/文/奏懷"朱文圓印、"孤山/草堂"白文方印、"文昌/之印"朱文方印、"武邑/令印/章"白文方印、"武進/許/維楨"白文方印、"孝悌清/白傳家高陽氏"長方印("孝悌清白"爲白文,"高陽氏"爲朱文)。次葉甲面自下而上依次鈐"華/夏"白文方印、"真賞"朱文葫蘆形印。

卷六卷端自下而上鈐"馮氏三/餘堂/收藏"朱文方印、"馮印/文昌"左朱右白文方印、"茅齋/玩賞"朱文方印、"許之漸號/青嶼斯稱/自笑老人"朱文方印、"高陽子子孫孫永保"朱文葫蘆形印。

卷八末葉鈐"稽瑞樓"白文長方印,其左自下而上鈐"研書/賞理敷/文/奏懷"朱文圓印、"馮文/昌印"左朱右白文方印、"孤山/草堂"白文方印、"孝悌清/白傳家高陽氏"長方印("孝悌清白"爲白文,"高陽氏"爲朱文)。欄框外自下而上鈐"武邑/令印/章"白文方印、"武進/許/維楨"白文方印,次葉自下而上鈐"華/夏"白文方印、"真賞"朱文葫蘆形印。

卷九卷端自下而上鈐"馮氏三/餘堂/收藏"朱文方印、"馮印/文昌"左朱右白文方印、"茅齋/玩賞"朱文方印、"許之漸號/青嶼斯稱/自笑老人"朱文方印、"高陽子子孫孫永保"朱文葫蘆形印。

補遺末葉甲面於卷尾下鈐"審定/珍玩"朱文方印,其左鈐"稽瑞樓"白文方印,此印左側又鈐有"研書/賞理敷/文/奏懷"朱文圓印、"孤山/草堂"白文方印、"文昌/之印"朱文方印、"孝悌清/白傳家高陽氏"長方印("孝悌清白"爲白文,"高陽氏"爲朱文),乙面左側鈐"北京/圖書/館藏"朱文方印、"武邑/令印/章"白文方印、"武進/許/維楨"白文方印。

【書目著録】

1.陳揆《稽瑞樓書目》著録："《宋學士文粹》,四册,舊刻。"當爲此本①。

2.《北京圖書館古籍善本書目》集部明別集類著録。

3.《中國古籍善本書目》卷二十六集部明別集類著録,編號 6331。

【遞藏】

1. 朱承爵(1480—1527),見前《國家珍貴古籍名録》01075。

2. 華夏(生卒年不詳),見前《國家珍貴古籍名録》11509。

3. 馮夢禎(1548—1606),字開之,號具區,又號真實居士,浙江嘉興人。明萬曆五年(1577)進士。馮夢禎一生仕途坎坷,屢經起伏,官至南國子監祭酒,罷官後築"孤山草堂"隱居杭州,著有《快雪堂集》《快雪堂漫録》等。馮夢禎詩文書畫俱有名於當時,又長於鑒賞古籍名畫,晚年篤信佛教,當時諸多名畫如《王右丞江山雪霽圖》及佛教相關典籍如《林間録》等,多經馮夢禎收藏、題跋。

4. 馮文昌(生卒年不詳),字研祥,一字文元,又號吳越野民,祖籍浙江嘉興,生長活動於杭州。馮夢禎之孫。爲清初諸生,著有《吳越野民集》。馮文昌繼承祖業,熱衷於收藏書畫古籍,尤以藏有宋刻本《金石録》聞名於世。

5. 許之漸(1613—1701),字儀吉,號青嶼,南直隸武進(今江蘇常州)人。明末名臣許鼎臣之子。清順治十二年(1655)進士,歷官户部主事、江西道監察御史,陝西巡茶御史等,後貶爲國子監助教。許之漸早年頗傾心於天文曆法等"西學",其至交畫家吳歷爲天主教徒兼傳教士,在京期間又與安文思、湯若望等西人多有來往,因此在國子助教任上捲入"康熙曆獄"案,被革職後返還故鄉。許之漸自此不問世事,虔心向佛,清廷召其復職亦不就。著有《擊壤紀年箋》,輯有其父書信集《許定于先生帖》。

6. 許維梴(生卒年不詳),字松年,號點山,江蘇武進(今江蘇常州)人。清初舉人,許之漸之子。清康熙二十三年(1684)任江都縣(今江蘇揚州)儒學教諭,三十年任武邑(今河北武邑)知縣,頗有政聲,以"長厚和平,慈愛百姓"著稱,又主持修纂《武邑縣志》。

7. 陳揆(1780—1825),見前《國家珍貴古籍名録》04175。

①陳揆《稽瑞樓書目》,《叢書集成初編》第 39 册,商務印書館 1935 年版,第 148 頁。

8. 潘奕雋(1740—1830),字守愚,號榕皋,又號三松、水雲漫士等,江蘇長洲(今屬江蘇蘇州)人。清乾隆三十四年(1769)進士,初授内閣中書,官至户部主事,後辭歸鄉里。著有《説文蠡箋》《三松堂集》等。潘奕雋居官北京期間,受京師學風影響,於"漢學"頗有造詣,尤精於《説文》之學,與戴震等多有交遊。歸鄉後專注於古籍收藏,廣集名家書畫和善本書籍,所藏數量極富。又與同鄉藏書家黄丕烈過從甚密,其藏書多有借士禮居藏本抄校者,亦有百餘種得黄丕烈批校題跋。潘奕雋之孫潘世璜及後裔潘祖蔭等皆爲晚清藏書大家。

【其他】

1. 洪武十年鄭濟刻本《宋學士文粹》除本書外,目前至少還有另外兩部傳本存世,分別見藏於中國國家圖書館①及臺灣漢學研究中心②。二者書首皆有明洪武八年劉基撰《宋學士文粹序》一篇,序末摹刻"劉/伯温"白文方印、"誠意/伯章"朱文方印,本書則無。此外,曾親見上述國圖、臺圖藏本的傅增湘,又云二者書首皆有"洪武八年自序"一篇③,而未提及劉基序文,但所謂"洪武八年(1375)自序"目前在本書和以上兩種傳本中皆不可見,則所謂"自序"到底存在與否,實有待進一步研究。

2. 本書目録未列出卷一最末《文原》《鄭柏加冠追補字辭》兩文④及"補遺"一卷各篇標題。

①索書號 11423。

②索書號 402.6 11111。

③參見清莫友芝撰、傅增湘訂補《藏園訂補邸亭知見傳本書目》第四册集部別集類明別集類,中華書局 2009 年版,第 1370 頁;傅增湘《藏園群書經眼録》卷十六集部五明別集類,中華書局 2009 年版,第 1152 頁。此外《日藏漢籍善本書録》亦云日本内閣文庫藏有兩種明洪武十年鄭濟刻《宋學士文粹》,一爲林羅山藏本,一爲太田道灌、水野忠央(《書録》誤記爲水野忠英)等藏本,二者均爲洪武十年鄭濟刻本,書首皆有"宋濂明洪武八年《自序》"。見嚴紹璗編《日藏漢籍善本書録》下册集部別集類,中華書局 2007 年版,第 1641 頁。今查内閣文庫確有林羅山藏、太田道灌及水野忠央藏《宋學士文粹》各一種,索書號分別爲 314-0013、314-0021。但林羅山藏本並無所謂"洪武八年自序",水野忠央藏本的情況暫未見到;另外,此兩種《宋學士文粹》可能皆非洪武十年鄭濟刊本。參見"按語"部分。

④國圖藏《宋學士文粹》(11423),卷一篇目與目録相同,正文無《文原》《鄭柏加冠追補字辭》兩文。

3. 全書所有篇章均有佚名朱筆句讀及專名綫①。

【按語】

1.《宋學士文粹》是目前可知的明代最早編刻的宋濂詩文集②。宋濂詩文早年即享盛名，從元代末年便不斷結集刊行，大部分都有傳本存世③。在《宋學士文粹》問世前，既有的"潛溪"諸集和《蘿山集》等基本上僅收録宋濂入仕前的著作，且卷帙浩繁，不便傳播。有鑒於此，明初另一詩文名家劉基對此前行世的宋濂詩文删繁就簡，又收入宋濂仕明後的部分詩文匯成此書，以供後學了解宋濂詩文總體風貌。

2.《宋學士文粹》雖然是明代最早刻印的宋濂詩文集，又出於名家劉基之選，其流傳卻一直都極爲有限，明代以來著録此書的史志目録僅有數種④，曾經有幸收藏或經眼洪武十年本《宋學士文粹》的藏書家無不視之爲珍稀罕見之書，對其傳本絶少的原因也有比較一致的認識。傅增湘云："此本以方孝孺等手書

---

①日本内閣文庫藏林羅山藏本（索書號 314-0013）也有朱筆句讀及專名綫，不知係何人所爲。

②按，目前尚未見到明代早於洪武十年刻印宋濂詩文集的記録。但繆荃孫曾著録《宋學士文粹》爲洪武八年刊，見清繆荃孫《雲自在龕隨筆》，《藝風堂遺著》本。繆荃孫所見《宋學士文粹》現藏臺灣漢學研究中心，索書號 402.6 11111，後附葉德輝跋語，亦云此書爲洪武八年刊本，但該書第十卷末有鄭濟洪武十年刊刻題記，與《宋學士文粹》洪武十年刻本的其他傳本相同，則繆荃孫與葉德輝所見本不當爲洪武八年刊本。

③宋濂别集版本及見存情況學界已有研究，以任永安《宋濂集類著述新考》最爲翔實確鑿，見《殷都學刊》，2011 年第 32 期。

④如明晁瑮《晁氏寶文堂書目》著録"《宋學士文粹》"，見《晁氏寶文堂書目》，上海古籍出版社 2005 年版，第 41 頁。清丁仁撰《八千卷樓書目》卷十六有"《宋學士文粹》五卷，宋濂著，明刊本"，見《八千卷樓書目》，清光緒錢塘丁氏刻本。清繆荃孫《雲自在龕隨筆》第三卷："明金華宋潛溪文粹十卷補遺一卷，明洪武八年刊，每半頁十六行，行二十七字。"見清繆荃孫《雲自在龕隨筆》，《藝風堂遺著》本。清陳揆《稽瑞樓書目》著録有"《宋學士文粹》，四册，舊刻"。見《叢書集成初編》第 39 册，商務印書館 1935 年版，第 148 頁。以上數條爲目前僅見的明清時代對《宋學士文粹》的著録。但《宋學士文粹》在洪武十年本後又出現過其他版本，具體情況不明，詳見"按語"部分第 2 條，而以上晁瑮著録不具版次及卷數，丁仁所謂"五卷"，又不符合洪武十年本共十卷補遺一卷的體量，二者均難以確定到底屬於何種版本，則明清史志書目對鄭濟洪武十年刻本《宋學士文粹》的著録可能比以上所列更爲有限。

上版,方罹難後不易保存,故傳世絕少。"①莫棠跋其所藏洪武十年本《宋學士文粹》②云:"其本雖明初編刻,以革除故,中有方正學諸名氏,故傳世絕鮮,明代已然。以錢牧齋之博涉,但云丙戌於内殿見之,則在入國朝之後。後來《天禄琳瑯書目》不載,是内本亦未必存。乾嘉以來,惟一見於昭文張氏《愛日精廬藏書志》……"同書胡嗣芬跋語亦云:"蓋前後集皆文憲門人方正學輩分手寫録,不久遂厄於革除之禁。錢牧翁曾一窺秘内府,林吉人得觀徐氏藏帙,已少前編。乾嘉以還,淵富蒐藏,盛稱江左,此刻僅一載記於愛日精廬之藏書志,其他著録無聞。霜鬏風煙,綿歷已在五百年後,斷爲海内孤本,洵不誣已。"③可見藏書家皆知《宋學士文粹》因方孝孺之故自明永樂以來便幾乎絕跡,因此對那些歷經禁燬和歲月侵蝕而保留下來的個别傳本,一向極爲珍視。本書作爲其中之一,其珍貴程度自不待言。

此本和前述國家圖書館、臺灣漢學研究中心收藏的三種洪武十年鄭濟刻本,當爲此版《宋學士文粹》目前僅存的幾個傳本④。而此三書中,臺灣漢學研究中心藏本實爲配補本。據書末莫棠等人題跋可知,該書卷六至卷十和補遺一卷部分早已缺失,此後不知何人用同一版次影抄補全;中國國家圖書館藏本(11423)同樣爲配補本,僅有卷一至卷五爲原刻,其餘部分係傅增湘借莫棠藏本,也即臺灣漢學研究中心藏本,延請書法名家喬曾劬等再次影抄而成。而此本則保存完整,自首至尾均爲原刻,雖然書首序文已經脱去,但正文仍然可稱完

---

① 傅增湘《藏園訂補郘亭知見傳本書目》卷十五上集部六别集類五明别集,中華書局 2009 年版,第 4 册,第 1371 頁。
② 即前述臺灣漢學研究中心藏《宋學士文粹》,索書號 402.6 11111。
③ 見臺灣漢學研究中心藏《宋學士文粹》,索書號 402.6 11111。傅增湘亦持此説,參見莫友芝撰、傅增湘訂補《藏園訂補郘亭知見傳本書目》第四册集部别集類明别集類,中華書局 2009 年版,第 1370 頁。
④ 前述日本内閣文庫藏兩種《宋學士文粹》,中國學者嚴紹璗認爲二者皆爲洪武十年鄭濟刻本。見嚴紹璗編《日藏漢籍善本書録》下册集部别集類,中華書局 2007 年版,第 1641 頁。日本學者土屋裕史認爲林羅山藏本爲洪武十年鄭濟刻本。見土屋裕史《本館所藏林羅山舊藏書(漢籍)解題》,日本國立公文館刊《北之丸》,2015 年第 47 號,第 236 頁。然林羅山藏本之版式、行款、册數等,均與本書和上述國圖、臺圖所藏兩種完全不同,實難確定爲洪武十年刻本;至於水野忠央藏本,傅增湘曾親見其書,認爲當屬成化、正德間刊本,見傅增湘《藏園群書題記》卷十七集部,上海古籍出版社 1989 年版,第 824 頁。

璧，殊爲難得。

　　儘管洪武十年本《宋學士文粹》曾遭禁燬，但或許因爲該書選目精當，篇幅適中，後來仍被重新刻印，還出現過坊刻本①，説明此書内容是比較符合當時士人的閲讀需求的。這些後來刻本各自的版次和形制到底如何，目前已難盡知其詳。除洪武十年鄭濟刻本外，現存各種《宋學士文粹》傳本多爲版式、行款基本相同的明刻本，具體刊刻年代尚無定論②。

　　3. 洪武十年本《宋學士文粹》因方孝孺之故被嚴格禁燬，而同樣受到牽連的，其實還有鄭濟等於建文三年（1401）所刻的《宋學士續文粹》。上文胡嗣芬跋語所謂"林吉人得觀徐氏藏帙"，指的便是徐釚所藏的《續文粹》。錢謙益於該書内還曾親見"正學氏名皆用墨塗乙"的諸多痕跡③，這些情況在《續文粹》的現存傳本中仍可見到。不過，這反而使明代以來的諸多藏書家更加重視這兩部宋濂别集。"安知他日不重見浦江鄭氏義門家塾刻本之《文粹》，使正學字畫，復爲小子所摩挲耶？"④很多藏書家都抱著這樣的目的，積極訪求此書。以刊行寫刻本著名的林佶，就曾試圖仿效此兩書中的方孝孺字跡，刻印其師汪琬的《堯峰

----

①如葉盛《書〈宋學士文粹〉後》："《宋學士文粹》十卷，劉伯温所選。洪武十年義門鄭濟所刻，而此則書坊翻刻本也。"見明葉盛《菉竹堂稿》卷八，清初抄本。
②其版式基本均爲半葉十三行，行二十五字，黑口，四周雙邊，雙順魚尾。此種版式的《宋學士文粹》，中國國家圖書館藏有多種（索書號 09883、10339、02221），均著録爲"明初刻本"。前述日本内閣文庫藏林羅山藏本和臺灣漢學研究中心所藏一種索書號爲 402.6 11112 的藏本，也都具有同樣的行款和版式特徵。前者經傅增湘鑒定爲成化、弘治間刊本，見莫友芝撰、傅增湘訂補《藏園訂補郘亭知見傳本書目》第四册集部别集類類明别集類，中華書局 2009 年版，第 1370 頁；而後者則根據該書書末唐翰題跋語，被著録爲洪武十年鄭濟刻本。按，歷史著録和目前現存的洪武十年鄭濟刻本都爲半葉十六行，行二十七字，黑口，左右雙邊，無魚尾，並無例外，則臺灣漢學研究中心藏本仍應按照傅增湘意見斷爲弘治、正德刊本，或稱爲明初刻本爲妥。此外傅增湘又云有"《宋學士文粹》，其版爲粗黑口，十一行，行二十字，字體及寫刻頗爲疏率，疑正、嘉以前所刻"，但目前尚未發現有傳本存世。見傅增湘《藏園群書題記》卷十七集部，上海古籍出版社 1989 年版，第 824 頁。
③見張金吾《愛日精廬藏書續志》卷四，上海古籍出版社 2014 年版，第 819 頁。
④見《海王村古籍書目題跋叢刊》第七册，中國書店出版社 2008 年版，第 580 頁。

文鈔》,因未得見而作罷①。從書籍文化研究的角度來看,政治變動如何影響書籍的印刷和流通,明代書籍禁燬的具體措施及後世藏書家、出版人對這類書籍的態度等,或可以《文粹》及《續文粹》爲例,進行深入研究。

此外,《文粹》和《續文粹》兩書的行款版式和方孝孺以外的他人書跡也同樣因爲具有較高藝術價值而被明清藏書家所關注和仿效。葉德輝論其版刻云:"小楷書有顏柳體,想見明初刻書猶有天水遺式。"②汲古閣亦曾仿其字體和版式刻印《中吳紀聞》和《吳郡志》等典籍③。這一點連同明清藏書家對方孝孺手書的重視,或許是《文粹》與《續文粹》長期以來雖然流傳有限,但終未徹底斷絕的原因之一。而從出版印刷文化的角度來看,書籍本身雖然艱於流傳,但版式字體等各種客觀形態卻一直被傳承襲用,這一現象似乎也值得關注和研究。

4. 如前所述,此本和國家圖書館、臺灣漢學研究中心的兩種藏本當爲《宋學士文粹》洪武十年刻本僅存的三種傳本。臺圖藏本補抄部分所據底本雖然也應爲洪武十年(1377)刻本,但其來源、承遞等具體情況則始終不詳。莫棠、傅增湘和葉德輝等藏書家都曾關注此問題,而未能形成明確結論。此本作爲唯一完整傳世的《宋學士文粹》洪武十年刻本,雖然不能肯定爲以上兩書的影抄底本,但可與它們在版面和字體形態等各方面進行對比,研究它們之間是否存在關聯。

5. 現存的三種洪武十年本《宋學士文粹》的流傳遞藏範圍都非常狹窄,且有所重合之處。歷代藏家如朱承爵與文徵明父子,馮夢禎祖孫與武進許氏父子,以及張金吾與陳揆等之間,多有同鄉、同族、師承或姻親等連帶關係。從藏書史角度而言,或可通過此書的傳承,研究這些交際關係對書籍文獻傳播承遞的影響。

---

① 前述臺灣漢學研究中心藏索書號 402.6 11111 之洪武十年鄭濟刻本《宋學士文粹》所附莫棠跋語,認爲林佶以《宋學士續文粹》字體摹寫《堯峰文鈔》,其説不確。而同書胡嗣芬跋語所言林佶經眼徐釚所藏《續文粹》一事,實在林佶寫刻《堯峰文鈔》之後。參見張金吾藏建文本《續文粹》所存林氏跋語,《愛日精廬藏書志》卷四集部別集類,上海古籍出版社2014年版,第819頁。
② 臺灣漢學研究中心藏《宋學士文粹》附葉德輝跋,索書號 402.6 11111。
③ 見繆荃孫《雲自在龕隨筆》第三卷,《藝風堂遺著》本。

鬱洲遺稿①

華南師範大學圖書館　匡小燁

華南師範大學圖書館 VO/821.06/402.1

國家珍貴古籍名録 05926

《鬱洲遺稿》十卷。（明）梁儲撰。明嘉靖四十五年（1566）刻本。四册。綫裝。

【題著説明】卷一卷端無題名。卷二卷端題"鬱洲遺稿卷之二"，次行空一格小字題"特進光禄大夫左柱國少師兼太子太師吏部尚書華蓋殿大學士贈太師謚文康南海梁儲"。

【著者簡介】梁儲（1451—1527），字叔厚，號厚齋，又號鬱洲，廣東順德人。明成化十四年（1478）進士，選庶吉士，授編修。弘治四年（1491）進侍講，侍武宗於東宫。擢翰林學士、同修《會典》，拜吏部右侍郎。正德五年（1510）以吏部尚書兼文淵閣大學士，入參機務。十年，任首輔。諫阻武宗巡遊。正德十六年三月，武宗死，赴安陸迎立世宗，五月被劾"結納權奸"，乞休，致仕。嘉靖六年（1527）卒，謚文康。《明史》有傳。

【内容】目録内容略述如下：卷一爲名賢紀撰，收録梁儲像贊、行狀、神道碑、墓志銘、傳，卷二爲詔一篇、奏疏一十六道，卷三爲奏疏二十七道，卷四爲奏疏九道，卷五爲記二首、序十八篇，卷六爲序七篇，卷七爲墓碑墓表四篇、墓誌銘一篇，卷八爲墓誌銘九篇、祭文十篇，卷九爲七言律詩六十四首，卷十爲七言律詩十六首、五言律詩十二首、七言絶句四十一首、五言絶句十一首、七言古風三首、長短句一首、五言古風四首、書札三首、對聯二首（此本正文未見對聯二首）。

【刊印者】待考。

【行款版式】半葉九行，行十七、十八字不等。白口，左右雙邊間四周單邊，單魚尾。版心鎸書名、卷次、葉次。版框 17.7 厘米×13.9 厘米，開本 25.6 厘米×

①本文爲廣東省教育廳 2022 年度廣東高校古籍整理項目"華南師範大學珍貴古籍圖録書志"（項目編號 2022GJZL03）階段性成果。

15.6厘米。

【題名頁牌記】無。

【刊寫題記】無。

【刻(寫)工】卷三第一葉版心下刻"章甫言"、第二葉版心下刻"甫言"、第十一葉版心下刻"章掖"、第十二葉版心下刻"掖",卷十第二十葉甲面第九行下有"姑蘇黄/周賢/金賢刻"。

【避諱】目録後刻"然公爲文,恒不留稿","恒"字缺末筆。

【序跋附録】書首有嘉靖四十五年(1566)朱大韶《重刻梁文康公集序》、黄佐《鬱洲遺稿序》、黄衷《鬱洲遺稿序》、《梁文康公文集目録》。目録題《梁文康公文集目録》,其後刻有:"公立朝四十餘年,章疏不下數百,詩文不止數千,然公爲文,恒不留稿,兹特存什一於千伯耳。"次有《梁文康公像》,版心題"梁文康公集像贊卷之一"。書尾有嘉靖三十二年(1553)王世貞《太師梁文康公集後序》、王漸逵《鬱洲遺稿後序》。依次録序文如下:

1.《重刻梁文康公集序》

太師嶺南文康厚齋梁公《鬱洲稿》十卷,宮詹泰泉黄先生叙之,海内學士大夫誦傳久矣。嗣孫孜由公蔭任中書舍人,以文藝供事内庭,内庭多諸大臣章疏,庋閣甚嚴,有非中外所及知者。孜以職事之暇,得録公奏疏若干篇,謂皆公相業所寓,不容無傳於後,使後世知公所以翊國而愛主者,忠瘁如此其至也,將彙入前稿,并刻行焉。適奉使至吴下,以大韶曾隸館局之末,命序首簡。序曰:大臣者以其身任國之安危,則亦以其言係世之輕重,言之從違,固有其時。要之,詞正而意必忠,則足爲國是之寄,與諸庶寮因事陳説以塞一職者不同也。故每覽往牒,即大臣所入告者,而德業例可推矣。然當國家承平,大臣日侍左右,吁俞相得,時進格心之言以爲袞職之益,固不必危其言,而其言亦易於入。使君心一有所向,而嬖倖又從而惑之,邦國之事紛然四出,社稷之衛蕩無所寄,而安危之慮係於俄頃。斯時爲大臣者,置之不言則有媿於丞弼之責,言之數而或過於激,則并其身與禍俱,而又無濟於國。殆非負精白之素,而學術又足以重於時,欲委曲爲納約之助,轉移君心以持其危,亦難乎其言之也。嘗觀毅皇帝時,天下甚多故矣,卒之主聽回而群邪不能惑,國祚晏然,授之聖主,以開中興萬年之業。固祖宗德澤之深厚,亦二三大臣所以陳力而效忠之策爲多,若文康公其一也。公自庚午入相,前後共事於鈞軸者,若新都楊公、東萊毛公、洮陽蔣公,皆柱石老臣,心同體國,爲世倚重。車駕南狩時,則惟公與蔣公從,邊帥義子以諛媚得近幸,日蠱惑於側,忠言弼士勢相枘鑿,今觀公所建白者,若育才、校書、補官、選將、備邊諸疏,固宰臣之職事所當,隨例陳之,如止遊覲、重郊祀、定國本、請迴鑾,乃一時所諱言者,公皆因事盡言,無所畏却。而迴鑾之請,言之尤力。由今讀之,尚惕於逆耳,使人咋舌而不敢言,公於其時,直以身犯不測之威,危言激論,必欲聖衷有所悟入,邪説無容撓之。幸武宗之明聖不以爲忤,且用公之言,返駕燕都,不廢郊祀大典,佞倖諸臣亦不能終蔽主之明,以遂其欲。使公懲按劍之怒,稍依違於其間,言之而或不盡,則一時同事諸臣胥亦難爲其力。武當蘇杭之幸,有所不免,而國事日非矣。由此言之,公之功於宗社何如也?可使其泯没弗傳耶?即當時言者亦咸詆公若具位而無救正之功,蓋公既以大臣之道自居,不屑沽直言之譽,而一時事在密勿,又非外達所得而知,宜乎不亮公者嘖有煩言。今公章疏固在,不惟公之心實足白於天下後世,令言者觀之,亦必愧然自失,服公之不辯而知公論之有攸在也。自唐宋以來,嶺南以賢相稱者,張文獻、崔清獻二公爲著。其所進言於君者,史傳可考也。然文獻一言及於仙客,玄宗即已疏之。清獻公内脩外攘之策非不激切,而國勢日削,言亦何補?公柄用不異二公,所值時事憂危,勢亦相似。然公之忠純足以回天,不惟用其言使國家陰受其福而保身持節爲世完人。則知武皇之聖德遠邁於玄宗,而公之恩遇又文獻公所嘆唶而不敢望者,孰謂古今人不相及哉?公著述載前稿者,皆爾雅足重當世,諸序自泰泉先生而下言之備矣。孜意所再刻者,特發公愛君憂國之念,維持翊戴之力,深有係於世道,且示世之知公而未盡者,不徒以文也。詔故詳著之。昔崔植權憲刻其先相國集,必求諸作者李遐叔、楊嗣爲之序其端。顧詔末學,何能爲役?然纂述先正之風獻,以紀國家信賢圖治之烈,實史臣之職也。孜能念祖德,思闡揚之,殆亦公之忠於所事,天固昌其後云。

　　嘉靖丙寅春二月,前史官華亭後學朱大韶撰。

　　2.《鬱洲遺藁序》

　　唐宋間詩文宗匠世所繩譽者,不曰穠水芙容,則曰流泉灑落,蒼翠擬諸形容,若極其美矣。佐竊嘯焉。蓋雕飾雖去而景象則弗弘,音響雖清而膏馥則弗遠。大人豈如是哉?今夫黃河之出崑崙也,窮而探之,則源星宿、切榑桑、涵蓬島、入蜺羅,其瀾渙如也,然後洪流混混,從天而來,入海而匯。迤延八裔,不能致其淺;潛溉百川,不能增其深;蒸雲液雨,不能盡其仁;含垢納汙,不能傷其潔。吾度如之發爲詩文,斯天下之大觀也。已故少師梁文康公《鬱洲遺稿》,佐不敢律以唐宋詩文,而惟以海觀焉。何也?昭其度也。於乎!大人以天下爲度,居相位者孰不以自許哉?然臨利害僅毫髮輒惴惴焉思爲之所,矧又較計毀譽、喜諛惡直,福威之下,夫誰忤之?韓魏公曰:不以同異爲喜怒,不以喜怒爲用舍。賈似道曰:我不知孰爲好人,但順我者即爲好耳。度之不同乃如是哉!治亂之源橥可占已。當毅皇帝時,公首百揆,石齋楊公宅憂甫闋,亟起之,俾位于己上,敬所蔣公方在庶寮,則延譽宮府,力拔爲輔,比南巡狩,公欲奉天子行寶以往,楊公不可,蔣公蓋不可且噴有煩言,公無少見於顏色,亦未嘗輒語人也。及佐督學西粵,蔣公始語其詳,服公盛德,不特同升之感而已。先是西安張御史璉者論列詆毀,人不能堪,而公引慝薦揚,竟至大用,璉終身感之。夫東里、南陽皆賢相也,然遠抑庵不使入閣,斥一峰不得立朝,視公之度何如也?神道、誌銘,公之德業詳矣,而佐獨舉二事補其遺闕,以見公之所以爲大者,初不係於詩文也。於乎!人性猶之水也,欸而爲情,過往來續,澄停於中,猶之淵也,自非敦養其性,以時出之,則所以紀天地、綱民物者荒矣,天下亦殆矣哉。是故一語不合,睚眦隨之,甚至怒室而色市,不可磯者也。覆水坳堂之上,而芥爲之舟,置杯焉則膠,淺中者也。公家順德,實分自南海,始號厚齋,晚取鬱水靈洲爲號,其亦鎮定之義與?佐生也晚,辱公之知,夙夜自虞天性惟磯且淺焉是懼,故三致意於斯云。後學香山黃佐頓首拜書。

　　3.《鬱洲遺槀序》

　　《鬱洲遺槀》凡十卷,故相梁文康公之所著也。其子中翰次挹等謀梓于世,而問言於予曰:"先太師徊翔館閣,優游藻翰者餘四十年。屬而門牆傳述,迤而酬應四方,鴻篇遠韻,宜其富矣。遐挼邐摭,僅輯茲槀,誠懼不全,以速大戾,惟率惠焉。"予聞先有美而不傳,不仁。孝子慈孫,所懼不傳,毋懼不全也。且玉璺而晶融,錦蝕而采麗。麟遺寸角,識者競珍;鳳委片翎,售者騰價。物不必完而貴，文顧求全而後傳耶？昔者才卿韻伯，纍言必根於道，托詠必端其趨，脱遭淪溺，然猶斷簡可師、隻句爲警者，必有視細如鉅，即根跋而知華實者矣，故曰毋懼不全也。嶺左耆碩振古名世、書存册府、議訓寰區者皆是也。器舉其大而藝綜其長者，其惟曲江乎？曲江蓋道侔伊吕，業邁姚宋，砥柱之烈，屹立横流之朝，文賦赤幟，特子子於作者之壘。異時人物之評“天下第一流”云者，有以哉！公後曲江，運且數易，而位望相照燿。文之體裁，詩之風骨，未盡同製，而可同調者多矣。是故雄渾莊雅者觀乎序；整核明贍者觀乎記；伐大而詞彰，事斂而志伸者觀乎碑表；外美毋溢而内稱毋避者觀乎誌銘；悠揚潔瑩，原性靈而該六義者，于篇什觀焉。類之藝文，斯全品矣。迨夫扈從南征，行辭代制，畫一而懷永者，不知凡幾。南郊二疏，明配天之大義，闡祖宗之訏謨，奉鑾輿之遄歸。橥其辭氣峻而不激，巽而能堅，廓乎大雅之度。引年累表，竟爾得謝，而異數有加焉。昔稱晉公全德始終，獨《唐史》之耿光也哉？賜進士出身通議大夫兵部左侍郎致仕前巡撫雲南湖廣地方兼贊軍務都察院右副都御史同郡黃衷譔。

4.《太師梁文康公集後序》

余聞之霍先生云故太師梁公之賢也。毅皇帝時，秦王欲關中牧地，陰欷上佞臣寧乃以疏請，而諸大臣給事御史亡不持牧地重勿與，佞臣寧從中下甚力，諸大臣恐，稍稍引避。上怒甚，促梁公草詔，公草詔曰：地沃饒，西邊所給芻秣，數十百年，今遺王，王慎毋以地爲奸人亂資。上駮，曰：牧地故重耶？已之。余既奇公事，則疑霍先生私其鄉達者哉！已復從它人徵信，而久之稍益讀公集，及事行紀，乃更意霍先生略未悉也。世自不解，輕訾非梁公獨不竟南狩中事耶？蓋上雅念金陵土風，欲止未有緣。會宗伯以郊請，上謂：郊高皇帝都曷不可？梁公業爲言：禮綿蕞寡豫，又配位定，孰敢移？廼寢，上竟以郊日迫獘矣。而是時，江彬握重，多從射生伙飛宿衛，内自疑，數司上間，公委曲輸欷，以緩敗其謀，得不叛，後竟與新都公合笑捕誅之。毅皇帝崩，公奉詔迎今上安陸，上即位，當推恩迎者，公力引疾，乞骸骨，即不被，公亦不自言。絳侯誠賢木強，尚欲私代王有請，公不大遠勝絳侯哉？當公日給事御史每一二指摘，公欣然亡復辯，意不欲以己故傷朝廷恩，己見辱臺諫，更爲之地若此。且公亡誇人廉，而握政十餘年，歸欲搆數頃地，勾段不及直，罷。長沙、震澤諸先生聲華薄海内，公與之下上其議論,文章亡少遜,然以文乞,多不應,應即棄去。稿艸今其存者固醲厚爾雅,稱盛世風,际諸先生獨尠。嗚呼!公胡長者乃爾!余讀《嶺南志》,先朝大臣不數數,僅一丘文莊公。文莊相孝宗、履熙運,爲時所慕說,顧其施行與學不悖,亦不能相當。公後起居其難,而旁解宛劑,有足濟者,學士大夫恒相語,毅皇帝朝,中貴悍將固臂引蠱惑縣官,而士氣伉勝亡小貶,梁公力爲多。即嶺南好稱文莊學,又焉能舍公矣?梁公没僅三十年,其孫孜哀詩文合六卷,授簡予。余少且賤,孜獨以其戀不佞,俾爲綴其大都,使後世考焉。

嘉靖癸丑仲秋朔,後學吳人王世貞拜撰。

5.《鬱洲遺稾後序》

古人有言:所見者異詞,所聞者異詞,所傳聞者異詞。梁文康公在正德間爲吾鄉先進,幸生同時,得親炙,非復遠於傳聞者也。其爲相也有三善焉,斯世陰受其賜而人未之或知之,識天下之計,一也;極回天之力,二也;奠宗社之謀,三也。時少師楊石齋守制服闋家居,公必欲起焉,而以首相讓之,卒同心協力,故能制諸權佞,安天下於不動聲色間。陝之秦王上書求牧馬地,賂左右近習,將欲許之,執政者互相窺避。召公爲書答之,公暗寓不可之意以諷焉。書進,而武皇悟,遂不與。所謂識天下之計者,非與?武皇自號大將軍,持劍使公草詔,公叩頭流血終不肯爲,武皇摽劍而去,事遂寢。駕幸留都,公章數上,愈激切,卒得北旋,人心恃以無恐。所謂極回天之力者,非與?定繼統之謨,親迎今上於藩邸,而中興之氣象一新,四海永賴,公酒絕口不言勞。所謂奠宗社之謀者,非與?公之成立,雖方之古人,弗過也,而浮議至今不白,信其小者,昧其大者,可乎哉?公之罷相而歸也,時乘一漁艇遊詠於山巔水涯之間,紅顏白髮,望之若神僊中人。清貧僅能足歲,而公怡然自得,不植生産,順逆得失,若無預於中者。予嘗遷居於洛澄里,公攜餚酒飲予,時友人梁日孚、彭時可、倫彥周俱在坐,出韻賦詩,倚樹沉唫,若儁生然,至夜分各成,迺別,則公之超然脫灑、不局於時俗,視東陵故侯若罔聞焉,其所養所識之大如此。公聰敏過人,爲詩文不事工組,不立體格,而清新流逸,可愛可誦,不自珍惜。没後,厥子中翰、次把蕁得遺稾什一於千百中,存其詩而失其人者多有之,授簡於予,予爲刪其遺,正其訛,序而歸之。其要在乎明公之大節,而詩文特其緒餘焉爾。雖然,取以備公之言行録可也。

賜進士出身刑部主事番禺晚生王漸逵拜書。

【批校題跋】無。

【鈐印】書首朱大韶《重刻梁文康公集序》前有"江山/有待"白文方印,末有"南師/氏印"白文方印、"大/韶"朱文方印。黄佐《鬱洲遺藁序》前有"江山/有待"白文方印,末有"泰/泉"白文方印、"黄/佐"朱文方印。黄衷《鬱洲遺藁序》前有"江山/有待"白文方印,末有"錤/橋""黄/衷"白文方印。卷一"神道碑"第三行上方有"御史/之印"白文方印。卷五卷端、卷十"書札"末有"御史/之印"白文方印。

【書目著録】《中國古籍善本書目》集部明別集類著録,編號7274。

【遞藏】待考。

【其他】

1. 此書各葉版心上所題書名不同。書首朱大韶序版心上題"梁文康公集"。黄佐序、黄衷序題"鬱洲遺藁"。目録題"文康公集"。像贊、卷一題"梁文康公集"。卷二至卷十部分,除卷二葉一,卷五葉二、葉二十二、葉二十三,卷十葉二、葉十五、葉十六、葉二十題"鬱洲遺藁"外,餘皆題"鬱洲遺稿"。書尾王世貞後序、王漸逵後序均題"鬱洲遺藁"。版心因蟲蛀而難以辨認者暫不計。

2. 卷端有剜改補刻現象:

(1)卷二卷端題"鬱洲遺藁卷之二",此"卷之二"之"二"有剜改痕跡,似是由"一"改爲"二",與本書目録中"卷之二"比對,内容完整且一致。據本書目録,第二卷爲"詔一 牧馬地詔""奏疏一十六道",但正文部分卷二卷端題名下内容即是"奏疏","詔一 牧馬地詔"一葉在此之前,字體、版框尺寸與"奏疏"部分不同,疑爲後來增刻。

(2)卷三卷端題"鬱洲文集卷之二",卷末題"鬱洲遺藁卷之三",此"卷之三"之"三"有剜改痕跡,似是由"二"改爲"三"。剜改後卷次及篇目與本書《梁文康公文集目録》"卷之三"卷次和篇目一致。目録中的"卷之三"之"三"也似是由"二"剜改爲"三"。

(3)卷四、六至十卷端書名均題"鬱洲遺稿"。

(4)有兩處卷五卷端,第一處題"鬱洲文集卷之五",正文内容爲"記序"類《竹陰書院記》一篇;第二處題"鬱洲遺藁卷之五",正文内容自"記序"類《廣州新開西河記》始至本卷末。兩處内容合併,與本書《梁文康公文集目録》"卷之五"一致。

(5)各卷卷端作者均題"特進光禄大夫左柱國少師兼太子太師吏部尚書華蓋殿大學士贈太師諡文康南海梁儲"。

3.此書中有墨釘多處:

(1)卷一"墓誌銘"第三葉甲面第七行第十七字一處。

(2)卷一"墓誌銘"第八葉乙面第九行第四字一處。

(3)卷三第五葉乙面第六行第三字一處。

4.此書有多處蟲蛀:

(1)第二册卷二第二十七葉至卷三第二十三葉。

(2)第三册卷五第七至二十五葉。

(3)第四册卷八、卷九第一至六葉、卷十第一至十八葉。

5.此書前人有修復。局部版框損毁,部分書葉有受潮水印。

6.黄佐序文中第二、三葉順序裝反。

【按語】

1.此本朱大韶、黄佐、黄衷序文後分别鈐序文作者朱印,朱大韶序作於嘉靖丙寅(嘉靖四十五年,1566),此時黄衷(1774—1553)已故,黄衷之印何時何人所鈐,頗不可解。

2.據此本朱大韶《重刻梁文康公集序》,《鬱洲遺稿》初次編輯刻印於梁次挹(梁儲子),今未見初刻傳本。此本爲梁孜(梁儲孫)增補奏疏重刻印行,題名複雜,卷次有剜改,疑由梁次挹刻本增刻而成。

3.《中國古籍善本書目》集部明别集類 7275 號著録杭州大學圖書館、廣東省社會科學院圖書資料室藏明回天閣刻本《鬱洲遺稿》十卷。學苑汲古數據庫著録北京大學藏清回天閣刻本《鬱洲遺稿》十卷,附《綸音》一卷。

廣東省社會科學院圖書館所藏回天閣本,内封面題"嶺南太師梁文康公集",版框上方有"回天閣藏板",《廣州大典》據以影印,書前標注爲"嘉靖四十五年刻本",恐有誤。該本誤字甚多,疑爲嘉靖四十五年刻本的翻刻本。卷九"詩"類《次西涯韻》"玄"字缺末筆(《廣州大典》第 421 册第 481 頁上),卷五

"序"類《賀閣老西涯李公七十詩序》"玄"字不缺筆（《廣州大典》第 421 册第 447 頁下）。從避"玄"字來看，似爲清康熙刻本。

越　吟

中國國家圖書館　劉　暢

中國國家圖書館 18825

國家珍貴古籍名録 10819

《越吟》一卷。（明）包大柯撰。明萬曆元年（1573）木活字藍印本。綫裝。一册。趙鈁跋。

【題著説明】卷端題"越吟"，次行下題"鄞人鹿田包大柯"。

【著者簡介】包大柯（生卒年不詳），字明臣，號鹿田，浙江鄞縣（今屬浙江寧波）人。明嘉靖、萬曆間人。嘉靖四十年（1561）爲歲貢生，隆慶五年（1571）任廣東潮陽縣主簿，又曾任益王府典儀正等職。包大柯與同里著名文人余寅、沈明臣、官員張時徹及藏書家范欽等均有密切交往。事見《［隆慶］潮陽縣志》、《［雍正］寧波府志》、《［乾隆］潮州府志》、《［道光］廣東通志》、明范欽《天一閣集》、清胡文學輯《甬上耆舊詩》等。

【內容】本書爲包大柯在潮陽縣主簿任上所作部分詩詞的結集。全書無目錄，不分卷，共收錄詩一百二十五首、詞二首。其內容大都爲作者在潮陽及附近地區的即景抒懷、行役所見，以及與上司、同僚和當地文人的酬和贈答之作，間或亦有少數與家鄉友人互通消息、思鄉憶舊的作品。卷末有作者題記，自叙其生平經歷及本書內容之由來。

【刊印者】玉樹齋活字印行。

【行款版式】半葉九行，行二十字。白口，四周單邊，單白魚尾。版心上鐫"玉樹齋"，下鐫葉數。版框 19.9 厘米×12.2 厘米，開本 27.1 厘米×15.6 厘米。

【題名頁牌記】無。

【刊寫題記】無。

【刻（寫）工】無。

【避諱】無。

【序跋附録】書末有包大炯題記一則，録文如下：

余自總角時，常侍諸父楮筆間，即嗜吟，夢寐唐人聲耦而習之。弱冠從先大夫宦遊於八桂、三楚之間，遂獲南陟衡岳，北遵洞庭，而黄鶴、岳陽、九疑諸勝，每多登覽。及以待詔行，更歷齊魯，過燕趙，遇必有詠。重愧語不驚人，徒以託情寄興，蓋自忘其效顰耳。兹官潮陽，潮陽多彬彬名公達士，至輒自投意氣，不覺技癢末露，觸景吐詞，漫然成帙，而石翁文宗林公㢠深容與，題曰“越吟”，志吏隱也。詩詞諸體凡若干首，付之梓人。時萬曆改元秋八月既望，鄞人包大炯識。

【批校題跋】封面有趙鈁朱筆題記。左上方題書名“越吟”，下以小字題“萬曆元年活字本”，右側亦以小字題“己丑長夏微雨中題，元方”。書末亦有趙鈁朱筆跋云：

癸巳二月與孟涵同坐無悔齋中讀此。余所藏明活字本凡十五種，以其十四獻之北京圖書館，餘此書以自娱。元方。（下鈐“趙氏/元方”朱文方印）

乙未元日觀此，因題。此本是木活字。丙午三月。

【鈐印】書首卷端自下而上依次鈐有“一廛/十駕”朱文方印、“趙鈁/珍藏”白文方印、“北京圖/書館藏”朱文長方印、“曾在趙元方家”朱文長方印。書末趙鈁題跋下鈐有“趙氏/元方”朱文方印。同葉又鈐“北京圖/書館藏”朱文長方印，框外鈐“劉/厚澤”白文方印。

【書目著録】

1.《北京圖書館古籍善本書目》集部明别集類著録。

2.《中國古籍善本書目》卷二十六集部上明别集類著録，編號9131。

【遞藏】

1.劉厚澤（生卒年不詳），大致活動於民國至新中國成立以後。爲晚清文人、小説家、收藏家劉鶚之孫。劉厚澤繼承了其祖父收藏的諸多珍稀古籍和甲骨、金石類藏品，本人也同樣愛好藏書，其藏品中不乏敦煌寫經等珍貴文物。此外，劉厚澤還整理了大量與其祖父相關的歷史資料，爲學界研究劉鶚及《老殘遊記》提供了便利。

2.趙鈁（1905—1984），字元方，蒙古正黄旗人。供職於金融界，愛好收藏古籍,所藏多善本。趙鈁藏書以活字本多且質量上乘而著稱,其藏書中多有如華燧銅活字本《容齋隨筆》、安國“桂坡館”銅活字本《顔魯公文集》、五雲溪館活字本《玉臺新詠》等明代活字印本中的精品。而趙鈁對本書的收藏,也同樣體現了他關注活字本的這一偏好。

【其他】書中有蟲蛀痕跡,導致某些葉面上有不同程度的文字缺失。

【按語】

1.《越吟》是一部極爲稀見的明代別集。作者包大柯出身於明代甬東包氏家族,其先祖中不乏包澤等較爲著名的文臣,同輩中亦有包大爝、包大中等文人、學者,並多有著述行世。包大柯自幼嗜好吟詠並有志於編刊自己的詩集,也可以説是這一風氣的顯現。不過包大柯自身的聲名地位和仕宦經歷在當時並不顯赫,本書的内容又相對簡單,僅包括比較有限的個人經歷,也只涉及作者在小範圍内往來的同僚和知交等。或許受這些因素影響,明代以來論詩者絕少提到包大柯其人其書,明清兩代各種藏書目録,除《天一閣書目》之外,也絕少著録《越吟》一書①。此外,本書爲《越吟》的萬曆元年木活字藍印本。很有可能是《越吟》最早的版本,也是該書目前僅見的版本②,其内容與版式或可保存該書的最初形態,亦可籍此書觀察彼時木活字本和藍印本的其他細節特徵,其珍貴程度更不待言。

2. 雖然《越吟》只是一部篇幅甚短、影響和流傳也都非常有限的別集,但其内容在很多方面仍具有一定的參考研究價值。本書多記作者與潮陽地方文人的交遊經歷,據此可以在一定程度上了解明代嘉靖、隆慶間潮陽一帶“彬彬多名公達士”的文化氛圍和文人群體交遊的具體情況。較爲重要的人物如書末題記

---

① 《天一閣書目》卷四之二集部二“《越吟》,一卷,刊本。明萬曆鄞人包大柯著並識”,這可能是明清兩代藏書目録中僅有的著録。見范邦甸撰,江曦、李婧點校《天一閣書目·天一閣碑目》,上海古籍出版社2010年版,第418頁。在明清時代藏書家普遍不熟悉《越吟》的情況下,天一閣作爲著名藏書樓收藏著録此書,並不一定是范欽及其後人努力搜求的結果,更有可能是范氏族人因與包大柯關係密切而自然獲得的。因此天一閣的收藏和著録,並不能改變此書從明代以來幾乎不爲人所知的基本狀况。

② 《天一閣書目》將《越吟》著録爲“刊本”,未描述其具體版本情況和刊行時間。其他書目著録則未見其書。見范邦甸撰,江曦、李婧點校《天一閣書目·天一閣碑目》,上海古籍出版社2010年版,第418頁;杜信孚纂輯,周光培、蔣孝達參校《明代版刻綜録》,廣陵古籍印刻社1983年版,第一册第一卷。

所云"石翁文宗林公"，即明代潮陽籍著名文臣林大春①，其人居官時期的經歷有比較豐富的記錄，但記載其歸鄉後生活的史料則相對缺乏。包大炯恰於林大春返鄉次年來任潮陽縣主簿，與當地鄉紳、文人多有來往。《越吟》中有多首詩歌記錄林大春的生活，甚至《越吟》之書名也爲林大春所擬，可見其人與包大炯過從甚密。這些信息可對林大春晚期生平記錄有所補充。此外，書中對潮陽地區的自然風貌和人文景觀也多有詳細的描述。因此本書對研究明代潮汕地方文化而言，是一份值得珍視的史料。

　　3. 原國立北平圖書館甲庫善本中亦有一部明活字本《越吟》②，該本與此本內容一致，書末均有包大炯題記。二者的版式特徵如邊框形態、魚尾特徵及行數、字數與"玉樹齋"字樣等也都相同，均爲藍印本。除"國立北平圖書館"朱文方印外，該本未見任何藏家題跋和鈐印，個別文字上有塗抹校改之跡③，不知係何人所爲。

六家文選

暨南大學圖書館　莫　俊

暨南大學圖書館 SM400008

國家珍貴古籍名錄 10889

　　《六家文選》六十卷。（南朝梁）蕭統輯；（唐）李善、呂延濟、劉良、張銑、呂向、李周翰注。明嘉靖十三至二十八年（1534—1549）袁褧嘉趣堂刻本。二十

①林大春（1523—1588），字井丹，又字邦陽，號石洲，廣東潮陽（今屬廣東汕頭）人。嘉靖二十九年（1550）進士，歷官河南按察司僉事、行人司行人、户部主事及浙江提學副使等，著有《井丹先生集》《瑶草編》等。林大春向以能文著稱，其文章在同輩中聲譽頗高，故能主持修撰《潮陽縣志》，甚至參與編修《明世祖實錄》。林大春在嘉靖政壇上也非常活躍，曾參與抗擊浙江沿海倭寇，又被嘉靖黨爭裹挾其中，最終因與高拱交惡而在隆慶四年（1570）被罷職歸鄉。以上事跡可參見明高拱《高文襄公集》、明談遷《國榷》、《明史·藝文志》、《［隆慶］潮陽縣志》、《［順治］潮州府志》等。
②中國國家圖書館膠卷號 CBM2567；現藏中國臺北"故宮博物院"，統一編號爲平圖 015768。
③如第十葉乙面詩題《桑田道中見督府兵將入把惠來愴然感賦》的"把"字，即被塗抹並改爲"寄"字。

册。綫裝。

【題著説明】卷一卷端題"六家文選卷第一","梁昭明太子撰/唐五臣注/崇賢館直學士李善注"。

【著者簡介】

1.蕭統(501—531),字德施,南蘭陵(今江蘇武進)人。南朝梁武帝蕭衍長子,天監元年(502)立爲太子。謚昭明。著文集三十卷,輯有《文選》。《梁書》有傳。

2.李善(?—690),江都(今江蘇揚州)人。唐顯慶間官太子内率府録事參軍、崇賢館學士兼沛王侍讀、秘書郎、經城令等。咸亨二年(671)貶姚州,赦還後講授《文選》爲業。著有《文選注》。《舊唐書》有傳。

3.吕延濟(生卒年不詳)。唐玄宗時人,歷官常山尉。

4.劉良(生卒年不詳),生平不詳。

5.張銑(生卒年不詳),生平不詳。

6.吕向(生卒年不詳),字子回,或占籍涇州(今甘肅涇川)。唐開元十年(722)入翰林,兼集賢院校理,累遷中書舍人、工部侍郎。撰有《美人賦》。《新唐書》有傳。

7.李周翰(生卒年不詳),生平不詳。

【内容】書凡六十卷,各卷篇目如下:

卷一至十八賦:卷一至六京都;卷七郊祀、耕籍、畋獵上;卷八畋獵中;卷九畋獵下、紀行上;卷十紀行下;卷十一遊覽、宮殿;卷十二江海;卷十三物色、鳥獸上;卷十四鳥獸下、志上;卷十五志中;卷十六志下、哀傷;卷十七論文、音樂上;卷十八音樂下。卷十九情,又詩之補亡、述德、勸勵。

卷二十至三十三詩:卷二十獻詩、公讌、祖餞;卷二十一詠史、百一、遊仙;卷二十二招隱、反招隱、遊覽;卷二十三詠懷、哀傷、贈答;卷二十四贈答;卷二十五贈答;卷二十六贈答、行旅上;卷二十七行旅下軍戎、郊廟、樂府上;卷二十八樂府下、挽歌、雜歌;卷二十九雜詩上;卷三十雜詩下、雜擬上;卷三十一雜擬下;卷三十二騷上;卷三十三騷下。

卷三十四七上;卷三十五七下、詔、册;卷三十六令、教、文;卷三十七表上;

卷三十八表下;卷三十九上書、啟;卷四十彈事、牋、奏記;卷四十一書上;卷四十二書中;卷四十三書下;卷四十四檄;卷四十五對問、設論、辭、序上;卷四十六序下;卷四十七頌、贊;卷四十八符命;卷四十九史論上;卷五十史論下、史述贊;卷五十一論一;卷五十二論二;卷五十三論三;卷五十四論四;卷五十五論五、連珠;卷五十六箴、銘、誄上;卷五十七誄下、哀上;卷五十八哀下、碑文上;卷五十九碑文下、墓志;卷六十行狀、弔文、祭文。

【刊印者】袁褧(1495—1573),字尚之,號謝湖、藏亭,南直隸吳縣(今屬江蘇蘇州)人。明人。屢試不第,捐納入國子監。以藏書、刻書聞名,室名"嘉趣堂"。刻有《世説新語》《六家文選》《金聲玉振集》《四十家小説》等,著有《田舍集》《奉天刑賞録》等。事見《[崇禎]吳縣志》。

【行款版式】半葉十一行,行十八字,小字雙行二十六字。白口,左右雙邊,無魚尾。版心中鎸書名及卷數,下鎸葉碼及刻工。版框 24.0 厘米×18.9 厘米,開本 32.2 厘米×22.5 厘米。

【題名頁牌記】

《文選序》後有牌記"此集精加校正絶/無舛誤見在廣都/縣北門裴宅印賣"。

卷二十末有牌記"吳郡袁氏重雕宋刻廣都縣本于/嘉趣坐嘉靖甲午孟春正月二十四日"。

卷三十末有牌記"皇明嘉靖壬寅四月立夏日/吳郡袁氏兩庚草坐善本雕"。

卷三十二末有牌記"皇明嘉靖丙午夏雕(鎸刻"謝/湖"印文)南征"。

卷三十七末有牌記"嘉靖二十五年蠟月十二日/吳郡袁氏校刊"。

卷四十末有牌記"此蜀郡廣都縣裴氏善本今重雕于/汝郡袁氏之嘉趣坐嘉靖丙午春日","國朝改廣都爲雙流縣属/成都府"。

卷四十一首末題下有牌記"藏亭"。

卷四十四末有牌記"丁未六月初八日李宗信雕"。

卷四十六末有牌記"嘉靖丁未季夏晦日藏亭記"。

卷五十二末有牌記"毋昭裔貧時常借文選不得發/憤曰異日若貴當板鏤之以遺學/者後至宰相遂踐其言出揮塵録"。

卷五十六末有牌記"戊申孟夏十三日李清雕"。

卷六十末有牌記"吳郡袁氏/善本新雕"。

【刊寫題記】無。

【刻（寫）工】序首葉版心下鎸"信"；卷一首葉版心下鎸"淮"；卷一葉七版心下鎸"徐敖"；卷一第八葉版心下鎸"徐"；卷三第五十一葉下鎸"陸儒"；卷五第七葉版心下鎸"刘"；卷十一第四葉版心下鎸"周"；卷十一第二十五葉版心下鎸"啓明"；卷二十第十一葉版心下鎸"湛"；卷二十七第十八葉版心下鎸"李宅"；卷三十第二十二葉版心下鎸"文"；卷四十三第二十葉版心下鎸"宗"。

【避諱】書中保留宋諱字，如"玄（弦袨絃）""敬（檠）""弘""殷""匡""恒（桓）""貞（徵）"等缺末筆。亦有不缺筆者。

【序跋附録】書前有蕭統《文選序》。後有唐顯慶三年（658）李善《上文選注表》附國子監准敕節文。後有唐開元六年（718）吕延祚《進集注文選表》附遣將軍高力士宣口敕。後有嘉靖二十八年（1549）袁褧《文選刻跋》，後有《六家文選目録》。

1. 李善《上文選注表》録文如下：

……昭明太子，業膺守器，譽貞問寢。居肅成而講藝，開博望以招賢。搴中葉之詞林，酌前修之筆海。周巡綿嶠，品盈尺之珍；楚望長瀾，搜徑寸之寶。故撰斯一集，名曰文選。後進英髦，咸資準的。……臣蓬衡蕆品，樗散陋姿。汾河委筴，夙非成誦；崇山墜簡，未議澄心。握玩斯文，載移涼燠。有欣永日，實昧通津。故勉十舍之勞，寄三餘之暇。弋釣書部，願言注緝，合成六十卷。殺青甫就，輕用上聞。享帚自珍，緘石知謬。敢有塵於廣内，庶無遺於小説。……

2. 國子監准敕節文録文如下：

五臣注《文選》傳行已久，竊見李善《文選》援引該贍，典故分明，若許雕印，必大段流布。欲乞差國子監説書官員校定净本後抄寫板本，更切對讀後上板，就三館雕造。……

3. 吕延祚《進集注文選表》録文如下：

……臣嘗覽古集，至梁昭明太子所撰《文選》三十卷，閲翫未已，吟讀無數，風雅其來，不之能尚。則有遣詞激切，揆度其事，宅心隱微，晦滅其兆。飾物反諷，假時維情，非夫幽識，莫能洞究。往有李善，時謂宿儒，推而傳之，成六十卷，忽發章句，是徵載籍，述作之由，何嘗措翰。使復精覈注引，則陷於末學，質訪指趣，則歸然舊文，祇謂攪心，胡爲析理？臣懲其若是，志爲訓釋，乃求得衢州常山縣尉臣呂延濟、都水使者劉承祖男臣良、處士臣張銑、臣呂向、臣李周翰等，或藝術精遠，塵遊不雜，或詞論穎曜，巖居自修，相與三復乃詞，周知祕旨，一貫於理。杳測澄懷，目無全文，心無留義，作者爲志，森乎可觀，記其所善，名曰集注，並具字音，復三十卷。其言約，其利博，後事元龜，爲學之師，豁若撤蒙，爛然見景，載謂激俗，誠惟便人。……

4. 上遺將軍高力士宣口敕録文如下：

朕近留心此書，比見注本，唯只引事，不説意義。略看數卷，卿此書甚好。……

5. 袁褧《文選刻跋》録文如下：

余家藏書百年，見購鬻宋刻本《昭明文選》，有五臣、六臣、李善本，巾箱、白文、小字、大字，殆數十種。家有此本，甚稱精善，而注釋本以六家爲優，因命工翻雕，匡郭字體，未少改易。刻始于嘉靖甲午歲，成于己酉，計十六載而完。用費浩繁，梓人艱集。今模榻傳播海内，覽兹册者，毋徒曰開卷快然也。

皇明嘉靖己酉春正月十六日，吳郡汝南袁生褧題于嘉趣堂。

【批校題跋】册一書前護葉有書名題字"六家文選/明嘉靖間仿局板大字本"；卷二十第二十葉有浮簽"缺第二一頁廿二卷"。

【鈐印】

册一書前護葉甲面鈐"古歡/書屋"白文方印、"鐸民/劉參/藏書"白文方印、"叔/通"朱文方印、"衍/慶堂"白文方印，題字上鈐"面城/樓藏/書印"朱文方印；文選序首葉甲面鈐"日/利"朱白方印、"讀秦/漢書"白文方印、"大/雅"朱文長方印、"葉/啟芳"白文方印、"家住/廣寒/宮"白文方印、"漱綠/主人/觀"朱文方印、"蔡/語邨"白文方印、"語邨/所喜"朱文方印、"鐸民/劉參/藏書"白文方印、"順德溫氏圖書"白文長方印、"血性/男子"朱文方印、"葉啟芳藏"白文長方印、"古懽/書屋"白文方印、"面城/樓藏/書印"朱文方印、"葉啟芳/丁酉六十/藏書"朱文方印、"暨大圖"朱文長方印；目録首葉甲面鈐"溫惜/陰閣"朱文

方印、"順德/温氏"朱文方印、"天涯/芳草"朱文方印、"葉印/啟芳"白文方印、
"葉啟芳/丁酉六十/藏書"朱文方印;卷一首葉甲面鈐"輯寧/珍藏"白文方印、
"典/承"朱文方印、"趙印/輯寧"白文方印、"葉啟芳藏"白文長方印、"勉/士"朱
文方印、"曾釗/之印"白文方印、"貽白堂趙/氏書畫記"朱文長方印、"邨"朱文
方印、"素門/先生"朱文長方印、"順德温君/勒所藏金石/書畫之印"朱文方
印、"葉啟芳/丁酉六十/藏書"朱文方印、"典承/鑒藏"朱文方印、"蔡印/語
邨"白文方印、"葉/啟芳"白文方印;卷三末葉乙面鈐"順德温君/勒所藏金
石/書畫之印"朱文方印。

　　册二書前護葉甲面鈐"鐸民/劉參/藏書"白文方印、"衍/慶堂"白文方印;
卷四首葉甲面鈐"輯寧/珍藏"白文方印、"典/承"朱文方印、"趙印/輯寧"白文
方印、"鐸民/劉參/藏書"白文方印、"葉啟芳藏"白文長方印、"澍梁/鑒賞"朱文
方印、"曾釗/之印"白文方印、"葉啟芳/丁酉六十/藏書"朱文方印,"暨大圖"朱
文長方印;卷六末葉乙面鈐"順德温君/勒所藏金石/書畫之印"朱文方印。

　　册三書前護葉甲面鈐"鐸民/劉參/藏書"白文方印、"衍/慶堂"白文方印;
卷七首葉甲面鈐"輯寧/珍藏"白文方印、"典/承"朱文方印、"趙印/輯寧"白文
方印、"鐸民/劉參/藏書"白文方印、"葉啟芳藏"白文長方印、"順德温君/勒所
藏金石/書畫之印"朱文方印、"葉啟芳/丁酉六十/藏書"朱文方印。

　　册四書前護葉甲面鈐"鐸民/劉參/藏書"白文方印、"葉啟芳/丁酉六十/藏
書"朱文方印、"南海曾/勉士收藏/金石書畫"白文方印、"衍/慶堂"白文方印;
卷十首葉甲面鈐"輯寧/珍藏"白文方印、"典/承"朱文方印、"趙印/輯寧"白文
方印、"鐸民/劉參/藏書"白文方印、"葉啟芳藏"白文長方印、"葉啟芳/丁酉六
十/藏書"朱文方印、"順德温君/勒所藏金石/書畫之印"朱文方印;卷十二末葉
乙面鈐"拙詩一句兩/句在人耳"朱文方印、"一琴/一鶴"朱文方印、"葉啟芳/丁
酉六十/藏書"朱文方印、"鐵/士"朱文方印、"古懽/書屋"白文方印、"生於/丙
寅"朱文方印。

　　册五書前護葉甲面鈐"鐸民/劉參/藏書"白文方印、"爵/禄不/入於/心"朱
文方印、"衍/慶堂"白文方印。

　　册六書前護葉甲面鈐"鐸民/劉參/藏書"白文方印、"自其/所/以乃"朱文

方印、"衍/慶堂"白文方印；卷十六首葉甲面鈐"輯寧/珍藏"白文方印、"典/承"朱文方印、"趙印/輯寧"白文方印、"鐸民/劉參/藏書"白文方印、"葉啟芳藏"白文長方印、"順德溫君/勒所藏金石/書畫之印"朱文方印、"葉啟芳/丁酉六十/藏書"朱文方印。

　　册七書前護葉甲面鈐"鐸民/劉參/藏書"白文方印、"衍/慶堂"白文方印；卷十九首葉甲面鈐"輯寧/珍藏"白文方印、"典/承"朱文方印、"趙印/輯寧"白文方印、"鐸民/劉參/藏書"白文方印、"葉啟芳藏"白文長方印、"順德溫君/勒所藏金石/書畫之印"朱文方印、"葉啟芳/丁酉六十/藏書"朱文方印。

　　册八書前護葉甲面鈐"鐸民/劉參/藏書"白文方印、"虛/乃大"白文方印、"衍/慶堂"白文方印；卷二十二首葉甲面鈐"輯寧/珍藏"白文方印、"典/承"朱文方印、"趙印/輯寧"白文方印、"鐸民/劉參/藏書"白文方印、"葉啟芳藏"白文長方印、"順德溫君/勒所藏金石/書畫之印"朱文方印、"葉啟芳/丁酉六十/藏書"朱文方印；卷二十四末葉乙面鈐"順德溫君/勒所藏金石/書畫之印"朱文方印。

　　册九書前護葉甲面鈐"鐸民/劉參/藏書"白文方印、"甘林"墨文圓印、"衍/慶堂"白文方印、"葉啟芳/丁酉六十/藏書"朱文方印、"南海曾/勉士收藏/金石書畫"白文方印；卷二十五首葉甲面鈐"輯寧/珍藏"白文方印、"典/承"朱文方印、"趙印/輯寧"白文方印、"鐸民/劉參/藏書"白文方印、"葉啟芳藏"白文長方印、"順德溫君/勒所藏金石/書畫之印"朱文方印、"葉啟芳/丁酉六十/藏書"朱文方印。

　　册十書前護葉甲面鈐"鐸民/劉參/藏書"白文方印、"衍/慶堂"白文方印。

　　册十一書前護葉甲面鈐"鐸民/劉參/藏書"白文方印、"長笑/於大/方家"朱文方印、"衍/慶堂"白文方印；卷三十一首葉甲面鈐"輯寧/珍藏"白文方印、"典/承"朱文方印、"趙印/輯寧"白文方印、"鐸民/劉參/藏書"白文方印、"葉啟芳藏"白文長方印、"順德溫君/勒所藏金石/書畫之印"朱文方印、"葉啟芳/丁酉六十/藏書"朱文方印。

　　册十二書前護葉甲面鈐"鐸民/劉參/藏書"白文方印、"衍/慶堂"白文方印；卷三十四首葉甲面鈐"輯寧/珍藏"白文方印、"典/承"朱文方印、"趙印/輯寧”白文方印、“鐸民/劉參/藏書”白文方印、“鐵/士”朱文圓印、“葉啟芳藏”白文長方印、“順德溫君/勒所藏金石/書畫之印”朱文方印、“葉啟芳/丁酉六十/藏書”朱文方印、“暨大圖”朱文長方印。

　　册十三書前護葉甲面鈐“鐸民/劉參/藏書”白文方印、“琴臨秋/水彈明月/酒向東/山酌白雲”朱文方印、“衍/慶堂”白文方印。

　　册十四書前護葉甲面鈐“鐸民/劉參/藏書”白文方印、“衍/慶堂”白文方印；卷四十首葉甲面鈐“輯寧/珍藏”白文方印、“典/承”朱文方印、“趙印/輯寧”白文方印、“鐸民/劉參/藏書”白文方印、“葉啟芳藏”白文長方印、“順德溫君/勒所藏金石/書畫之印”朱文方印、“葉啟芳/丁酉六十/藏書”朱文方印。

　　册十五書前護葉甲面鈐“鐸民/劉參/藏書”白文方印、“衍/慶堂”白文方印；卷四十三首葉甲面鈐“輯寧/珍藏”白文方印、“典/承”朱文方印、“趙印/輯寧”白文方印、“鐸民/劉參/藏書”白文方印、“葉啟芳藏”白文長方印、“順德溫君/勒所藏金石/書畫之印”朱文方印、“葉啟芳/丁酉六十/藏書”朱文方印。

　　册十六書前護葉甲面鈐“鐸民/劉參/藏書”白文方印、“叔/通”朱文方印、“衍/慶堂”白文方印；卷四十六首葉甲面鈐“輯寧/珍藏”白文方印、“典/承”朱文方印、“趙印/輯寧”白文方印、“鐸民/劉參/藏書”白文方印、“六篆/山堂”白文方印、“曾釗/之印”白文方印、“葉啟芳藏”白文長方印、“順德溫君/勒所藏金石/書畫之印”朱文方印、“葉啟芳/丁酉六十/藏書”朱文方印、“暨大圖”朱文長方印。

　　册十七書前護葉甲面鈐“鐸民/劉參/藏書”白文方印、“衍/慶堂”白文方印；卷四十九首葉甲面鈐“輯寧/珍藏”白文方印、“典/承”朱文方印、“趙印/輯寧”白文方印、“鐸民/劉參/藏書”白文方印、“溫”白文圓印、“葉啟芳/丁酉六十/藏書”朱文方印、“葉啟芳藏”白文長方印、“季材/所藏”白文方印、“暨大圖”朱文長方印。

　　册十八書前護葉甲面鈐“鐸民/劉參/藏書”白文方印、“衍/慶堂”白文方印；卷五十二首葉甲面鈐“輯寧/珍藏”白文方印、“典/承”朱文方印、“趙印/輯寧”白文方印、“溫”白文圓印、“鐸民/劉參/藏書”白文方印、“葉啟芳/丁酉六十／藏書”朱文方印、“葉啟芳藏”白文長方印、“季材／所藏”白文方印；卷五十四末葉乙面鈐“順德温君／勒所藏金石／書畫之印”朱文方印。

册十九書前護葉甲面鈐“鐸民／劉参／藏書”白文方印、“衍／慶堂”白文方印；卷五十五首葉甲面鈐“輯寧／珍藏”白文方印、“典／承”朱文方印、“趙印／輯寧”白文方印、“鐸民／劉参／藏書”白文方印、“温”白文圓印、“六篆／山堂”白文方印、“葉啟芳藏”白文長方印、“葉啟芳／丁酉六十／藏書”朱文方印。卷五十七末葉乙面鈐“面城／樓藏／書印”朱文方印、“蔡印／語邨”白文方印、“葉／啟芳”白文方印。

册二十書前護葉甲面鈐“衍／慶堂”白文方印；卷五十八首葉甲面鈐“輯寧／珍藏”白文方印、“典／承”朱文方印、“趙印／輯寧”白文方印、“鐸民／劉参／藏書”白文方印、“季材／所藏”白文方印、“順德温君／勒所藏金石／書畫之印”朱文方印、“語邨／所喜”朱文方印、“蔡／語邨”白文方印、“葉啟芳／丁酉六十／藏書”朱文方印、“天涯／芳草”朱文方印、“葉印／啟芳”白文方印、“葉啟芳藏”白文長方印；卷六十末葉乙面鈐“面城／樓藏／書印”朱文方印、“古懽／書屋”白文長方印、“六篆／山堂”白文方印、“葉／啟芳”白文方印、“葉啟芳／丁酉六十／藏書”朱文方印、“温澍梁／藏閱書”朱文長方印、“典承／鑒藏”朱文方印、“素門／先生”朱文方印、“語邨／所喜”朱文方印、“蔡／語邨”白文方印、“語邨／過眼”朱文長方印、“邨”朱文方印、“葉啟芳藏”白文長方印、“冕／士”朱文方印、“曾釗／之印”白文方印、“舫／齋”朱文方印、“愛山／人”朱文長方印、“傳之／子孫”白文方印、“素門／子”朱文方印、“趙氏／輯寧”白文方印、“天涯／芳草”朱文方印、“葉印／啟芳”白文方印。

【書目著録】

1.《中國古籍善本書目》卷二十八集部總集類通代部分著録，編號 16756。

2.《暨南大學圖書館古籍普查登記目録》著録①。

【遞藏】

1. 趙輯寧（生卒年不詳），字典承，號素門，浙江錢塘（今屬浙江杭州）人。清乾嘉間人。擅書法篆刻，藏書頗富，好抄書校書。

----

①《暨南大學圖書館古籍普查登記目録》，國家圖書館出版社 2017 年版，第 323 頁。

2. 曾釗(1793—1854)，字勉士，號毓修，廣東南海(今屬廣東佛山)人。清道光五年(1825)拔貢，任合浦縣教諭，調欽州學正。曾應兩廣總督阮元之聘，出任學海堂學長。藏書甚富，藏書處曰"面城樓"。編有《古輪廖山館藏書目錄》。

3. 温澍梁(生卒年不詳)，字季葆，號幼珊，廣東順德人。精於鑒藏，藏書處有"漱綠樓""六篆山堂"。

4. 葉啟芳(1898—1975)，廣東三水(今屬廣東佛山)人。畢業於嶺南大學，曾任黄埔軍校政治教官，上海商務印書館翻譯，《大剛報》《大風》《新生晚報》總編，《廣西日報》社長，香港中國新聞學院院長。新中國成立後任廣東國民大學教務長，華南聯大文學院院長、中山大學圖書館館長。譯著有《政府論》《國際關係論》《社會鬥争史》等。

5. 蔡語邨(生卒年不詳)。現代文物鑒藏家，曾任廣東省博物館副館長。

【其他】各册書衣爲虎皮宣製成，内襯鉛丹防蠹紙。書衣左上方粘有豎長方墨字綠簽記題名"文選"，四周雙邊框綫。卷一第十三葉、卷四第二十四葉抄補。卷三十五、三十六有分卷目錄，其餘各卷皆無分卷目錄。全篇朱筆圓點，偶見墨筆校字。全書可見多處斷版痕跡，爲後印本。書中有幾處水浸污痕。末册書後護葉粘有廣州古籍書店售書標簽，記書名、册數、版别、定價、編號、日期。

【按語】

1. 此本乃仿宋廣都裴氏本，《文選序》後牌記"此集精加校正絶/無舛誤見在廣都/縣北門裴宅印賣"乃照録宋本牌記。另卷五十二末牌記"毋昭裔貧時常借文選不得發/憤曰異日若貴當板鏤之以遺學/者後至宰相遂踐其言出揮塵録"亦照録宋本。宋廣都裴氏本現藏臺北"故宫博物院"，全書僅存卷一至十七、二十七、二十八、五十一、五十七，餘卷則用袁氏嘉趣堂仿本配補。

2. 此本爲明刻精品之代表，版式字體一依宋本，其刊刻之精爲歷代藏家所重。于敏中《天禄琳琅書目》卷十"六家文選"條云："此書橅刻甚精，校勘亦審，實與宋槧同工。"莫友芝《藏園訂補邵亭知見傳本書目》卷十六"六臣文選注"條云："初印、中印皆工善，藏家寶之如宋本。"袁跋所記刻書時間"刻始于嘉靖甲午歲，成于己酉，計十六載而完"。全書牌記多達十二處，從牌記所記時間，可大概了解此書刊刻之進度。卷二十末牌記時間"嘉靖甲午(十三年)"；卷三十末牌記時間“嘉靖壬寅（二十一年）”；卷三十二、三十七、四十末牌記時間“嘉靖丙午（二十五年）”；卷四十四、四十六末牌記時間“丁未（二十六年）”；卷五十六末牌記時間“戊申（二十七年）”。

3. 全書每册皆有印記，共鈐印二百一十五處，分散於全書的三十一張書葉上，除去同印重複鈐蓋的情况，計凡六十印。所涉藏家多爲清代以來名家，如趙輯寧、曾釗、温澍梁、葉啓芳、蔡語邨等。藏印之多在明刻中實屬罕見，可與宋元珍本媲美，爲歷代藏家所重。全書二百多處鈐印，皆篆刻精湛。其中頗多閑章，記古今名言雅句，多以古文入印，别具古樸幽奥之韻。

4. 册一書前護葉題“六家文選／明嘉靖間仿局本大字本”並鈐曾釗“面城／樓藏／書印”朱文方印，疑爲曾氏所題。

石門洪覺範天厨禁臠

中國國家圖書館　孫　慧

中國國家圖書館 13834
國家珍貴古籍名録 10958

《石門洪覺範天厨禁臠》三卷。（宋）釋惠洪撰。明活字印本。一册。綫裝。

【題著説明】卷上卷端題“石門洪覺範天厨禁臠卷上”。著者據書首黎堯卿跋“天厨禁臠，釋洪覺範編也”。

【著者簡介】釋惠洪（1071—1128），一名德洪，俗姓有喻、彭兩説，字覺範，賜師號寶覺圓明，自號寂音、甘露滅、明白庵，新昌（今江西宜豐）人。於東京天王寺試經得度，修唯識論。嘗住持臨川北景德寺及金陵清涼寺，好論古今成敗是非，數次入獄，北宋政和元年（1111）受累配至朱崖軍（今海南三亞）。惠洪工詩畫，著有《石門文字禪》《冷齋夜話》《法華經合論》《臨濟宗旨》《楞嚴尊頂義》等書。事見《僧寶正續傳·明白洪禪師》《嘉泰普燈録·筠州清涼寂音慧洪禪師》。

【内容】此書爲惠洪詩論之作。書分上中下三卷，凡三十八目，以唐宋舊作爲式,標舉詩法、詩格,多論句法,内容與惠洪另一作《冷齋夜話》多有相同①。

卷上:《近體三種頷聯瀇②》《四種琢句瀇》《江左體》《含蓄瀇③》《用事瀇》《就句對④瀇》《十字對句瀇⑤》《十字句瀇》《十四字攲⑥句瀇》《詩有四種勢》《詩分三種趣》《錯綜句瀇》《折腰步句瀇》《絶絃句瀇》《影略句瀇》。

卷中:《比物句瀇》《造語瀇》《賦題瀇》《用事補綴瀇》《比興瀇》《奪胎句瀇》《换骨句瀇》《遺音句瀇》。

卷下:《古詩押韻瀇》《破律琢句瀇》《頓挫掩抑瀇》《换韻殺斷瀇》《平頭换韻瀇⑦》《促句换韻瀇》《子美五句瀇》《杜甫六句瀇》《古意句瀇》《四平頭韻瀇》《分布用事瀇》《寒因用事瀇》《古詩秀傑之句》《古詩奇麗之氣》《古詩有醇釀之氣》。

乾隆時,汪啓淑及浙江巡撫均有《天厨禁臠》進獻四庫⑧,《四庫全書總目》對此書評價爲:"是編皆標舉詩格,而舉唐宋舊作爲式,然所論多强立名目,旁生支節……所謂古詩押韻换韻之類,尤茫然不知古法。嚴羽《滄浪詩話》稱'《天厨禁臠》最害事',非虚語也。"⑨故而僅入存目。

是書卷數歷來著録不一。宋釋祖琇《僧寶正續傳》著録爲"天厨禁臠一卷",明釋居頂《續傳燈録》同,清錢曾《述古堂書目》亦作"洪覺範天厨禁臠一卷"。宋釋受正《嘉泰普燈録》、宋鄭樵《通志》、明焦竑《國史經籍志》則著録有二卷本。現存中國國家圖書館藏明活字印本及明抄本皆爲三卷。

【刊印者】書首黎堯卿跋稱"秣陵鄉進士張天植遂成吾志,刻之"。張天植事跡待考。

【行款版式】半葉九行,行十八字。白口,左右雙邊,無魚尾。版心中鎸"禁

---

①可參見周裕鍇《惠洪與换骨奪胎法——一樁文學批評史公案的重判》,《文學遺産》,2003年第6期。
②目録中"法""瀇"混用,正文中標目除"近體三種頷聯法"中用"法"字外其餘皆作"瀇"。
③目録作"含蓄體"。
④目録作"攲"。
⑤目録作"十字句對瀇"。
⑥目録作"對"。
⑦目録作"平頭掩韻瀇"。
⑧汪啓淑進呈爲三畏齋集本,浙江巡撫採進則爲寫本。
⑨《四庫全書總目提要》,河北人民出版社2000年版,第5413頁。

齎詩”,下鐫葉數。版框 16.6 厘米×11.7 厘米,開本 21.7 厘米×13.2 厘米。

【題名頁牌記】無。

【刊寫題記】無。

【刻(寫)工】無。

【避諱】無。

【序跋附録】書首有《石門洪覺範天厨禁臠總目》。其後有黎堯卿跋,録文如下:

礦樸不鍊不成,霧縠不涅不麗。吾人欲染指風雅而無所師授,尠不墮落外道者,況望了達玄奧哉。《天厨禁臠》,釋洪覺範編也,頗得三昧法,闢詩壇蹊徑在焉。勝國前有摹本,而今亡矣,予得其抄本訂之,將與海内豪傑共之,秣陵鄉進士張天植遂成吾志,刻之。正德丁卯,東川黎堯卿跋。

【批校題跋】卷下第八葉有朱筆改“木”字爲“水”。

【鈐印】封面右側鈐“八千卷樓/珍藏善本”朱文長方印、“纍”朱文無邊框印。書腦處有“詩文評類”朱文無邊框長方印。

目録首葉甲面鈐“王印/宗炎”白文方印、“八千卷/樓”朱文方印、“北京/圖書/館藏”朱文方印,書眉上鈐“江蘇第一/圖書館/善本書/之印記”朱文方印、“四庫坿存”朱文長方印。目録末鈐“公約/過眼”白文方印。

卷上首葉甲面鈐“江蘇第一/圖書館/善本書/之印記”朱文方印。

書末鈐“江蘇第一/圖書館/善本書/之印記”朱文方印、“北京/圖書/館藏”朱文方印。

【書目著録】

1. 丁丙《善本書室藏書志》卷三十九集部十九著録:“石門洪覺範天厨禁臠三卷,正德刊本,蕭山十萬卷樓藏書。宋釋惠洪撰。惠洪有《冷齋夜話》,已著録《四庫》。是編入附《存目》,皆標詩格,而以唐宋舊作爲式,嚴滄浪頗不足其書。此本,正德丁卯東川黎堯卿跋云:《天厨禁臠》,頗得三昧法,勝國前有摹本,今亡矣。予得鈔本訂正,秣陵進士張天植遂成吾志,刻之。有‘王宗炎’印。”①

2.《八千卷樓書目》卷二十集部詩文評類著録:“天厨禁臠三卷,宋釋惠洪

---

① 《善本書室藏書志(外一種)》,浙江古籍出版社 2016 年版,第 1702 頁。

撰。明刊本。"①

　　3.《江南圖書館善本書目》著録:"石門洪覺範天厨禁臠三卷,宋釋惠洪,明正德刊本,蕭山十萬卷樓藏書。一本。"②

　　4.《江蘇第一圖書館覆校善本書目》集部著録:"石門洪覺範天厨禁臠三卷,宋釋惠洪,明正德刊本,蕭山十萬卷樓藏書,有王印宗炎一印。一册。"③

　　5.《江蘇省立國學圖書館圖書總目》卷四十一集部文評類著録:"石門洪覺範天厨禁臠三卷,宋釋惠洪,正德刊本,有王印宗炎一印。善甲九七,一册。"④

　　6.《江蘇省立國學圖書館善本損失清册》著録:"石門洪覺範天厨禁臠三卷,明刊本,1册。"⑤

　　7.《中國戰時文物損失數量及估價總目》著録:"江蘇省立國學圖書館:二二、石門洪覺範天厨禁臠三卷,明刊本、一。"⑥

　　8.《中國版刻圖録》活字版著録:"石門洪覺範天厨禁臠,宋釋惠洪撰,明活字印本。匡高一六·一厘米,廣一一·一厘米。九行,行十八字。白口,左右雙邊。此書標舉詩格,歷舉唐宋人舊作爲式,備學詩者參考。源出正德二年張天植刻本,丁氏善本書室藏書志誤認爲明正德刻本,應予糾正。"⑦

　　9.《北京圖書館古籍善本書目》集部詩文評類著録。

　　10.《中國古籍善本書目》集部詩文評類著録,編號 20295。

　　又,《四庫全書存目叢書》集部詩文評類影印收録⑧。《稀見明刻詩文評二種》影印⑨。

①《海王邨古籍書目題跋叢刊》第 4 册,中國書店 2008 年版,第 328 頁。
②《明清以來公藏書目彙刊》第 25 册,國家圖書館出版社 2008 年版,第 246 頁。
③中國國家圖書館藏鉛印本,索書號爲目 352.2/38。
④《明清以來公藏書目彙刊》第 32 册,國家圖書館出版社 2008 年版,第 436 頁。
⑤江蘇省立國學圖書館編《江蘇省立國學圖書館善本損失清册》,中國國家圖書館藏油印本,索書號爲目 352.2/565-3。
⑥國民政府教育部編《中國戰時文物損失數量及估價總目》,B 册《中國被日本劫掠文物目録》(公/圖書字畫),日本外務省特殊財産局 1946 年版,第 2 頁。
⑦《中國版刻圖録》,文物出版社 1960 年版,第 1 册第 94 頁、第 7 册圖版 559。
⑧《四庫全書存目叢書》集部第 415 册,齊魯書社 1997 年版,第 109—135 頁。
⑨《稀見明刻詩文評二種》,中華書局 2016 年版,第 2—108 頁。

【遞藏】

1. 王宗炎（1755—1826），原名琰，避清仁宗諱改名，字以除，號穀塍，晚號晚聞居士，浙江蕭山（今屬浙江杭州）人。出身蕭山西河王氏。清乾隆三十九年（1774）舉人，乾隆四十五年（1780）進士。學問淹博，以文史自娛，主講杭州紫陽書院，時稱“東南碩師”，開辦望賢家塾。聚書甚豐，建藏書樓“十萬卷樓”，與陳春“湖海樓”、陸芝榮“寓賞樓”並稱蕭山三大藏書樓。曾爲章學誠編《章氏遺書》，後由劉承幹增補刊刻。著有《晚聞居士遺集》。其藏印有“王宗/炎所/見書”朱文方印、“王印/宗炎”白文方印、“十萬/卷樓/藏書”白文方印。

2. 八千卷樓：丁丙（1832—1899），字嘉魚，號松生，晚號松存，浙江錢塘（今屬浙江杭州）人。晚清著名藏書家。從孫丁輔之（1879—1949），原名仁友，改名仁，字子修，一字輔之，號鶴廬、簠叟，後以字行。丁立誠子。西泠印社創辦人之一。與其弟善之創製“丁氏聚珍仿宋版活字”，並設立聚珍仿宋印書局，後併入中華書局，任中華書局監察、古書部主任、聚珍仿宋部主任。著有《全韻畫梅詩》《西泠四家印所見錄》《商卜文集詩》。藏書室名“七十二丁庵”“八千卷樓”“小龍泓館”“守寒巢”等，藏印有“四庫坿存”①“丁/仁友”。

【其他】

1. 封面鈐“八千卷樓/珍藏善本”“纍”“詩文評類”三印，均爲丁氏八千卷樓所有，丁氏藏書分部類，各有印章，鈐於封面右上角。

2. 書中多葉有水漬、污垢、破損，卷下末葉有缺損。有修復痕跡，版框部分訂入綫中。

3. 書中頗多異體字，如“冰”作“氷”。有些字不同異體均有出現，如“法”又作“灋”，“賢”字或作“賢”。如此之例甚多。

4. 書中有朱色圈點，大小、粗細、顏色深淺不一，或非一時所圈。另有墨色圈點。卷上第五葉有朱筆補缺字，卷下有朱筆描補筆畫，有朱色短橫綫。

5. 版面刷印有重影，如卷上第五葉、第十一葉，卷下第一葉、第二葉、第十三葉。

---

①此印爲胡钁刻丁輔之藏書印，邊款“老菊”。見林章松、戴叢潔、張武裝編著《丁丑劫餘印存》卷十九，西泠印社出版社 2020 年版，第四函第 1076 頁。

6.卷上版心所印葉數有重複,第八葉、第九葉均印作"八",自第九葉始均錯印爲前一葉葉數,如第十葉印作"九"、第十一葉印作"十"。

【按語】

1.卷下第八葉朱筆改"木"字爲"水"字,此句出自黃庭堅詩《觀伯時畫馬》"木穿石槃未渠透",典出南朝陶弘景《真誥》,指傅先生得太極老君詣之,以木鑽穿石槃終得道,朱筆校者改"水穿石槃"爲誤。

2.此本與南京圖書館藏明活字本《晏子春秋》(索書號112162,《國家珍貴古籍名録》01590)、中國國家圖書館藏明活字本《開元天寶遺事》(索書號08255)版式相同,字體亦極相似,如"䔧"(《晏子春秋》第四卷第三十三葉)與"䔧"(《石門洪覺範天厨禁臠》卷中第十五葉),"賢"(《石門洪覺範天厨禁臠》卷上第十三葉)與"賢"(《晏子春秋》第一卷第十葉)、"賢"(《石門洪覺範天厨禁臠》卷上第十三葉)與"賢"(《晏子春秋》第一卷第二十一葉),"開"(《開元天寶遺事》卷上第一葉)、"開"(《石門洪覺範天厨禁臠》卷上第四葉)與"開"(《晏子春秋》第二卷第二十一葉)。由此或可推測,三書可能使用同一套活字排印①。《開元天寶遺事》有牌記"建業張氏銅板印行",黃丕烈跋云"建業張氏本"僅見於該書,但從字體對比來看,或許不止於此。

此本目録後印有跋語,可知其爲黎堯卿於明正德二年據抄本訂正,秣陵鄉進士張天植刊印。按黎堯卿(1458—?),字廷表,四川忠州(今四川忠縣)人,明弘治六年(1493)進士,編有《諸子纂要》。正德二年二月,黎堯卿曾與都穆②等人遊紫金山靈谷寺③,或可與前述《開元天寶遺事》中"建業張氏銅板印行"及跋語中"秣陵鄉進士張天植遂成吾志"等相印證。《中華再造善本提要》即認爲此本可著録爲"明正德二年張天植活字印本"④。

3.王氏《十萬卷樓書目》未載此書,不過書中最早藏印即爲王宗炎印,丁丙

①參見李培文《〈晏子春秋〉版本考辨》,《圖書館雜誌》,2017年第8期。
②都穆(1458—1525),字元敬,號南濠先生,南直隸吳縣(今屬江蘇蘇州)人。明弘治十二年(1499)進士,授工部主事,累遷太僕少卿。著有《金薤琳瑯》《南濠詩話》。
③何鏜《古今遊名山記》卷二,明嘉靖四十四年廬陵吳炳刻本,中國國家圖書館藏,索書號08859。
④《中華再造善本續編總目提要》上,國家圖書館出版社2017年版,第505頁。

《善本書室藏書志》亦言係蕭山十萬卷樓藏書。道光八年（1828），王宗炎二子分家，典業分端蒙，藏書樓歸端履①。咸豐十一年（1861），太平軍陷城，王氏家藏亦遭難，宗炎孫宜詮即卒於此。據丁丙之子丁立中所記，時人“粵匪之變，避難者皆由紹而甬而滬，故家遺籍，會萃四明府”②。同治九年（1870），丁申之子丁立誠受丁丙命訪書，於寧波購得王氏十萬卷樓舊本八百冊。光緒三十四年（1908）因經營銀號巨額虧空，丁立中遭羈押，丁氏急需變現以填補虧空承擔賠付，遂經繆荃孫等人協調，以七萬餘元將八千卷樓藏書出售予江南圖書館。

　　江南圖書館經多次合併及行政調整，先後改名爲江南圖書局、江蘇省立圖書館、江蘇省立第一圖書館、第四中山大學國學圖書館、國立中央大學圖書館、江蘇省立國學圖書館等，故而此本於江南圖書館、江蘇省立第一圖書館、江蘇省立國學圖書館書目俱有著録，實際收藏地並未發生改變。該館善本分甲、乙、丙三庫，丁氏八千卷樓所珍藏者列入甲庫，乙、丙兩庫亦多含丁氏藏書，此本爲其中善本甲庫第九十七號。1937 年日軍攻占南京後，時任江蘇省國學圖書館館長柳詒徵③安排將館藏最珍貴之善本甲庫和部分乙庫藏書安置於南京故宮博物院朝天宮地庫中。1938 年朝天宮地庫及周邊藏書陸續被日軍發現並掠至日軍竺橋地質調查所僞圖書館專門委員會專庫。1945 年日本戰敗投降後，柳詒徵回到南京進行古籍搶救和回收工作，於竺橋回收善本，已缺少 184 部 1634 冊。國民政府教育部組織“清理戰時文物損失委員會”進行文物損失調查，於 1946 年編制《中國戰時文物損失數量及估價目録》轉令日本賠償，此本亦現於《中國被日本劫掠文物目録》江蘇省立國學圖書館條目中，而後於 1948 年出版的《江蘇省

---

① 王端履（1776—1845），字泰伯，一字福將，號小穀，浙江蕭山人。清嘉慶十九年（1814）進士，選翰林院庶吉士，精於訓詁、音韻，著有《重論文齋筆録》，其藏印有“端履/圖書”白文方印，“蕭山王/端履六/十歲後/所見書”白文方印。

② 丁立中編《先考松生府君年譜》，清光緒二十五年（1899）錢塘丁氏嘉惠堂刻本，中國國家圖書館藏，索書號爲傳 686.12\925。

③ 柳詒徵（1880—1956），字翼謀，號知非，晚號劬堂，江蘇鎮江人。曾任江蘇省立國學圖書館館長，撰有《盋山丁書檢校記》（《浙江省立圖書館月刊》1 卷 7—8 期合刊），主持編寫《江蘇省立國學圖書館圖書總目》及《江蘇省立國學圖書館現存書目》。1949 年出任上海市古代文物管理委員會委員（1955 年 4 月改名爲上海市文物保管委員會，即下文所提影印本底本之保管單位）並籌辦上海博物館。

立國學圖書館現存書目》中則未見其蹤,可見雖然柳氏多方奔走,此書經日軍劫掠後未能再回到江蘇省立國學圖書館。以上爲此本流傳始末。

4. 書中有鈐印"公約過眼",爲梁公約之印。梁公約(1864—1927),原名葵,字公約,以字行,號飲真、慕韓、孟涵、蒼立,別署袖海、冶山傭,江都(今江蘇揚州)人。清末諸生。擅畫芍藥、菊花,有"梁芍藥"之美譽,其畫與柳詒徵書法合稱雙璧。爲冶春後社詩人,宗江西詩派。三十歲後長居南京,與繆荃孫交往甚密。曾任教於思益學堂、南京美術專門學校,後任職江蘇省公署。時人稱其"品第南北名士者,識與不識,屈指必及焉"。書齋名"端虛堂"。著有《端虛堂詩草》《盇山檢書録》,參與編寫《江蘇第一圖書館覆校善本書目》,輯録《六逝集存》。其藏印有"梁印/公約"白文方印、"公約/過眼"白文方印,"飲/真"白文方印,"公/約"朱文方印。

5. 自丁丙至江蘇省立國學圖書館皆著録此本爲刊本,《中國版刻圖録》始改爲活字印本。觀其版面,字體歪扭,同葉内同一字之字體、筆鋒、大小多有不同,不同葉有重複使用之字形,如卷上第四葉"山"合於卷上第六葉"山",欄綫與版框有的拼接緊密、有的縫隙較大,欄綫時斷時續,墨色不均匀,有活字特徵。細讀其内容,有字序顛倒,如卷下第九葉"曲江蕭秋條氣高",或爲撿字排版疏忽所致;版心所印葉數因誤排而有重複;字體多處有因印刷時紙張或字丁移動所造成的重影,排版及印刷質量均不甚理想。

6. 中華書局上海編輯所曾於 1958 年 10 月影印出版綫裝《石門洪覺範天厨禁臠》一部,據出版説明所載,影印底本爲"上海市文物保管委員會所藏明正德丁卯(公元一五〇七年)刊本"[1]。觀其内容、版式、字體,均與國圖所藏活字印本相同,應爲同版所印。《影印善本書目録:1911—1984》著録爲"石門洪覺範天厨禁臠三卷,宋釋惠洪撰,一九五八年上海中華書局影印明正德二年刻本"[2]。其底本未知今藏何處,《上海市文物保管委員會善本書目》《上海市文物保管委員會善本書目續編》《上海市文物保管委員會善本書目三編》均未收入。以影印

①該本後於 2000 年時由日本臨川書店另行翻印出版,載於柳田聖山、椎名宏雄編《禪學典籍叢刊》第 5 卷,臨川書店 2000 年版。
②《影印善本書目録:1911—1984》,中華書局 1992 年版,第 88 頁。

本觀之,該書中多圈點,大部分位置與筆意均與國圖藏本相同,目録首、末葉亦鈐"王印/宗炎""八千卷/樓""公約/過眼"三印,與國圖藏本位置亦同。但該書圈點與國圖本有不同之處,書葉無重影,亦無國圖本其他藏印。卷上第五葉國圖本有朱筆補書"秋"字,影印本該處書"秋",亦與國圖本字體不同。國圖本卷下末題"石門洪覺範天厨禁臠卷終",影印本則題"石門洪覺範天厨禁臠卷下",除此之外二書内容均完全相同,字丁之瑕疵亦同,如卷上第四葉國圖本"山山",影印本作"山山"。經過比對,中華書局影印本卷下末"石門洪覺範天厨禁臠卷"幾字所用字丁與卷中末所用完全相同,國圖本卷下末此處雖印刷模糊,但可以看出"石""覺""天"三字明顯使用了不同字丁。由此推測,此本尚有同版流傳人間,國圖本刷印或當晚於上海市文物保管委員會藏本。

7. 此明活字本爲該書國内現存之最早印本,現存其他版本有中國國家圖書館藏傅增湘舊藏明抄本(索書號 02516)、上海圖書館藏清抄本;日本有京都建仁寺兩足院藏五山版刻本,國立國會圖書館、國立公文圖書館、關西大學内藤文庫等藏寬文十年銅駝坊長尾平兵衛刻本,京都大學藏經書院文庫藏抄本,京都大學附屬圖書館所藏江户時代後期抄本。

傅增湘曾提及"張進士本"傳世極罕,《藏園群書經眼録》有"明鈔天厨禁臠跋"云"張進士刻本今世已不得觀,歷代詩話亦未收,此外更别無覆刊者"①。《藏園群書題記》亦云:"前有正德丁卯黎堯卿跋,知爲秣陵張天植依鈔本付鐫,並謂勝國前有摹本云。迄今數百年來,此書正德刊本不獨傳者既稀,即知者亦鮮,況元刊乎?"②傅氏藏明抄本半葉九行,行十八字,紅格,白口,四周單邊,封面題"天厨禁臠三卷/宋洪範覺③著,明寫本/正德黎堯卿跋/江安傅氏雙鑑樓藏/丙子九月,沅叔檢書入庫,題識之",目録後有黎堯卿跋,卷下末題作"卷終",行款内容與明活字本均基本相同。《藏園訂補郘亭知見傳本書目》稱其爲"明傳鈔正德二年張天植刊本"④。不過,兩本相對,明抄本訛謬頗多,如黎堯卿跋"礦樸

①傅增湘《藏園群書經眼録》,中華書局 1983 年版,第 1574 頁。
②傅增湘《藏園群書題記》,上海古籍出版社 1989 年版,第 996 頁。
③原書即誤,當作"洪覺範"。
④傅增湘《藏園訂補郘亭知見傳本書目》,中華書局 2009 年版,第 1585 頁。

不鍊"即抄作"礦儻","況望了達"作"況聖"。内容亦有小異,如卷上第十葉
"詩有四種勢"條,明抄本較活字本少"芙蓉出水"一種,第十一葉説解亦缺
"此謂芙蓉出水晋謝靈運名之"一句,不知是否抄寫者以意調整,或其所據之
本原有不同。

宋名家詞

揚州大學　石任之

中國國家圖書館 06669

國家珍貴古籍名録 02273

《宋名家詞》六十一種九十卷。(明)毛晋編。明崇禎毛氏汲古閣刻本。二
十六册。綫裝。(清)陸貽典、黄儀、毛扆、季錫疇、瞿熙邦校並跋。(清)何煌、
何元錫校。

【題著説明】題名著者據書首夏樹芳《刻宋名家詞序》。

【著者簡介】毛晋(1599—1659),見前《國家珍貴古籍名録》00191。

【内容】此爲毛晋汲古閣編刊宋六十一家詞別集。第一册前有總目記第一
集册數,然與實際裝册不同。各詞集前皆有本集目録,個別目録前有序。所收
六十一家詞集如下:

1. 宋名家詞一集

第一册:《刻宋名家詞序》《珠玉詞》一卷。《六一詞》一卷(總目注"原本三
卷")。第二册:《樂章集》一卷(總目注"原本九卷")。第三册:《東坡詞》一卷
(總目注"原本二卷")。第四册:《山谷詞》一卷。《淮海詞》一卷(總目注"原本
三卷")。第五册:《小山詞》一卷。第六册:《東堂詞》一卷。《放翁詞》一卷(總
目注"原本二卷")。第七册:《稼軒詞》(總目注"原本十二卷")卷一、二。第八
册:《稼軒詞》卷三、四。

2. 宋名家詞二集

第九册:《宋詞二集叙》。《片玉詞》二卷、《片玉詞補遺》一卷。第十册:《梅
溪詞》一卷。《白石詞》一卷。《石林詞》一卷。第十一册:《酒邊詞》二卷。《溪

堂詞》一卷。《樵隱詞》一卷。《竹山詞》一卷。第十二册:《書舟詞》一卷。《坦
菴詞》一卷。

3.宋名家詞三集

第十三册:《惜香樂府》十卷。第十四册:《西樵語業》一卷。《近體樂府》一
卷。《竹屋癡語》一卷。《夢窗甲藁》一卷。《夢窗乙藁》一卷。第十五册:《夢窗
丙稿》一卷。《夢窗丁稿》一卷。《夢窗絕筆》《夢窗補遺》一卷。《竹齋詩餘》一
卷。第十六册:《金谷遺音》一卷。《散花菴詞》一卷。《和清真詞》一卷。第十
七册:《後村別調》一卷。

4.宋名家詞四集

第十八册:《蘆川詞》一卷。《于湖詞》三卷。《洺水詞》一卷。第十九册:
《歸愚詞》一卷。《龍洲詞》一卷。《初寮詞》一卷。《龍川詞》一卷、《龍川詞補》
一卷。第二十册:《姑溪詞》一卷。《友古詞》一卷。《石屏詞》一卷。

5.宋名家詞五集

第二十一册:《海野詞》一卷。《逃禪詞》一卷。《空同詞》一卷。第二十二
册:《介庵詞》一卷。《平齋詞》一卷。《文溪詞》一卷。第二十三册:《丹陽詞》一
卷。《孅窟詞》一卷。《克齋詞》一卷。《芸窗詞》一卷。

6.宋名家詞六集

第二十四册:《竹坡詞》三卷。《聖求詞》一卷。第二十五册:《壽域詞》一
卷。《審齋詞》一卷。《東浦詞》一卷。《琴趣外篇》六卷。第二十六册:《知稼翁
詞》一卷。《無住詞》一卷。《後山詞》一卷。《蒲江詞》一卷。《烘堂詞》一卷。

坊刻詞集叢編,宋代已有之。陳振孫《直齋書録解題》卷二十一"《笑笑詞
集》一卷"下注:"自《南唐二主詞》而下,皆長沙書坊所刻,號'百家詞'。"張炎
《詞源》載:"舊有刊本《六十家詞》,可歌可誦者指不多屈。"上述叢編均已佚。
毛晋此書或許受當時存世的此類著作啓發,爲現存最早刊刻的詞集叢編。

【刊印者】毛晋(1599—1659),見前《國家珍貴古籍名録》00191。

【行款版式】半葉八行,行十八字。白口,左右雙邊,無魚尾。版心上鐫詞集
名,中鐫葉數,下鐫"汲古閣"(第一集序版心鐫"序"及葉數。一集總目版心上
鐫"宋名家詞""一集總目"及葉數,下鐫"汲古閣"。第二集序版心鐫葉數,下鐫

“汲古閣”。各詞集序或目録鎸詞集名及“序”“目”字樣）。版框 18.8 厘米×14.5 厘米，開本 27.3 厘米×17.7 厘米。

【題名頁牌記】第十八册、二十一册首題名頁鎸有牌記，右欄鎸“宋名家詞”，左欄分别鎸第四集、第五集所收詞集名。

【刊寫題記】無。

【刻（寫）工】無。

【避諱】毛晋跋中“校讐”作“較讐”，“秘閣校理”作“秘閣挍理”。疑爲避明熹宗諱。

【序跋附録】第一集卷前有夏樹芳《刻宋名家詞序》，後有《宋名家詞一集總目》，集中《放翁詞》《稼軒詞》有舊序。第二集卷前有胡震亨《宋詞二集叙》，集中《片玉詞》《梅溪詞》《白石詞》《石林詞》《酒邊詞》《溪堂詞》《樵隱詞》《竹山詞》《書舟詞》《坦菴詞》皆有舊序。四集《于湖詞》有陳應行《于湖先生雅詞序》、湯衡《序》二篇。六集《竹坡詞》《聖求詞》《知稼翁詞》有舊序。各詞集内均有目録。

各詞集末均刻有毛晋跋，係手書上版，第一至三集係行草書，第四至六集間有楷書者，内容多係詞家小傳及創作成就簡評，可見毛晋詞學觀點。已見於《汲古閣書跋》①者不録，其餘及各詞集序跋録文如下：

1. 夏樹芳《刻宋名家詞序》：

夫詞至宋人而詞始霸，曼衍繁昌，至宋而詞之名始大備。其人韶令秀世，其詞復鮮豔殊人；有新脱而無因陳，有圓倩而無沾滯，有纖麗而無冗長，有峭拔而無鉤棘。一時之以賡和名家，而鼓吹中原，不啻肩摩於世云。古虞有子晋毛氏，篤心汲古，其風流閑雅甚都，蓋連然韻士也，家住昆湖之曲，凡遇快書，戞戞乎，堂堂乎，輒欲梓以行世。忼慷對客，頻意校讐。剖劂輩百千餘人，悉以汗青相角，鄴架之上浩蕩扶疎，而江左稱善藏書者，無渝毛氏矣。兹刻《宋名家詞》凡十人，擴摭儁異，各具本色，余得而下上之，轆轤酣暢。若同叔之玄超，小山之流媚，柳屯田之翻空廣調，六一居士之清遠多風，幾欲按拍。加以坡翁之卓絶、山

①毛晋撰、潘景鄭校訂《汲古閣書跋》，《汲古閣書跋·重輯漁洋書跋》，上海古籍出版社 2005年版，第 82—111 頁。

谷之蕭踈、淮海之搴芳、東堂之振藻，亟爲引商。至于幼安之風襟豪上、睥睨無前，放翁之不倫不理、乾坤莽蕩，又勃勃焉欲褰裳濡足以游。之數公者，人各具一詞，詞各呈一伎倆，好事者或於皓月當空，澹烟初放，春花欲醉，秋菊可飡，命童子執紅牙板，對良朋浮白，隨撫一闋歌之，嘅焉慷焉，劃然長嘯而低徊焉。若欬唾九天，不自知明河之落衣袖也。或謂柳枝團扇，桃葉釵頭，有慙正則之騷經，似設泥犁之種子，其然乎？其不然乎？則濮上桑間，胡以不删，而懇懇詔世哉？且也，元獻、文忠、稼軒、澤民諸君子，立朝建議，大義炳如，公餘眺賞之暇，諷詠悲歌，時爲小令，時作長吟，孰知其所以合，孰知其所以離，固風雅之別流，而詞臣之逸致也。夫宇宙間，調調刁刁，萬籟豈一，而琴、瑟、箜篌、琵琶，猶然爲海印發光；矧夫詞調夢縈，一段靈光，溢於性府，盡屬元聲之所收，而參伍錯綜，又爲南北九宮之所必隸者乎？言未畢，子晋囅然咲曰："不穀書淫，無慚玄晏。自兹伊始，浸假而《十三經》，又浸假而《二十一史》，余且賓賓捐橐以從事焉。"則是刻也，謂子晋之游戲三昧，可也，緟經播史、棟宇流虹，且以爲諸刻之嚆矢，可也。

冰蓮道人夏樹芳書（序末摹刻木印"茂卿/氏"白文方印、"夏印/樹芳"白文方印）

2.《珠玉詞》末有毛晋跋，可參見《汲古閣書跋》。

3.《六一詞》末有舊跋二則：

荆公嘗對客誦永叔小闋云："五綵新絲纏角粽，金盤送，生綃畫扇盤雙鳳。"曰："三十年前見其全篇，今才記三句。乃永叔在李太尉端愿席上所作十二月鼓子詞，數問人求之不可得。"嗚呼！荆公之没二紀，余自永平幕召還，過武陵，始得於州將李君誼，追恨荆公之不獲見也。誼，太尉猶子也。□□□□年中秋日金陵□□□記。

政和丙申冬，余還自京師，過歙州太守濠梁許君頌之席上，見許君舉荆公所記三句，且云："此詞才情有餘，它人不能道也。"後十二年，建炎戊申，偶得此本於長樂同宮①方君。後四年辛亥紹興二月朔，自尤谿避盜，宿龍爬以待二弟，適無事，謾録於此。吏部員外郎朱松喬年

---

① "宫"，朱筆校作"官"。

《六一詞》末有毛晋跋，可參見《汲古閣書跋》。因可見毛晋刊刻過程，復録於下：

盧陵舊刻三卷，且載樂語于首。今删樂語，滙爲一卷。凡他稿誤入，如"清商怨"類，一一削去；誤入他稿，如"歸自謡"類，一一注明。然集中更有浮艷傷雅不似公筆者，先輩云"疑以傳疑"，可也。古虞毛晋記。

4.《樂章集》末有毛晋跋，可參見《汲古閣書跋》。

5.《東坡詞》末有毛晋跋，可參見《汲古閣書跋》。因可見毛晋刊刻過程，復録於下：

東坡詩文不啻千億刻，獨長短句罕見。近有金陵本子，人争喜其詳備，多渾入歐、黃、秦、柳作，今悉删去。至其詞品之工拙，則魯直、文潜、端叔輩自有定評。古虞毛晋記。

6.《山谷詞》末有毛晋跋，可參見《汲古閣書跋》。

7.《淮海詞》末有毛晋跋，可參見《汲古閣書跋》。因可見毛晋刊刻過程，復録於下：

晁氏云：今代詞手，惟秦七、黃九。或謂詞尚綺艷，山谷特瘦健，似非秦比。朝溪子謂少游歌詞當在東坡上，但少游性不耐聚稿，間有淫章醉句，輒散落青簾紅袖間，雖流播舌眼，從無的本。余既訂訛搜逸，共得八十七調，集爲一卷，亦未敢曰無闕遺也。古虞毛晋記。

8.《小山詞》末附原跋①：

《補亡》一編，補樂府之亡也。叔原往者浮沉酒中，病世之歌詞不足以析酲②解愠，試續南部諸賢餘緒③，作五七字語，期以自娱。不獨叙其所懷，兼寫一時盃酒間聞見、所同遊者意中事。嘗思感物之情，古今不易，竊以謂篇中之意，昔人所不遺，第于今無傳爾。故今所製，通以"補亡"名之。始時，沈十二廉叔、陳十君寵④家，有蓮、鴻、蘋、雲，品清謳娱客。每得一解，即以草授諸兒。吾三人

---

①跋前朱筆添"小山詞序"四字，係晏幾道自序。
②"酲"，朱筆改作"酲"。
③"餘緒"，朱筆勾乙作"緒餘"。
④"寵"，朱筆改作"寵"。

持酒聽之，爲一笑樂。已而君寵①疾廢臥家，廉叔下世，昔之狂篇醉句，遂與兩家歌兒酒使俱流轉于人間。自爾郵傳滋多，積有竄易。七月己巳，爲高平公綴緝成編。追維②往昔過從飲酒之人，或壠木已長，或病不偶。考其篇中所紀③悲歡合離之事，如幻如電，如昨夢前塵，但能掩卷憮然，感光陰之易遷，嘆境緣之無實也。

《小山詞》末有毛晉跋，可參見《汲古閣書跋》。

9.《東堂詞》末有毛晉跋，可參見《汲古閣書跋》。

10.《放翁詞》前有陸游《放翁詞序》：

雅樂既微，斯有鄭、衛之音。音雖變，然琴、瑟、笙、磬猶在也。變而爲燕之筑、秦之缶，胡部之琵琶、箜篌，則又出鄭、衛之下矣。風雅頌之後，爲騷，爲賦，爲曲，爲引，爲行，爲謠，爲歌。千餘年後，乃有倚聲製辭，起於唐之季世。則其變愈下，可勝嘆哉！予少時汩於世俗，頗有所爲，晚而悔之，然漁歌菱唱，猶不能止。今絶筆已數年，念舊作終不可揜，因書其首，以識吾過。

淳熙己酉秋熟日放翁自序。

《放翁詞》末有毛晉跋：

余家刻《放翁全集》，已載長短句二卷，尚逸一二調，章次亦錯見，因載訂入《名家》。楊用修云：“纖麗處似淮海，雄慨④處似東坡。”予謂超爽處更似稼軒耳。古虞毛晉記。

11.《稼軒詞》前有范開《稼軒詞序》：

器大者聲必閎，志高者意必遠。知夫聲與意之本原，則知謌詞之所自出。是不容有意於作爲，而其發越著見於聲音，言意之表者，則亦隨其所蓄之淺深，有不能不爾者存焉耳。世言稼軒居士辛公之詞似東坡，非有意於學坡也。自其發於所蓄者言之，則不能不坡若也。坡公嘗自言，與其弟子由，爲文至多，而未嘗敢有作文之意，且以爲得於談笑之間而非勉强之所爲。公之於詞亦然：苟不

---

① “寵”，朱筆改作“龍”。
② “維”，朱筆改作“惟”
③ “紀”，朱筆改作“記”。
④ “雄慨”，《汲古閣書跋》錄作“慷慨”，誤。

得之於嬉笑，則得之於行樂；不得之於行樂，則得之於醉墨淋灘之際。揮毫未竟而客爭藏去。或閑中書乘興而寫，亦或微吟而不録，漫録而焚藁，以故多散逸，是亦未嘗有作之之意。其於坡也，是以似之。雖然，公一世之豪，以氣節自負，以功業自許，方將斂藏其用以事清曠，果何意於謌詞哉，直陶寫之具耳。故其詞之爲體，如張樂洞庭之野，無首無尾，不主故常；又如春雲浮空，卷舒起滅，隨所變態，無非可觀。無他，意不在於作詞，而其氣之所充，蓄之所發，詞自不能不爾也。其間因有清而麗、婉而撫媚，此又坡詞之所無，而公之所獨也。昔宋復古、張乖崖方嚴勁正，而其謌詞廼復有穠纖婉麗之語，豈鐵心石腸者皆如是邪？開久從公遊，其殘膏賸馥，得所霑丐爲多。因暇日哀集冥搜，才逾百首，皆親得於公者。以近時流布於海内者率多贗本，吾爲此懼，故不敢獨秘，將以袪傳者之惑焉。

淳熙戊申正月元日門人范開序。

《稼軒詞》卷四末有毛晉跋，可參見《汲古閣書跋》。其中“蔡元長工於詞”，核原書當作“蔡元工於詞”；“磊砢英多”，核原書當作“磊砢”。

12. 胡震亨《宋詞二集叙》：

宋人詞，多不入正集，好事家皆爲總集，如曾氏及今代汝南陳氏者，亦無幾，以此失傳最多。虞山子晉毛兄思其久而采湮也，欲盡取諸家詞刻之。先是，已行晏元獻以下十家詞矣。至是，周美成以下十家復成帙，日有益而未已。子晉於書，無弗藏，無弗讀，宋人之集，其餘。子晉爲文宗秦漢，爲詩宗開元、大歷，宋人之詞，其餘。能兼之，斯能嗜之，不虛也。汝南之輯《粹編》也，實姑蘇吳生佐之後成。文學天性推吳人，自昔有然。恨無從起晦伯復共賞此耳。夫詞之爲用，近言之則曲，正言之即樂也。《六州》《十二時》之詞，宋固用之敕廟、用之朝廷矣。因沿至今，昭代爲烈。曲可小，樂不可小也。子晉斯編，蓋將備《樂》一經於宋，俟千古之言樂者之采擇，拒第爲紅牙紫管爹拍遍。宋人有詞，宋人自小之，曰寄謔、曰寫豪、甚曰勸淫，浸使後人卑其格，諱爲談。微子晉，幾無以張宋存詞之傳，功於詞諸家故不細。庚午夏之朔，海鹽胡震亨遜叟識。（序末摹刻木印“胡印/震亨”白文方印、“孝/轅氏”白文方印）

13.《片玉詞》前有强焕《題周美成詞》：

文章、政事，初非兩塗。學之優者，發而爲政，必有可觀；政有其暇，則遊藝於詠歌者，必其才有餘刃者也。溧水爲負山之邑，官賦浩穰，民訟紛沓，似不可以絃歌爲政。而待制周公，元祐癸酉春中爲邑長于斯，其政敬簡，民到于今稱之者，固有餘愛。而其尤可稱者，於撥煩治劇之中，不妨舒嘯。一觴一詠，句中有眼，膾炙人口者，又有餘聲，聲洋洋乎在耳，則其政有不亡者存。余慕周公之才名有年于茲，不謂於八十餘載之後，踵公舊蹤，既喜而且媿。故自到任以來，訪其政事，於所治後圃，得其遺致，有亭曰“姑射”，有堂曰“蕭閒”，皆取神仙中事，揭而名之，可以想像其襟抱之不凡。而又覩“新綠”之池，“隔浦”之蓮，依然在目。抑又思公之詞，其撫寫物態，曲盡其妙。方思有以發揚其聲之不可忘者，而未能及乎！暇日從容式燕嘉賓，歌者在上，果以公之詞爲首唱，夫然後知邑人愛其詞，乃所以不忘其政也。余欲廣邑人愛之之意，故裒公之詞，旁摻遠紹，僅得百八十有二章，釐爲上下卷，廼輟俸餘，鳩工鋟木，以壽其傳。非惟慰邑人之思，亦蘄傳之有所托，俾人聲其歌者，足以知其才之優於爲邑。如此，故冠之以序，而述其意云。公諱邦彥，字美成，錢塘人也。淳熙歲在上章困敦孟陬月圉赤奮若，晋陽強焕序。

《片玉詞補遺》末有毛晉跋，可參見《汲古閣書跋》，文有小異，重錄於下：

美成于徽宗時提舉大晟樂府，故其詞盛傳于世[1]。余家藏凡三本：一名《清真集》，一名《美成長短句》，皆不滿百闋。最後得宋刻《片玉集》二卷[2]，計調百八十有奇，晋陽強焕爲叙。余見評注龐襍，一一削去。釐其訛謬。間有茲集不載、錯見《清真》諸本者，附《補遺》一卷，美成庶無遺憾云。若乃諸名家之甲乙，久著人間，無待予備述也。湖南毛晉識。

14.《梅溪詞》前有張鎡《題梅溪詞》[3]：

《關雎》而下三百篇，當時之謳詞也，聖師删以爲經。後世播詩章於樂府，被之金石管絃，屈、宋、班、馬，縣是乎出。而自變體以來，司花傍輦之嘲，沈香亭北之詠，至與人主相友善。則世之文人才士，遊戲筆墨于長短句，間有能瓌奇警邁、清新閒婉、不流於詭蕩汙淫者，未易以小伎言也。余埽軌林扃，草長門逕。

---

①《汲古閣書跋》作“盛行於世”。
②《汲古閣書跋》作“三卷”。
③“題”，朱筆校删。於“詞”後加“序”字。

一日聞剥啄聲。園丁持謁入,視之,汴人史生邦卿也。迎坐竹陰下,郁然而秀整。俄起謂余曰:"某自冠時,聞約壸之號,今亦既有年矣,君身益湮晦達,以是①來見,無他求。"袖出詞一編,余驚,笑而不答。生云②,始取讀之,大凡如行帝苑仙瀛,輝華絢麗,欣昕駭接。因掩卷而嘆曰:"有是哉! 能事之無遺恨也。"蓋生之作,辭情俱到,纖綃泉底,去塵眼中。妥帖輕圓,特其餘事。至於奪苕艷于春景,起悲音於商素,有瓌奇警邁、清新閒婉之長,而無詭蕩汙淫之失,端可以分鑣清真,平睨方回,而紛紛三變行輩,幾不足比數。山谷以行誼文章宗匠一代,至序小晏詞,激昂婉轉,以伸吐其懷抱,而"楊花謝橋"之句,伊川猶稱可之。生滿襟風月,鶯唅鳳歕,鏘洋乎口吻之際者,皆自漱滌書傳中來,況欲大肆其力於五七言,廻鞭温、韋之塗,掉鞅李、杜之域,躋攀風雅,一歸于正,不於是而止。雖然,余方以耽泥聲律而顛踣擯棄,今又區區以勉生,非惑耶? 若覽斯集者,不梏于玄黄牝牡,哀沈而悼未遇,寔繫時之所尚。余老矣,生鬚髮未白,數路得人,恐不特尋美于漢。生姑待之! 生名達祖,邦卿其字云。嘉泰歲辛西五月八日,張鎡功甫序。

《梅溪詞》末有毛晋跋,可參見《汲古閣書跋》。其中"益能融情景",核原書當作"蓋能"。

15.《白石詞》前有黄昇《題白石詞》:

姜夔,字堯章,自號白石道人,中興詩家名流,其《歲除舟行》十絶膾炙人口。詞極精妙,不減清真樂府,其間高處,有美成所不能及。善吹簫,自製曲,初則率意爲長短句,然後協以音律云。居鄱陽,進樂書,免解,不第而卒。花菴詞客題。

《白石詞》末有毛晋跋,可參見《汲古閣書跋》。

16.《石林詞》前有關注《題石林詞》:

右丞葉公,以經術文章爲世宗儒。翰墨之餘,作爲歌調,亦妙天下。元符中,予兄聖功爲鎮江掾,公爲丹徒尉,得其小詞爲多。是時妙齡氣豪,未能忘懷也。味其詞婉麗,綽有温、李之風。晚歲落其華而實之,能於簡淡時出雄傑,合處不減靖節、東坡之妙,豈近世樂府之流哉? 陳德昭始得之,喜甚。出以示余,

---

① "以是"之前,朱筆旁添"某"。
② "云",朱筆改作"去"。

揮汗而書,不知暑氣之去也。詩云:"誰能執熱,逝不以濯。"公詞之能慰人心,蓋如此。紹興十七年七月九日,東廡關注書。

《石林詞》末有毛晉跋,可參見《汲古閣書跋》。

17.《酒邊詞》前有胡寅《題酒邊詞》:

詞曲者,古樂府之末造也。古樂府者,詩之傍行也。詩出于離騷楚詞,而離騷①者,變風變雅之怨而迫、哀而傷者也。其發乎情則同,而止乎禮義則異。名之曰曲,以其曲盡人情耳。方之曲藝,猶不逮焉。其去曲禮,則益遠矣。然文章豪放之士,鮮不寄意於此者,隨亦自掃其跡,曰謔浪遊戲而已也。唐人爲之最工者,柳耆卿後出,掩衆製而盡其妙,好之者以爲②不可復加。及眉山蘇氏,一洗綺羅香澤之態,擺脱綢繆宛轉之度,使人登高望遠,舉首高歌,而逸懷浩氣,超然乎塵垢之外。于是《花間》爲皂隸而柳氏爲輿臺矣。薌林居士,步趨蘇堂而嚌其胾者也。觀其退江北所作於後,而進江南所作于前,以枯木之心幻出葩華,酌元酒之尊棄③置醇味,非染而不色,安能及此? 余④得其全集於公之外孫汶上劉荀子卿,反復厭飫,復以歸之,因題其後。公宏才偉績,精忠大節,在人耳目,固史載之矣。後之人昧其平生而聽其餘韻,亦猶讀《梅花賦》而未知宋廣平歟! 武夷胡寅題。

《酒邊詞》卷下末有毛晉跋,可參見《汲古閣書跋》。其中"米顛有謂",核原書當作"所謂"。

18.《溪堂詞》前有漫叟《題溪堂詞》:

謝無逸,臨川進士,自號溪堂。學古高傑,文辭煆煉,篇篇有古意,而尤工於詩詞。黃山谷嘗讀其詩云:"晁、張流也,恨未識面耳。"其詩曰:"山寒石髮瘦,水落溪毛彫。"又曰:"老鳳垂頭噤不語,枯木槎牙噪春鳥。"其詞曰:"黛淺眉痕沁,紅添酒面潮。"又曰:"魚躍冰池飛玉尺,雲橫石嶺拂鮫綃。"皆百鍊乃出冶者,晁、張又將避三舍矣。漫叟題。

---

① "離騷",朱筆改作"騷詞"。
② "爲",朱筆改作"謂"。
③ "棄",朱筆改作"而"。
④ "余",朱筆校作"予"。

《溪堂詞》末有毛晉跋，可參見《汲古閣書跋》，文有小異，復録如下：

時本《溪堂詞》，卷首《蝶戀花》以迄禪尾《望江南》，共六十有三闋，皆小令，輕倩可人。中間字句舛繆，無從考索。既獲《溪堂全集》，末載樂府一卷，今依其章次就梓。近來吴門抄本多《花心動》一闋，其詞云："風裏楊花，輕薄性，銀燭高燒心熱。香餌懸鈎，魚不輕吞，辜負釣兒虚設。桑蠶到老絲長絆，針刺眼，淚流成血。思量起，拈枝花朵，果兒難結。海樣情深忍撇。似夢裏相逢，不勝歡悦。出水雙蓮，摘取一枝，可惜並頭分折。猛期月滿會姮娥，誰知是、初生新月。折翼鳥，甚是于飛時節。"疑是贋筆，不敢濫入，附記以俟識者。湖南毛晉識。

19.《樵隱詞》前有王楠《題樵隱詞》：

《樵隱詩餘》一卷，信安毛平仲所作也。平仲爲人傲世自高，與時多忤，獨與錫山尤遂初厚善，臨終以書別之，囑以志墓。遂初既爲墓誌銘，又序其集。或病其詩文視樂府頗不逮，其然豈其然乎？乾道柔兆閹茂陽月，永嘉王木叔題。

《樵隱詞》末有毛晉跋，可參見《汲古閣書跋》。因可見毛晉刊刻過程，復録於此：

平仲，三衢人，仕止州倅。禮部尚書友之子。負才玩世，頗有毛伯成之風。撰《樵隱集》十五卷，尤延之爲序。惜乎不傳。楊用修云："毛开小詞一卷，惟余家有之。"極賞其"潑火初收"一闋，今亦不多見。余近得楊夢羽先生秘藏《宋元名家詞》抄本二十七種，内有《樵隱詩餘》一卷，共四十二首，調名二十有三，亟梓而行之，庶不與集俱湮耳。湖南毛晉識。

20.《竹山詞》前有湖濱散人《題竹山詞》①：

竹山先生出義興鉅族，宋南渡後，有名璪字宣卿者，善書，仕亦通顯，子孫俊秀，所居擅溪山之勝故。先生貌不揚，長于樂府。此稿得之於唐士牧家藏本，雖無詮次，庶幾無遺逸云。至正乙巳歲次秋七月十有七日湖濱散人題②。

《竹山詞》末有毛晉跋，可參見《汲古閣書跋》。其中"以一斑而失全豹"，核原書作"班"。

---

① "題竹山詞"，朱筆改作"跋語"。
② "十有七日湖濱散人題"，朱筆改作"録"。

21.《書舟詞》前有王稱《題書舟詞》①:

程正伯以詩詞名,鄉之人所知也。余頃歲遊都下,數見朝士,往往亦稱道正伯佳句,獨尚書尤公以爲不然,曰:"正伯之文,過於詩詞。"此乃識正伯之大者也。今鄉人有欲刊正伯歌詞,求余書其首。余以此告之,且爲言:"正伯方爲當塗諸公以制舉論薦,使正伯惟以詞名世,豈不小哉?"則曰:"古樂府亦文爾,初何損於正伯之文哉?"余用是樂爲書之。雖然,昔晏叔原以大臣子,處富貴之極,爲靡麗之詞,其政事堂中舊客,尚欲其捐有餘之才,豈②未至之德者,蓋叔原獨以詞名爾,他文則未傳也。至少游、魯直則已兼之。故陳無己之作,自云不減秦七、黃九,是亦推尊其詞爾。余謂正伯爲秦、黃則可,爲叔原則不可。紹熙甲寅端午前一日,王稱季平序。

《書舟詞》末有毛晋跋,可參見《汲古閣書跋》。

22.《坦菴詞》前有尹覺《題坦菴詞》③:

詞,古詩流也,吟咏情性,莫工於詞。臨淄、六一,當代文伯,其樂府猶有憐景泥④情之偏,豈情之所鍾,不能自已於言耶?坦菴先生,金閨之彦,性天夷曠,吐而爲文,如泉出不擇地。連收兩科,如俯拾芥,詞章迺其餘事。人見其模⑤寫風景、體狀物態,俱極精巧,初不知得之之易,以至得趣忘憂,樂天知命,兹又情性之自然也。因爲編次,俾鋟諸木,觀者當自識其胸次云。門人尹覺先之叙。

《坦菴詞》末有毛晋跋,可參見《汲古閣書跋》。

23.《惜香樂府》卷十末有毛晋跋,可參見《汲古閣書跋》。因有校改,仍録於此:

長卿自號仙源居士,蓋南豐宗室也。不栖志紛華,獨安心風雅。每遇花間鶯外,輒觴詠自娱。鄉貢進士劉澤集其樂府,以春景、夏景、秋景、冬景及總詞、賀生辰、補遺類編,釐爲十⑥卷,雖未敢與南唐二主相伯仲,方之徽宗則迥出雲霄

---

①朱筆旁注"抄本缺叙"。
②吴訥編明抄《百家詞》本(天津圖書館藏本)作"益"。
③"題坦菴詞",朱筆改作"坦菴長短句序"。
④"泥",朱筆改作"涅"。
⑤"模",朱筆改作"摹"。
⑥"十",朱筆改作"九"。

矣。湖南毛晉識。

24.《西樵語業》末有毛晉跋，可參見《汲古閣書跋》。文有小異，仍錄於此：

止^①濟翁，廬陵人也。西樵乃清海府城西山名，相去數百里。或曰，曾流寓于此，因以名集，今亦無傳。但其《語業》一卷，俊逸可喜，不作妖艷情態。雖非詞家能品，其品之閒閒可想見云。湖南毛晉識。

25.《近體樂府》末有毛晉跋，可參見《汲古閣書跋》。

26.《竹屋癡語》末有毛晉跋，可參見《汲古閣書跋》。其中"高竹屋與史梅溪皆周秦之流"，核原書當作"周秦之詞"。

27.《夢窗乙藁》末有毛晉跋：

余家藏書未備，如四明吳夢窗詞稿，二十年前僅見丙、丁二集，因遂授梓，蓋尺錦寸繡，不忍秘諸枕中也。今又得甲、乙二册，但錯簡紛然。如"風裏落花誰是主"，此南唐後主亡國詞讖也。"無可奈何花落去，似曾相識燕歸來"巧對，晏元獻公與江都尉同遊池上一段佳話，久已耳熱，豈容攘美。又如秦少游"門外綠陰千頃"，蘇子瞻"敲門試問野人家"，周美成"倚樓無語理瑤琴"，歐陽永叔"佳人初試薄羅裳"之類，各入本集，不能條舉。但如"雲接平岡""對宿烟收"諸篇，自注附某集者，姑仍之，未識誰主誰賓也。古虞毛晉識。

《夢窗補遺》末有毛晉跋，可參見《汲古閣書跋》。因言及卷帙分合，故錄於此，以與上跋合觀：

或云《夢窗詞》一卷；或云凡四卷，以甲乙丙丁釐目；或又云四明吳君特從吳履丝諸公遊，晚年好填詞，謝世後，同遊集其丙、丁兩年稿若干篇，釐爲二卷。末有《鶯啼序》，遺缺甚多，蓋絕筆也。與余家藏本合符。既閱花菴諸刻，又得逸篇九闋，附存卷尾。山陰尹焕序略云："求詞于吾宋，前有清真，後有夢窗，此非焕之言，四海之公言也。"湖南毛晉識。

28.《竹丝詩餘》末有毛晉跋，可參見《汲古閣書跋》。其中"不知寵柳"，核原書當作"不乏"。

29.《金谷遺音》末有毛晉跋，可參見《汲古閣書跋》。

30.《散花菴詞》末有毛晉跋，可參見《汲古閣書跋》。

---

①"止"，朱筆改作"楊"。

31.《和清真詞》末有毛晉跋，可參見《汲古閣書跋》。其中“三闋而已”，核原書無“而已”二字。

32.《後村別調》末有毛晉跋，可參見《汲古閣書跋》。

33.《蘆川詞》末有毛晉跋，可參見《汲古閣書跋》。

34.《于湖詞》前有陳應行《于湖先生雅詞序》：

蘇明允不工於詩，歐陽永叔不工於賦，曾子固短於韻語，黃魯直短於散語，蘇子瞻詞如詩，秦少游詩如詞，才之難全也，豈前輩猶不免耶？紫薇張公孝祥，姓字風雷於一世，辭彩日星於郡國，其出入皇王，縱橫禮樂，固已見於萬言之陛對。其判花視草，演絲爲綸，固已形於尺一之詔書。至於託物寄情，弄翰戲墨，融取樂府之遺意，鑄爲毫端之妙詞，前無古人，後無來者，散落人間，今不知其幾也。比遊荆湖間，得公《于湖集》，所作長短句凡數百篇，讀之泠然灑然，真非煙火食人辭語。予雖不及識荆，然其瀟散出塵之姿，自在如神之筆，邁往淩雲之氣，猶可以想見也。使天假之年，被之聲歌，薦之郊廟，當其《陰①》《莖》《韶》《濩》間，作而遞奏，非特如是而已。一日鳳鳥去，千年梁木摧。予深爲公惜也。于湖者，公之別號也。昔陳季常晦其名，自稱爲龍丘子，嘗作《無愁可解》，東坡爲之序引，世之不知者遂以龍丘爲東坡之號，予故表而出之。乾道辛卯仲冬朔日，建安陳應行季陸序。

《于湖詞》前有湯衡《序》：

昔東坡見少游上巳遊金明池詩有“簾幕千家錦繡垂”之句，曰：“學士又入小石調矣。”世人不察，便謂其詩似詞，不知坡之此言蓋有深意。夫鏤玉雕瓊、裁花剪葉，唐末詞人非不美也，然粉澤之工，反累正氣。東坡慮其不幸而溺手②彼，故援而止之，惟恐不及。其後元祐諸公，嬉弄樂府，寓以詩人句法，無一毫浮靡之氣，實自東坡發之也。于湖紫微張公之詞，同一關鍵。始公以妙年射策魁天下，不數歲入直中書，帝將大用之。未幾，出守四郡，多在三湖七澤間。何哉？衡謂兹地自屈、賈題品以來，唐人所作，不過柳枝、竹枝詞而已，豈□③以物色分留我

① “陰”，武進陶氏涉園《續刻景宋金元本詞》本作“英”，當是。

② “手”，當爲“乎”之訛。

③ 原刻此處空缺一字。

公,要與"大江東去"之詞相爲雄長,故建牙之地,不於此而於彼也歟? 建安劉温父博雅好事,於公文章翰墨,尤所愛重。片言隻字,莫不珍藏。既裒次爲法帖,又别集樂府一編,屬予序之,以冠於首。衡嘗獲從公游,見公平昔爲詞,未嘗著稿,筆酣興健,頃刻即成,初若不經意,反復究觀,未有一字無來處,如《歌頭》"凱歌"、登無盡藏、岳陽樓諸曲,所謂駿發踔厲,寓以詩人句法者也。自仇池仙去,能繼其軌者,非公其誰與哉? 覽者擊節,當以予爲知言。乾道辛道辛卯六月望日,陳郡湯衡撰。

《于湖詞》末①有毛晋跋,可參見《汲古閣書跋》。可見毛晋刊刻過程,仍録於此:

字安國號于湖,蜀之簡州人也。後卜居歷陽,故陳氏稱爲歷陽人。甲戌狀元及第,出自思陵親擢,故秦相孫塤居其下,檜忌惡之,以事召致于獄。檜亡,上眷益隆,不數載入直中書,惜其不年。上嘗有用不盡之歎。玉林集《中興詞家》選二十有四闋,評云:"舊有《紫薇雅詞》,湯衡爲序,稱其'平昔爲詞,未嘗著稿,筆酣興健,頃刻即成,無一字無來處,如《歌頭》"凱歌"諸曲,駿發蹈厲,寓以詩人句法者也'。"恨全集未見耳。古虞毛晋記。

35.《洺水詞》末有毛晋跋,可參見《汲古閣書跋》。

36.《歸愚詞》末有毛晋跋,可參見《汲古閣書跋》。

37.《龍洲詞》末有毛晋跋,可參見《汲古閣書跋》。

38.《初寮詞》末有毛晋跋,可參見《汲古閣書跋》。

39.《龍川詞》《龍川詞補》末俱有毛晋跋,可參見《汲古閣書跋》。因可見毛晋刊刻過程,復録如下:

同甫一名同,永康人。光宗策進士,群臣奏其卷第三,御筆擢第一。既知爲同甫,大喜。又有"天留遺朕"之詔,其恩遇如此。據葉水心序其集云四十卷,今行本止三十卷,想尚多佚遺。其最著者莫如《上皇帝四書》及《酌古論》。自贊云"人中之龍,文中之虎",真無忝矣。第本集載詞選三十闋,無甚詮次,如寄辛幼安《賀新郎》三首,錯見前後。予家藏《龍川詞》一卷,又每調類分,未知孰是。讀至卷終,不作一妖語媚語,殆所稱不受人憐者歟? 湖南毛晋識。

---

①此卷之後又有《于湖詞》卷二、三,卷末均無跋。

余正喜同甫不作妖語媚語,偶閱《中興詞選》,得《水龍吟》以後七関,亦未能超然。但無一調合本集者,或云贗作。蓋花菴與同甫俱南渡後人,何至誤謬若此? 或花菴專選綺艷一種,而同甫子沉①所編本集,特表阿翁磊落骨幹,故若出二手。況本集云"詞選",則知同甫之詞不止於三十関。即補此花菴所選,亦安得云全豹耶? 姑梓之以俟博雅君子。湖南毛晉又識。

40.《姑溪詞》末有毛晉跋,可參見《汲古閣書跋》。因有校改,仍録於此:

端叔,趙郡人,辟爲中山幕府。因代范忠宣作遺表得罪,編置當塗,即家焉。自號姑溪居士。客春從玉峰得《姑溪詞》一卷,凡四十調,共八十有八関,惜卷尾《踏莎行》爲鼠所損耳。中多次韵小令,更長於淡語、景語、情語,如"鴛衾半擁空床月",又②如"步嬾恰尋床,卧看遊絲到地長",又如"時時浸手心頭熨,受盡無人知處涼",即置之《片玉》《漱玉》③集中,莫能伯仲。至若"我住長江頭,君住長江尾。日日思君不見君,共飲長江水",直是古樂府俊語矣。叔陽不列之南渡諸家,得無遺珠之恨耶? 古虞毛晉識。

41.《友古詞》末有毛晉跋,可參見《汲古閣書跋》。

42.《石屏詞》第十二葉有毛晉跋,《汲古閣書跋》所録不全,復録於此④:

式之以詩鳴東南,半天下所稱,南渡後"江湖四靈"之一也。石屏,其所居山名,因以爲號。性好遊,南適甌閩,北窺吳越,上會稽,絶重江,浮彭蠡,汎洞庭,望匡廬、五老、九嶷諸峰,然後放于淮泗,歸老委羽之下。讀其自述《沁園春》一関、自嘲《望江南》三関,可想見其大槩矣。一時樓四明、吳荆溪輩盛稱其痛念先人,固窮繼志,以爲天台詩品莫出其右者。楊用修乃以江西烈女一事疵其爲人,不幾以小節掩大德耶? 至如"胸中無千百字書"云云,是石屏自恨少孤失學之語,指爲方虚谷短之,抑謬矣。樓大防、陶南村所紀二則,聊附于左,以俟賞識君子。古虞毛晉識。

樓鑰云:黃岩戴君敏才,獨能以詩自適,號東皋子,不肯作舉子業,終窮而不

---

①"沉",當爲"沆"之訛。
②按"客春從"至"月又",朱筆改作"世傳《姑溪詞》一卷,八十有六首,而《踏莎行》'何'字下都缺,余從集本補全,又後集載《朝中措》以下五首,并足成之,稱完璧云"。
③按"漱玉"二字,朱筆圈去。
④跋後有毛扆朱筆跋及墨筆補抄逸詞八首。

悔。且死，一子方襁褓中，語親友曰："吾之病革矣，而子甚幼，詩遂無傳乎?"爲之太息，語不及他，與世異好乃如此。子既長，名曰復古，字式之。或告以遺言，收拾殘編，僅存一二，深切痛之，遂篤意古律。雪巢林監廟景思、竹隱徐直院淵子，皆丹丘名士，俱從之遊，講明句法。又登三山陸放翁之門，而詩益進。一日攜大編訪予，且言"吾以此傳父業，然亦以此而窮"，求一語以書其志。余答之曰：夫詩能窮人，或謂惟窮然後工。笠澤之論李長吉、玉谿生，甚悲也。子惟能固窮，則詩愈昌矣。余之言固何足爲軒輊邪?嘗聞戴安道善琴，二子勃、顒並受琴於父。父没，所傳之聲不忍復奏，乃各造新弄，《廣陵止息》之流，皆與世異。其孝固可稱，然似稍過。果爾，則琴亦當廢矣。式之豈其苗裔邪?而能以詩承先志，殆異於此。東臯子其不死矣。

陶宗儀云：戴石屏先生復古未遇時，流寓江右。武寧有富家翁，愛其才，以女妻之。居二三年，忽欲作歸計。妻問其故，告以曾娶。妻白之父。父怒，妻宛曲解釋，盡以奩具贈夫，仍餞以詞云："惜多才，憐薄命，無計可留汝。揉碎花牋，忍寫斷腸句。道傍楊柳依依，千絲萬縷，抵不住一分愁緒。捉月盟言，不是夢中語。後回君若重來，不相忘處，把杯酒，澆奴墳土。"夫既別，遂赴水死，可謂賢烈也已。

43.《海野詞》末有毛晉跋，可參見《汲古閣書跋》。

44.《逃禪詞》末有毛晉跋，可參見《汲古閣書跋》。因有校改，復錄於下：

補之，清江人，世所傳"江西墨梅"即其人也。其詩文亦不多見。向有《補之詞》行世，或謂是晁補之，謬矣。無論①字句之②舛譌，章次之③顛倒，即調名如《一斛珠》誤作《品令》，《相見歡》誤作《烏夜啼》之類，亦不可條舉④。今悉一一⑤釐正。但散花菴詞客一無選錄，豈謂其多獻壽之章，無麗情之句耶?《草堂》集止載"癡牛騃女"一調，又逸其名。後人⑥妄注⑦毛東堂，可恨坊本無據，

---

①"無論"二字，朱筆圈去。
②"之"字，朱筆圈去。
③"之"字，朱筆圈去。
④"即調名"至"可條舉"，朱筆圈去。
⑤"一一"二字，朱筆圈去。
⑥"逸其名後人"五字，朱筆圈去。
⑦"注"，朱筆改爲"作"。

反①令人疑《香籢》之或凝或偓云。古虞毛晋識。

45.《空同詞》末有毛晋跋，可參見《汲古閣書跋》。

46.《介菴詞》末有毛晋跋，可參見《汲古閣書跋》。因可見毛晋刊刻過程，復録於下：

德莊名噪乾、淳間，官至朝請大夫，直寶文閣，知建寧府軍府事，賜紫金魚袋，恩遇甚隆，而度量宏博，常戒趙忠定公曰"謹勿以一魁先置胸中"，可想見其大槩矣。余家舊藏《介庵詞》一卷，板甚精良，惜未得其全集。又有《文寶雅詞》四卷，中誤入孫夫人咏雪詞。又曾見《栞趣外篇》六卷，章次顛倒，贋作頗多，不能悉舉。至如席上贈人《清平樂》，昔人稱爲集中之冠，反逸去，可恨坊本之亂真也。湖南毛晋識。

47.《平齋詞》末有毛晋跋，可參見《汲古閣書跋》。

48.《文溪詞》末有毛晋跋，可參見《汲古閣書跋》。

49.《丹陽詞》末有毛晋跋，可參見《汲古閣書跋》。

50.《孏窟詞》末有毛晋跋，可參見《汲古閣書跋》。

51.《克齋詞》末有毛晋跋，可參見《汲古閣書跋》。

52.《芸窗詞》末有毛晋跋，可參見《汲古閣書跋》。

53.《竹坡詞》前有孫兢《竹坡②詞序》：

竹坡先生少慕張右史而師之，稍長從李姑溪遊，與之上下。其議論由是盡得前輩作文關紐，其大者固已掀揭漢唐，凌屬騷雅，燁然名一世矣。至其嬉笑之餘，溢爲樂章，則清麗宛曲，當□□③是豈苦心刻意而爲之者哉？昔□□④先生蔡伯⑤評近世之詞，謂蘇東坡⑥辭勝乎情，柳耆卿情勝乎辭，辭情兼⑦稱者，唯秦少游而已。世以爲善評。雖然，耆卿不足道也，使伯世見此詞，當必有以處之

---

① "反"字，朱筆圈去。
② "竹坡"下，朱筆旁添"老人"二字。
③ 此處原空二格。
④ 此處原空二格。
⑤ "伯"下，朱筆旁添"世"字。
⑥ "東坡"，朱筆改作"子瞻"。
⑦ "兼"，朱筆改作"相"。

矣。凡一百四十八詞,離爲三卷。乾道二年上元日,高郵孫兢序。

《竹坡詞》卷三第十六葉有周栞跋:

先父長短句一百四十八闋,先是潯陽書肆開行,訛舛甚多,未及修正,適鄉人經由渭①宣城搜尋此,未得其半,遂以金受板東下。未幾,好事者輻湊訪求,粥書者利其得,又復開成,然比宣城本爲善,蓋栞親校讎也。去歲武林②復得二章,今繼於《憶王孫》之後。先父一時交遊,如李端叔、翟公巽、吕居仁、汪彦章、元不伐,莫不推重。平生著述,綴集成七十卷,槧板襄陽。黄州開《楚辭贅説》《詩話》二集。尚有《尺牘》《大閒③録》《勝遊録》《群玉雜嚼》藏於家,以俟君子廣其傳云。乾道九年閏正月十五日,男栞拜書。

周栞跋後有毛晋跋,可參見《汲古閣書跋》。

54.《聖求詞》前有趙師嵒《聖求詞序》:

世謂少游詩似曲,子瞻曲似詩,其然乎?至荆公《桂枝香》詞,子瞻稱之,此老真野狐精也。詩詞各一家,惟荆公備衆作,艷體雖樂府柔麗之語,亦必工緻,真一代奇材。後數十年,當宣和末,有吕聖求者,以詩名,諷詠中率寓愛君憂國意,不但弄筆墨清新俊逸而已。其憂國詩云:"憂國憂身到白頭,此生風雨一沙鷗。"又云:"尚喜山河歸帝子,可憐麋鹿入王宫。"痛傷詩云:"塵斷征車□,雲低虜帳深。古今那有此,天地亦何心。"釋憤詩云:"未湔嵇紹血,誰發諫臣章。"赤心皆□,詩史氣象。縉紳巨賢多録藏家藏,但不窺全袟,未能爲刊行也。一日,復得聖求詞集一編,婉媚深窈,視美成、耆卿伯仲耳。余因念聖求詩詞俱可以傳後,惜不見他所著述,以是知世間奇才未乏也。士友董將刻聖求詞,求序於余,故余得言其大槩。聖求居嘉興,名濱老,嘗位周行,歸老於家云。嘉定壬申中秋,朝奉大夫成都路轉運判官趙師嵒序。

《聖求詞》末有毛晋跋,可參見《汲古閣書跋》。

55.《壽域詞》末有毛晋跋,可參見《汲古閣書跋》。文有小異,復録如下:

杜壽域,不知何許人。據陳氏云"京兆杜安世,字壽域",黄氏又云"字安世,

①"渭",朱筆圈去,旁復加一圈,似以原刻爲是。
②"林",朱筆改作"陵"。
③"閒",朱筆改作"閑"。

名壽域",未知孰是。儕輩嗤其詞不工。余初讀其《訴衷情》云"燒殘絳蠟淚成痕,街鼓報黃昏。碧雲又阻來信,廊上月侵門。愁永夜,拂香裀,待誰温。夢蘭憔悴,擲果凄凉,兩處消魂",語纖致巧,未嘗不工。此詞載《花庵詞選》,不載本集。本集載《折紅梅》一首,龔希仲又謂是吳中丞紅梅閣詞,紀之甚詳:"吳感,字應之,以文章知名。天聖二年省試爲第一,又中九年書判拔萃科,仕至殿中丞。居小市橋,有侍姬曰紅梅,因以名其閣。嘗作《折紅梅》詞曰:"喜輕澌初泮,微和漸入,芳郊時節。春消息,夜來陡覺,紅梅數枝争發。玉溪仙館,不是箇、尋常標格。化工别與,一種風情,似勻點胭脂,染成香雪。重吟細閲。比繁杏夭桃,品流真别。只愁共、彩雲易散,冷落謝池風月。憑誰向説。三弄處、龍吟休咽。大家留取,倚闌干①,聞有花堪折,勸君須折。"其詞傳播人口,春日群晏,必使倡人歌之。吳死,其閣爲林少卿所得,兵火前尚存。子純,字晦叔,文行亦高,鄉人呼爲吳先生。楊元素《本事集》誤以爲蔣堂侍郎有小鬟號紅梅,其殿丞作此詞贈之。"可見詩詞名篇互淆者甚多,同時尚未能析疑,何况千百年後耶? 古虞毛晋識。

56.《審齋詞》末有毛晋跋,可參見《汲古閣書跋》。

57.《東浦詞》末有毛晋跋,可參見《汲古閣書跋》。

58.《琴趣外篇》卷六末有毛晋跋,可參見《汲古閣書跋》。因可見刊刻過程,復録於下:

《琴趣外篇》六卷,宋左朝奉祕書省著作郎充秘閣校理國史編修官濟北晁補之无咎長短句也。其所爲詩文凡七十卷,自名《鷄肋集》。惟詩餘不入集中,故云外篇。昔年見吳門鈔本,混入趙文寶諸詞,亦名《琴趣外篇》,蓋書賈射利,眩人耳目,最爲可恨。余已釐正《介菴詞》,辨之詳矣。无咎雖游戲小詞,不作綺艷語,殆因法秀禪師諄諄戒山谷老人,不敢以筆墨勸淫耶? 大觀四年卒于泗州官舍,自畫山水留春堂大屏,上題云:"胸中正可吞雲夢,餞底何妨對聖賢。有意清秋入衡霍,爲君無盡寫江天。"又詠《洞仙歌》一闋,遂絶筆,不知何故逸去,今依花菴詞客,附諸末幅。古虞毛晋識。

59.《知稼翁詞》前有曾丰《知稼翁詞序》:

淳熙戊申,故考功郎莆田黄公公度之子沃通守臨川。明年,臨川人士得考

---

① "倚闌干"前脱"時"字,可見《詞林萬選》卷一,明末毛氏汲古閣刊本。

功樂章,其題爲《知稼翁詞》,請鋟之木。通守重於諾,於余乎質焉。余謂樂始有聲,次有音,最後有調①,商《那》、周《清廟》等頌、漢《郊祀》等歌是也。夫頌,類選有道德者爲之,發乎情性,歸乎禮義,故商、周之樂感人深;歌則雜出於無賴不羈之士,率情性而發耳,禮義之歸歟否邪不計也,故漢之樂感人淺。本朝太平二百年,樂章名家紛如也。文忠蘇公,文章妙天下,長短句特緒餘耳,猶有與道德合者。"缺月疎桐"一章,觸興於驚鴻,發乎情性也;收思於泠洲②,歸乎禮義也。黃太史相多大以爲非口食煙火人語,余恐不食煙火之人口所出,僅塵外語,於禮義違計歟。考功所立不在文字,余於樂章窺之,文字之中所立寓焉。泉幙之解,非所欲去,而寓意於"鄰鷄不管離情"之句;祕館之除,非所欲就,而寓意於"殘春已負歸約"之句。凡感發而輸寫,大抵清而不激,和而不流,要其情性則適,揆之禮義而安,非能爲詞也,道德之美,腴於根而益於華,不能不爲詞也。天於其年,苟奪之晚,俾更涵養,充而大之,竊意可與文忠相後先。顧余非識者,人未必以爲然,嘗試志卷端以歸通守。通守於家爲賢子,於時爲才士,夫有志揚其先而不憚鋟之木,則傳者日益廣,當有大識者出,爲考功重其價焉。十二月五日,奉議郎新知靜江府義寧縣主管勸農公事賜緋魚袋曾丰序。

《知稼翁詞》第十一葉有黃沃跋:

公既南歸,適秦益公薨,於是大魁張九成、劉章、王佐、趙逵等以次除召,公在一輩中最久最滯,故首被命,登對便殿,言中時病。上喜,勞問再三,面除尚書考功員外郎。朝論美其親擢,知眷獎之渥,繼見朝夕。亡③何,公得疾,卒于位,享年四十有八。吁! 可痛哉! 在時號知稼翁,因以名集,凡十一卷,先已命工鋟木。而此詞近方搜拾,未得其半,姑録而藏之,以傳後裔,謹毋逸墜云。淳熙十六年重五日,男朝散郎權通判撫州④兼管農營田事賜緋魚袋沃謹澤手識于卷末。

黃沃跋後有毛晉跋,可參見《汲古閣書跋》。文有小異,復録於下:

知稼翁,字師憲,世居莆田,代多聞人。唐御史滔,即其先也。先是,莆中有

———————————

① "調",朱筆改作"詞"。
② "泠洲",朱筆校作"泠州"。
③ "亡",朱筆校作"毋"。
④ "撫州"下,朱筆旁添"軍州"二字。

識云:"折却屋,換却椽,望京門外出狀元。"紹興八年,孫守益改刱譙門,規橅雄偉,甫成,公果以文章魁天下。公年四十有八,宅邊有大木可蔽畒,忽仆。又自夢雷電震閃,旗幟殷赫,擁櫬而去,金書"化"字以示。迨屬纊之夕,果雷雨大作,人甚異之。其父靜,以本州首貢作南廟省魁,中上舍兩優之選。既以公貴,贈中奉大夫。從兄泳,以童子召見,徽宗賜五經及第。季弟庚,以文薮知名,將試禮部。適公捐館,不忍獨留京師,同護喪歸殯。子五人,沃、泮、洧、洙皆力學,南僧幼,未名。有文集十一卷,子沃編以行世,丐序于莆田陳俊卿、鄱陽洪邁。洪邁評其詞云"宛轉清麗,讀者咀嚼于齒頰間而不能已",又誦其悲秋之句曰:"'迢迢別浦雙帆去,漠漠平蕪天四垂,雨意欲晴山鳥樂,寒聲初到井梧知。'吾不知謫仙、少陵以還,大曆十才子尚能窺其藩否?"可謂贊揚之極矣。其居官始末,詳于龔茂良《行狀》、林大鼐《墓誌銘》中。近來閩中鏤版甚善,末幅有諱崇翰者,紀錄詳摯。倘歷代先賢名集,盡得文孫各爲表章如知稼翁者,不大快耶? 古虞毛晉識。

60.《無住詞》末有毛晉跋,可參見《汲古閣書跋》。

61.《後山詞》末有毛晉跋,可參見《汲古閣書跋》。其中"杯更留殘",核原書當作"杯行到手更留殘";"簾攏捲花影",核原書當作"簾籠"。

62.《蒲江詞》末有毛晉跋,可參見《汲古閣書跋》。文有小異,復錄如下:

盧祖皋,字申之,自號蒲江居士,永嘉人,樓大防之甥也。一時永嘉詩人爭學晚唐體,徐照字道暉,徐璣字文淵,翁卷字靈舒,趙師秀字紫芝,稱爲四靈,與申之倡和,莫能伯仲。惜其詩集不傳。黃叔陽謂其樂府甚工,字字可入律呂,浙人皆唱之。《中興》集中,幾盡採錄。或病其偶句太多,未足驚目。余喜其"柳色津頭泫綠,桃花渡口啼紅",較之秦七"鶯嘴啄花紅溜,燕尾點波綠皺"不更鮮秀耶? 又"玉簫吹未徹。窗影梅花月。無語只低眉。間拈雙荔枝",直可步趨南唐"孤枕夢回鷄塞遠,小樓吹徹玉笙寒"矣。至如"江涵雁影梅花瘦""花片無聲簾外雨"云云,蓋古樂府佳句也。惜乎《蒲江詞》一卷,僅僅二十有五闋耳。古虞毛晉識。

63.《烘堂詞》末有毛晉跋,可參見《汲古閣書跋》。

【批校題跋】書中有朱、墨筆批校,多引宋刻及其他可資校勘之善本對勘。

《樂章集》《放翁詞》《姑溪詞》《石屏詞》末均有墨筆抄録補遺。《珠玉詞》《六一詞》等眉端亦有墨筆抄補。各詞集毛晋跋後多有跋語，以其内容多係各詞集校勘心得總述，録文如下：

1.《珠玉詞》毛晋跋後有黄儀朱筆跋：“七月廿四日挍。凡二抄本，其一即底本也。章次皆同，而此刻獨異。據卷首有潛翁手注，云依宋刻本云。”

2.《六一詞》毛晋跋後有黄儀朱筆跋：“辛亥七月廿六日燈下，本集挍訖。凡分三卷，後刻郡人羅泌挍正，其別作字俱另書，附於各卷之末。”

又黄儀朱筆跋：“壬子六月六日讀於松影堂。”

3.《樂章集》毛晋跋後有黄儀朱筆跋：“辛亥七月廿三日燈下挍。”

又黄儀朱筆跋：“六月初九日讀訖。”

又毛扆朱筆跋：“癸亥中秋，借含經堂宋本挍一過。卷末續添曲子，乃宋本所無，又從周氏、孫氏兩抄本挍正，可稱完璧矣。毛扆。”

4.《東坡詞》毛晋跋後黄儀朱筆跋：“六月初九日雨窗讀。”

5.《淮海詞》毛晋跋後黄儀朱筆跋：“辛亥七月廿三日，宋刻本集挍。凡詞七十七首，分上中下三卷，章次亦與此異。”

又黄儀朱筆跋：“六月初十日讀。”

又黄儀朱筆跋：“壬戌正月十一日重閲。儀。”

6. 第五册封面“小山詞”下毛扆朱筆書：“挍。要重刻。”

《小山詞》毛晋跋後黄儀朱筆跋：“辛亥七月廿二日挍。凡三抄本，其一即底本也。章次皆同，而此刻自《玉樓春》後即顛倒錯亂，不知何故。内一本分二卷，自《歸田樂》以下爲下卷。其本極佳，得脱謬字極多，惜下卷已逸去耳。”

又黄儀朱筆跋：“六月十一日讀。”

又毛扆朱筆跋：“己巳四月廿七日，從孫氏舊録本挍。孫本凡二卷，其次序如硃筆所標云。毛扆。”

7. 第六册封面“東堂詞”下毛扆朱筆書：“挍。”

《東堂詞》毛晋跋後黄儀朱筆跋：“七月廿一日挍。凡三抄本，其一即底本也。章次皆同，而與此刻異，未詳何故①。内一小字本最佳，所得脱誤字極多。”

①此四字爲毛扆删去，并於跋後批“不相干”三字。

又毛扆朱筆跋:"鄉謂子鴻深于詞,及閱此,未免尚隔一層。甚矣,學問之難也。"

又毛扆朱筆跋:"己卯五月十六日,從舊録本挍一過。毛扆。"

8.《放翁詞》毛晉跋後黃儀朱筆跋:"辛亥七月廿一日,抄本挍。外有《夜游宫》一、《月照梨花》二、《如夢令》一,共四闋,見《花菴詞選》中,宜刻作《拾遺》。"

又黃儀朱筆跋:"六月十三日曉刻雨窓讀訖。"

9.《稼軒詞》卷一末黃儀朱筆跋:"七月二日挍。"

《稼軒詞》卷二末黃儀朱筆跋:"七月三日挍。"

又黃儀朱筆跋:"壬子七夕後二日讀完。"

《稼軒詞》卷四末毛晉跋後黃儀朱筆跋:"辛亥七月三日,勅翁所挍元板本重挍訖。"

又黃儀朱筆跋:"甲寅三月望日讀訖。"

《稼軒詞》卷四末附葉瞿熙邦朱筆跋:"癸酉春,以汲古閣刊本有批校者對校一過。是本亦曾經多人校讀,但俱未留名。其原校之用紅筆者,今於字旁用'○',其黃筆者用'└',其墨筆者用':',所以別於舊校。各字俱注下端,免魚目混珠。原校黃筆謂校元刊本,但此本亦曾經前人用元刊本校過,而仍有異,其所據另一元刊本乎?紅筆則據舊抄本。今彙録之,以俟善本出而待証也。熙邦誌。"

10.《片玉詞》卷下末黃儀朱筆跋:"辛亥七月一日,元刻本《片玉集》及一抄本挍,二本同。"

又黃儀朱筆跋:"是日又得底本重挍。按卷首云'美成長短句',非'清真',亦非'片玉'也,故多異同云。"

《片玉詞補遺》末毛晉跋後黃儀朱筆跋:"甲寅三月望後二日讀訖。"

11.《梅溪詞》毛晉跋後黃儀朱筆跋:"六月廿九日,二抄本挍,其一即底本也。"

又黃儀朱筆跋:"甲寅四月晦前一日讀。"

12.《白石詞》毛晉跋後黃儀朱筆跋:"甲寅四月晦日讀。"

又黃儀朱筆跋:"六月廿九日,二抄本挍。章次、題注與此全別。按一本卷面有云'宜依《花菴》章次',則此本蓋依《花菴》付梓云。"

13.《石林詞》第二十九葉《水龍吟》"柁樓橫笛孤吹"眉端毛扆朱筆書:"鄉者,先君疑于'理'下脫十六字。及得曾慥《雅詞》,却于'須'下脫。蓋因'寄''記'同聲而誤也。幾十年之缺文,一旦得全,且喜且悲,喜後世之得見全文,悲先君之不及見也。收淚識此,毛扆。"

《石林詞》毛晋跋後黃儀朱筆跋:"辛亥六月廿八日,三抄本挍,其一即底本也。"

又黃儀朱筆跋:"五月朔日讀。"

又毛扆朱筆跋:"子鴻挍後,手挍一過,其不中欵處多抹去。"

14.第十一册封面"酒邊詞"下毛扆朱筆書:"宋本挍。"

又"溪堂詞"下毛扆朱筆書:"題詞要毁。挍。"

又"樵隱詞"下毛扆朱筆書:"挍。"

又"竹山詞"下毛扆朱筆書:"跋重刻。"

15.《酒邊詞》毛晋跋後陸貽典朱筆跋:"庚戌四月十三日,兩抄本挍。勑先。"

又黃儀朱筆跋:"辛亥荷日重挍。"

又黃儀朱筆跋:"甲寅五月初二日讀。"

16.《溪堂詞》毛晋跋後陸貽典朱筆跋:"庚戌四月十三日,抄本挍。勑先。"

又黃儀朱筆跋:"辛亥六月廿四日重校。"

又黃儀朱筆跋:"五月初三、四日讀。"

又毛扆朱筆跋:"己巳三月九日,從孫氏舊録本挍。毛扆。"

17.《樵隱詞》毛晋跋後陸貽典朱筆跋:"庚戌四月十三日,抄本挍。勑先。"

又黃儀朱筆跋:"辛亥六月廿三日挍。"

又黃儀朱筆跋:"甲寅午日讀訖。"

又毛扆朱筆跋:"辛巳六月二十三日,從錫山孫氏抄本挍,次序標上。毛扆。"

又毛扆朱筆跋:"惜夢羽先生藏本已失,無從參考。"

18.《竹山詞》毛晋跋後陸貽典朱筆跋:"庚戌四月十四日雨中,抄本挍。敕先。"

又黄儀朱筆跋:"六月廿三日挍。"

又黄儀朱筆跋:"五月初四日燈下讀。"

19.《書舟詞》毛晋跋後陸貽典朱筆跋:"庚戌四月十有四日燈下,抄本挍畢。敕先識。"

又黄儀朱筆跋:"辛亥六月廿三日,漢威重挍。"

又黄儀朱筆跋:"五月初六日讀訖。"

20.《坦菴詞》毛晋跋後陸貽典朱筆跋:"庚戌四月望日抄本挍。勑先。"

又黄儀朱筆跋:"五月初六日燈下讀訖。"

21.《惜香樂府》卷一末陸貽典跋:"庚戌四月望,抄本挍。"

《惜香樂府》卷二末陸貽典跋:"挍過。"

《惜香樂府》卷四末陸貽典跋:"十六日敕先挍。"

《惜香樂府》卷五末陸貽典跋:"十七日敕先挍。"

《惜香樂府》卷六末陸貽典跋:"十八日早刻挍。"

《惜香樂府》卷七末陸貽典跋:"午刻挍。"

《惜香樂府》卷八末陸貽典跋:"挍過。"

《惜香樂府》卷十末毛晋跋後黄儀朱筆跋:"甲寅五月初九日讀訖。"

又陸貽典朱筆跋:"庚戌四月十八日晚刻,抄本挍畢。敕先。"

又黄儀朱筆跋:"辛亥六月廿二日,漢威重挍。"

22. 第十四册封面"西樵語業"下毛扆朱筆書:"挍。"

又"近體樂府"下毛扆朱筆書:"挍。要重刻。"

23.《西樵語業》毛晋跋後黄儀朱筆跋:"甲寅五月初九日讀。"

又陸貽典朱筆跋:"庚戌四月二十日,底本挍。勑先。"

又毛扆朱筆跋:"己巳二月十六日,從孫氏抄本挍。毛扆。"

24.《近體樂府》毛晋跋後黄儀朱筆跋:"五月初九日讀。"

又毛扆朱筆跋:"宋詞六十家,從收藏家徧借舊本挍勘,鎮廿年矣。惟益公詞,昔年以家藏集本付梓,先君所謂'句錯字淆'者也,未借別本一挍,掛懷不釋。

己巳正月廿日,因往崑山,從含經堂借得集本,即日返棹,到家已夜分矣。次早比校一過,《點絳唇》前一首脱後段,後一首脱前段,蓋因二首皆是一韻,抄書者但看底字韻,便接後去。所以抄書必當影寫,方無此失。即此可以爲戒。汲古後人毛扆謹識。”

25.《竹屋癡語》毛晋跋後黄儀朱筆跋:“六月二十日,兩抄本校。”

又黄儀朱筆跋:“五月初十日讀訖。”

26.《夢窗乙藁》毛晋跋後黄儀朱筆跋:“辛亥六月廿一日,底本校。”

又黄儀朱筆跋:“五月十二日讀訖。”

《夢窗丁稿》末黄儀跋:“六月二十日校。”

《夢窗補遺》毛晋跋後黄儀朱筆跋:“甲寅五月十三日讀訖。”

27.《竹坐詩餘》毛晋跋後黄儀朱筆跋:“六月望後三日校。蓋即原底本也,故所得誤脱字殊少。”

又黄儀朱筆跋:“五月十三日讀。”

28.第十六册封面“金谷遺音”下毛扆朱筆書:“校。”

又“散花菴詞”下毛扆朱筆書:“不必印行。”

29.《金谷遺音》目録首葉眉端毛扆朱筆跋:“目録次序與舊本不同,未校。”

《金谷遺音》毛晋跋後黄儀朱筆跋:“辛亥六月望後二日校。”

又黄儀朱筆跋:“甲寅五月望前一日讀。”

又毛扆朱筆跋:“己巳正月二十九日,從孫氏舊録本校。毛扆。”

30.《散花菴詞》毛晋跋後黄儀朱筆跋:“望後三日校。”

又黄儀朱筆跋:“五月望日讀。”

31.《和清真詞》毛晋跋後黄儀朱筆跋:“望後三日校。”

又黄儀朱筆跋:“五月望日讀。”

32.《後村别調》毛晋跋後黄儀朱筆跋:“辛亥六月望後二日,將後村本集校。集中凡二卷,兹刻凡前卷者脱誤居十之二三,其後集者則頗完善云。”

又黄儀朱筆跋:“甲寅五月十七日雨窓讀。”

33.《蘆川詞》毛晋跋後黄儀朱筆跋:“六月望後二日校。”

又黄儀朱筆跋:“甲寅五月十八日讀訖。”

又毛扆朱筆跋:“戊午閏三月初八日,從舊録本挍一過。汲古閣後人扆。”

又季錫疇墨筆跋:“咸豐乙卯歲仲冬,以宋本《蘆川詞》增校一過,補脱詞一闋,訂正若干字。時踰黄子鴻、毛斧季又二百年矣。再二百年中,當有據是本以重刊者。今之費日力於此,不得謂無功古人也。太倉松雲居士錫疇記。宋本每葉十四行,行十三字。”

34.《于湖詞》毛晋跋後黄儀朱筆跋:“六月望後一日挍。有兩抄本,俱五卷,一有《拾遺》一卷,此刻特其十之一二耳。”

35.《洺水詞》毛晋跋後黄儀朱筆跋:“六月望後一日挍。”

又黄儀朱筆跋:“五月十八日讀。”

又毛扆朱筆跋:“戊午閏三月八日雨牕,從本集挍一過。扆。”

36. 第十九册封面“歸愚詞”下毛扆朱筆書:“挍。次序紊亂,重刻乃可(此八字又被墨筆删去)。次日從周氏舊抄本挍,次序與家刻同。”

又“龍川詞”下毛扆朱筆書:“挍。”

37.《歸愚詞》目録首葉眉端毛扆朱筆跋:“目録次序與孫本不同,故未挍。”

又毛扆朱筆跋:“次日從周氏舊録本挍。次序同此,想家刻當年原祖此本也。”

《歸愚詞》毛晋跋後黄儀朱筆跋:“望日燈下挍。”

又黄儀朱筆跋:“甲寅五月十九日讀。”

又毛扆朱筆跋:“己巳正月廿八日,從孫氏抄本挍。”

又毛扆朱筆跋:“次日從周氏抄本挍,又正三字。”

38.《龍洲詞》毛晋跋後黄儀朱筆跋:“辛亥六月望日,以兩抄本挍。内俱無咏美人指、足及末《西江月》共凡三首,而卷末俱有《長相思》一闋。一本又有新增《沁園春》一首。”

又黄儀朱筆跋:“五月十九日讀。”

39.《初寮詞》毛晋跋後黄儀朱筆跋:“辛亥六月望日挍。”

又黄儀朱筆跋:“五月十九日讀。”

40.《龍川詞》毛晋跋後黄儀朱筆跋:“辛亥六月望日挍。”

又黄儀朱筆跋:“五月十九日讀。”

又毛扆朱筆跋:“己巳上元後一日挍。”

41. 第二十册封面"姑溪詞"下毛扆朱筆書:"挍。要補刻四葉。"

又"石屏詞"下毛扆朱筆書:"宋本挍。要重刻。"

42.《姑溪詞》毛晋跋後黄儀朱筆跋:"甲寅五月二十日讀。"

又陸貽典朱筆跋:"底本挍過。原本頗有訛字,此刻多出臆改,未敢遽信,仍取原本字句,筆于行間,以備他日按圖之索耳。己酉三月一日,勑先識。"

43.《友古詞》毛晋跋後陸貽典朱筆跋:"抄本挍,己酉上巳日記。"

又黄儀朱筆跋:"六月十八日讀訖,時方病眼。"

44.《石屏詞》第十五葉毛扆朱筆跋:"式之有《石屏集》八卷行世,内詞一卷,共廿五闋。先子又從《花庵詞選》得八闋,彙集付梓。近從雲間得宋槧《石屏續集》四卷、《長短句》一卷,因取校勘,其次序截不相同,且多數闋,謹録于後,并標次于上方。昔先子刊過書籍,每得秘本勝于前刻者,即毀去重刊。惜乎床頭金盡,未能繼志也。撫卷嘆息。"

《石屏詞》第十八葉黄儀朱筆跋:"六月十八日讀訖。"

45. 第二十一册封面"逃禪詞"下毛扆朱筆書:"挍。跋要重刻。"

46.《海野詞》毛晋跋後黄儀朱筆跋:"甲寅六月二十日讀。"

47.《逃禪詞》毛晋跋後陸貽典朱筆跋:"三月六日,原抄本挍訖。"

又黄儀朱筆跋:"六月十九日讀。"

又毛扆朱筆跋:"己巳上元後二日,從孫氏舊録本挍,凡改者仍存其舊。"

48.《空同詞》毛晋跋後陸貽典朱筆跋:"三月六日二鼓,抄本挍。勑先。"

又黄儀朱筆跋:"六月十九日讀。"

49. 第二十二册封面"平齋詞"下毛扆朱筆書:"挍。"

又"文溪詞"下毛扆朱筆書:"挍。"

50.《介菴詞》毛晋跋前陸貽典朱筆跋:"己酉三月十七日,抄本較完此卷。"

又陸貽典墨筆跋:"又一抄本,大略相同,較有勝處。兹就異同稍一辨勘,標之上方,宜須更一細挍也。同日識。"

又陸貽典藍筆跋:"又一抄本,譌字百出,聊舉異同,挍一過。是月廿日記。"

《介菴詞》毛晋跋後黄儀朱筆跋:"甲寅六月廿二日讀訖。"

51.《平齋詞》毛晋跋後陸貽典朱筆跋:"己酉三月十有八日辰刻,抄本挍。

勅先。"

又黃儀朱筆跋："六月廿二日讀。"

又毛扆朱筆跋："己巳正月廿七日，從孫氏抄本挍。毛扆。"

52.《文溪詞》毛晉跋後黃儀朱筆跋："六月廿二日讀。"

又陸貽典朱筆跋："己酉三月十八日午刻，抄本挍。勅先。"

又毛扆朱筆跋："己巳上元燈下，從舊録本挍。毛扆。"

53.第二十三册封面"丹陽詞"下毛扆朱筆書："挍。脱《蝶戀花》一首。要重刻三葉。"

又"孏窟詞"下毛扆朱筆書："挍。"

又"克齋詞"下毛扆朱筆書："挍。"

54.《丹陽詞》毛晉跋後陸貽典朱筆跋："己酉季春十九日，底本挍一過。勅先。"

又黃儀朱筆跋："甲寅六月廿三日讀。"

又毛扆朱筆跋："己巳正月十二日，從孫氏舊録本挍，大有是正處，且補《蝶戀花》一首，洵善本也。"

55.《孏窟詞》毛晉跋後陸貽典朱筆跋："己酉三月十九日燈下，寫本挍畢。勅先。"

又黃儀朱筆跋："六月廿三日讀。"

又毛扆朱筆跋："己巳正月廿七日，從錫山孫氏舊録本挍。毛扆。"

56.《克齋詞》毛晉跋後陸貽典朱筆跋："己酉三月廿日，兩抄本挍。二本相同，此刻異處皆出臆改也。勅先識。"

又毛扆朱筆跋："己巳正月廿六日，從孫氏抄本挍，稱定本矣。毛扆。"

57.《芸窗詞》毛晉跋後黃儀朱筆跋："六月廿六日讀。"

又陸貽典朱筆跋："己酉五月十六日，鈔本挍。勅先。"

58.第二十四册封面"竹坡詞"下毛扆朱筆書："挍。"

59.《竹坡詞》毛晉跋後黃儀朱筆跋："六月廿九日挍。"

又黃儀朱筆跋："甲寅六月廿七日讀。"

又毛扆朱筆跋："《竹坡老人詞》原本甚善，惜已逸去。昔年僅以宣城近刊集本付子鴻一校。己巳正月,從錫山孫氏本校勘,與家刻若合符契。當時原本雖失,然得此可以無憾矣。不然,若依集本脩板,幾乎誤事。其'蓑''莎','篷''蓬',古字通用,'仍''雲'亦非譌字,乃竟乙之。《臨江仙》移'欲'字于'人'字之下,此則智者之一失也。按畢漫記。毛扆。"

60.《聖求詞》毛晉跋後黃儀朱筆跋:"七月初三日讀訖。"

61.第二十五冊封面"審齋詞"下毛扆朱筆書:"校。"

62.《壽域詞》毛晉跋後黃儀朱筆跋:"甲寅六月廿七日讀。"

又陸貽典朱筆跋:"己酉五月十六日,勑先校鈔本一過。鈔本頗有訛字,不欲混入,故多弗録。"

63.《審齋詞》毛晉跋後黃儀朱筆跋:"六月廿六日讀。"

又毛扆朱筆跋:"己巳穀日,從孫氏舊録本校。其譌缺處略同,《醉落魄》尚存缺文,抄本爲勝矣。"

64.《東浦詞》毛晉跋後陸貽典朱筆跋:"己酉五月十六日漏下二鼓,抄本校。勑先。"

又黃儀朱筆跋:"六月廿六日讀。"

65.《琴趣外編》毛晉跋後黃儀朱筆跋:"七月初三日讀訖。"

又陸貽典朱筆跋:"己酉六月十四日毒暑中,抄本校一過。勑先。"

66.第二十六冊封面"知稼翁詞"下毛扆朱筆書:"校。"

又"無住詞"下毛扆朱筆書:"校。"

又"烘堂詞"下毛扆朱筆書:"校。"

67.《知稼翁詞》毛晉跋後毛扆朱筆跋:"己巳正月廿三日校。"

又黃儀朱筆跋:"甲寅六月廿六日晚刻讀。"

又陸貽典朱筆跋:"己酉六月十四日,抄本校。抄本多缺字,不可句讀,要有數處可從。勑先識。"

68.《無住詞》毛晉跋後陸貽典朱筆跋:"六月十四日晚涼,抄本《簡齋集》校。勑先。"

又黃儀朱筆跋:"六月廿六日讀。"

又毛扆朱筆跋:"己巳正月穀日,從孫氏舊録本校。"

又毛扆朱筆跋:"康熙乙未①六月十六夜,以許明伯鈔本挍,改一字。"

69.《後山詞》毛晋跋後陸貽典朱筆跋:"己酉六月十四日晡時,抄本挍。敕先。"

又黃儀朱筆跋:"六月廿六日讀。"

70.《蒲江詞》毛晋跋後黃儀朱筆跋:"六月廿六日讀。"

71.《烘堂詞》第二十一葉毛扆朱筆跋:"己巳春正月六日,從孫氏抄本挍一過,正四字。《杏花天》缺八字,抄本亦同,未稱善本也。"

【鈐印】第一册序首葉鈐"古愚/藏本"白文長方印,框外鈐"北京/圖書/館藏"朱文方印。《珠玉詞》首葉鈐"西河"白文長方印、"古/愚"朱文方印、"冰香樓"朱文橢圓印。第十二册封面鈐一朱文方印,模糊難辨。第二十一册第五集題名頁鈐"汲古閣/藏書記"朱文長方印。第二十六册末葉乙面鈐"北京/圖書/館藏"朱文方印,其後護葉鈐"歙鮑氏/知不足/齋藏書"朱文方印。

又,各卷首末葉均摹刻木印"琴川毛/氏正本"。第一册序末摹刻木印"茂卿/氏"白文方印、"夏印/樹芳"白文方印。二集胡震亨序末摹刻木印"胡印/震亨"白文方印、"孝/轅氏"白文方印。

【書目著録】

1.《北京圖書館善本書目》(中華書局 1959 年)卷八集部下詩餘類著録,注"瞿捐",即"瞿濟蒼等三先生捐贈"。

2.《北京圖書館古籍善本書目》集部詞類叢編著録。

3.《中國古籍善本書目》集部詞類叢編部分著録,編號 20855。

【遞藏】

1. 汲古閣毛氏。毛晋(1599—1659),見前《國家珍貴古籍名録》00191。毛扆(1640—?),字斧季,號省庵,江南常熟(今江蘇常熟)人。毛晋之子。繼承汲古閣藏書,精於版本、校勘之學。編有《汲古閣珍藏秘本書目》。

2. 毛奇齡(1623—1713),又名甡,字大可、齊于、初晴、晚晴等,號西河、河右,浙江蕭山人。清康熙十八年(1679),薦舉博學鴻儒科,授翰林院檢討,充明史館纂修官。二十四年,充會試同考官,尋假歸,得痹疾,遂不復出。歸田後,搦

---

①"乙未"爲清康熙五十四年(1715),毛扆卒於清康熙五十二年(1713)癸巳,此處"乙未"或爲筆誤。

弃詞賦之業,肆力諸經。藏書處名“冰香樓”。生平著述宏富,有《西河合集》,分經集、文集二部,其中經集凡五十一種二百三十六卷,文集凡六十六種二百五十七卷,另有《四書正事括略》《四書改錯》《古今通韻》等①。

3. 鮑廷博(1728—1814),字以文,號淥飲,又號通介叟、得閑居士等,祖籍安徽歙縣,後定居桐鄉(今屬浙江嘉興)。長於杭州,世營商業,殷富好文。繼承其父鮑思栩藏書齋“知不足齋”,又廣收圖書,好抄書、校書、刻書。乾隆間開四庫館,獻家藏書六百餘種,得賜《古今圖書集成》一部。以家藏善本刊刻《知不足齋叢書》,著有《花韻軒詠物詩存》等②。

【其他】

1. 每册封面左側框内題“宋名家詞”,其下小字題“家塾刊本”“第幾册”,右上題該册所收詞集名,部分册次有毛扆朱筆題字。

2. 書中有圓點斷句。

【按語】

1.《宋名家詞》版本,據武悅《毛晋〈宋名家詞〉初印、後印與底本撤換考》考證,可分爲初印本、增刻後印本、重編後印本、修版後印本、邵韡重印本五種,此本被列爲增刻後印本③。

2. 第一集有夏樹芳序,第二集有胡震亨序,胡氏序作於庚午夏,知明崇禎三年(1630)第一、二集已刻成。毛晋云“余隨得本之先後,次第付梨”(《跋竹坨詩餘》),知諸集陸續刊成。各集後均有毛晋跋文。後毛晋將其所作書跋結集爲《隱湖題跋》一卷、《續跋》一卷,其中《隱湖題跋》收有第一至第三集各家詞集跋文,《續跋》收有第四、五集各家詞集跋文。《隱湖題跋》前有陳繼儒諸人序,有作於崇禎六年春季者,知第三集至遲於崇禎六年春已刻成。

3. 毛晋所刻,疏漏舛駁,後人多有詬責。其子毛扆等曾校訂過,有重刊之意,最終未果。此本即其校本,原刻脱誤者時有,或抄補,或加批點改正,其所用

①可參見胡春麗《毛奇齡年譜》,復旦大學出版社 2021 年版。
②可參見劉尚恒著《鮑廷博年譜長編》,國家圖書館出版社 2017 年版。
③武悅《毛晋〈宋名家詞〉初印、後印與底本撤換考》,《中國曲學研究》第五輯,中國社會科學出版社 2021 年版。

不規範字形(如字形簡省者,偏旁混淆者,過於篆化者)亦有校正。

4.《樂章集》插入之抄補葉,當爲原刻於此間漏印詞若干首,遂在原第十九葉甲面第七行後(《郭郎兒》第二首後)割開,分作兩葉且各自補成整葉並補抄逸詞,中間插入抄補整三葉。抄補葉面版心題"樂章集",下不書葉數。

《樂章集》七十七葉後,抄補詞六闋(字體與第十九葉間抄補者同),三整葉。毛扆跋稱"癸亥中秋,借含經堂宋本挍一過""又從周氏、孫氏兩抄本挍正",或即此校。

《姑溪詞》第二十七葉乙面至卷末第二十九葉亦爲抄補,卷末鐫有毛晉題識,版心所鐫葉數爲"二十七",朱筆校改作三十。

5.陸貽典、黄儀、毛扆等人對《宋名家詞》的批校題跋,除此本外,尚有另一套殘本藏於日本静嘉堂文庫①。陸心源《皕宋樓藏書志》集部詞曲類著録《宋名家詞》之諸家詞,題作"陸敕先校宋本""毛斧季手校本""陸敕先、毛斧季手校本""陸敕先、毛斧季校本""陸敕先、毛斧季校宋本"等,並録"陸氏手跋""毛氏手跋"之文。(日)河田羆《静嘉堂秘籍志》卷五十集部詞曲類著録《陸校宋詞》十九種,清陸敕先、毛斧季校,亦録"陸氏手跋""毛氏手跋"之文。這些"毛氏手跋""陸氏手跋"之文,與此本盡合,但將辛亥、壬子跋皆係於陸貽典名下(實應爲黄儀)。汲古閣校詞諸事,尚待識者多方參考,以明其始末。

詞　的

揚州大學　石任之

《詞的》四卷。(明)茅暎輯。明刻朱墨套印本。四册。綫裝。

【題著説明】各卷首題"詞的卷之某",次行下題"茅暎遠士評選"。

【著者簡介】茅暎(生卒年不詳),字遠士,浙江歸安(今屬浙江湖州)人。茅元儀弟。明末曲學家,有《睡香集》。

---

① 可參見鄧子勉《静嘉堂藏毛扆等手批〈宋名家詞〉》,《常熟理工學院學報》,2014 年第 3 期。

【内容】書分四卷,每卷一册。卷首有本卷目録。依詞牌長短排序,同調詞牌合併。一二卷小令,三卷中調,四卷長調。録目録如下:

卷一:起《十六字令》迄《醜奴兒》,計二十七調一百二十三首。

卷二:起《減字木蘭花》迄《醉落魄》,計四十八調一百一十七首。

卷三:起《小重山》迄《洞仙歌》,計三十四調八十二首。

卷四:起《意難忘》迄《多麗》,計三十八調五十五首。

書中有朱印點讀評語,手書上板,多在書眉,偶有文句中者。多係點評詞作風格優劣,如《十六字令》評“憨甚”等。

【刊印者】無。

【行款版式】半葉九行,行十八字。無直欄,白口,四周單邊,單白魚尾。版心上鎸“詞的(詞的目録)”,中鎸“卷之某(序)”,下鎸葉數。朱墨套印。版框尺寸 19.7 厘米×14.7 厘米,開本 26.2 厘米×17.2 厘米。

【題名頁牌記】卷一、三兩册扉頁中央有粘簽“詞的某”。

【刊寫題記】無。

【刻(寫)工】無。

【避諱】無。

【序跋附録】書首有茅暎《詞的序》,後有《凡例》,後有《詞的目録》。序及凡例録文如下:

1.《詞的序》

竊以芳性深情,恒藉文犀以見。幽懷遠念,每因翠羽以明。故桑中之喜,起詠於風人。陌上之情,肇思於前哲。陳宫月冷而韵叶庭花,琉璃研匣生香。隋苑春濃而曲成清夜,翡翠箏床增彩。清文滿篋,無非訴恨之辭。新製連篇,時有緣情之作。燃脂暝寫,弄墨晨書,寧止葡萄之樹,非惟芍藥之花。至如牽衣攀李,空冷箱中水剪。斂枕樹萱,徒勻面上凝脂。優游少託,等扶風之織錦。寂寞多閒,怯南陽之擣練。新聲度曲,裁方絮而多愁。舊恨調絃,借稠桑以寄怨。未怡神於韶景,先屬意乎芳辭。亦有登樓夜嘯,抽朱蕚之英英。乘月清談,播芳狘之馥馥。風流婉約,效東鄰之自媒。香艷柔嬌,似西施之被教。借一語以竊香,假半章以送粉。若乃蘭徑生香,柳衢舒翠,杏艷縈過,桃嬌已近。搆思綺合,悽若繁絃;寓意芊眠,炳焉繡褥。及夫錦浪紅翻,珠林綠綴,臨池漱露,憑牖邀風,伴炎宵以孤坐,送永日而無聊。或託言於短韵,石韞玉而山輝。或寄意於新腔,水沉珠而川媚。至於河漢方秋,蒹葭瑟瑟,露霜始肅,楓樹蕭蕭。厭野外之疎鐘,聽宮中之緩箭。歎廻月之臨階,賦吟蛩之遶砌。又若玄真在駕,歌成而埶悤無衣。素雪其霏,咏就而自憐改服。剪鳳尾以言懷,展金池以書恨。若此者,佳人才子,盡演琵琶新譜;隱士緇林,亦續筌篌舊引。蓋旨本淫靡,寧虧大雅,意非訓誥,何事莊嚴。才情若彼,可代萱蘇,佳麗如斯,能蠲愁疾。但蘭蕕同植,恐作沉珠,玉石均披,終非完璧。於是芟夷繁亂,截去浮俚。三臺紗迹,麗矣金箱;五色花箋,燦然寶軸。青牛帳裏,散此綃繩,情文雙爛;朱鳥窗前,開兹縹裘,神魄俱馳。秦樓艷女,頓惹相思,楚館嬌娃,常勞夢寐。聖賢言異,魄非子郁之删除,兒女情長,豈是伯饒之筆削。

西吳茅暎纂。

2.《凡例》

幽俊香艷爲詞家當行,而莊重典麗者次之。故古今名公悉多鉅作不敢攔入。匪曰偏狗,意存正調。

詞協黃鍾,倘隻字失律,便乖元韻,故先小令、次中令、次長調,俱輪宮合度,字字相符,以定正的。間有句語中輳叠一二字者,各列左方,用便攷訂。

諸家爵里姓字,向多著聞。間有淪逸,徒挹芳聲。不敢混注,故檗書名以存古道。

諸家先後,但分世代。就中或有參錯,蓋以合調爲序,非有異同。

詞苑選刻,暨古今文集,頗勤搜采。第耳目有限,即當代名公,亦苦於人地之不相接。或慚編貝,竊歎遺珠。

【批校題跋】無。

【鈐印】《詞的序》首葉鈐“朱印/萬錫”白文方印、“古香/樓”朱文圓印。《詞的目録》及卷二、三、四目録首葉均鈐“休寧汪/季青家/藏書籍”朱文方印。卷之一卷端鈐“吳氏霜厓/藏書之印”朱文長方印、“江蘇師/範學院/圖書館”朱文方印。卷之二卷端鈐“瞿庵/眼福”白文方印、“江蘇師/範學院/圖書館”朱文方印。卷之三卷端鈐“霜厓祕笈”朱文橢圓印、“江蘇師/範學院/圖書館”朱文方印。卷之四卷端鈐“瞿庵/心賞”朱文方印、“江蘇師/範學院/圖書館”朱文方印。

【書目著録】《中國古籍善本書目》集部卷三十詞類總集部分著録,編號21417。

【遞藏】

1. 朱萬錫,未詳。

2. 汪文柏(1659—?),字季青,號柯庭,又號篔溪,祖籍安徽休寧,流寓浙江桐鄉。監生。清康熙間任北城兵馬司正指揮。工於詩、畫,以墨蘭見長,精於鑒賞。收藏古書、法帖、名畫極多,與朱彝尊等有交。著有《摛藻堂詩稿》《續稿》《柯庭餘習》《古香樓吟稿》,詞一卷,附集以行,一名《古香樓詞稿》。

3. 吳梅(1884—1939),字瞿安,號霜厓,江蘇長洲(今屬江蘇蘇州)人。先後在蘇州東吳大學堂、存古學堂、北京大學、東南大學、國立中央大學、金陵大學等校任教。近代詞曲大家,著有《顧曲塵談》《詞學通論》《曲學通論》《中國戲曲概論》《霜厓詞録》《霜厓曲録》等。

【其他】

1. 封面無簽。

2. 卷二第十二葉"張于湖",卷四第十二葉"晁叔用"、十四葉"陳同甫"、十五葉"劉叔安",所稱即張孝祥之號,及晁冲之、陳亮、劉鎮之字,與凡例"書名以存古道"不符。

【按語】此書頗爲稀見。其選摭以唐宋人詞作爲主,兼及元明,中多艷冶之詞,爲明人詞集選集之一類典型。而批語泛泛爲之,移甲作乙恐亦不覺耳。

絶妙好詞

揚州大學　石任之

中國國家圖書館 12276

國家珍貴古籍名録 12083

《絶妙好詞》七卷。(宋)周密輯。清初毛氏汲古閣抄本。二册。綫裝。朱祖謀跋。

【題著説明】目録首葉題"絶妙好詞目録",次行下題"弁陽老人緝"。

【著者簡介】周密(1232—1298),字公謹,號草窗,又號弁陽嘯翁、蕭齋、四水潛夫,晚號弁陽老人,原籍濟南,南渡後寓居吳興(今浙江湖州)。曾任義烏縣令,宋亡後不仕。著述甚多,有《蠟屐集》《齊東野語》《癸辛雜識》《浩然齋雅談》《弁陽客談》《武林舊事》《澄懷録》《雲煙過眼録》等書。爲南宋末年著名詞人,與吳文英並稱"二窗",存詞一百五十餘首。其編選《絶妙好詞》,對後世詞集選本有很大影響。

【内容】《絶妙好詞》七卷,收録南宋初年張孝祥至宋末仇遠一百三十三家詞人作品①。書首《詞目》詳列各卷中作者之號、姓名、字、選詞首數及該作者詞調名,如"于湖張孝祥安國,四首,念奴嬌、西江月、清平樂、菩薩蠻"。卷内題作者名亦作"于湖張孝祥安國"格式,上空四字。詞調名上空五字。詞題於詞調下作小字雙行。

周密爲詞刻意求工,苦搜冥索,所選詞作去取亦如其旨。辛棄疾存詞六百餘首而僅選其三,姜夔存詞八十餘首而入選十三首。吳文英與周密並稱,入選則有十六首之多。

【刊印者】無。

【行款版式】半葉十二行,行二十字。白口,四周單邊,單白魚尾。版心書"目録""詞目""絶妙好詞卷某",下書葉數。版框 22.0 厘米×14.5 厘米,開本 29.3 厘米×19.5 厘米。

【題名頁牌記】無。

【刊寫題記】無。

【刻(寫)工】無。

【避諱】"則"字缺"貝"部右下一點。如目録"蕭則陽""朱令則"。不知是否爲避諱。

【序跋附録】無序跋。書首有《絶妙好詞目録》。後有每卷詳目,曰《詞目》。"詞目"據朱祖謀考論,原卷中闕佚者,詞目中相應位置亦空缺,則當係後人補編,非周密原編所有。

【批校題跋】書内偶見朱筆於原字上塗正字形或誤字,今已多洇漫不清。

①朱祖謀跋云"卷二李㟭仲鎮姓字,諸刻皆脱去",故傳世刻本均著録爲一百三十二家。

　　書末裝入有朱祖謀庚申年(1920)手書跋一篇,又未署名手書跋二條,三跋合占一葉甲乙二面,所用紙有水印"曲園"字樣。依次録如下。

　　1. 朱祖謀跋:

　　絶妙好詞一書,柯寓匏謂與竹垞選《詞綜》時,聞錢遵王藏有寫本,從子煜爲錢氏族壻,因得假歸,傳寫版行。何義門謂竹垞詭得之,非也。今通行諸本皆由之出。己未歲尾,鶴逸先生出示所藏精鈔本,有毛氏"子晋""斧季"諸印。遵王藏書半歸季滄葦,此爲毛氏所得,故《汲古秘本》有其目,而《延令書目》無之。卷二李萧仲鎮姓字,諸刻皆脱去,其《清平樂》"亂雲將雨"一闋遂誤屬李泳。卷七脱簡,趙與仁《好事近》詞後存"浣溪沙"三字。仇遠《生查子》前存"北山南"三字,知爲《玉胡蝶》之"獨立軟紅"一闋。皆此本勝處。其它字句可讎正諸刻者,尤不勝枚舉。然亦不免小有譌異。而卷四施岳缺三十二行、詞六闋。并目亦佚去,蓋目爲後人補編,非弁陽老人原本也。是書自沈伯時時,已惜其版不存,墨本亦有好事者傳之,今墨本不可復睹,此抄亦珍若星鳳矣。遂假録一過,擬續採入《彊邨叢書》中,而記其大略以歸之。

　　宣統十二年歲次庚申孟秌之月,歸安朱孝臧跋。

　　2. 朱跋後有未署名跋二條,疑章鈺所書,録如下:

　　跋中"是書自沈伯時時,已惜其板不存"云云,檢四印齋刻《樂府指迷》無此語。不知沈氏有他著作否? 當攷。辛未八月初二日記。

　　繹孝臧跋語,似指此鈔本即遵王原本。

　　【鈐印】上册:

　　目録首葉甲面鈐"顧/鶴逸"白文方印、"士禮/居藏"白文方印、"蒐/圃"朱文方印、"黄印/丕烈"朱文方印、"北京/圖書/館藏"朱文方印。

　　詞目首葉右欄外下角鈐"長州章/玨祕匧"朱文方印。

　　卷一首葉甲面框内由下至上鈐"斧/季"朱文方印、"毛扆/之印"朱文方印、"汲古/主人"朱文方印、"毛""晋"朱文二方連珠印,欄外由下至上鈐"顧/鶴逸"白文方印、"甲"朱文方印、"元本"朱文橢圓印。

　　卷三末葉乙面鈐"汲古/主人"朱文方印、"子/晋"朱文方印、"毛晋/私印"朱文方印、"斧/季"朱文方印、"毛扆/之印"朱文方印。

下册：

卷四首葉甲面框内由下至上鈐"斧/季"朱文方印、"毛辰/之印"朱文方印、"汲古/主人"朱文方印、"毛""晋"朱文二方連珠印，欄外由下至上鈐"顧/鶴逸"白文方印、"甲"朱文方印、"元本"朱文橢圓印。

卷七末葉甲面鈐"汲古/主人"朱文方印、"子/晋"朱文方印、"毛晋/私印"朱文方印、"斧/季"朱文方印、"毛辰/之印"朱文方印。乙面鈐"平江/黄氏/圖書"朱文方印、"筆研精良/人生一樂"朱文長方印、"北京/圖書/館藏"朱文方印。

書末朱祖謀跋末鈐"朱印/祖謀"白文方印。

【書目著録】

1.毛辰《汲古閣珍藏秘本書目》集部著録"絶妙好詞二本，精抄，二兩"①。

2.《北京圖書館古籍善本書目》集部詞類著録。

3.《中國古籍善本書目》卷三十集部詞類總集部分著録，編號 21473。

【遞藏】

1. 毛晋（1599—1659），見前《國家珍貴古籍名録》00191。

2. 毛辰，見前《國家珍貴古籍名録》02273。

3. 黄丕烈（1763—1825），字紹武，一字承之，號堯圃，又號復翁、佞宋主人、秋清居士、知非子、抱守主人、求古居士等，江蘇長洲（今屬江蘇蘇州）人。清乾隆五十三年（1788）舉人。藏書甚富，收宋版書百餘種，專辟一室爲"百宋一廛"藏之。藏書室有"讀未見書齋""陶陶室"等。晚年於玄妙觀前開設"滂喜園書鋪"，以流通書籍。藏書多爲楊以增、汪士鐘所得。著有《百宋一廛書録》《百宋一廛賦注》，藏書題跋匯爲《士禮居藏書題跋記》。

4. 顧麟士（1865—1930），字鶴逸，號西津，自號西津漁父，江蘇元和（今屬蘇州）人。顧文彬之孫。畫家、收藏家。祖業"過雲樓"收藏之富，使其從小耳濡目染。著有《過雲樓書畫記》《鶴廬畫鑒》等。

5. 章鈺（1864—1937），字式之，別署茗理、蟄存、負翁、晦翁等，晚號霜根老

---

① 毛辰《汲古閣珍藏秘本書目》，清嘉慶《士禮居叢書》本，《海王邨古籍書目題跋叢刊》第 1 册，中國書店 2008 年版。

人。江蘇長洲（今屬蘇州）人。光緒二十九年（1903）進士，事務司主管兼京師圖書館編修等。辛亥革命後寓居天津，以藏書、校書、著述爲業。1914年任清史館纂修，遂移居北平。四當齋聚古籍兩萬餘册，悉數捐贈給燕京大學圖書館。

【其他】

1. 上册扉葉粘楷書題籤“絶妙好詞”，下小字題“一卷至三卷”“上册”。下册扉葉粘楷書題籤“絶妙好詞”，下小字題“四卷至七卷”“下册”。

2. 此鈔本内卷四、卷七有闕佚，蓋仍其所據底本闕佚之舊，未加補抄。朱跋有所談及。

【按語】

1.《人間詞話》云：“自竹垞痛貶《草堂詩餘》而推《絶妙好詞》，後人群附和之。不知《草堂》雖有褻諢之作，然佳詞恒得十之六七。《絶妙好詞》則除張、范、辛、劉諸家外，十之八九，皆極無聊賴之詞。古人云：‘小好小慚，大好大慚。’洵非虚語。”《草堂詩餘》多有適合市井口味的“褻諢之作”，而《絶妙好詞》則爲格律謹嚴之作，正戈載所謂“采掇菁華，無非雅音正軌”，也是焦循《雕菰樓詞話》所謂“周密《絶妙好詞》所選皆同於己者，一味輕柔圓膩而已”。王國維不取朱彝尊之説，乃取旨浙西詞派“家白石而户玉田，春容大雅”的追求，標舉南唐北宋而貶低南渡以來精警綿麗詞風。《四庫全書總目》以爲此書“去取精嚴，猶在曾慥《樂府雅詞》、黄昇《花庵詞選》之上。又宋末人詞集，今多不傳，並作者姓名亦不盡見於世，零珠碎玉，皆賴此以存，於詞選中最爲善本。”此書有存詞之功，兼存一時風氣。

2.《絶妙好詞》輯成後，宋、元、明均無刻本。至清初，始於常熟錢謙益家發現抄本，後歸錢曾述古堂。至康熙間，有柯煜、高士奇刊本。乾隆間查爲仁、厲鶚同爲箋注。嘉慶、道光年間，余集輯録周密未收之作，另成一卷。道光八年（1828），徐楙又從《武林舊事》等書中輯録再成一卷。二者共增詞作近五十関，遂成爲現在通行的《絶妙好詞箋》七卷《續抄》二卷。今有《四部備要》本、中華書局1957年據《四部備要》本校訂排印本、上海古籍出版社1984年影印本。

3. 朱祖謀跋語似指此鈔本即錢曾原本。按錢氏藏書可見《讀書敏求記》，著録作“弁陽老人絕妙詞選七卷”，“弁陽老人選此詞，總目後又有目録。卷中詞人，大半予所未曉者。其選録精允，清言秀句，層見疊出，誠詞家之南董也。此本又經前輩細勘批閱，姓氏下皆朱標其出處里第。展玩之，心目了然”。《述古堂藏書目》該書注“鈔”字①。按此本未見錢氏藏印，亦無《讀書敏求記》所謂“前輩細勘批閱”之處，暫可存疑。

又章鈺《毛鈔絕妙好詞跋》云：“此毛斧季精鈔元本《絕妙好詞》七卷二冊，前有‘元本’朱文橢圓印，‘甲’字朱文方印，爲先友顧鶴逸所藏，後有歸安朱古微侍郎跋，略云此精鈔本有‘毛氏子晋’‘斧季’諸印，遵王藏書半歸季滄葦，此爲毛氏所得，故《汲古祕本》有其目，而《延令書目》無之。卷二李甹仲鎮姓字，諸刻皆脱去，其《清平樂》“亂雲將雨”一闋遂誤屬李泳。卷七脱簡，趙與仁《好事近》詞後存“浣溪沙”三字。仇遠《生查子》前存“北山南”三字，知爲《玉胡蝶》之“獨立軟紅”一闋。皆此本勝處。其它字句可謥正諸刻者，尤不勝枚舉。蓋標舉者至矣。案錢遵王《讀書敏求記》載此書，述古目注‘鈔’字。汲古主人影寫宋元本至多，此書無遵王手跡，朱跋謂即錢本，是一是二未敢懸斷。《敏求記》有云：‘弁陽老人選此詞，總目後又有目録。’則此本與錢本均同，乃朱跋所未經舉出者。毛氏諸印外，後有黃蕘圃諸印，全部精整，爲普通毛鈔所不及。鶴逸作古，遺孤乞爲志墓之文，庚午夏到津步申謝，奉此爲酬。平生交誼，縕素知之。人壽不如紙，爲之太息。乙亥歲寒霜根，年七十又一記。”②

綜合該跋與此本跋語，可知顧麟士去世後，後人求墓志，將此本轉贈章鈺。章鈺得書在庚午（1930）夏，次年辛未（1931）跋於書末，並於乙亥冬（1935 年末或 1936 年初）另作跋文。章鈺懷疑朱祖謀所持此本即錢曾原本之説，但指出此本與《讀書敏求記》所記版本特徵相同。

此外，章鈺《讀書敏求記校證》又於此書目下校云：“鈺案：盧文弨《宋史藝文志補》誤作八卷”。又補遺云：“鈺案：草窗選本原名《絕妙好詞》，同時張玉田

①錢曾著，管庭芬、章鈺校證，傅增湘批注，馮惠民整理《藏園批注讀書敏求記校證》，中華書局 2012 年版，第 456 頁。
②章鈺《四當齋集》卷三，《近代中國史料叢刊》三編第十八輯，臺北文海出版社 1986 年版，第 80 頁。

題《西江月》一闋可證。嗣後不見著録、至國朝康熙二十年辛酉,竹垞翁與《敏求記》同時得於遵王,《曝書亭集》有其跋語。其先,康熙十七年戊午汪晋賢序《詞綜》刻本,竹垞凡例固尚有草窗選本已軼不傳之一説也。今詳核查屬篆本,頗疑此書或非草窗原本。緣第七卷首列草窗詞二十二闋,係用王逸編《楚詞》、徐陵編《玉臺新詠》、芮挺章編《國秀集》及同時人黄昇編《中興以來絶妙詞》之例,而又下列王沂孫、趙與仁、仇遠三人,先己後人,固無是理。沂孫爲草窗吟侶,尤不應躐居其前,或經後人竄亂耶? 此《記》標題《絶妙詞選》,則與花菴編《唐宋名賢絶妙詞選》之名相混。花菴編本凡三卷,係汲古閣景寫宋刻。今上虞羅氏蟫隱廬印行與汲古閣刻之十卷本不同。羅跋目爲花菴初編本,理或然也。"①可見章鈺對此書是否爲周密所編原本亦有懷疑。

①錢曾著,管庭芬、章鈺校證,傅增湘批注,馮惠民整理《藏園批注讀書敏求記校證》,第456頁。

· 書目書志選刊

北京師範大學圖書館藏稿抄本
書志選萃（史部傳記類）

北京師範大學圖書館　程仁桃

忠烈攷二卷

　　清王業隆撰。清抄本。綫裝一册。半葉八行，行十八字，朱絲欄，白口，四周雙邊。框高 19.6 厘米，寬 11.9 厘米。首有順治己丑（六年，1649）序，次目録。卷上卷端題"住北地布素王業隆居敬輯"，卷下卷端題"住燕永虎丘王業隆居敬輯"。書衣題"王癡公忠烈攷"。

　　王業隆，字居敬。永清（今河北永清縣）人。明末庠生。傳見《[光緒]順天府志》卷九十八。

　　是書卷上記崇禎帝及其后妃、三子并宮廷死事之人，計七人，附考福恭王等人事。下卷記范景文、孟兆祥等甲申死事諸臣，計六十人，附王承恩、高時明二人。每人之下，係以小傳，并附以詩。王業隆自序云其書"參攷於《湖上輯要》曹太史鑒定、《江左遺聞》鄒姓諱漪、谷之《明史》公諱應泰、吳之《樵史》未出姓氏暨《江南》《傳信》等刻，有收有逸，或詳或略，逐一搜採，補其所遺，芟其所贅，間以己意，僭有評騭，妄有題詠"。

　　據《[光緒]順天府志》卷一百二十四著録是書"存刊本"，孫殿起《販書偶記續編》著録爲"底稿本",謝國楨《增訂晚明史籍考》著録北京圖書館(即今國家圖書館)藏"清初抄本"。今刊本無存,僅國家圖書館及本館有抄本。

館藏抄本與國圖藏抄本比較,内容相同,偶有誤字。如卷前王業隆舊序,館藏抄本爲"莫敢有哭者往",國圖抄本爲"莫敢有往哭者",館藏抄本誤;又如本館抄本"大行皇帝尊謚曰孝節皇后","帝"爲"后"之誤,國家圖書館藏抄本不誤。另外,兩抄本互有增損。卷上末"悼大行帝后"詩,國家圖書館抄本爲兩首,館藏抄本闕一首。下卷末"又附紀",館藏抄本較國家書館抄本多"挽李君若葵詩",并於此條後注:"此條宜寫於書内李君傳後。"館藏抄本於"錦衣指揮李若璉"條上粘一浮簽,補記《濟南府志》卷五十一,《山東通志》卷百十四上有關李若璉的生平。

不避清諱。

鈐"雷鳴夏"印。

伊洛淵源録十四卷

宋朱熹撰。續録六卷,明謝鐸撰。清抄本。吳華圃校。六册。半葉十行,行二十字,無欄格。

朱熹(1130—1200),字元晦,又字仲晦,號晦庵,江西婺源人,生於南劍州尤溪(今福建尤溪)。紹興十八年(1148)進士。歷任江西南康、福建漳州知府、浙東巡撫,官至焕章閣侍制兼侍講。朱熹學識淵博,爲著名理學家,儒學之集大成者,世尊稱爲"朱子"。《宋史》卷四二九有傳。

謝鐸(1435—1510),字鳴治,號方山,又號方石,浙江温嶺人。天順八年(1464)進士。謝鐸博通經史,參修《英宗實録》《憲宗實録》,校勘《通鑑綱目》,有《伊洛淵源續録》《尊鄉録》《桃溪净稿》等傳世。《明史》卷二百十五有傳。

《伊洛淵源録》爲朱熹所撰理學家傳記匯編,書中包括周敦頤、二程、張載、邵雍等人及其弟子共四十六人的行狀、墓志銘、遺事等傳記資料。扉頁貼條,上書"吳華圃校,洪魯村對",正文首有明成化癸巳張瓚"重刊伊洛淵源録序"、至正癸未黄清老"伊洛淵源録序"、至正癸未蘇天爵"伊洛淵源録序"。十四卷後有至正九年李世安"伊洛淵源後序"。《伊洛淵源續録》爲明謝鐸繼朱熹《伊洛淵源録》而作，以朱熹爲宗主，收録朱熹以下傳朱子之學二十一人之傳記。《伊洛淵源續録》卷前有明成化謝鐸“伊洛淵源續録前序”，卷末有高賁亨“重刊伊洛淵源二録跋”，弘治丙辰謝鐸“續録後序”。

《伊洛淵源録》成於乾道癸巳（1173），流傳頗廣，現存最早的刊本爲元刊本，明代謝鐸《續録》出，嘉靖八年（1529）高賁亨始將兩書合刻刊印，高賁亨刊本十行二十字，有成化庚子謝鐸原序，卷末有嘉靖高賁亨跋。據行款及序跋判斷，本館藏抄本當是據明嘉靖高賁亨本抄録。明嘉靖高賁亨本存世較多，首都圖書館、中國科學院圖書館、東北師範大學圖書館、四川省圖書館、貴州省博物館、南京圖書館等六家收藏全本，另有華東師範大學圖書館、湖南師範大學圖書館、蘇州市圖書館、四川大學圖書館等藏有殘本。

書中有朱墨校注，多注於眉端。當爲吳華圃、洪魯村二人校跡。吳華圃、洪魯村生平履歷不詳。校注大致分以下幾類，第一類爲校字，如卷前至正蘇天爵序“蓋學問之傳授，不以轉世而存亡”，“轉”字旁有三角標記，并於此行眉端墨筆書“時”。卷二明道先生行狀“盛夏壖堤大決”，“壖”字旁用三角標記，并於此行眉端朱筆書“塘”。第二類爲校錯，如卷二第二、三葉裝訂錯亂，眉端分别朱批“按此頁在後”“按此頁在前”。第三類爲校注體例規範，如卷三“元豐二年二月詔以程顥……”，此行眉端貼浮簽，上書“元豐下當别爲一條”。卷四“見遺書下同……”，此行眉端朱批“‘見遺書下同’五字小注”。

書中“玄”“弘”“寧”不避諱。但卷一“寧熙六年六月七日也”行，眉端朱批“寧熙，一本作熙寧”，朱批中“寧”缺末筆。第三册扉頁貼條：“共頁30（？）四張，共字三萬七千八百六十五，何以勝抄。”何以勝，生平履歷不詳。

鈐“順德黎氏據梧尋夢室所藏”“順德黎騷暘九據梧尋夢室所藏經籍書畫之印記”。此爲黎騷鈐章，黎騷（1905—1969），字暢九，號蒿庵，廣東順德人，曾任上海《申報》編輯。

雪痕堂書畫諱集不分卷附法帖一卷

清黄士俊增訂。清抄本。綫裝二册。半葉十行，行字不等，無格。前有嘉慶癸亥（1803）黄士俊序，黄士俊《畫僻叙事》，題友蓮居士“凡例”。

黄士俊,號秀齋,別號畫癖。生平履歷不詳。

本書一名《書畫人姓名録》,彙輯二千六百二十一位歷代書畫家名諱。卷前附法帖八十五種。全書先按朝代編排:魏一人,晋一人,南北朝七人,唐二十六人,五代十人,宋一百四十六人,元三百零一人,明五十人,清二千零七十九人。各朝内再依百家姓次序編排。每位書畫家,主記大名,部分在書畫家後小字雙行簡記其字號、籍貫、朝代等。書末有"附集",收名諱四百零五人,皆未詳朝代。

此書由黄士俊據舊抄本《書畫集要》增删訂補而成。黄士俊序云:"自予友何君守拙先生處見案頭有二抄本,篆題曰:《書畫集要》。展玩之,皆書畫之諱,自魏晋以至我朝,雖不能盡載,亦可得其大概。……予攜之以歸,并將予耳食目遇者靡不一一備載,遂抄録本帙,名之曰《書畫諱集》。"其《書僻叙事》稱:"即是書成,本不欲出示于人……因體仁兄素與俊同癖,後偶見之,欣羨之甚,索予以抄,俊應命録。""凡例"亦稱:"是書原抄本内多錯謬,後經余手再識,將所知或或考者皆改録之,如其不解者仍自録舊。""予本不暇及此,奈呈體仁二哥命,遂不辭固陋,偷閑録之。"落款爲"友蓮居士增補删改抄録再識"。後鈐"畫癖""秀齋圖章"印。據上述成書始末及"凡例"後鈐印判斷,友蓮居士應即黄士俊別號。

查各家書目,此書未見有刻本及其它抄本行世。

鈐印有:"隴西""李氏珍秘""黄士俊印""一片冰心在玉壺""雪痕堂""優鉢羅室""畫癖"等印。"優鉢羅室"疑爲李尚暲室名。李尚暲(1810—1870),字竹孫,上海人,太學生,著有《優鉢羅室文稿》《優鉢羅室詩稿》等。

"玄""弘""顒""琰""寧"不避諱,"淳"或缺末筆,或不避諱。

先府君行略不分卷

清黄彭年撰。稿本。綫裝一册。半葉八行,行二十二字,紅方格,白口,四周雙邊。框高17.7厘米,寬12.2厘米。外封有黄襄成書題名:"先王父中丞公手稿,先曾王父名宦公行述。"内封面箋題:"先大父手稿,先曾大父鳳邠公行略,丙子重裝,襄成謹記。"并鈐蓋"黄氏家藏"印。全書倩人以小楷謄抄,工緻清秀。另有數十處增删修改,按其筆跡,應爲黄彭年手書。

黄彭年(1823—1891),字子壽,號陶樓,晚號更生。貴筑(今貴州貴陽市)

人。清道光二十七年（1847）進士，授編修，曾入駱秉章、李鴻章幕府，嘗掌教關中書院、蓮池書院，擔任山長，主持修纂《畿輔通志》。官至江蘇布政使、湖北布政使。黃彭年博學多通，著有《三省邊防考略》《金沙江考略》《陶樓文鈔》《陶樓詩鈔》等傳世。《清史稿》卷四三四有傳。

是稿爲黃彭年爲其父黃輔辰所寫的行狀。黃輔辰（1798—1866），字琴塢。貴州貴筑（今貴陽市）人。清道光十五年（1835）進士。授吏部主事，遷郎中，歷官山西、四川、陝西等地。《清史稿》卷四三四有傳。清同治六年（1867）黃彭年刊《特詔嘉獎循良録》，即收録《先府君行略》。黃彭年去世後，門生章鈺等人整理編輯其文稿，於民國十二年（1923）刊成《陶樓文鈔》，《先府君行略》亦收録其中。民國二十五年（1936）黃彭年之孫黃襄成整理黃氏家族文獻時，將彭年此稿單獨成册，并敬題册名，即爲本書。

將稿本與同治刻本比對，凡遇稿本增改處，刻本多照增改後之文字處理；稿本於“命”“皇”“先祖母”“母”“先君”等字前均空一格以示尊崇，同治刻本亦如此（民國刻本多未空格）。是此稿本應爲同治刻本之底稿。又兩本間亦有細微差異：1. 稿本多缺名諱，刻本添之，如稿本“先君諱”“字”後均爲空格，刻本爲“先君諱輔辰，字琴塢”；又稿本“石香公，山西垣曲縣知縣，次斗南公，廣西鎮安府知府”，刻本於“石香公”後添“輔廷”，於“斗南公”後添“輔相”；稿本“丙子始”句，“始”改爲“初”，并旁加“受業於傅先生”，兩刻本爲“丙子初，受業於傅筱泉先生”。稿本末題“孤哀子黃彭年泣血謹述”，刻本末題“孤哀子黃彭年泣血謹述，姻世愚姪唐炯頓首填諱”。2. 稿本與刻本文字上偶有不同，如稿本“伏惟當代有道君子、知言之士紀述而表章之，上之史館，藏諸名山，則斯民直道之公，豈惟不孝世世子孫感且不朽”，刻本縮寫爲“伏惟當代有道君子、知言之士紀述而表章之，不孝世世子孫感且不朽”。

民國十二年刻本當據同治刊本重刊，二本文字幾無差别。

唐賀監紀略四卷

清閔性善攷訂，清閔性道彙纂。清抄本。綫裝二册。第一册八行二十一字，第二册六行二十一字或二十二字，無欄格。首有賀知章像，旁署“道光丁未四月二十六日摹”。次爲翁岡、楊德周、董大翩、陳觀陽等四序。次爲聞性道撰“爲徵唐秘監賀公實跡遺翰暨贈題啟”,次“輯賀監紀略例”,次“賀監紀略語冰録”。

聞性善,字與同,浙江鄞縣人。明末諸生。入清後隱而終。聞性道,性善之弟,字天逈,又字蕊泉、大直。明末諸生。當貢大學,辭不就。康熙十七年(1678)詔舉博學宏詞,亦不就。二十二年,知縣汪源澤延其纂修縣志。另著有《四明龍會》《蕊泉手學》《蕊泉文存》等。傳見《(乾隆)鄞縣志》卷十七。

此書爲性善、性道二兄弟搜集賀知章逸聞軼事及唱酬題詠之詞彙輯而成,凡四卷,各卷前冠目録。卷一爲賀公實跡,包括歷代傳、記及群書中有關賀公之記載;卷二爲賀公遺翰,包括樂章、詩、釋注、表、記、集等類;卷三爲歷代名人題詠,含詩、贊、祭文、語録等;卷四爲祠堂類,包括碑記、志、題祠、聯、額等。《四庫提要》據“兩淮鹽政採進本”著録,入“史部存目”。

搜檢各家書目,此書未見有刻本。《中國古籍善本書目》著録抄本兩部,一即本館所藏,一即爲吉林大學圖書館所藏清抄本。吉林大學館藏本首葉鈐“翰林院印”滿漢文大官印,又鈐“秀水王相”“惜庵”“王氏信芳閣藏書印”“研易樓”“沈知方印”“粹芬閣藏”“沈仲濤祕寶”等印。末有辛巳張壽鏞跋云:“今歲春紹興沈志明請余序其父知方先生所纂《四書讀本》,以粹芬閣藏書目贈,忽見《賀監紀略》在焉,不禁狂喜,乞志明假我,越日持書至,既録副,後取《遺書》(指《賀秘監遺書》)互勘之……粹芬閣後人其世守之。”據此可知,吉大圖書館藏本原爲兩淮鹽政采進本,即進呈四庫原本,後歸沈知方粹芬閣。《四庫全書存目叢書》據之影印。另查圖家圖書館館藏目録,國家圖書館藏有一部民國三十年(1941)約園抄本一冊,即張壽鏞跋云據沈氏粹芬閣藏舊鈔本“録副”之本。

本館藏抄本二冊,抄録者筆跡不一。比對本館藏本與吉大館藏本,兩本内容、文字主要有以下不同:(1)本館抄本某些文獻有目無文,如卷一《文苑傳》《隱逸傳》有目,而正文處留白;卷四末有聞性道撰《附刻湖亭祠笈經引》及《笈經》二十七則,本館抄本亦僅有目,正文闕。(2)内容方面,二本互有增損,如卷三“詩”類,本館抄本多儲光羲《送八舅東歸》、秦觀《和書天慶觀賀秘監堂》、毛雷龍《秋日偕天逈禮賀公先生於西湖》、董應震《題高尚宅》等二十三首;卷四

“額”類,本館抄本多堇山長蘭陵王章題《詩狂酒聖》一則。（3）文字偶有不同,如本館抄本卷三目錄“題詠”類,吉大館藏本著爲“題贈”;“元宗《送賀秘監四明五言律二并序》”,吉大館藏本爲“玄宗《送賀秘監歸四明二首五言律有序》”,館藏本脱誤。

以上卷三館藏抄本多出之詩,詩下偶有標明“補遺”,表明其（或其底本）抄寫時間似晚於吉大館藏抄本。

館藏本避諱不嚴,“玄”“弘”字或避諱或不避諱,“寧”不避諱。

勝國遺民録不分卷

清王定詳撰。稿本。綫裝四册。半葉十一行,行字不等,藍格,白口,四周單邊。框高 19.7 厘米,寬 13.6 厘米。

此書爲明遺民之傳記集。收有關惲厥初、沈求如、孫鐘元等一百三十五位遺民傳記一百五十四篇,文體有墓誌銘、墓表、序跋、碑文、傳記、行狀等,其中三十八名傳主五十篇傳記文未抄録正文,僅列篇名、作者,并預留出空白格紙。在各篇目的框欄外右下端多標有傳主之生年,如“裒白先生家傳”條,標注“隆慶六年生”;“胡曰從中翰九十壽序”條,標注“當生萬曆十二年”等。從標注位置及標注内容多爲傳主生年來看,此應爲方便篇目排序之用。文中另有在眉端、書葉中縫等批注多處,大致分爲以下幾類:一、校字,如“裒白先生家傳”條,原文“崇正二年……”,此行眉上朱筆注“禎爲正,避清世宗諱也”;二、考訂生卒年,如“徵君孫鐘元先生墓誌銘”條,眉上墨筆校注,“據名人年譜,徵君生于萬曆壬午,卒年九十四”;三、標注篇目次序,如“歷陽王先生墓表”條,注曰“陳洪綬宜次此前”,又如“李向若墓誌銘”條,注曰“金孝章宜入此後”,又如“户山文集序”條（此條僅篇名、作者,無正文）,注曰“年甚無考,始附寒支後,亦可附謝文洊後”,“二曲先生窆石文”條,朱筆旁注“俟改訂入卷四首”等;四、標注收録意見,如“陸桴亭先生傳”條（僅有題名和作者、無正文）,眉上注曰“陳言夏之行狀已纂,此文可以不録”,又如“西湖二先生傳”條,眉上注“與金碣無甚異,此略彼詳,宜去此存彼”等;五、其它考證,如“尊道先生陸君行狀”條,眉批“亭林先生亦有此論”,又如“田間詩鈔小傳”條（僅列篇名、作者,無正文）,眉批“鄭氏詩鈔小傳，刻于龍威叢書中，此書往昉山廑有之，今亡佚"等。

以批注文字觀之，此當爲輯録未竣之稿本。卷前王仲邕另紙書："此先孝廉
縵雲公欲輯而未成之書也，後之人宜踵成之。仲邕。"各册卷端鈐"紗灣山人"
"王定祥"印。縵雲公，即王定祥（？—1888），字子默，號縵雲，增貢生。浙江慈
溪人，學識淵博，通詩書畫。著有《坦園文集》《吟紅詩草》等。《海寧州志稿》卷
三十三《人物志·寓賢》有傳。王仲邕，亦慈溪人。民國時期在寧波慈湖中學教
授國文，並曾任訓育主任。馮貞群抄藏《姜先生全集補遺》等三種自識云："往歲
向王仲邕和之處借得厥考縵雲孝廉定祥手編《姜西溟先生全集》附録二卷，傳寫
副本。涉獵所及，有涉姜氏詩文輒爲補入，歷年所增，殆過半焉。"（駱兆平《伏跗
室書藏記》）是王仲邕所藏王定祥手澤當不止《勝國遺民録》一種。

秦聚奎行述不分卷

秦福和撰。稿本。一册。與信札二通及石達開、李秀成等人信札抄件數通
合訂。

秦福和（約1848—1919），字煦堂，號伯鷺，奉天蓋平人（今遼寧蓋縣）。以
庠生蔭庇出仕，襲騎都尉世職，以軍功保直隸州。歷任廣東連州、嘉應、南雄等
知縣，有政聲。民國後致仕回籍。

此書爲秦福和撰其父秦聚奎之行述。秦聚奎（1811—1862），字星五，號鳳
山，又號煥亭，齋號鳳山主人。奉天蓋平縣人（今遼寧蓋縣）。清道光十七年
（1837）舉人，道光二十一年（1841）進士。歷任直隸驍陽縣、交河縣、蠡縣、景州
等知縣。清同治元年（1862）署直隸大順廣兵備道，在追剿捻軍中戰殁，詔贈太
常卿，謚"剛烈"，祀昭忠祠。此書爲散葉粘貼之本，散葉原爲半葉六行十八字，
無欄線，每一整葉末標數字，共計廿七葉（紙）。書內有增改。"寧"作"寍"。搜
檢各家書目，此書無刻本、其他稿抄本傳世。

《行述》前裝訂有佚名信札兩通。後另有抄件幾種，一爲安順府知府劉書年
的文書，二爲《興王策》《石達開答曾國藩書》《曾國藩致石達開書》《石達開傳檄
震湖南》《李秀成致向軍門書》《李秀成上洪秀全書》《林啟榮守九江城》等信札，
疑抄自《洪秀全演義》。《洪秀全演義》爲黄小配（1872—1912）據太平天國史

料、傳聞撰成的章回體長篇歷史小說,清光緒三十一年（1905）香港《有所謂報》附張及光緒三十二年（1906）《香港少年報》附張均有連載,光緒三十四年（1908）有單行本行世。

卷末貼有"光緒乙酉夏恭讀……子壽廉訪大人校閱倷……屬吏劉春……呈稿"殘紙一頁,下鈐"春生之印""子霖學詩"印。落款爲劉子霖。子壽當爲黄彭年,黄彭年（1823—1891）,字子壽,號陶樓,晚號更生,貴州貴筑（今貴陽市）人。清道光二十七年（1847）進士,授編修,曾入駱秉章、李鴻章幕府,嘗掌教關中書院、蓮池書院、擔任山長,主持修纂《畿輔通志》。官至江蘇布政使、湖北布政使。

錢忠介公傳記集一卷

不著輯録者名氏。稿本。有佚名圈點修改。綫裝二册。半葉十行,行二十六字,無欄格。

此稿輯録有關錢肅樂的傳記文,包括葬録、傳記、祭文、輓詩、神道碑、誄、像贊、畫像記等。據書葉中縫題爲五類,即《葬録序》《傳記集》《追輓集》《閩中葬録》《騎箕集》。

錢肅樂（1606—1648）,字希聲,號虞孫、止亭。浙江鄞縣（今浙江寧波）人。明崇禎十年（1637）進士,歷官太倉知州、刑部員外郎。清兵南下,起兵抵抗,卒於海上。南明魯王政權賜太保,謚忠介。撰有《太倉州志》《正氣堂集》《越中集》《南征集》等。《明史》卷二七六有傳。

錢氏詩文遺稿,久藏於家,秘不示人,清乾隆初由著名學者全祖望編爲三集二十卷,計《正氣堂集》八卷,《越中集》二卷,《南征集》十卷,并附以碑誌、傳記及葬録,共四卷,通爲二十四卷。乾隆禁書,錢氏之作亦在其列,故世所罕見。直至民國年間,由藏書家張壽鏞刊入《四明叢書》第二輯。國家圖書館藏有清抄本《忠介公正氣堂文集》八卷,《越中集》二卷,《南征集》十卷。抄本首册扉頁題有:"□□□□□祇存六本,今祇存五本,□□、□集、傳記、追輓,此集遺失。"經比對,館藏此本與國圖本行款同（均十行二十六字,無格）,按其筆迹,亦出同一抄手。本館此本或爲國圖本扉頁所言"遺失"之本。

民國年間,藏書家張壽鏞刊《錢忠介公集》二十六卷,含《正氣堂集》八卷,

《越中集》二卷，《南征集》十卷，附録六卷（以下簡稱《四明叢書》本）。張壽鏞跋云："壽鏞既得謝山所編《忠介公全集》於張君伯岸，蓋即其嗣子潚恭所手鈔者也。……伯岸遂以畀余録副，更得孟顓一一校勘，證以往年所編輯者，完成趙璧。"張伯岸即張之銘，民國藏書家，浙江鄞縣人，室名"古歡室"。國圖清抄本鈐有"張之銘珍藏""四明張氏古歡室藏書記"等印，可知，《四明叢書》本前二十卷即以國圖清抄本爲底本刊刻。《四明叢書》本後六卷，即傳記、祭文等爲馮孟顓搜輯得之（馮孟顓，鄞縣人，襄助張壽鏞編刊《四明叢書》）。核稿本與《四明叢書》本，稿本篇章多分入《四明叢書》本之附録一至四，但篇目順序不盡相同、所題撰者亦不盡相同。《四明叢書》本之附録五、附録六乃馮孟顓增益之續編。

此稿本有多處佚名圈改，大體有如下幾類：一、修改文字，如，稿本"太倉守署昆邑去思碑"，旁改"邑"爲"山縣"，《四明叢書》本同改後之文字；二、增添篇目，如在《騎箕集》末增《跋錢忠介公崇祀録》（全文），《四明叢書》本亦於卷二十二《騎箕集》後增之，又如稿本於《追輓集》内增張煌言、全吾騏、林時對、高宇泰等人輓詩（僅篇目），《四明叢書》本卷二十六内刊有全文；三、修訂類目，如稿本《傳記集》類有錢肅鏞撰文，原名《忠介公傳》，佚名圈改爲《忠介公遺藥序》，并於眉上注"此篇非傳體，衹可曰序"，此篇在《四明叢書》本中刊入卷首《原序三》；四、删大類名，如劃掉正文卷端中之《傳記集》《追輓集》《葬黃檗山詩》《騎箕集》（旁改爲"附録卷四"，《四明叢書》本入卷二十二，附録二）；五、删除部分撰者，如稿本"再吊忠介公次聖月韻"篇，删除撰者"鄧漢儀"，《四明叢書》本撰者題爲"前人"。六、增添撰者職銜，如徐孚遠撰《誄》篇，稿本於撰者"華亭徐孚遠字闇公"下添"壬午舉人，都察院右副都御史"，《四明叢書》本僅著録籍貫、字號，"華亭徐孚遠闇公"。

以圈改文字觀之，此稿本似爲付刻而編訂校改之底稿，如稿本收有兩篇黃宗羲撰錢忠介公之傳文，稿本於第一篇下批"初本"；又如稿本於全祖望撰《錢忠介公降神記》一篇，眉批"用改本"等。

"玄""弘""寧"字均不避諱。

鈐"横經閣"印。

明末忠烈紀實五卷

清徐秉義撰。清抄本。綫裝四册。半葉七行，行十五字，小字雙行同，烏絲欄，黑魚尾，下黑口，四周雙邊。框高14厘米，寬9.7厘米。卷前有《凡例》。

徐秉義（1633—1711），初名與儀，字彦和，號果亭。江南崑山（今江蘇崑山）人。徐元文、徐乾學弟。康熙十二年（1673）進士，授編修，官至内閣學士兼禮部侍郎。康熙十八年，徐元文爲《明史》監修總裁官，秉義亦得召入明史館，後乞假歸里，三十八、九年出爲《明史》總裁。傳附《清史稿》“徐元文”後。

是書爲明清易代之際死難烈士傳記集。據《[同治]蘇州府志》卷九十五徐秉義傳：“秉義通籍後，以兄弟並在華省，深懷謙退。杜門卻掃，購求古書，或借稿本抄録。與餘姚黄宗羲、萬斯同，德清胡渭生，桐城錢秉鐙諸人交，每舉經中疑義相發明，有得則疏録成書。念鼎革之際死事者多，因廣搜記載，自崇禎二年以迄國朝，著《忠烈紀實》一書。”書成後，以抄本流傳，有五卷本、二十卷本兩種版本。五卷本收明季殉難忠烈一百十八人，以地域劃分爲殉豫傳、殉秦傳、殉楚傳、殉蜀傳、殉晉傳。二十卷本除以上五卷外，另有殉江北傳、殉齊魯傳、殉滇黔傳、殉豫章傳、殉畿輔傳、殉君傳、殉福傳、殉唐傳、殉魯傳、殉桂傳、效死傳、違制傳、殉國傳、烈女傳上、烈女傳下。二十卷本前有錢澄之序，五卷本無錢澄之序，《凡例》及所叙同一事實，五卷本與二十卷本叙事亦有繁簡之别，如卷一關於汪喬年的記載，本館藏五卷本：“喬年始議城守，城壞未及修民，五日而陷，喬年自刎而亡弗殊，爲賊所害，襄城諸生剮刖者百九十人。”二十卷本：“喬年始議城守，賊攻城急，礮擊喬年纛，雉堞盡毁，喬年神色不變，十七日城陷，喬年自刎未絶，爲賊所害，襄城諸生剮刖者百九十人。”二十卷本叙事更爲詳實。朱希祖《鈔校本〈明末忠烈紀實〉跋》評二十卷本：“其文章詳贍，不輕於褒貶；各傳所采奏疏，於明季所以喪亡之情狀，必羅列靡遺，尤爲詳而得要。較之今本明史各傳，且有勝之者。”丁丙《八千卷樓書目》著録有二十卷本，其下注云：“鈔本殘，此係足本。”其所謂殘鈔本，不知是否指五卷本。

《中國古籍善本書目》著録《明末忠烈紀實》九部，其中五卷本兩部，除本館藏本外，中國國家圖書館亦藏有一部五卷本。比對兩本，略有異文，如《凡例》，國圖本“此特詳其末後”，館藏本爲“此特許其末後”，館藏本誤。又如卷一“汪喬年"條,國圖本"城壞未及修門",館藏本爲"城壞未及修民",館藏本誤。卷二"榆林七忠"條,國圖本"遂自經",館藏本爲"遂自縊"。另國圖本於脱誤處偶有訂補,如卷一"汪喬年"條,"喬年田",於"田"字旁寫"曰",核上下文,此處應爲"喬年曰"。又如卷一"李貞佐"條,館藏本"則士業復;士業復,農工商之業何患不復乎",國圖本原爲"則士業復,農工商之業何患不復乎",後於"士業復"旁添"士業復"等。

"胤"字避諱,"弘""顒""寧"不避諱。

李忠武勇毅兩公家傳不分卷

清黄彭年撰。稿本。一册。半葉八行,行字不等,緑格,四周雙邊,框高 15.9 厘米,寬 11.7 厘米。箋紙版心下印"雲秀齋住横街頭"。行草書寫,有圈改。

黄彭年(1823—1891),字子壽,號陶樓,晚號更生,貴州貴筑(今貴陽市)人。清道光二十七年(1847)進士,授編修,曾入駱秉章、李鴻章幕府,嘗掌教關中書院、蓮池書院,擔任山長,主持修纂《畿輔通志》。官至江蘇布政使、湖北布政使。黄彭年博學多通,著有《三省邊防考略》《金沙江考略》《陶樓文鈔》《陶樓詩鈔》等傳世。《清史稿》卷四三四有傳。黄彭年撰有大量文章手稿,去世後,門生章鈺等人整理編輯,於民國十二年(1923)編成《陶樓文鈔》刊刻行世。該書收録黄彭年文章二百餘篇,《李忠武勇毅兩公家傳》即爲其中之一。

"李忠武公"指李續賓(1818—1858),字如九、克惠,號迪庵,謚忠武,湖南湘鄉敦行四十四都(今屬湖南漣源)人,清末湘軍著名將領,多次大敗太平軍,獲摯勇巴圖魯名號。"勇毅公"指李續宜(1822—1863),李續賓弟,字克讓,號希庵,謚勇毅,清末湘軍將領,續賓逝後,代領其衆攻戰太平軍,屢有軍功,賜號伊勒達巴圖魯。官至欽差大臣,督辦安徽軍務。方宗誠《柏堂集次編·記湘鄉李公死事》,曾國藩《曾文正公文鈔·李勇毅公神道碑銘》,《曾文正公文鈔·李忠武公神道碑銘》均載有二公事。

本館另藏一部《黄彭年文稿輯存》,乃黄彭年孫黄襄成整理之黄彭年手稿及付刻稿本。共十四册,其中第七册爲《遜盦文稿》,内收《李忠武勇毅兩公家傳》一文,第七册外封書籤題:"吴彝丞先生閲定本《遜盦文稿》,甲戌秋重裝訖,襄成恭記。"册内另夾襄成題識一紙："襄成謹案,此《遜菴文集》兩册,有吳彝丞先生閱過印記,當是同治季年至光緒初年居蓮池纂修《畿輔通志》時所作,其間諸篇有録入《文鈔》者,有未録者,襄成謹以版中所記《遜菴存稿》,以别於《文鈔》云。丙子冬讀後記。至兩册本爲合裝,重裝時誤分爲二。"據此,此篇爲黄彭年於同治、光緒間居蓮池書院纂修《畿輔通志》時所作,是時吳彝丞亦在志局,故書籤題"吳彝丞先生閱定本"。吳彝臣即吳壽坤,福建霞浦人,光緒間官晋江知縣。

核本書、《黄彭年文稿輯存》本及民國十二年刻本,本書爲黄彭年最初之稿本,上有增删圈點,《黄彭年文稿輯存》本、民國十二年刻本多與本書增删後之文字相同,但亦有不同處,如本書"公與忠節所部屯大橋"一句,《黄彭年文稿輯存》本與刻本均作"公與忠節所部屯大石橋";本書"公言於塔",《黄彭年文稿輯存》本與刻本作"公言於塔齊布";本書"明日與塔公并轡出",《黄彭年文稿輯存》本與刻本作"明日并轡出";本書"公曰:'續賓,忠勇沈毅,用兵如神,國家棟梁也。'"《黄彭年文稿輯存》本與刻本作"公曰:'國家棟梁也。'"本書"克臨湘、蒲圻、當陽、咸寧,直抵武昌",《黄彭年文稿輯存》本與刻本作"克臨湘、蒲圻,直抵武昌"等等。據此可知,本書爲黄彭年最初之稿本,《黄彭年文稿輯存》本爲付刻前之謄清稿本,民國十二年刻本據《黄彭年文稿輯存》本刊刻。

孔孟弟子考不分卷

清抄本。清裘姚崇撰。五册。毛裝。半葉九行,行二十五字,小字雙行同,無欄格。

裘姚崇,字子位,號性吾;一説字性吾,號雨槐。慈谿裘市(今寧波洪塘)人。清嘉慶間諸生。著有《慈溪庶村先生年譜》一卷、《慈溪横山裘氏宗譜》十三卷。《(光緒)慈谿縣志》卷四十九有傳。

此書乃輯《孔子家語》《孔叢子》《春秋繁露》《鹽鐵論》等書中有關孔子、孟子及其弟子門人事跡而成,若諸書記録有不同者,作者加按語辨正於後。首册内容包括:孔子傳、孔子補傳、孔子年譜、孔子世系圖、聖父紇叔梁傳、孔鯉傳、弟子里居考;次册卷端題爲"孔孟弟子傳卷二",内容包括弟子生年互攷、從祀於聖廟之孔子弟子顔子、曾子、有子若等十三人(按:從祀聖廟共八十三人)傳記;第三册卷端題“孔孟弟子考卷”，爲從祀聖廟之孔弟子另外七十人傳記；第四册按内容應分爲兩卷：首葉卷端題“孔孟弟子考卷”，後爲不入廟而可考之弟子四十四人傳記；後另起一卷，卷端題“孔孟弟子考卷”，爲五十一位孔子門人傳，後附曾子門人傳、子夏門人傳；末册内容爲：孟子傳、攷定孟子年譜、孟子年譜異同録、孟子補傳；次記孟子三十三位弟子之傳記。以上按内容計，實爲六卷，除卷二外，餘卷均未標卷次，當係未定卷次時之抄本。

“不入廟而可考之弟子”傳後作者按語云：“以上共四十四人，合之入廟凡八十三人，共一百二十七人，雖未能精慎明確，然廣搜博采，所遺者亦寡矣，以之媲美於竹垞。烏乎！敢以之步塵於竹垞？即用以補竹垞之缺，余亦何敢多讓焉。”按朱彝尊（竹垞）撰有《孔子門人考》《孔子弟子考》《孟子弟子考》，此書較朱彝尊所著收羅更廣，且附有作者辨正之語。

搜檢各家書目，未見刊本行世，僅寧波天一閣博物館藏有一部清抄本，五册六卷，九行二十四或二十五字，卷端下題“慈水性吾裘姚崇雨槐甫編”。館藏本未題編撰人，今據天一閣抄本著録編撰人姓名。

“玄”“絃”“弘”缺末筆，“寧”不避諱。

寶婺獻編不分卷

清王同癁撰。清抄本。一册。半葉十行，行二十八字，白口，無欄格。

王同癁，號淡菴、澹菴，永康人（今浙江金華）。生平履歷不詳。著有《淡菴吟全集》傳世。

此書爲王同癁所撰漢至清代浙江金華人物之傳記集。卷前首有康熙二十六年王同癁“文獻總叙”及“獻部引言”，次爲總目，全書分醇儒、正學、事功、文才、忠節、孝友、卓能、高隱、貞介、義俠、録遺等十一編，計四百五十七人，即醇儒編九人，正學編三十九人，事功編二十五人，文才編二十八人，忠節編三十八人，孝友編四十七人，卓能編七十人，高隱編四十一人（此卷卷端著録爲四十人，核正文，當爲四十一人），貞介編六十三人（此卷卷端著録爲六十一人，核正文當爲六十三人），義俠編三十七人，録遺編六十人（此卷卷端著録爲五十八人，核正文當爲六十人）。每一人物爲一條，記朝代人名、字號、籍貫、履歷、生平等。

　　書中有夾紙一葉，"王抑齋逸其名，爲吾邑氏族觀念最烈之志節士，相傳以諸生與明末諸賢圖反抗，志不獲伸，樓居終其身，示不戴天不履地之意。予於其族中覓得此編，以爲公之遺墨在矣，然中有康熙年號，則知王同罷者，當屬公之後嗣，而觀其論斷，懷抱尤矯之者，知之爲其遺教所薰陶歟，然遍覽志書無可考，豈竟以時諱見削耶，則覬此編，如見抑齋可也。姑志之以待知者考焉。永康後學呂俊愷謹述。"呂俊愷爲王同罷同鄉，據其語，王同罷當爲王抑齋後人。但臺灣漢學研究中心藏一部王同罷撰《淡菴吟全集》，卷前有康熙辛未（三十年，1691）自序，卷末有自跋，"此余六十以前詩也"，據此推測，王同罷約生於1631年，即崇禎四年，據呂俊愷語，王抑齋亦爲明末人，王抑齋、王同罷當爲同時期人，爲同族人，呂俊愷所述不確。

　　書衣題"同治十年歲次辛未仲夏重……（殘）""澹庵公手鈔"。書内鈐"王耀宗印""敬夫"印。臺灣漢學研究中心藏《淡菴吟全集》分三卷，即《淡菴吟》《翠柏山房詩鈔》《澹庵別集》，《淡菴吟》前有作者自序，自序後有"同治十一年壬申正月上元耀宗燈下識""同治丙寅季春敬夫……（殘）"二則識語。《澹庵別集》卷端著"嗣孫王耀宗敬夫鈔"，綜上可知，《淡菴吟全集》爲王同罷之孫王耀宗（字敬夫）將其生平著作《淡菴吟》《翠柏山房詩鈔》《澹庵別集》合編而成。本館所藏之《寶婺獻編》亦當爲此時整理重録之者。

　　此書未見其它抄本和刊本傳世。

　　"弘""寧"字不避諱。

北京師範大學圖書館藏清鈔本彈詞五種

北京師範大學圖書館　丁之涵

子虛記四十四回

清汪藕裳撰。清鈔本。竹紙。綫裝四十四册。每半葉七至九行,行字不等。無欄格。卷前有總目,七或八言對聯回目。卷末有光緒九年(1883)作者跋,亦唱詞。彈詞正文四十四卷,卷端題“子虛記卷之幾”,次行回(卷)目,次正文。間有尾題。七言唱詞爲主,有白。(是本目録作“回”,正文題“卷”。爲行文便,統一作“回”。)

汪藕裳(1832—1903),名蕖,字藕裳,號都梁女史。清安徽泗州直隸州盱眙縣(今屬江蘇)人。藕裳出身官宦大家,自幼受父親誨,通文史。十七歲適桐城胡氏。咸豐三年(1853),太平軍陷城,藕裳隨夫避難,輾轉蘇省南北。咸豐十年(1860)往寶應投靠長兄汪祖茂,夫病卒。約同治三年(1864),開始著手創作《子虛記》,至光緒九年(1883)完稿。原擬付梓,終未克成。臨終前,將《子虛記》手稿託付外孫女丁翰香,五代流轉,最後捐贈江蘇省淮安市博物館。2014年,中華書局據手稿出版整理本①。汪藕裳傳具《[民國]寶應縣志·列女傳》及整理本附《年譜》。

《子虛記》以文玉麟(麟)爲主綫,裴雲爲次主綫,以尚、喬、韓、孫等各府姻親友僚爲副綫。前半部寫軍國大事,錢塘文仲明有振舜、玉舜二子,族侄兆麟,義子楊蕙林。玉舜未及冠即中探花,放江蘇學政。皇帝出巡金陵,鎮南王劉雄

①清汪藕裳著、王澤强點校《子虛記》,中華書局2014年版。

造反,玉舜領兵勤王,並救還幕友俞英之妻鄭素瑤。繼又征剿楚公唐葆祚兵叛,招降楚地大將尚德。回朝後,除奸權英王與佞臣牛、羊一黨。同時,湘陰趙元有女湘仙,許字張端。繼母嚴氏趁趙元居官在外,對湘仙屢施毒手。湘仙扮男裝隨老僕金福出逃,爲裴嘉澍所救並收爲義子,改名裴雲。赴科試,點狀元,代天巡狩,遇張端爲羊守信之子陷害,平其冤。任滿回朝,此時内憂外患皆平,玉舜、裴雲同朝爲官。裴雲“娶”楊蕙林妹珍珍,張端尚公主,各功臣相互聯姻。彈詞後半部,以衆府閨閣情事爲要,述榮華場中各家憂喜。其中裴雲故事收尾較早,婚後爲珍珍識破女身。珍珍體恤其情,誓爲保守,卻抑鬱早亡,涼王郡主纖纖成爲繼室。裴雲舅氏嚴壽曾獲罪,嚴氏往裴府求情,認出湘仙,其父遂禀白朝廷。裴雲不願恢復女兒身份,三日後心死身亡,天子命與珍珍合葬鴛鴦冢。其餘各人結局一一總結於末卷。《子虛記》出場人物衆多,故事頭緒頗繁,詳見張良、朱禧《彈詞經眼録》。

　　《子虛記》未經刊刻,今存有四十四回、六十四卷等本。四十四回本有北京師範大學圖書館藏本(下文簡稱“北師大本”)、上海圖書館藏鈔本;六十四卷本存淮安市博物館藏手稿及其整理本(下文稱“手稿本”)①,中國國家圖書館、首都圖書館等藏鈔本。又有六十三卷本,即《彈詞經眼録》著録南京圖書館藏本及上圖藏三十一回《新增子虛記》等。以手稿本校北師大本:

　　(一)分回(卷)及回(卷)目情況。北師大本四十四回,手稿本六十四卷。北師大本前三十三回與手稿本的前三十二卷分回(卷)相對應。其中較顯著的異文有三處:北師大本第四回“宴功臣御屏隔座,選佳婿寶劍聯姻”,手稿本無此目,但對應的正文同,只是較北師大本少分出一卷。北師大本第五回回目下聯“借花燭兵部完姻”,手稿本作“總朝政宰相專權”,二本回(卷)目不同,但正文實際内容相同,只是選取標目之事各異。北師大本二八、二九兩回,回目所舉四事手稿本正文皆有相應内容;手稿本卷目舉四事,其中二事北師大本正文内無

---

①據整理本《前言》,該本儘量保持稿本原貌,除將異體字、俗體字、簡化字統一爲通行繁體字外,原稿中一些習慣用字均不作改動。原稿的明顯錯訛,依文意改正,卷末出校;疑誤處不作改動,只在卷末出校説明。殘缺、遺漏的文字主要參閲南京圖書館“清寧泉館”藏本、南京師範大學圖書館鈔本補足。參整理本《子虛記·前言》,第10—11頁。

相應内容。其餘各回(卷)目都接近,正文的具體分回(卷)處前後略有參差。

北師大本三十三回以後,分回及回目情況與手稿本差別顯著。三十三回對應手稿本卷三十二、三十三,三十四回對應卷三十四至三十六,三十五回對應卷三十七至三十九上(大致以聯目上、下句劃分事文上、下),三十六回對應卷三十九下至四十三上,三十七回對應卷四十三下至四十五,三十八回對應至卷五十,三十九回對應至卷五十一,四十回對應至卷五十二,四十一回對應至卷五十五,四十二回對應至卷六十,四十三回對應至卷六十三,四十四回對應至卷六十四。回(卷)目所列之事多不同。且北師大本回目列出之事,手稿本正文都有相應詳細情節;反之,手稿本卷目列出之事,北師大本文内或全無此内容,或情節過於簡單,不適合列於回目。二本末回(卷)目爲"聖天子褒功加寵渥,永平公歸結大團圓"同。二本回(卷)數及目雖不同,均屬首尾完備。

(二)正文異文情況。與回(卷)目情況相應,二本正文繁簡有別,北師大本簡,手稿本繁。以北師大本二十三回、手稿本卷二十二"明天子寶殿封功"爲界,《子虛記》前叙軍國功勛,後寫閨閣情事,北師大本各占半幅,手稿本前者僅占三分之一。北師大本前二十三回軍國戰事的情節、唱白,與手稿本異文較少。二十三回以下,尤其三十三回開始,二本有明顯的繁簡差別,主要體現在以下幾條情節線索:

(1)裴雲跋扈弄權的體現。描寫裴雲與張端等"直臣"矛盾的層層演進,在此過程中凸顯裴雲性格中跋扈的一面。如裴雲舅氏嚴壽曾獲罪,北師大本爲柳御史彈奏,裴雲接到彈章後順水推舟,速其入獄。手稿本嚴氏獲罪爲裴雲主動構陷以報舊仇。

(2)尚德、梁玉映夫妻矛盾。玉映多妒而性驕,致使夫妻生嫌,頻生風波。手稿本卷三十三,夫妻關係因玉映産子漸緩,卻仍是將就着"感恩和積恨",此後更從夫妻矛盾轉爲與慧芝間的婆媳不和,玉映的嬌妒性格由此得到充分的塑造。而北師大本僅以三十三回"從此後,閨中夫婦兩情和"了結夫妻矛盾。

與玉映夫婦相關,是尚德子寶梁與次室慧芝間矛盾。寶梁極孝,慧芝則性烈如玉映。因尚府有寶梁正妻,慧芝長住母家,對翁姑久疏奉侯,兼又多妒,以至夫妻失和。寶梁夫婦矛盾,如手稿本"留仙館修撰嗔妻"(卷三十八)、"喬慧芝堂前爭口舌"(卷五十九)等,北師大本都無。

(3)素瑤與纖纖。

素瑤是玉粦西賓俞英之妻,爲鎮南王劉雄所劫。玉粦剿劉,救還俞英。北師大本素瑤主要情節止此,手稿本卷三十三俞英攜妻投奔玉粦再次出場,卷三十七"永平公驚逢俞氏婦"以後,素瑤對玉粦漸生愛意,玉粦拒之以禮,卻温情許以來生。此外涼王郡主纖纖對玉粦生愛,二本也有類似的繁簡異文。素瑤、纖纖二人的感情線索,是手稿本玉粦"惜香""多情"性格的重要體現,亦仲明指其"風流""輕狂"的主要事端。卷四十"衛國公杖兒追隱事",卷六十"生謗語文相拾香羅"等都緣此而發,北師大本無。

(4)玉粦。文玉粦爲《子虛記》正角,一方面文武兼備,少年偉業;一方面孝友天成,閨閣中尤稱多情。玉粦"多情"方面的性格描寫集中於手稿本卷二十二以後。不僅素瑤、纖纖,其每與衆姊妹、侍婢嬉娛言談,都是這一性格的自然流露。此類情節北師大本多無,玉粦的"多情"性格體現得較簡淡。

其餘情節如梁玉映侍女粉蝶對尚德生情,玉粦幕賓梁永對玉粦次室蕭蕴仙情難以自拔最終辭官離去等,北師大本均無。衆人的豐富情節與彈詞綫索緊密交織,成爲塑造人物形象的重要關節。

情節繁簡必然導致異文。反過來看,二本在相同情節的唱白保持一致,且二本繁簡情節在各自文本內多可圓說。如北師大本三十四回寶梁、慧芝完姻數日,玉粦兄弟一行至寶梁夫婦處,"但見修撰美多才,綺窗前,正寫丹青頭不抬。……並没有,些些悦色映雙腮……振粦不覺笑容開"。振粦詢問夫妻不快原因,寶梁答:"……兒媳先應拜膝前。岳父岳娘皆不説……"慧芝道:"我又未説不去,只因父母未曾吩咐,難以自行。"手稿本"並没有,些些悦色映雙腮"後又插入"紫煙扶案旁觀看,半側香軀彈寶釵……振粦不覺笑容開。……有這個,不避嫌疑小女孩……"一段。寶梁夫婦的不快,不僅因慧芝未及時向岳父母請安,更增添了寶梁答允爲姻侄女紫煙作畫而引起慧芝不快的又一層原因。手稿本增設紫煙出場,既寫紫煙之俏媚任性,更藉此有力地突出慧芝的嬌妒,但二本除爲增設情節之外,並未出現不必要的異文。

二本末回(卷)爲彈詞結語,互有異同。北師大本各人結語,事多前文所未及,是直接爲角色寫定結果;手稿本寫定結果前先歸結前事,涉及的前事多有不見於北師大本的情節、人物。個別人物如素瑤,北師大本退場較早,末回即省略結語;在手稿本卻貫穿前後,末卷特設結局:"自痛自憐還自恨……佳人對佛許長齋。"要之,二本各人結局與繁簡情節分別對應。

二本異文主要集中於北師大本二十三回以後,此外有通書性質的幾類異文:(1)北師大本年齡、紀年等數較具體,手稿本較模糊。如北師大本"年方十五",手稿本作"年紀輕輕";北師大本"張君二九年華長",手稿本作"張君比我年華長"。(2)二本閒詞的異同。如手稿本卷一、二、三十二之末都有作者自表的閒詞。北師大本第一、二回分回處與手稿本大致相當,但無閒詞。手稿本卷三十二末北師大本不分回,因無閒詞。但北師大本十三回與手稿本卷十二末處,二本都分回(卷),末綴十六句閒詞亦同,而其中七句又與手稿本卷三十二末閒詞(共八句)極相近,即此七句重見於手稿本兩處,值得注意。(3)北師大本湘仙隨老僕"金福"出逃,老僕名前後一致。手稿本先作"金得",卷五十回前後再出場作"金福"。《彈詞經眼錄》著錄南圖本,老僕名亦作"金福"。

根據上述異文情況,手稿本與北師大本所代表的繁簡二本,其成稿的先後問題可從以下幾點加以探討:(1)已知作者最終手稿爲六十四卷,則四十四回本若出六十四卷本之後,應由他人刪成。繁本並非簡單地較簡本多出獨立的故事內容,而是複雜鋪設的交織情節,伴隨角色性格的完善。在此情況下,二本各圓其事,大量唱白保持不變,銜接語言自然流暢。若由繁刪簡,實爲困難,況不由作者本人刪成。此間矛盾應予注意。(2)手稿本卷前有光緒九年作者兄祖緩的擬刻書序("將付剞劂氏"),稱"前半部屬意在英雄,後半部屬意在兒女"。二本實際內容比例,北師大本英雄、兒女各半,結構勻稱,手稿本兒女占幅爲英雄之倍。該序及二本都有的作者同年自跋,都言成稿歷經二十年,而均未及卷數。則此跋只可説明光緒九年爲二本創作或鈔錄完成的最早年限,而不可證明爲六十四卷或四十四回本作。況光緒九年距作者卒年尚餘二十載,可供作者修改舊稿成爲最終手稿。(3)二本對紀年、年齡等數字的表述,北師大本清晰,手稿本含糊。一方面,可理解爲後期文本對人物情節設定的明確化,則簡本文本在繁本之後;一方面,也不能排除由於情節的增設、時間綫的拉長,或出於對彈詞"子虚”的虚化審美等藝術追求,繁本有意對年歲等設定加以模糊化的可能性。綜上,手稿本與北師大本二者繁簡文本的形成先後,包括簡本是否出於作者的問題,未可定論,尚待進一步研究。

果報録十卷一百回

清海芝濤撰。清鈔本。竹紙。綫裝十册。每半葉十行,行三十二字。無欄格。卷前“半癡子”序,次目録,接正文。正文十卷,每卷十回,共一百回。七言唱詞爲主,有白。每卷前有一開篇,每卷内前九回末又各有一開篇,全書開篇共一百篇。

《果報録》又名《倭袍傳》《荆襄快談録》,述明正德間文華殿大學士唐上傑因家傳御賜倭袍得罪安樂王張彪,爲其構陷,幾於滅門;唐氏七子雲卿與毛龍、刁南樓結義,刁氏遭大妻劉素娥及情夫王文毒害等事。後唐府之災、南樓之冤一一昭明,張彪一門賜死。情節詳見譚正璧《彈詞叙録·倭袍傳》。《果報録》早期版本有嘉慶七年(1802)柳溪書屋刊本,八卷一百回。光緒、民國以來各本都一百回,分八或十二卷,每卷多寡不等,而北師大圖書館藏本十卷,均分百回。各本序文多呈兩種,一甌生居士序,一半癡子序。甌生序署光緒庚子(二十六年,1900),半癡子序或署甲午(二十年,1894),或無年份僅曰“嘉平如月”,北師大本即是。二序文極相近,但通行各本半癡子序多作“要其指歸,莫非回汪深(瀾)緯經史意也”,論者多以爲不通,甌生序僅曰“要其指歸,莫非經史意也”。檢北師大本作“要其指歸,莫非回狂瀾、緯經史意也”,義較佳。

以經眼清末木活字本(十二卷,館藏。以下稱“活字本”)、民國上海書局石印本(十二卷,據瀚文民國書庫本。以下稱“石印本”)相校,二本與北師大本的彈詞正文異文較少,北師大本特點在其開篇。據著録,《果報録》每卷前都有一開篇。北師大本則不僅卷有開篇,回亦有開篇,總計百篇,且無重複。而活字本、石印本僅各有十二篇,内容多兒女私情之類,且二本間有相重,與北師大本亦具重篇。

譚正璧《評彈通考·論南詞》曰:“開篇馬如飛總出名,有專書行世。《果報録》每卷頭一篇,也都用馬如飛開篇。石印、鉛印選的不同,兩本合在一處,還不過全書十分之一。但這十分之一裏面,已經大半是沿襲傳奇。"①馬如飛開篇專書,宜即《馬如飛先生南詞小引初集》二卷②。卷上多歷史人物事件,卷下《紅樓夢》《長生殿》《西廂記》《白兔記》《白蛇傳》等小説傳奇人物。又有阿英《彈詞小説評考》③保存馬如飛開篇名三十餘種,並録十八篇開篇文字。

　　北師大本的卷前十篇開篇,依次爲《八仙慶壽》《韓采頻》《鐘子期》《岳武穆》《蘇東坡》《梅竹》《别閨》《吕純陽》《戲漁姑》《歎窮》。其中《韓采頻》《鐘子期》《岳武穆》《蘇東坡》《吕純陽》五篇都見於《南詞小引初集》卷上。《八仙慶壽》,今有《甬上風物:寧波市非物質文化遺産田野調查》收録《八仙過海》④,文字大同,而句次有異。北師大本八仙各人唱詞中的末句,《甬上風物》集中於篇末,略嫌不通,館藏本較佳。《梅竹》見録於《蘇州彈詞大觀》,與北師大本大致相同。《戲漁姑》又爲活字本卷二開篇,然結局不同。活字本爲漁姑、書生"二人各西東"極灑脱,北師大本卻是"這段相思何日終"。《歎窮》同時爲活字本卷三開篇,又爲鄭振鐸《吳歌甲集》收録(小春天氣放芙蓉)。北師大本"花落不生""單配我個簡窮穹"二處,《吳歌甲集》作"落花不生""單配我,見窮充",二處鄭氏都注"不通,疑有誤字",而活字本作"落難書生""簡神童"。同時,北師大本、《吳歌》二本唱詞"小姐聽",活字本作"馬瑶草",而各本都有"將奴送與奢華梁府中"一句。"馬瑶草""簡人同"是清人朱佐朝所作傳奇《漁家樂》中人物,馬瑶草嫁與窮書生簡人同,馬父欲送其入梁府。可知《歎窮》、吳歌均源自該傳奇,各本音近致訛。第七卷開篇《别閨》,别處未見。

　　北師大本每回末的"開篇"共計九十篇,内有四十九篇爲《南詞小引》收録,包括卷上全部四十四篇(其中北師大本《韓采頻》《岳武穆》各有同名二篇,其一都已作爲卷前開篇),卷下《請宴》《佳期》《刺虎》《白兔記》《茶訪》五篇。二本

①馬如飛,江蘇長洲(今屬江蘇蘇州)人。本名時霈,字古卿,號滄浪釣徒。咸豐、同治間彈詞演員。曾編纂衆多彈詞開篇,有《南詞小引初集》。
②今有古吳軒出版社據吳縣酣春樓主卧讀生瘦梧氏校本影印,據之。
③阿英《彈詞小説評考·馬如飛開篇》,1937 年中華書局《民國叢書(第三編)》本,上海書店1991 年影印版,第 163 頁。
④汪志銘主編《甬上風物:寧波市非物質文化遺産田野調查·鄞州區·橫街鎮》,寧波出版社2009 年版,第 41—42 頁。

異文較少,而北師大本可資正誤。如《赤壁賦》,《南詞小引》"一由清歌一刁酒",據北師大本知"由"爲"曲"字之誤;《齊桓公》"那衛國亡曾力救"應據北師大本作"邢衛國亡",否則意雖可通而節奏不對。他如《蔡文姬》"名下士"誤爲"名下圭",《秦始皇》"初頒詔"誤作"劫頒詔"等。此外,北師大本《疎情》《送春宫》《花名》等篇,阿英《彈詞小説評考》收録爲馬如飛開篇(《花名》阿英題作《百花》);《閨趣》《男負》等數篇,與阿英未録文字的馬如飛開篇名相重,俟考。

値得注意的是,北師大本的回末"開篇"大多與下一回内容有所關聯。如開篇《關帝》(非《南詞小引》所録,另一種),與下回正文《結義》述唐雲卿、刁南樓、毛龍三人"結義桃園骨肉"相應;開篇《梁紅玉》内容爲規夫韓世忠平定叛亂,與下回正文《規夫》相應;開篇《請宴》内容爲《西廂記》紅娘請宴,與下回正文《請宴》刁南樓大娘子劉素娥私會情郎王文相應;開篇《岳武穆》與其下回正文《戮忠》、開篇《關帝》(《南詞小引》收録)與下回正文《盡節》、開篇《武松》與下回正文《殺盜》、開篇《茶訪》與下回正文《茶訪》,均意有相通。即一般述私情的開篇,如開篇《避嫌》内容爲端陽看龍舟,與下回正文《服毒》刁南樓端午節中毒身亡,也有所呼應。再如北師大本開篇《茶葉名》有"只怕蘭桂生芽父母談"一句,與下回正文《養子》王定金分娩亦有關聯。檢活字本卷七開篇亦述茶葉名,與北師大本不同篇,更與彈詞内容無關。

北師大本開篇可確定屬馬如飛的,共計《南詞小引》内五十四種、阿英著録文字的五種,近六十篇。所剩小半,除部分見録於清華廣生《白雪遺音》、鄭振鐸等輯《吳歌》各集、今人整理《蘇州彈詞大觀》、彈詞《描金鳳》《落金扇》《雙珠球》等,其餘未見者尚多。按《果報録》以彈詞藝人王石泉所演最佳。王爲馬如飛婿,據譚正璧《評彈藝人録》,馬如飛曾爲其改編《果報録》唱詞。《果報録》,尤其北師大本大量使用馬如飛開篇,應與此有關。北師大本内未知來源的各開篇,有較大可能同屬馬如飛。同時,北師大本呈現的開篇與彈詞情節間意有相關,也是表演形式上值得注意之處。

玉鴛鴦全傳六卷

不著撰者姓名。清咸豐五年(1855)鈔本。竹紙。綫裝六册。每半葉八行,行二十三字。無欄格。無序跋目録，正文六卷不分回。七言唱詞爲主，有白。第五册外封題“玉鴛鴦傳”“修玉堂訂”。卷後有咸豐五年惜陰主人題識：“抄就《玉鴛鴦》一部於蠟山（今江蘇省南通市如東縣）王宅萃景樓”。鈐“不勤之印”。卷内“寧”字間缺末筆。

《玉鴛鴦》述宋真宗時，蘇州王顯（字文俊），父王元曾爲陝西渭南知縣，母水氏。文俊秉性至誠，對舅氏水金次女素玉一見傾心，素玉卻認爲文俊倜儻放蕩，初頗惡之。文俊拾得素玉所佩玉鴛鴦，相思成疾，幸得水金許婚乃愈。文俊赴金陵秋闈途中溺水，被江神救至渭南，爲其父門生余龍收留，府守林氏以女瑶珍配爲次室。同時，素玉以爲文俊溺亡，悲苦誓守。縣令子朱彪謀娶素玉，素玉不從，投池爲河南察院韓清所救。素玉赴宮中女史考試得第一，以已受婚聘拒爲太子妃，放歸。文俊再赴試，三元及第，拒爲郡馬，終與素玉、瑶珍成婚。仁宗繼位，文俊以護立有功，官右丞相。文俊偶遇朱彪，誤以爲與素玉有私。素玉憤歸母家，文俊屢求之歸無果，傷情幾於喪命。素玉爲父勸歸，感其深情，夫婦終於和好。

《玉鴛鴦》彈詞，《彈詞目録匯抄》《彈詞叙録》等著録有清刻本八卷三十六回，道光十五年（1835）維揚寶翰樓發兑，爲所知八卷系統的最早刻本。此外，經眼有五集二十卷二十回清刻本（以下稱“五集本”），西南大學藏《玉鴛鴦》清鈔殘本（存三卷，每卷分前後，以下稱“西南大學本”），中國國家圖書館藏六卷清鈔本，與北師大六卷本不屬同一系統，詳下（兩種六卷鈔本分别稱“國圖本”“北師大本”）。北師大館藏還有一種三十六回不分卷的清鈔本（以下稱“三十六回本”）。各本情節大同，而文字略異，卷回不一。

（一）北師大本與三十六回本大致對應關係：卷一爲第一至五回，卷二爲第六至十回，卷三爲十一至十六回半，卷四約至第二十三回，卷五約至第三十三回，卷六至末回。北師大本卷一至三各有定場詩凡三首。卷一至五每卷末有結句如“若要細知閨中事，須將二卷接前因”之類，卷二至六每卷首有接前啟句如“三卷説還休再説，又將四卷接分明”等。三十六回本每回有回目，十言至十三言對聯不等。正文每二回間，上回末都有“下回細細再談論”等語，下回回首多有數句提起前情，再接下文。

　　北師大本、三十六回本都有規整的卷（回）結、啟句，與各自的分卷（回）相應。如北師大本卷三中："只爲張家來請客，誰知又起一椿情。吳縣朱桂人一個，岳丈當朝丁謂身。雖然在此爲知縣，上司盡是懼他身。"相當於三十六回本十一回末："只爲張家來請衆，誰知又起一椿情。皆因文俊反船事，水宅禍起又來臨。素玉生死在頃刻，多少情由後卷明。"十二回首："探花子雲回歸府，諸親百眷賀登門。府縣官員齊來賀，十分款待衆多賓。請客演戲門廳鬧，誰知又起一椿事。吳縣知縣名朱桂，岳父當朝丁謂身。雖然在此爲知縣，上司盡是懼他身。"因分回而較北師大本的卷中行文多出結、啟句。反之，北師大本每卷首末結、啟句，三十六回本若非分回處，亦無之。

　　（二）北師大本卷末唱："遍看彈詞推第一，鈔本難覓價不輕。可惜從未經刊刻，秘本鈔書不分回。新編又分爲六卷，標明目録付梓行。"三十六回本末："遍看彈詞推第一，鈔本難覓價不輕。新編分回三十六，標明目録唱人聽。"二本篇末述刊行卷（回），同樣各與其本相應。再檢八卷三十六回刻本卷前乾隆二十四年（1759）裕德里居士序，末曰"……見推彈詞第一。惜未經刊刻，鈔本難於覿閲。且六卷總書，難以便覽，兹條分三十六回，閲者了然於心目"云云（引周良《彈詞舊聞鈔》）。行文明顯是北師大本、三十六回本卷末唱詞的散文化。該序明確指出，以分卷（回）而言，有六卷本在先而未經刊刻，三十六回本在後並付刻的先後順序。然北師大本是否屬於"條分三十六回"所據的六卷未刻本系統，尚待進一步研究。須注意的是，八卷三十六回本序只説分回，未及八卷之數，該序未必專爲八卷本作。

　　（三）國圖本雖與北師大本卷數相同，具體分卷方式卻不同，是整齊地以三十六回本的每六回爲一卷。國圖本無卷目。五集本具二十回回目，内有數條與三十六回本回目相同。三十六回本分回處，國圖本、五集本如不分卷（回），多無卷（回）首末的結、啟銜接句，但二本個別地方仍遺留一些源出三十六回的跡象。如三十六回本三回末："堂前辭別爹和娘，文俊城中走一巡。門前上了高頭馬，兩個安童隨後跟。一程到了舅父門，許多情中説不盡。未識幾時歸家轉，後面（回）細表見分明。"四回首："文俊領命去探問，夫人吩咐我兒身。問候外婆人一個，更兼母舅舅娘身。説我十分多掛念，秋涼我自轉回程。文俊辭親來走出，安童兩個後頭跟。"國圖本在卷中,作:"堂前辭別爹和娘,文俊城中走一巡。門前上了高頭馬,夫人吩咐我兒身。問候外婆人一個,更兼母舅舅母身。説我十分多掛念,秋涼我自轉回程。文俊辭親來走出,安童兩個後頭跟。"雖已無"後面(回)細表見分明"等明顯的結束語,卻以"夫人吩咐我兒身"(三十六回本的四回首)接在"門前上了高頭馬"(三十六回本的三回末)之後,"文俊辭親來走出"等又出現在末二句。這種語義重複、邏輯回環的現象,是由於對原據本的卷(回)首末結、啟銜接句處理未净造成,可見國圖本實際出自三十六回本。此處五集本也在卷中:"堂前辭別父和母,文俊城中走一巡。門前上了高頭馬,兩個安童隨後跟。安童前命去探問,夫人吩咐我兒身。問候外婆人一個,更兼母舅舅母身。説我十分多掛念,秋涼我自轉回程。文俊辭親來走出,悠悠揚揚往前行。"與國圖本情況大致相同。

西南大學本存卷一至卷三,三卷各分"前""後",其"卷一前"結在三十六回本三回末,"卷二前"結在第九回末,"卷三前"結在十三回末,三處與三十六回本分回處同,前後結、啟句亦同。卷一下、二下、三下與三十六回本分回處不同,其中卷一下、二下無結、啟句,卷三下結於三十六回本行文中"衆人唬得戰兢兢"句,並自添卷末結句。而三十六回本的回首啟句卻大多保存在西南大學本行文内,可知此本亦由三十六回本而來。

以上所示,《玉鴛鴦》應先有六卷本未刊,再析三十六回以行板。此後卷(回)或分或合,或恢復六卷,大都從三十六回本出。同樣是六卷本,國圖本的分卷可明確爲源出三十六回本,而北師大本與三十六回本分卷(回)方式的先後及其間關聯,尚不可斷言。

(四)再考察具體情節,各本大體相同,不計傳鈔致異以及明顯因調整卷回產生的異文,北師大本與三十六回本(包括已證爲出自三十六回本的國圖本、五集本、西南大學本等各種卷回本,以三十六回本爲代表)相校,仍有數端值得注意:

三十六回本用詞較爲細緻多樣。北師大本中,小姐多以"姣姣""多姣"代稱,三十六回本區別爲"小姐""女兒""表妹""夫人""佳人"等各種不同稱呼。北師大本小姐自稱"奴奴",亦同此例。北師大本多以"能"字結尾的唱句,三十六回本則根據具體情況分别用字,如"玉骨冰姿描畫能"作"畫不成","夫人相貌福星能"作"福非輕"等。

二本行文有雅俗之别。如觀音繡像,北師大本"上供慈悲觀世音",三十六回本作"上下蹁躚繞世尊";北師大本"不道今年遭此難""因此在家還未嫁",三十六回本"此難"作"顛沛";"在家"作"蹉跎"等,都可見北師大本質簡,三十六回本文雅。又如文俊向素玉遞詩,北師大本詩作"若肯巫山雲雨合,莫教辜負醉人情",三十六回本"肯使裴郎求玉樹(杵),藍橋約度會雲英"較爲含蓄。此類異文二本多見。

三十六回本若干處唱詞,北師大本作説白,而文意大同。如北師大本卷六,朱彪差人向文俊送賀禮至文俊謝賞差人一段爲説白,三十六回本文意同而作唱詞。王府闔家往西湖還願一段,北師大本"二官弘鯉喜非輕"至"夫人來到堂前去"之間啟程一大段爲説白,而第三十六回本"弘鯉歡喜不非輕"以下一段爲文義相應的唱詞。

三十六回本較北師大本多部分詩作。如三十六回本素玉以爲文俊溺亡,作悼亡詩:"佳人珠淚落紛紛,吟詩幾句哭君身。叫丫取來文房寶,嬌嬌當下把詩吟。提筆未吟先流淚,墨落花箋腸斷文。佳人提把(罷)來觀看,一頭朗誦淚沾衿。"下接悼亡詩三首,又唱"素玉念完重又哭,思君不見恨奴身。綠翠二人多下淚"。北師大本僅"佳人珠淚落紛紛,思君不見恨君身。綠荷翠竹齊流淚"。從行文押韻的角度,北師大本三句對應三十六回本前兩句和末句;從内容來説,相當於三十六回本首句與末兩句,而無悼亡詩。又如素玉賦《竹打荷池》,三十六回本有詩,北師大本僅提及詩題。

與詩作情況相反,北師大本有個别唱詞較三十六回本多且義佳。如蔣玉英嫁入水宅爲妾,因受素玉之母贈物,向素玉討拿主意。北師大本"姨娘慣會説虚文。我身年幼多不曉,姨娘反説爲何因。奴奴自顧且不暇,有何禮數教他人。已承庶母來下問,奴奴斗膽説其情,姨娘已是歸此處,即同骨月(肉)一般能。母親把禮來相送,算來也是理該應。倘若不受來推卻,客套反爲不近情。玉英聽説稱領教,金石之言敢不遵。説罷起身來作别",三十六回本僅有首尾兩句。再如文俊初入水府,素玉丟失玉駕鴦。北師大本:"忽聽下面人聲響,莫是尋回玉珮珍。低頭即便來觀看,王生酒散進書廳。鴛鴦廳轉園中去,不知安歇那邊存。小姐觀看王公子",三十六回本僅作"忽聽下面人聲鬧,王生酒散進書廳。小姐觀看王公子"。(以上異文同時校於國圖本、五集本、西南大學本。)

上述異文總體來說,北師大本遣詞較爲單一、通俗,詩作未備,略具彈詞早期文本的特點。雖然北師大本亦有個別唱文較三十六回本詞豐而義佳,但出現這種情況的地方,三十六回本與北師大本均有的唱句,在文字上仍保持一致,尤其是上文舉例"慣會説虛文"之下,三十六回本徑直接"説罷起身",銜接顯得突兀,存在脱訛的可能。要之,北師大本的文本是否先於三十六回本,若在先又是否即屬三十六回本所據以分回的六卷系統,仍俟進一步考察。

此外,北師大本結尾"詩中再唱王家府。……後代榮華難盡説,《雙魚記》內表分明"數句,其餘各本相應處僅作"自古王恩多隆重,滿朝多是至親人",未提及《雙魚記》書名。按前文有皇賜素玉之女淑鳳"金鑲碧玉雙魚墜",爲待聘太子妃信物,各本同。"雙魚"宜指此墜。《雙魚記》彈詞今未見,謹備知。

後唐志續集十卷

不著撰者姓名。清鈔本。竹紙。綫裝十冊。每半葉八行,行二十三字不等。無欄格。無卷目,正文十卷,七言唱詞爲主,有白。卷端題"後唐志續集卷之一(至十)"。每卷首多有七律一首,偶作七絶二首。

《後唐志續集》卷一正文,開篇唱曰:"少表散言詩一首,再將後事接前因。前詞唱到偏朝事,今表殘唐未了因。"與題名相應。檢其內容,在彈詞《鳳凰山》內。《鳳凰山》又名《安邦後傳鳳凰山》,爲《定國志》續集,版本衆多,多分七十二回,或七十二卷七十二回,亦有十卷七十二回,七至八言聯目。館藏《後唐志續集》題名未見著録,內容相當於《鳳凰山》第十六至三十三回,始於天復四年元夕燈會,唐帝邂逅先妃龍氏寡妹素雲,愛而不可娶;素雲轉而嫁長陵王;雲貴府賢國夫人嫉其婿龍秀森寵妾胡瑞仙,逐之入尼庵;雲貴王趙少卿獨寵杜夫人瑶娟,世子洪英以新羅國奇香陷四弟洪弘與瑶娟有私;瑶娟恃寵奪正妃秦氏香爐,秦氏憤而致疾,後風波漸息。

取清末海陵軒刻本、民國二十六年(1937)廣益書局胡協寅校閲本《鳳凰山》二種與北師大圖書館藏《後唐志續集》相校,不計鈔、刻訛誤,情節、文字大體相同。《後唐志續集》所涉各事因進展與《鳳凰山》一致,十卷結篇時情節多未完結。作者並未改作使之完編,僅截選首尾較齊整的部分,題爲本書。

北師大本有若干情節性異文值得注意:

北師大本卷一,元夕燈會後,帝陰召鳳素雲留宿桂宫。因其父鳳相詢至,才出宫轉家,而皇后方得悉此事。該情節《鳳凰山》在第十六回末至十七回,素雲留宿凌雲閣,爲皇后知曉。后怒,帝不得已而送素雲出宫。其中皇后登閣罵帝一段言辭潑辣,與後文皇后賢能,帝、后情篤事若有不符。北師大本與《鳳凰山》關於素雲情節線的異文較多,後文長陵王請王叔向鳳府求親,細節也有所不同。

北師大本卷八,趙少卿第五子洪弘自京回雲貴府。時瑤娟獨得新羅國奇香十二種,少卿卻在洪弘衣上聞見,因疑二人有私,怒攆洪弘與四子洪聲共同回京。洪弘啟程後,世子洪英白其事,曰妹氏新羅皇后曾私予奇香,不意染洪弘衣,特向父領罪,又追告洪弘。洪弘遂信,而洪聲分析此事實爲洪英陰謀。該情節《鳳凰山》始於二十八回"洪英存心害五弟　趙王無意逐麟兒",但回目"存心"二字,實待二十九回洪聲揭明陰謀,方爲點出。少卿對於此事態度,北師大本、《鳳凰山》寫法不同。北師大本卷九曰:"總由長子洪英過,受了奇香不奏聞。"又曰:"洪弘乃是先妻出,無娘之子理加恩。一時疑忌將兒逐,靈妃面上吾無情。更連杜氏瑤娟女,本是孤王最寵人。……紫微花對紫微亭。"似認爲洪英"不奏聞"屬無心之過,而悔逐洪弘,悔在先妻靈妃、新寵瑤娟二人。《鳳凰山》二十九回作:"一時疑怒逐狯(麟)行。渾濁不分鱸共鯉,水清方見兩般魚。後來已曉洪英意,異香隱瞞使奸心。""靈妃本是天仙女,何能教子在貴京。今日又去五郎了,紫微花對紫微門。"則長卿知爲奸計,而悔意在靈妃、洪弘母子。少卿對此事的認識及態度,二者存在較大差異。

此外如北師大本卷九、卷十,楊醫爲杜夫人診病、全(金)夫人開詩會等情節都小有異文,非主線情節,兹不贅述。

二種通行本《鳳凰山》多有脱訛,其中十七、十八回竄誤尤甚。十七回回目爲"唐昭宗私幸嬌姨　龍賢國威施胡女",上聯即召幸素雲。北師大本在素雲還家後,接天復四年昭帝西幸出京,駙馬龍秀森隨駕,岳母賢國夫人趁此將其愛妾胡瑞仙發尼庵等事,對應於回目下聯。《鳳凰山》素雲出宮後,下文接昭帝西幸回京、鳳相下獄等情節,都重見於第二十回(北師大本同有),此處顯爲竄入,導致佚去重要情節包括:1. 賢國夫人將胡氏攛至尼庵。十八回胡氏再出場時已在庵中,與其姊長陵王原配胡夫人重逢。2. 北師大本在攛胡氏以後接賢國夫人之子洪聲納鳳府二婢賈聘聘與陳輕綃(俏),欲由此謀娶素雲。二婢在《鳳凰山》首次出場在二十二回,時歸洪聲已半年之久。攛胡氏、娶二婢,二事都爲趙少卿將賢國母子遣回雲貴的重要原因,取校二種《鳳凰山》俱失,他本俟檢。

就彈詞情節而言,北師大本截取《鳳凰山》局部。就分卷(回)情況而言,取校二本《鳳凰山》反而有沿襲北師大本分卷的痕跡:

從卷(回)首末的銜接唱詞來看,北師大本卷三末:“時來又是三元節,三官大帝正生辰。……樂聲盡奏太平春。要知何處香回盛,下卷雙中仔細聽。”卷四首:“少叙散言詩一絶,詞文接上又談論。風流好位唐天子,只爲三姨鳳素雲,鑾車絶幸朝陽院。……時逢十月三元夜,……未知何處香風繞,……”自“風流”句至“香風繞”都在提要前情(帝、后因素雲生齟齬,后於三元節求嗣,遇帝)。相應文本,《鳳凰山》在第二十一回内,除無“要知何處……仔細聽”“少叙散言……又談論”首末四句,餘同北師大本,即北師大本第三、四卷首末語義相重的銜接唱詞在《鳳凰山》的回中行文同樣疊出。北師大本卷四末至卷五首,趙少卿遣元蘭來京,詔賢國、洪聲母子回府看管。卷四末:“樂極生悲從古説,貴京使者到京城。要知後事如何樣,下卷書中再表明。”卷五首曰:“天復五年春二月,雲貴差官到帝京。趙王殿下元都督,單名闌字上將軍。”北師大本前後兩卷首末詞意相疊,而以下卷卷首爲詳。《鳳凰山》對應文字在二十三回内,作:“樂極生悲從古説,貴京使者到京城。六月二旬初八日,都督元蘭到帝京。”(據海陵軒刻本録。“貴京使者”“六月二旬”胡協寅校閲本作“貴京使命”“二月上旬”)作爲回内行文,同樣詞意疊出,是删存未淨。《鳳凰山》此類頗多。

反之,以北師大本卷中對應《鳳凰山》回末,卷四素雲嫁長陵王三個月即產子,北師大本唱曰:“看官須曉其中意,那有龍胎能現成。……閒詞少表詩歸正,再説長陵薄内情。十月十七黄昏後,生下孩兒一個人。”按“閒詞少表詩歸正”之前皆爲“看官須曉”的唱詞,即作者向聽衆評論此事,至“歸正”以後,繼續唱長陵府内情。《鳳凰山》文字同,卻因在第二十一回末,表完道白閒詞,正當"歸正"之時,卻接"不知以下如何講,下卷詞中細表明"戛然而止,頗覺突兀,不似本來。

畫錦堂記十六卷

不著撰者姓名。清鈔本。竹紙。綫裝八册。每半葉十二行,行二十五字。無欄格。無序跋、卷目。正文十六卷,唱詞七言爲主,有白。每卷卷端標卷次,有卷首詩五律一首。

《畫錦堂記》僅見鈔本流傳,多著録爲十六卷不分回,無卷目;《彈詞經眼録》著録南圖本(殘)有總目,八言聯目;經眼東北師範大學圖書館藏本(《中國古籍珍本叢刊》東北師範大學圖書館卷88—90册)卷前有目録,但筆跡與正文不同,八言二聯目。二目文字差異較大。

《畫錦堂記》述宋仁宗時首相魏國公韓琦府事,以長子韓文(如錦)與妻親尹氏、禮部侍郎富弼等姻緣離合爲主線,交織尹氏女湘卿扮男裝避亂,成御史繆氏義子(改名繆素亭字君才),入朝與韓文同僚並假娶二妻等副線;又穿插仁宗朝與西夏、契丹等戰事情節,構成整個故事。以各官封功、諸府完姻,韓文終娶原配、誤配以及湘卿假娶之妻共五夫人,團圓結局。劇情詳《彈詞叙録》。彈詞未著撰人,據卷一開卷閒詞"寒閨無所消長日",卷三卷首詩"深閨風景静,戲把硯田耕"等,可知爲女子。

以北師大圖書館藏本與東北師大本、黑龍江人民出版社1989年出版整理本①相校,參考《彈詞叙録》《彈詞經眼録》等,各本主要内容大體相同。具體細節上,北師大本與整理本相近,東北師大本異文較多:(1)少數異文屬歷史事實,如東北師大本卷二:"禮部侍郎名富弼,字稱彦國洛陽人。夫人晏氏多賢淑,同庚三十六年春。"館藏、整理本:"禮部侍郎名富弼,行年四十陝西人。夫人范氏蘇州女,仲淹學士妹兒身。"按富弼(1004—1083),字彦國,洛陽人,妻晏殊之女。富弼三十六歲爲宋寶元二年(1039),而西夏李元昊於寶元元年末反,立大夏國,

---

① 據出版説明,"選擇善本,參校別本",訂正未出校。見張禹純主編《畫錦堂記》,黑龍江人民出版社1989年版,《出版説明》第1—2頁。

與彈詞情節相合。富弼四十歲爲慶曆三年(1043),西夏已戰敗請和,是以東北師大本合於史實。《晝錦堂記》通書顯示作者諳於史事,誤者疑傳鈔所致。(2)敘述、描寫略有繁簡,如卷一尹府靈娘夜遇韓文之前,對二人分别叙事。館藏、整理本"解元(韓文)拂袖擡身起,辭别多嬌(湘卿等)往外行。壁上紫簫來取下……紫簫聲内傳愁怨,不知驚動是何人。聽談美貌靈娘女,獨坐深閨玩月明。……風送簫音欲斷魂。……便命青衣看一巡。……韓家公子弄簫音。靈娘聽説無言語,暗暗心中自忖論。"先點明韓文觸情吹簫,對簫聲細加描繪(引文略),繼以靈娘聽見簫聲引出她對韓文的欣賞,思爲韓文、湘卿婚姻牽線。東北師大本"解元拂袖擡身起,辭别多嬌往外行"直接"再表靈娘華氏女,思想韓家公子身",相當於館藏、整理本"聽談美貌靈娘女""暗暗心中自忖論"二句,即從韓文到靈娘,並不以簫聲作銜接過渡。然其唱詞押韻無誤,行文邏輯亦通,宜非脱文,是繁簡異文。(3)兩通的異文,北師大本、整理本多佳。如贊男裝湘卿貌美,館藏"賽過河陽擲果人",東北師大本"賽過神仙吕洞賓",不如前者貼切。此外,部分異文據唱詞平仄韻脚、上下文義,可判斷爲東北師大本脱文。

比對各卷首末情況:(1)各本每卷卷首詩大體相同,爲五律一首。僅東北師大本第七卷作《西江月》一首。卷首詩或與彈詞内容相關,或屬自叙。(2)各卷首有内容銜接句或自叙閒詞,間與卷首詩有所相應,各本大致相同。如卷三卷首詩"幽懷誰與語,得句自相評"、卷五卷首詩"欲識離愁苦,全憑尺寸音",與卷四的卷首閒詞"秋來空抱離群歎,遥憶知音乏侣儔"都抒離愁之苦。卷十一卷首詩"篆線調金縷,狂歌感慨中。閒情隨意寫,俚句莫求工"與同卷卷首閒詞"曲裏幽情隨意譜,毫端佳興且陶情。推敲不必調和韻,再撥琵琶序舊音"互映。(3)北師大本、整理本每卷末以"開卷第幾續前文""幾卷之中慢慢論"等爲結句。東北師大本亦有相同結句,然在結句後又續以閒詞唱詞,復再另綴結句,通書僅卷八、卷十二至十四,此四卷無。如卷六末"要知兵取平陽府,再將七卷續前文"結句三本同,東北師大本又接閒詞"丹桂香飄初落筆,七卷功成菊吐英。憶昔祖慈庭訓日,繡窗暇日學臨池。今因堂上姑嬋命,喜録彈詞晝錦堂。……",再接"此朝來再把前文接,第八回中細細詳"作結束語。此類閒詞可判斷爲東北師大本鈔者或更早的鈔者所作,因此北師大本、整理本均無。鈔者閒詞形成連貫的時間脈絡,彈詞鈔録自上年夏至本年秋,一年有餘。據閒詞,鈔者年約半百,奉姑嬸之命鈔書。有一姪女年十九,鈔者見其長成。姪女同鈔此書,未竟而亡。姪女卒見於卷十一末,時鈔書第二年榴花開("一春碌碌忙中度,早又榴花照眼紅。……開書姪女同鈔録,功未完成汝仙花(化)"),又見於卷十五末("……姪女興濃邀共録……一霎罡風催折汝")。值得注意的是,卷十一至十五間的三卷都無鈔者閒詞。而卷十五首,三本都有閒詞:"自從緑華凋殘後,無意陶情問筆耕。今當長夏無聊際,再續閒詞散悶心。""緑華"東北師大本作"萼緑",整理本作"緑葉"。既爲三本同有,理應視爲撰者閒詞。然從字面上,"萼緑""緑華"宜指女子,"凋殘"指逝世。整理本"緑葉凋殘"與"長夏"時間上矛盾,應誤。"萼緑"句之前,東北師大本最近的一次鈔者閒詞即卷十一末"榴花開時"的五月,"長夏"既與之時間順接,"凋殘"又與卷十一、十五二卷末提及的姪女之殤相應。而其他各卷撰者所作卷首詩、卷首閒詞,都只有離愁之苦,未見凋逝之傷,時間上亦未體現與"長夏"的關聯。從文辭角度來看,此四句與其餘各卷的卷首詩、撰者閒詞有雅俗之別,撰者所作較雅致,鈔者淺白近口語。如曰筆耕久疏,卷十撰者曰"俗冗日充盈,何心問筆耕""閒從筆底尋幽境,且喜塵緣自覺輕""靜時檢點書中句,心忙何暇起貪嗔",較卷十五"無意陶情問筆耕。今當長夏無聊際,再續閒詞散悶心"爲雅;思遠人,撰者曰"欲識離愁苦,全憑尺寸音。鴛鴦雲外散,鴻雁水邊臨",鈔者閒詞"此心更盼江南信,兩月魚書竟不通。長空枉有飛鴻在,何能代我足傳書。録詞至此添惆悵,清夜消愁獨對鐙",皆意相近而味不同。此外,經眼中國書店 2023 年春拍 748 號拍品《晝錦堂》十六卷(存十五卷),該本卷十五首作"雄飛雌伏一番新,巾幗而今完素形。幾載立朝操國政,一朝機露復閨門",與諸本全然不同,是内容銜接句,照應本卷情節,或屬撰者原文,至少也可在一定程度上佐證館藏等本"萼緑""緑華"閒詞當出於鈔者。綜上,不同於其餘各卷,十五卷卷首閒詞宜出鈔者,因在卷首而得以保存。這一判斷如可成立,則東北師大本的文本内容形成在先,其文本在一定範圍内曾經流傳。

卷十六末,三本唱詞各不同。北師大本"《晝錦》狂詞書已畢,再抽秀管續《鐘情》",與《彈詞叙録》同。整理本:"偷將《綱鑒》些些典,唱與閨中細細聽。

特云大宋韓琦府,故此書爲《畫錦》名。"點明彈詞主義,差別較大。而東北師大本:"《畫錦堂》書今已畢,且將彤管續閒情。留餘古書話評論,(疑有缺句)去歲清和開此卷,今來不覺已深秋。匆匆急録而成就,草草塗鴉喜了功。夜坐惟聞蟲唧唧,助人愁思悵然生。余年半百童心重,無奈年來力不支。秋燈已是紅如豆,擲筆歡然書寫全。"其"去歲清和開此卷"以下爲鈔者閒詞,而屬於撰者閒詞的"鐘情""閒情"相近,可作參考。

北師大本"玄"字缺末筆,"寧"字一般作"宁",或作"寍"。東北師大本"寧"作"甯",或闕末筆。

。

上海博物館藏善本書志六則

上海博物館　魏小虎

　　上海博物館是首批全國古籍保護重點單位之一,館藏善本古籍一千餘部,除去曾入選全國和上海市珍本古籍名録,已爲學界熟知的那些銘心絶品,仍有不少極具特色的圖籍。今特揀出六種,略加紹介,表而出之。

明刻"三大寇"本《全像忠義水滸傳》一百回(存五回)

　　明萬曆晚期刻竹紙後印本二册,開本高 24.9 厘米,寬 16.4 厘米。半葉十行,行二十二字,四周單邊,白口,無魚尾。版框高 20.2 厘米,寬 14 厘米。館藏索書號 707.43/1。

　　存第七十回至七十四回,第七十回首二葉、第七十四回末二葉亦缺佚。時見版片斷裂、字跡漫漶之處。版心上方刻"忠義水滸傳",中間刻"第×回",下刻頁碼。卷端第一行刻"第×回",第二行刻回目。每卷之首有繡像兩葉。正文中印有眉批和墨筆點斷。

　　在《水滸傳》的繁本系統中,"三大寇"本上承容與堂本,其後的諸繁本和容與堂本的一些差異,均始自此本。其最顯著的特徵,即第七十二回,宮苑屏風之上,他本皆書四大寇——山東宋江、淮西王慶、河北田虎、江南方臘,唯此本作三大寇——山東宋江、薊北遼國、江南方臘,故稱"三大寇"本。

　　據鄧雷《水滸傳版本知見録》,"三大寇"本爲一百回不分卷,已知現存五本,前四本即日本無窮會圖書館藏百回全本,中國國家圖書館藏六十六回殘本(鄭振鐸舊藏),日本天理圖書館藏七十四回殘本,西遼先生藏五回殘本(第九十一回至第九十五回)。另有日本林九兵衞和刻本,實際是翻刻,但僅刻了前二十回,且存本較多,似應算作一個獨立的版本。而上博藏本可列爲名副其實的第五本。

明刻《孫子十三篇》一卷

明末竹紙刻本一册,開本高 25.4 厘米,寬 16.5 厘米,有宣紙内襯。半葉九行,行二十字,小字雙行同。白口,單魚尾,左右雙邊。版框高 19.5 厘米,寬 13.5 厘米。館藏索書號 508/6:4。據《中國古籍總目》,僅上海圖書館有藏本。

卷前有王世貞《孫子序》。序文首葉鈐“會稽七略劉氏藏書”朱文方印、“繼卿”朱文方印。卷首署“唐杜牧註　明錢唐章斐然閲”。天頭引王世貞、唐順之、孫鑛、陳繼儒四家評語。

據題跋、藏印,可知此本係葉德輝、蘇繼廎舊藏。蘇繼廎(1894—1973),字繼卿,安徽太平人。曾任商務印書館編審部長,主編《東方雜誌》等。通曉英、法文,著有《島夷志略校釋》等。

按,黄飛立《幾種署名王世貞評點著作之真僞初探》一文指出此王世貞序不見於《弇州山人四部稿》、《續稿》,四家評語也頗庸陋,基本可斷爲僞託①。

其實百餘年前,葉德輝對此書真僞已有發端。其《觀古堂藏書目》卷三“子部兵書類”著録《孫子注》一卷,唐杜牧撰,明刻九行本,應即此本。

卷前有葉氏手跋云:

> 杜牧《孫子注》,《道藏》本《孫子十家注》,杜其一家也。取校此本,文句與此迥然不同,可見此注爲明人僞撰,與《考工記》杜牧注同出一人之手。故此刻行格,與《考工記》本相同,圈點、眉評,兩書亦正相類。明人不讀書而好欺人,大率如此。

---

① 見黄霖主編《文學評點論稿》,鳳凰出版社 2017 年版,第 485—486 頁。

光緒三十二年丙午冬月小寒，長沙葉德輝。“煥份”（朱文方）

跋語所提及的杜注《考工記》，同爲葉德輝、蘇繼廎舊藏，現藏上海博物館，且卷末有同一日葉氏手跋，筆者於《葉德輝書跋拾遺三則》一文中曾作考述①。其葉跋云：

> 明時又有《孫子杜牧注》，行字與此書同。攷《孫子十家注》本中有杜注，取校明本，文義字句迥然不同。其注出自《道藏》，頗有來歷。可見明人作僞，并《十家注》本亦未寓目，與此《考工記注》同出一人之手。

恰可與此《孫子注》跋語互參。

章斐然，字華甫，天啓丁卯（1627）直隸宣府武解元，清康熙《錢塘縣志》卷二十四《人物·武功》有小傳。其名下的著述有明萬曆四十四年（1616）陳所學刻《新刻分類摘聯四六積玉》二十卷，署名校訂、校閱的則有《東坡集選》五十卷《東坡集餘》一卷、《史記評林》一百三十卷、《格致叢書》本《宣和博古圖》十卷、《續百川學海》本《毛詩草木鳥獸蟲魚疏》、崇禎三年（1630）花嶼刻《五經約注》本《尚書約注》六卷、宛委山堂《説郛》本《漢武帝内傳》一卷、《唐人百家小説》等。較之遠非顯赫的“武功”，其“文治”似更爲可觀，且與書坊合作密切，投市場所好，多屬“經典類”“暢銷類”書籍。但如此高産，是否存在“掛名客串”，或者他人“蹭熱度”僞冒獲利的情形，也不免令人心存疑慮。

清内府鈔本《重譯金剛般若波羅蜜多經》一卷

清中期内府朱絲欄開化紙鈔本一册，開本高 30.1 厘米，寬 12.7 厘米，有宣紙内襯。半葉八行，每行二十一字，四周雙邊，白口，單魚尾。版框高 19.9 厘米，寬 12.6 厘米。館藏索書號 408/1060。

外封題“重譯金剛般若波羅蜜多經　畫友書檢”，鈐朱文圓印“蕭”。卷前有《御製重譯金剛經序》，序首鈐白文方印“鳩德”、朱文方印“旬齋”。正文卷端

---

① 見拙著《葉德輝書跋拾遺三則》，《版本目録學研究》，2017 年第 8 輯。

題"能斷金剛般若波羅密多經"。避諱"弘"字,不諱"寧"字。卷末有光緒己亥(1899)八月二十三日翁同龢手跋云:

> 謹按,貫頂普慧廣慈大國師章嘉呼土克圖剌麻,世祖時勑封,世宗潛邸時曾與參究,達三身四智合一之理,物我一如本空之道,稱爲證明佛法恩師。此卷御製序文謂國師於國書、漢文、蒙古文、番字詳加釐正,句斠字椎,實足闡示世尊本指。序文無年月,其必於順治、康熙兩朝宸賞所及無疑也。光緒己亥八月二十三日臣翁同龢敬記。

《翁同龢日記》是日載:

> 賈人以隋修陳〔叔〕毅《孔子廟碑》(明拓,三松老人跋)、《馬鳴寺如法師碑》(魏正光四年)來看。見《重譯金剛經》抄本,末偈作"如星翳燈幻,露泡夢電云,諸和合所爲,應作如是觀。"

序文中言"今乃得西藏舊本,與諸本又各有同異。朕於幾暇,從灌頂普慧廣慈大國師章嘉呼土克圖,取而詳加釐正,句斠字椎,爲國書,爲漢文,爲蒙古文,爲番字,一文一義,必精當允愜而後即安"云云,意即此譯本是以藏文舊本爲底本,參校藏、滿、蒙、漢四種文字的譯文,由皇帝本人與章嘉活佛(即章嘉呼土克圖喇嘛)合作完成。

按,康熙四十五年(1706),勑封二世章嘉活佛(1642—1714)爲灌頂普慧廣慈大國師,故翁同龢以爲此序或出自康熙手筆。然故宮博物院圖書館收藏有《御製重譯金剛經》藏滿蒙漢四體合璧內府刻本,卷前序文內容與此全同,據洪曄《故宮博物院圖書館藏多語合璧佛教文獻概述》一文所考,應刊刻於乾隆十三年(1748)左右①。此時的灌頂普慧廣慈大國師乃是自幼與弘曆相伴讀書,亦師亦友的三世章嘉活佛(1717—1786)。御製序自應出於乾隆手筆。

此內府鈔本僅有漢文一册,其餘各體文是否曾另行鈔録,尚未考見。

---

① 洪曄《故宮博物院圖書館藏多語合璧佛教文獻概述》,《中國藏學》,2020 年 S1 期。

清鈔本《四大山人詩集》十三卷

　　古微堂竹紙鈔本四册,開本高33.2厘米,寬17.3厘米。半葉十行,行二十一字,小字雙行同。四周雙邊,白口,雙對魚尾。版框高18.1厘米,寬14.1厘米。館藏索書號707.223/102。

　　版心上鎸"古微堂叢書",下鎸"絜園主人製",魚尾間上記卷數,下記頁碼。卷首題"四大山人詩集卷×邵陽魏耆伯孺",有朱墨筆校改,校文中避諱"寧"字等,疑爲作者手校。第四册舊有水漬、蟲蛀,並有修補痕跡。鈐"曾在蘇繼卿處"朱文方印。

　　魏耆(1821—1880),湖南邵陽人,魏源(1794—1857)子。其字號説法不一,《邵陽魏氏族譜》(1939年大名堂三修木活字本)謂"字英甫,號剛己",然顧雲《清故知縣邵陽魏君墓表》云"諱耆,字剛己"[1]。

　　今按,耆、英二字字義相互呼應,似當從族譜。然據此書卷首,顯字伯孺,英甫或爲另一表字。另,其舊藏書畫所鈐印鑒,如王鐸草書《唐詩七首》(王維《過香積寺》、高適《醉後贈張旭》等。北京匡時2011年秋季藝術品拍賣會風標獨異——晚明五大書家作品專場1676號),鈐有"魏耆字葆疇""葆疇過眼""葆疇所見""邵陽魏氏珍藏",崔白款《花竹禽鳥》卷(西泠印社2014年秋季拍賣會中國書畫古代作品專場1281號),鈐有"葆疇珍秘""邵陽魏氏""古微堂秘籍印",可知又字葆疇。

　　自晚清至今,各家著録魏耆著作,僅《邵陽魏府君事略》一卷,從未提到他有詩集存世,甚至也無人言及此别號"四大山人"。

　　卷一録四十九首,卷二録三十二首,卷三録二十九首,卷四録十三首,卷五録十七首,卷六録二十八首,卷七録二十三首,卷八録三十首,卷九録三十七首,卷十録三十五首,卷十一録四十七首,卷十二録四十五首,卷十三録二十八首,合計四百一十三首(同一詩題下或不止一首,均按一首統計)。魏耆擅作歌行體,集中以此體居多。

---

①見顧雲《盇山文録》卷七,清光緒十五年刻本。

顧雲《墓表》載:"君,默深先生子,所與友又包慎伯世臣,周保緒濟類,故其爲學以經世自負。雖博涉載籍,藝事多能,而八法之妙,吳讓之熙載稱以今海內無二手。"據集中題目、小注,可知與曾紀澤、龔橙、馮煦、臧紆青等亦有交往。

晚清稿本《曲園老人送禮簿》

俞樾(1821—1907)手録黑格稿本一册,書名、作者係本館據其内容及夾籤舊擬。册頁裝,開本高 28.4 厘米,寬 23.8 厘米。館藏索書號 804.1/938。

稿紙印有版框,高 20.7 厘米,寬 19.8 厘米。四周雙邊,黑口,單黑魚尾,魚尾下方刻"有藝堂"或"大隆祥"字樣。内有一桃紅色夾籤,書"前紫陽書院掌教俞大人"。2003 年 8 月購自蘇州文學山房。

此賬簿自壹百十一至二百九十二號,所記爲光緒八年壬午(1882)十二月初十日至二十七年辛丑(1901)三月,俞府三十年間戚友往來,各項紅白喜事支出的禮品清單。每頁分爲四欄三行,可記四筆,首行印有"第　號"字樣,次行填寫年月日、禮品名目(包括元寶、香燭、壽糕、壽桃、壽麵、鞭炮、喜酒等)及送往何處,末行記所費開銷。如第壹百十一號次行記"壬午十二月初十日香燭送楊宅",末行記"計鈔一百四十"。次行皆鈐有半印,似爲"春在"二字,鈐有另一半印文的紙張想必也記有相應内容,並另行存放,以備對賬之用。

此類禮簿公私收藏或許都有些留存,自有近代禮俗、物價、財務管理等多方面的研究意義。但俞氏乃一代學界泰斗,此"家務人情賬"中出現的汪祖綬、汪定勳、潘遵祁、史惟善、姜恩普、尤先甲、朱以增、吳寶恕、馮芳植等人,若與所記具體時間相聯繫,對其生平研究而言,無疑更具獨特價值。

晚清稿本《二老太爺喪用禮簿》

光緒三十三年(1907)佚名稿本一册,開本高 27.2 厘米,寬 16.9 厘米。印製版框高 21.4 厘米,寬 12.1 厘米,白口,單黑魚尾,四周雙邊。此即俞樾喪事禮品賬簿,與《送禮簿》一同購入。館藏索書號 804.1/939。

　　每頁分作兩欄三行,首行印有“第　號”字樣,次行填寫致喪人員姓氏及禮品名目,末行每欄又分作四列,填寫前來送禮各色人等的賞錢開支。如第壹號次行記“洪傳曾素燭乙斤、元寶彩緞”,末行記“使七十”;第貳號次行記“蕭沛然香燭貳斤、元寶彩緞”,末行記“使十力卅”。

　　計有洪傳曾　蕭沛然　姚谷孫　姚筱魯　王式通　徐植甫　宋澄之　沈玉麒　朱福春　朱錦威　胡祖蔭　孫斌　許祥身　費信臣　蔣貴全　毛上珍　陳祖昭　家同甫　潘廷樅　姚伯慎　楊偉伯　寶積寺　李鉞　楊士晟　潘祖謙　惲炳孫　張兢　筱璽、墀　朱復(親到)　李鉞　宋文蔚　姚祖詒　王式通　許端之、修之　章鈺　章式之　章棳　許引之　星樞　篆玉　王少侯　郭嘯麓　王少桐　宗子岱　姚谷生　趙君宏　趙二少奶奶　李公度　許季湘　戴道驊、道驪　蔡鏡瑩　趙秉良　徐花農　姚伯填　姚同有　常熟趙　謝敬仲　陳筱石　胡祖蔭　蕭沛然　洪傳曾　周子雲　尤先甲　潘璧臣　李鉞　徐植甫　陳祖昭　楊士晟　孫嘯岩　潘亨穀　沈玉麒　郭曾炘　童滌夫　張兢　謝敬仲　惲季文　洪小蘭　楊宗仁　許寶剛　趙彥純　潘祖謙　朱寄漚　許端之、修之　朱福春　洪楷　家同甫　年愚垤曹福元、元恒、元弼　侍生石在苫人俊　朱錦威　姪坤一　世愚垤潘祖年　朱祖謀　長春益　孫錫祺　垤孫啟衛、鑒　垤曾孫家潽、家濟、家漢　孫翊　外甥許愷之　晚生陶孝榮　王少同　蔡元康谷清　寶積寺密德率法徒印林　子壻宗舜年　劉葆麟、傅又儀　衛芝生、沈鑑湖、丁九谷、張七松　方蔭軒、錢幹人、胡爲楷　許伏壺　雷高許等一百一十一號。禮品則不外香燭、呢幛、綢幛、錠箱、奠洋、彩寶、祭宴等。

　　其中人名偶有重複,如蕭沛然、家同甫(即俞明震)、俞筱璽(字篆玉)、章鈺(字式之)、宗舜年(字子岱)等,大抵清點之時各家禮品堆放無序,負責記賬的管家之流點一件記一筆,落款是名是字也無暇顧及,一人所送便多分記於兩號。

　　以俞樾的名望地位,這份禮單似尚顯單薄,或許只是首冊,但也大致可從中窺得其生前的交際圈子。內親外戚如內姪姚祖詒,族姪俞明震,姪孫俞筱墀、俞筱璽、俞同奎(字星樞),外孫王少侯,孫壻宗舜年,曾孫壻郭則澐(字嘯麓)、許寶薌（字季湘）等，姻親如陳夔龍（字筱石）、郭曾炘，故交如德清同鄉蔡鏡瑩，書院同仁許祥身，家庭塾師謝敬仲，弟子晚輩如宋澄之、陳祖昭、宋文蔚、章梫、徐琪（字花農）、惲炳孫（字季文）、曹元弼兄弟、朱祖謀，以及各級官員沈玉麒、楊士晟、徐士培（字植甫）、孫錫祺，蘇州商紳毛上珍、潘廷樅、楊偉伯、潘祖謙、尤先甲、潘璧臣，可謂哀榮壽考，終始無憾。

書名索引